Alfred Mühr

Mephisto ohne Maske

Alfred Mühr

Mephisto ohne Maske

Gustaf Gründgens
Legende und Wahrheit

Langen Müller

BILDNACHWEIS

Rosemarie Clausen, Hamburg: 4, 15, 62, 69, 79, 81, 83–86, 88–90, 92, 94, 95, 97, 102, 103

dpa: 55, 67, 91, 100

Dumont-Lindemann-Archiv, Düsseldorf: 2, 20, 47, 48/49 (Fotos: Ruth Wilhelmi), 50, 51, 53, (Foto : Liselotte Strelow), 56, 58 (Fotos: Charlotte Willott), 59, 60 (Foto: Liselotte Strelow), 61, 68 (Foto:Volkhart-Forberg, Düsseldorf), 71 (Foto: Liselotte Strelow), 73–75 (Fotos: Liselotte Strelow)

Keystone: 1, 23, 38, 65, 66, 76, 78, 79, 80, 82, 87, 96, 101

Privat: 5, 18, 52, 54

Staatstheater am Gärtnerplatz, München: 64 (Foto: Giessner)

Süddeutscher Verlag, Bilderdienst, München: 6–8, 12–14, 16, 19, 21, 25, 30, 32, 34, 35, 37, 40, 44, 63, 70, 93, 98

Ullstein Bilderdienst, Berlin: 3, 9, 10 (Foto: Josef Schmidt), 11 (Foto: Rosemarie Clausen), 17 (Foto: Charlotte Willott), 22, 24 (Foto: Harry Croner), 26 (Foto: Rosemarie Clausen), 27–29, 31, 33, 36, 39, 41–43, 45, 46, 72 (Foto: Harry Croner) 77, 99

© 1981 by Albert Langen/ Georg Müller Verlag GmbH, München · Wien

Verlagsredaktion: Bernhard Struckmeyer

Layout und Herstellung: Franz Nellissen

Mitarbeit am Bildteil: Anne Mühr

ISBN: 3-7844-1904-6

Schutzumschlaggestaltung: Christel Aumann, München, unter Verwendung zweier Fotos von Liselotte Strelow (vorn, Dumont-Lindemann-Archiv, Düsseldorf) und Rosemarie Clausen (hinten)

Reproduktionen: Mediacolor, Verona

Satz: Otto Gutfreund, Darmstadt

Druck und Binden: May + Co., Darmstadt

Printed in Germany 1981

Für alle, die ihn nicht vergessen können,
und alle, die ihn nicht gesehen haben.

Inhalt

»Sie wissen, wie sehr wir konform
gehen, wenn wir von der menschlichen Nähe zwischen uns – entstanden aus dem freien Entschluß
zweier Männer, die erst nicht füreinander gemacht schienen – in
Worten wenig Gebrauch machen.«

Gustaf Gründgens
am 26. April 1943
an Alfred Mühr

Der »letzte Preuße«
am Gendarmenmarkt

Die Berufung –
Das Ensemble schließt sich um den Intendanten

Stürmischer Beifall zum Ende der Vorstellung Herbst 1933 im Berliner Staatlichen Schauspielhaus am Gendarmenmarkt. Ein begeistertes Publikum, als sich der Vorhang nach der Aufführung von Hermann Bahrs Lustspiel *Das Konzert* hob und senkte. Die Schauspieler verbeugten sich dankbar und strahlend, abwechselnd das ganze Ensemble des Stükkes, auch paarweise die Partner, dann alle.

Als der Vorhang wieder einmal gefallen war, steckte die Schauspielerin Emmy Sonnemann geschwind und unauffällig dem neben ihr stehenden Partner Gustaf Gründgens einen Zettel zu. Der ließ ihn in der Hand verschwinden und verbeugte sich mit den Kollegen vor den in unentwegter Beifallslaune befindlichen Zuschauern. Wahrscheinlich wieder eine Aufforderung zum Besuch in der Garderobe, dachte Gründgens und trat mit den Kollegen von der Rampe zurück auf die Bühne. Diese Art der Verabredung lief schon seit Wochen auf immer wieder überraschende Weise, so daß es kaum noch beachtet wurde.

Da saß also die zukünftige erste Frau des Dritten Reiches in der Nähe des Schminktisches und wirkte wie immer. Privat, groß, blond und stattlich, fast mütterlich, auch wenn sie damals schlank schien. Ihr Persönliches war auch auf der Bühne unmittelbarer als das Künstlerische. Sie war und blieb Emmy Sonnemann, ob als Iphigenie, Königin Luise oder Gretchen, das sie, eigentlich wider Willen, für die erkrankte Käthe Gold einige Male am Gendarmenmarkt gespielt hatte. Eine angenehm wirkende Darstellung, wie es

9

sich jedes gehobenes Provinztheater – sie war ja zusammen mit drei, vier Kollegen vom Nationaltheater Weimar nach Berlin gekommen – in der Fachvertretung der klassischen Frauenrollen wünschte.

Zu dem vorigen Gespräch mit Gustaf Gründgens war ihr etwas eingefallen. Er beherrschte Opern- und Schauspielregie, auch die leichte Muse des Kabaretts. Wenn sie es einmal formulieren durfte, so war für sie Gründgens' Begabung zur einen Hälfte der Regisseur und zur anderen Hälfte der Schauspieler. Sie brauchte es ihm nicht zu sagen: Gründgens selbst war durch seine vielen Filme sehr populär geworden und erfuhr den Durchbruch zur ersten Bühnenklasse an Reinhardts Deutschem Theater in der Schumannstraße. Gründgens war ein Kassenmagnet. Alle Stücke mit ihm, von *Faust I* bis Bahrs *Konzert*, waren Erfolge. Nach langer Zeit wieder ein ausverkauftes Staatstheater.

»Sollte Sie das nicht reizen, dem Gedanken einer Theaterleitung näherzutreten?«

Heute sprach sie offen aus, was sie in ihren bisherigen Unterhaltungen mehr oder minder umschrieben hatte. Schon bei den Proben zum *Konzert* besprachen sie gemeinsam die allgemeine Situation des deutschen Theaters und die Stellung des Schauspielers, später in ihrer Garderobe das gleiche Thema wie heute, geschickt verschlüsselt, doch für Gründgens' hellwachen Sinn spürbar und erkennbar. Was trieb nur die Kollegin zu dieser Alternative?

Gründgens saß am Rand des Ruhesofas, das sich in jeder Damen- und Herren-Garderobe befand. Nicht so sportlich, elegant, beweglich und heiter spritzig wie vorher auf der Bühne als Dr. Jura im *Konzert*. Jetzt beinahe schmal wirkend, zusammengedrückt, die Hände aufeinandergelegt, mal mit den Fingern über die schütteren Haare streichend, schien er etwas angestrengt. Gesenkte Augen hinter der Brille, die er manchmal auch zur Tarnung benutzte. Er war

gespannt, was diesmal aus dem Gespräch mit Emmy Sonnemann herauskommen würde, nachdem sie einmal ihrem
Unmut kräftig Luft gemacht hatte. Sie war enttäuscht über
den ebenfalls aus Weimar stammenden, jetzt hier regieren-
den Intendanten Dr. Ulbrich. Auch der ihm in der Leitung
beigesellte bekannte Dramatiker Hanns Johst, Ideenträger
und Entwerfer von Adolf Hitlers Reden, manchmal in der
schwarzen Uniform der SS auftretend, trug nichts Auffälli-
ges zu einer Entwicklung und Erneuerung der Tradition des
Staatstheaters bei. Das hatte Frau Sonnemann erwartet,
schon allein wegen des historischen Platzes in der Reichshauptstadt. Plötzlich hatte sie Gründgens auf den Kopf
zugesagt: Er wäre hier der richtige Mann.

Gründgens war beinahe verlegen geworden über diesen
Ausruf. Er konnte ein Schmunzeln der Abwehr nicht ver-
bergen. Äußerlich schien er unberührt, innerlich war er
mißtrauisch und abwartend, was sich daraus entwickeln
würde. Schließlich unterhielt er sich ja mit der zukünftigen
Frau des Preußischen Ministerpräsidenten Hermann Göring.

»Es muß ein besserer Intendant her«, sagte sie leise.

Woher nahm diese Frau den Mut, so etwas auszusprechen? Redete sie in Görings Sinne? Waren das Überlegungen aus dem Palais des Preußischen Ministerpräsidenten am
Leipziger Platz?

Gründgens war aufgestanden und lehnte am Schminktisch. Nach einer Weile sagte er: »Ich bin jetzt Schauspieler
und Regisseur, verehrte Frau. Das sind meine Leistungen,
für mich persönlich. Anerkennung und Kritik für mich,
Einnahmen und Verluste für mich allein.«

Er schwieg und dachte blitzartig an ein leeres Zimmer, das
er einmal im Westen Berlins bewohnt hatte, als seine
Beschäftigung bei Theater und Film etwas aussetzte. Um
seine Lage nicht publik werden zu lassen, hielt er sich zwei

große Windspiele, von einem Freund ausgeliehen. Sie erschienen offensichtlich als sein Vermögen und erhielten seinen Ruf tatsächlich.

Gründgens nahm eine Puderdose vom Schminktisch und streichelte den Lack des Deckels mit der darunter befindlichen Ansicht von Weimar. Ein wenig schwenkte er das kleine Requisit und fuhr fort: »Nun sollen Schwierigkeiten, Sorgen, Verantwortung für einen ganzen Betrieb von fast 1 000 Menschen hinzukommen...«

»Ist das nicht schön?« hörte er die milde Stimme der Sonnemann.

Verstand sie soviel? Woher kam ihr dieser Maßstab? Aus Weimar mitgebracht? Warum nicht? Oder hatte ihr jemand eingeflüstert, daß man unauffällig, aber sicher ein Format wie das Leopold Jeßners ans Staatstheater zurückbringen sollte, um das provinzielle Interregnum der Weimaraner in Berlin zu beenden?

Der Besucher wurde nachdenklich und sprach dann nachdrücklich: »Gehe ich heute aus dem Theater, bin ich Gründgens. Verlasse ich als Intendant das Haus, dann folgt mir die Schleppe der Betriebsereignisse, der Planungen, Anordnungen, Dispositionen für morgen und übermorgen.«

Er legte die Puderdose zurück und strich mit zwei Fingern an der marmorähnlichen Seite der schmalen Tischplatte entlang.

»Ich bin dann nicht mehr Gründgens«, in seiner Stimme schwang Bedauern mit. »Ich bin alles und jeder, heute bin ich nur einer, ein Mensch, der Gründgens heißt. Ich kann verschwinden und wieder auftauchen, wie und wann ich will.« Er zog die beiden Finger schwungvoll von der Kante des Schminktisches ab und sah seine Kollegin mit vollem Blick an.

»Besser könnte ich es nicht sagen«, meinte sie mit ihrer sanften, aber deutlichen Stimme, »nur umgewechselt, umgedreht nach der privaten Richtung hin. Ein Mann Mitte dreißig, Herr Gründgens – sollte man da nicht tief Luft holen?«

Sie sprach beinahe wie im Stück des heutigen Abends, wie Frau Heink, die mit List und vorgetäuschter Unbefangenheit ihren auf liebesabenteuerlichen Fährten befindlichen Mann und Meister zurückholen wollte. Für dieses Komplott bediente sie sich der schillernden Unterstützung des Dr. Jura, den Gründgens spielte. Sie war weder im Stück noch im Leben eine Intrigantin. Oder wollte sie Gründgens doch einfangen, vielleicht ein Komplott für Hermann Göring?

Ihr Umgang mit den Kollegen war unkompliziert, völlig kollegial. In den Pausen während der Proben saß sie mit Hans Leibelt zusammen, der den amourösen Pianisten spielte, und mit den übrigen Kollegen in der Kantine und plauderte. Woher kam jetzt ihr Vorschlag? Was wußte sie vom Berliner Niveau? Ungewöhnlich, worum sich Frau Sonnemann kümmerte.

Während seines Schweigens entdeckte Gründgens einen Blumenstrauß, der wegen seiner Größe in einer Vase neben dem Frisiertisch stand. Es hieß, die Schauspielerin empfinge jeden Abend, an dem sie spielte, solch ein prächtiges Angebinde. Sicherlich von ihrem imposanten Verehrer.

»Haben Sie schon einmal mit Tietjen gesprochen? Ich meine, die ganze Frage durchdiskutiert? Das ist ein eherner und trotzdem geschmeidiger Theatermann, wie ich ihn kennengelernt habe. Der läßt nichts aus, weder plus noch minus. Vor allem ist er ausgesprochen unkonventionell mit seinen 53 Jahren.«

Sogar das genaue Alter von Generalintendant Tietjen wußte sie. Ob Frau Sonnemann schon mit ihm geredet habe, wollte Gründgens wissen.

»Wie werde ich!« stieß sie gedämpft aus. »Mein Gedanke.

Es gibt nichts anderes als unsere Gespräche. Ich habe nie aus meinem Herzen eine Mördergrube machen können.«

Deshalb die Nähe zu Hermann Göring? Vorher hatte er doch Käthe Dorsch umworben. Ihr hatten seine Vitalität und sein Humor zunächst gefallen, nicht das Bravouröse, Übertriebene, Kolossale. Die Dorsch wagte nicht den Sprung über diesen Schatten. Dazu fehlte etwas an der Neigung. Sie spürte Ungewisses und nicht das völlig Restlose einer Lebensverbindung zwischen zwei Menschen. Trotzdem blieben sie und Göring befreundet.

Emmy Sonnemann folgte. Sehr aufregend für Weimar, einen der höchsten NS-Führer häufig zu sehen. Der Geliebte einer der ersten Schauspielerinnen vom Nationaltheater! Im selben Mitteldeutschland, wo der staatenlose, ehemalige Österreicher Adolf Hitler eingebürgert und formell zum Regierungsrat ernannt worden war.

Im Nachsinnen hörte Gründgens die Stimme von Frau Sonnemann: »Ich weiß natürlich als Schauspielerin, was es heißt, überbürdet zu sein. Schon die alljährlichen Goethe-Festspiele in Weimar haben mir immer zu schaffen gemacht, so festlich sie auch nachher wurden. Ich arbeitete, wenn andere Ferien machten. Aber Ihnen, Herr Gründgens, sollte es doch liegen, all Ihre Fähigkeiten auf ein Institut zu übertragen und es damit hochzureißen. Wäre das keine große Aufgabe?«

Gründgens trat näher, locker, freundlich, ohne Zeichen von Zustimmung zu der Idee, die aus einer ziemlichen Illusion in Umrissen schon praktiziert wurde.

»Ich danke Ihnen, Herr Gründgens. Einen schönen Abend noch«, sagte Frau Sonnemann mit gefühlvollem Unterton und bot ihm die Hand.

»Ich habe Sie längst erwartet, Herr Gründgens«, grüßte der Generalintendant des Preußischen Staatstheaters,

Heinz Tietjen. »Wir sind Ihnen noch immer etwas schuldig.«

Gründgens blieb an der einfachen Seitentür des ziemlich großen Zimmers stehen, durch die er über das Chefsekretariat gekommen war, nicht durch die Doppeltür für offizielle Besucher. Er blieb stehen, so überraschte ihn der Empfang, und lächelte. Enthielt die Anrede eine mögliche Anzüglichkeit auf den Inhalt seiner Besprechungen mit Frau Sonnemann? Er fing sie ab, indem er sagte: »Ich warte immer noch auf den Hamlet, mit dem Sie mich 1932 zum Vertrag geködert haben. Es wurde nur eine nicht ausgenutzte Verpflichtung als Schauspieler und Regisseur daraus.«

»Mephisto!« rief Tietjen aus, der gewöhnlich leise, klar, prägnant, manchmal mit sonorem, selten mit menschlich warmem Unterton sprach. Der verhältnismäßig kleine Mann hatte sich hinter seinem Schreibtisch erhoben. Spontaner Händedruck, dann setzten sie sich einander gegenüber.

»Sie können jetzt alles haben«, fuhr Tietjen ruhig und gedämpft fort, »den Schauspieler wie den Regisseur, Ihre Lieblingsrolle, den Hamlet, und was Sie sich noch wünschen. Das ganze Haus steht Ihnen zur Verfügung.«

Fast dieselben Worte wie die von Frau Sonnemann. Gründgens verhielt sich ahnungslos: »Wieso bitte?«

»Herr Gründgens, Ihre Sterne nähern sich dem Zenit. Bisher haben Sie überall aufgedreht. Bravo. Selbst in der *Dreigroschenoper* wollten Sie mittun und fielen deshalb Direktor Aufricht beinahe vor die Füße, um eine Rolle zu bekommen. Wenn man mir's richtig erzählt hat... Nun sollten Sie daran denken, selbst auf den Knopf zu drücken, damit sich alles um Sie, für Sie dreht.«

Gründgens hörte immer noch den gleichen Sinn aus Tietjens Worten wie in der Garderobe von Emmy Sonnemann. Er sprang auf, als wenn er mehr Luft schnappen wollte. Solche Spontaneität zeigte er, wenn's ihm nötig erschien,

Temperament und Geste zugleich. Mochte Tietjen darüber denken, was er wollte. Gründgens wollte nicht nur Zuhörer sein, sondern Partner. Was wurde hier gespielt?

Als er mit dem Rücken an der repräsentativen Tür stehen blieb, fragte er mit gedämpfter, beinahe dunkler Stimme: »Ich bin sicher damals bei unserem ersten Vertragsabschluß 1932 von der Presse als Intendanten-Thronfolger durchgezogen worden – warum?«

Tietjen fing an, allmählich lauter zu sprechen. »Wir beide führen ein Gespräch. Nur meine persönliche Referentin, Fräulein Graeger, weiß von Ihrem Besuch. Sie haben sie ja selbst begrüßt. Und der Pförtner unten weiß von Ihrem Erscheinen. Aber der macht sich keine Gedanken. Im übrigen waren Sie schon öfter bei mir. Die Oper gehört ja zu Ihren Lieblingsaufgaben, Mozart, Meyerbeer, Richard Strauss.«

Gründgens beobachtete, wie Tietjen vor sich hin sprach, nicht aufsah, auch nicht zu ihm, Gründgens, hinüber, der sich ihm zugewandt hatte. Manchmal drängte die Stimme des Generalintendanten in Richtung der anderen, entgegengesetzten Seite des Schreibtisches. Sah der Besucher richtig? Sprach Tietjen nicht zu einem kastenähnlichen Möbel in der halbdunklen Ecke des Schreibtisches, nicht groß, nicht hoch, aus irgendeinem Material? Ein Aufnahmegerät für diffizile Gespräche, auf die es ihm ankam? Das war ihm zuzutrauen. Tietjen liebte gewisse Heimlichkeiten. Selten betrat er die Generalintendanz durch den Haupteingang, sondern benutzte einen Nebeneingang mit einem Sonderschlüssel.

Er wollte im Haus sein, ohne davon Aufhebens zu machen. Am liebsten hätte er völlig unsichtbar regiert, wenn es ihm taktisch richtig schien. Ein geharnischter Bursche zu gegebener Zeit. Er sicherte sich, vor allem für sich, aber auch für den Gesprächspartner, ab. So fing er mit dem geheimen Sprechapparat die Worte, den Text einer Unterredung ein und benutzte ihn je nach Bedarf als unauffällige, aber unangreifbare Hilfe.

Wenn das bei Gründgens jetzt der Fall war, dann dräute etwas heran, dachte der Besucher an der Tür.

»Seitdem Sie wieder bei uns spielen, sind die Kassenzahlen des Schauspielhauses großartig«, sagte Tietjen. Er hockte an seinem Schreibtisch, kümmerte sich nicht um den an der großen Tür stehenden Besucher und sprach in Richtung des Aufnahmeapparates weiter.

Daher die laute Stimme, die sonst nicht Tietjens Art war. »Ihr Schauspieler seid, wie wir Opernleute, von drei Gegen- oder auch Zusammenspielern abhängig. Vom Dramatiker, wir vom Komponisten. Vom Regisseur, bei uns kommt noch der Dirigent hinzu. Und vom Publikum. Das ist das Willigste, Freundlichste im Trio. Es wallfahrtet förmlich ins Theater, wenn es zum Besten, zum Besonderen angelockt wird. Unser Bayreuth zeigt es durch Jahrzehnte.«

Ja, die Bayreuther Festspiele sind eine Domäne für Tietjen, dachte Gründgens. Im letzten Jahr war der Generalintendant, der auch die Leitung der Festspiele innehatte, für den plötzlich erkrankten Furtwängler in die Bresche gesprungen. Tietjen als Dirigent. Die Musikkritiker hatten sich vor Begeisterung überschlagen, die Wagnerianer rasten.

»Ich will Ihnen von dem Geschmack erzählen, den ich an der Theaterleitung finde, hier und in Bayreuth. Theaterleitung ist kein Geheimnis, sondern eine mitschöpferische Realität. Neue Opern, neue Dirigenten, neue Sänger, neue Bühnenbildner, neue Regisseure, wie Sie einer sind. Ich suche und finde sie. Nicht leicht, aber spannend, vor allem zukünftig bedeutsam. Wurde nicht die Verheißung Karajans zur Erfüllung?... Heißt so arbeiten, nicht am nächsten Baustein des Theaters mitzuarbeiten?«

Gründgens kam langsam zu seinem Sessel zurück. Gut, was Tietjen sagte. Er wußte aber nicht, um was es Gründgens bei all diesen Besprechungen zur Übernahme der Leitung des Schauspielhauses am Gendarmenmarkt ging. Gründgens konnte es ihm nicht aufdecken. Dazu erschien ihm Tietjen zu undurchsichtig. Dieser Generalintendant hatte es immer mit der Macht gehalten, wenn auch auf sehr geschickte Weise. Seine Beziehungen zu den verschiedenen bisherigen Preußischen Kultusministern der letzten sechs Jahre waren Beispiele an Diplomatie, Angleichung, Erfolg und Beständigkeit, auch während der Krisen, die nicht fehlten.

Sollte nun Gründgens Intendant von Görings Gnaden werden? Ein mäzenatenhafter Großtyp, der sich in seiner Machtposition radikal alles erlauben würde, sicherlich altes Hoftheater mit Pracht und Glanz erwartete. So hatte er Hanns Johsts Lutherdrama *Die Propheten* in letzter Minute vor der Premiere absetzen lassen, weil ihm irgend etwas nicht paßte.

Nein, einem solchen Zensor, einem solchen Mitsprache- und Entscheidungsrecht in künstlerischen Fragen würde sich Gründgens nicht aussetzen.

Trotzdem gestand der Besucher – doch es klang wie nebenbei: »Es ist verlockend.« Durch diese Bemerkung wollte er sein Gegenüber zum Weitersprechen veranlassen. Wie sah die nächste Karte im Spiel um das Schauspielhaus aus, und wer spielte sie?

Tietjen nickte ein wenig, lehnte sich in den für ihn zu großen Sessel zurück. Dabei fuhr seine Hand wie von ungefähr an die linke Seite des Schreibtisches, wo der Aufnahmeapparat stand. Er stellte ihn wohl ab. Was er nun sagen wollte, sollte niemand weiter hören als sein Gegenüber. Wie ein Referent sprach er, der über Selbstverständlichkeiten berichtete: »Wir sind in Preußen unter eigener Regie. Das ist viel. Wir kommen in keinen Strudel, wie die da drüben.« Er meinte das Propagandaministerium unter Dr. Goebbels mit seinem eifrigen Bestreben der Oberhoheit über sämtliche Theater und den deutschen Film.

»Ich stehe Ihnen zur Seite, Herr Gründgens.« Tietjen spielte damit auf seine federführende Generalintendanz der Preußischen Staatstheater an, wodurch er bei Ernennung von Intendanten nicht nur ein Mitsprache-, sondern auch Entscheidungsrecht besaß.

»Überlegen Sie sich's. Ich weiß, daß man darüber nachdenken muß. Sind Sie sich klar, dann bitte ein Zeichen. Von mir nur noch ein Wort: Für mich sind Sie der einzige, der in Frage kommt.«

Gründgens verbeugte sich leicht und erhob sich. Mit ungewissem Lächeln und einem schnellen, stechenden Blick in die Richtung des Aufnahmeapparates an der Seite des Generalintendanten Tietjen.

Wurde es dem einsam patrouillierenden Mann zu langweilig? Es ging auf Mitternacht zu, die Straßengänger an den Rändern des Gendarmenmarktes wurden seltener. Er suchte eine Destille auf, die an der Ecke Jäger- und Charlottenstraße ihre Pforte noch offenhielt. Dort trank er hastig eine kleine Molle und einen Korn dazu, steckte sich eine Zigarette an und verließ die Kneipe, um seinen Anstand zu beziehen. Diesen Abstecher hatte er schon einmal gemacht, um schnell wieder nach den zwei Autos Ausschau zu halten, die vor dem Bühneneingang standen.

Hinter dem einzigen erleuchteten Fenster des Schauspielhauses, in dem traditionellen Intendantenzimmer mit seinen weißen Wänden, den gelblichen Stoffvorhängen, der noch antiquierten Einrichtung an farbigen Polstersesseln und einem Schreibtisch sprachen sich Gustaf Gründgens und Lothar Müthel aus. Der Stein war ins Rollen gekommen, und Gründgens war im Februar 1934 zunächst künstlerischer Leiter des Schauspielhauses geworden. So harmlos begann sein Aufstieg, der bis zum Generalintendanten dreier Häuser führte.

Während der wochenlangen Verhandlungen mit Göring, auch mit Tietjen, hatte vor dem Jahreswechsel von 1933 zu 1934 eines Abends das Telefon von Erich Ziegel in Hamburg geläutet. Bei ihm, an den Kammerspielen, hatte Gründgens (neben Viktor de Kowa und Paul Kemp) seinen ersten Anlauf in Spitzenrollen und verblüffenden Regieleistungen gefunden. Trotz des Wechsels von Hamburg nach Berlin war der Kontakt zwischen Gründgens und Ziegel erhalten geblieben. So war auch diesmal Gustaf, wie ihn die Kollegen nannten, am Apparat. Er teilte dem überraschten alten Freund seine ungewöhnliche Ernennung mit. Göring hatte ihm angeboten, er solle die Leitung des Preußischen Staatsschauspiels übernehmen. Ziegel beglückwünschte den Anrufer, doch Gründgens bat um sorgsames Nachdenken. Ziegel sollte alles Für und Wider untersuchen: die Abhängigkeit vom NS-Regime, die Abhängigkeit von Göring, die allgemeine politische Situation nach 1933.

So wurde Ziegel fast zum eigentlichen Treuhänder dieser Gründgensschen Schicksalsentscheidung.

Trotz seiner Erfahrungen und Erfolge war der ehemalige Hamburger Theaterdirektor schon beiseite gedrängt worden. Er galt als Förderer der expressionistischen Bühnenliteratur, die bei den Nationalsozialisten verfemt war. Zudem hatte er eine jüdische Frau, Mirjam Horwitz, an der Seite.

Ziegel vermochte in dieser Isoliertheit ebenso objektiv wie persönlich und freundschaftlich zu überlegen. Gründgens wollte sich am nächsten Abend wieder melden.

Statt dessen traf er mittags in Hamburg ein. Erstaunlicherweise blieb der alte Freund bei seiner gestern geäußerten Meinung und riet nicht ab. Er verlangte lediglich höchste Wachsamkeit, genau verteilte Rechte und Pflichten, Punkt für Punkt festgelegt. Ziegel meinte sogar: nur durch Gründgens könne das Schauspielhaus gerettet werden, zumal wenn ihm »weitgehende Freiheiten« zugesichert würden.

Um so zielbewußter steckte Gründgens im Anfang das künstlerische Feld ab. Einer nach dem andern war zu gewinnen. Zuerst die Regisseure als Stützen der Leitung, dann die Spitzenschauspieler, mit denen zusammen Gründgens jahrelang bei Reinhardt und auf anderen Bühnen aufgetreten war.

Lothar Müthel, dem Schauspieler und Regisseur des Staatstheaters, machte Gründgens als einem der ersten des Ensembles die Mitteilung von seiner Ernennung. Er wollte einen wichtigen Mitarbeiter an seine Seite bringen, der im Hause seinen Kreis besaß. Müthels Fühlungnahme und Auseinandersetzung mit der nationalsozialistischen Bewegung war bekannt. Geistig dem Stefan-George-Kreis nahestehend, ein musischer Mensch voll Enthusiasmus, vor allem ein ausgezeichneter Schauspieler, hatte Müthel nach seinem Regiedebüt mit Hans Rehbergs Drama *Cecil Rhodes* und der Inszenierung von *Faust I* einen zweiten Klassiker herausgebracht. Die Aufführung von Schillers selten gespielter *Braut von Messina* hinterließ bei Publikum und Presse einen nachhaltigen Eindruck. Ein ganz neuer Stil wurde geprägt, kein Klassiker auf Stelzen, sondern ein lebendiges Drama mit lebendigen Menschen und lebendiger Sprache.

Mit dieser Arbeit verband der neuernannte künstlerische Leiter sein Programm. Gustaf Gründgens strebte sogleich aus den unentschiedenen Verhältnissen zu einer stabilen Entwicklung. Die Ordnung des Kunstinstituts war genauso wichtig wie die Bekehrung des Publikums zu einem Theater, in dem Qualität und Buntheit des Spielplans gesteigert werden sollten...

Draußen, im Dunkel des Gendarmenmarktes, wanderte der Mann auf und ab. Er ließ die Augen nicht vom Bühneneingang. Ihn begann zu frösteln, doch er wartete. Der Februar schreckte mit einer Kälte, der der Mann im Ulster kaum Widerstand zu leisten vermochte, zumal die Destille in der Jägerstraße ihre Pforten und damit ihre Weinbrände verschlossen hatte. So spät war es geworden. Und das Fenster im Hochparterre des Schauspielhauses blieb erleuchtet.

Im Intendantenzimmer diskutierten Gründgens und Müthel über das Theater von morgen und über den Nachwuchs, den es in einer eigenen Schauspielschule weiterhin zu fördern galt. Ihr Leiter wurde Lothar Müthel. Es war die erste Ernennung, die Gründgens aussprach. Der neue Regent, wachsam, scharf, biegsam und vorausschauend, hörte sich Müthel an, der emphatisch, klar und zu vielem Neuen bereit war. Beider Geist und Temperament ergänzten sich. Gründgens hat es einmal anerkennend und doch abgrenzend ausgesprochen: »Lothar, du bist ein großer Schuft, aber ich bin schneller als du.«

Müthel trug eine unsichtbare Flamme und huldigte dem Geist. Vor solchem Nimbus, selbst wenn er unaufdringlich war, verbarg sich Gründgens. Müthel übernahm für die Bühne Stefan Georges Wort: Wahre Dichtung sei »hervorrufen und einflüstern mit Hilfe wesentlicher Worte«. Das war für Gründgens beklemmend. Um so mehr überraschten ihn Müthels klare, disziplinierte, steigerungsfähige, sprachlich exakte und klangvolle Inszenierungen. Allerdings verwandelte sich der Mimus in Müthel oft zum Rhetor. Trotzdem wurde die Aufführung der *Orestie* im Schauspielhaus 1936/37 zu einem kühnen Erlebnis, weil sie leidenschaftliches Theater von der Raserei bis zur mythischen Erhebung brachte und es so im Parkett »ankam«. Lothar Müthel füllte seine Spieler mit großem Gefühl und war darin unermüdlich und streng. Seine Werktreue war beispielhaft.

Gründgens brachte das Wort nahe, Müthel erhob es auf einen Altar, weshalb er sich selbst als Darsteller in Zucht nahm. Da er ein gutaussehender, gefühlsstarker Schauspieler war, glaubte man ihm den Heroismus seiner Rollen. Er war gewissenhaft, weil er nach dem Kern der Probleme suchte und daraus einen Kult machte.

Gründgens war scheinbar unbedenklich. Manches tat er mit der linken Hand, aber es gelang. Er benahm sich wie ein Equilibrist, auch wenn er schwere Steine oder Metallgewichte bewegte. Es fiel ihm keineswegs alles leicht, auch wenn er sich anders gab. Er wußte, niemand würde es ihm glauben, falls er es nicht für sich behalten konnte. Manchmal sollte er darüber melancholisch werden. Je gefährlicher eine Situation, desto entschlossener verhielt er sich. Bei kleinen Sachen pfuschte er und war dann ganz erstaunt, wenn sie falsch liefen. Aber solche Pannen belebten ihn. Ein Griff, ein Trick, ein richtiges Wort, und alles war wieder in Ordnung. Er gab sich meist in strahlendem C-Dur, obwohl ihm nach Moll war, hatte ein Nahestehender geäußert. Müthel dagegen behielt sein leuchtendes Wesen. Er bediente sich der Fanfare auch über Abgründen.

Noch aber standen sich Gründgens und Müthel im Intendantenzimmer Winter 1934 erwartungsvoll und vor allem im Sachlichen zugeneigt gegenüber.

Von den vielfachen Themen kehrten Gründgens und Müthel in diesem Nachtgespräch immer wieder zum künstlerischen Programm des Schauspielhauses zurück, zumal wenn bei manchen Mitgliedern politische Fragen zu klären waren. Diese hatte Gründgens während der vierwöchentlichen Verhandlungszeit bis zu seiner Entscheidung längst mit dem Preußischen Ministerpräsidenten grundsätzlich abgesprochen. Er benutzte die Politik, um das Höhere zu sichern: Den Aufbau seines Theaters durch künstlerisch und menschlich hochachtbare Schauspieler und Mitarbeiter.

Das verdiente Mitglied Albert Florath – »er konnte mit seiner Wucht und Wärme in einer kleinen Rolle eine ganze Vorstellung heizen« (Fehling) – stand der Sozialdemokratie nahe und leitete im Berliner Rundfunk die sonntäglichen Jugendsendungen des Arbeiterkulturkartells. Langjährige Mitarbeiter wie Paul Bildt und Karl Ettlinger waren mit jüdischen Frauen verheiratet. Der große Regisseur Jürgen Fehling hatte Tollers *Maschinenstürmer* inszeniert und sich den Teufel darum gekümmert, ob ein Dichter von links oder rechts kam, wenn er nur etwas auszusagen hatte. Fehlings langjährige Gefährtin, Lucie Mannheim, war Jüdin. Traugott Müller, einer der eigenwilligsten, richtungweisenden Bühnenbildner, verdankte seine großen dekorativen Versuche dem linksgerichteten Regisseur Erwin Piscator, dessen eigene Theatergründung am Nollendorfplatz Traugott Müller von Anfang bis Ende durchgestanden hatte. Müthel schätzte den Bühnenbildner sehr und bangte um dessen Position. Er unterschrieb das völlig, was der große Dirigent Wilhelm Furtwängler April 1933 an Dr. Goebbels übermittelt hatte: »Nur einen Trennungsstrich erkenne ich letzten Endes an, den zwischen guter und schlechter Kunst.«

Auf die naheliegenden Personalfragen also kamen Gründgens und Müthel zu sprechen. Es waren Fragen von morgen und übermorgen. Es hieß: Alle zusammenhalten, keine Störung, stetig weiterarbeiten, um aufzubauen. Durch seine Vollmacht beherrschte Gründgens gerade die Klärung solcher »Fälle«.

Schon in dieser Nacht konnte der neuernannte künstlerische Leiter seinem Mitarbeiter Lothar Müthel einen Trost und eine Gewißheit mit auf den Weg geben. Traugott Müller, mit dem Müthel die nächste Inszenierung machen sollte, würde bleiben. Gründgens sprach kein unnötiges Wort darüber. Dasselbe wünschte er sich von Müthel. Die Schauspieler sollten beruhigt werden. Es fand keine Treibjagd statt.

Das einsame Licht leuchtete noch lange im Schauspielhaus, auch als Müthel sich von Gründgens getrennt und das Haus verlassen hatte. Er war zu seinem Wagen gegangen.

Als er den Motor anlaufen ließ und sachte anfuhr, trat der Wartende an der Ecke des Schauspielhauses vor und winkte.

»Traugott!« rief Müthel freudig überrascht.

Der Mann im Ulster nahm wortlos Platz.

»Du hast gewartet. Das nenne ich ein Versprechen halten.« Müthel legte den Gang ein, sah kurz in den Spiegel, hinüber auf den verlassen daliegenden Bühneneingang und gab Gas.

»Ja, Traugott – die Würfel sind gefallen. Endgültig. Gründgens ist Leiter – und du bist freigeboxt. Wir machen das nächste Stück zusammen.«

»Kalt wird es«, brummte der Bühnenbildner und schüttelte sich. »Wenn wenigstens noch eine Kneipe offen gewesen wäre.« Sein Gesicht versank in dem hochgeschlagenen Mantelkragen.

»Den Korn trinken wir bei mir«, versprach Müthel. »Sag mal, hast du Kleists gesammelte Werke zu Hause?«

Müller brummte. Er brummte immer, wenn es um Aufträge ging, an die er sich langsam gewöhnen mußte. »Sag mal, Lothar«, Müller holte tief Luft, so daß es sich anhörte, als seufzte er, »wie redet man Gustaf denn nun an?«

»Noch nicht, Traugott.«

»Hat er Uniform?«

»Noch nicht, Traugott.«

»Ach, das willst du mir bloß nicht verraten, alter Kämpfer.«

»Hoppla!« rief Müthel und hupte deutlich, weil ein schwankender Nachtgeselle in der Mitte des Kaiserdamms nicht wußte, ob er nach links oder rechts gehen sollte.

»Mein Name ist Gründgens«, stellte sich der frischernannte künstlerische Leiter am nächsten Tag im Betriebsbüro vor. Dort residierte Karl Rupprecht, ein kleiner, wendiger, theaterbesessener, trotzdem nüchterner Mann mit Chaplin-Bärtchen. Er hatte schon unter dem letzten Königlichen Intendanten Hülsen-Haeseler gedient und dann unter Jeßner und den kürzer befristeten Zwischenregenten Legal, Patry, Ulbrich/Johst die ganze Reihe entlang. So war er ein »Stück Inventar« in der Verwaltung des Schauspielhauses geworden. Er kannte viele Vorder- und Hintergründe. Das nutzte er manchmal aus, aber er bildete sich nichts darauf ein. Seine Initiative konnte einen persönlichen Zug bekommen, den man als eigenwillig bezeichnete.

»Ich bin Ihr neuer Intendant«, fuhr Gründgens bei seinem überraschenden Besuch im Betriebsbüro fort, »und ich wollte Ihnen nur sagen: Mich überleben Sie nicht!«

Das war so radikal wie persönlich und zukünftig gesprochen. Es war die erste Anweisung des neuen Intendanten in diesem Sinne: Mann, wenn einer hier spielt, dann bin ich es, und du kannst nur mit mir zusammenspielen, sonst...

Dieses »Sonst« hat Gründgens nie anwenden müssen. Rupprecht verstand sofort, wie alle der allmählich zusammenzuschweißenden Angestellten im Büro, in der Technik und unter dem Nachwuchs. Gründgens eroberte sich den Betrieb, indem er Abteilungsleiter wie deren Mitarbeiter, den Hausinspektor wie den Pförtner persönlich ansprach. Kein Mensch betrat unangemeldet das Haus. Kein Brief ging hinaus, den er nicht im Durchschlag las – obwohl niemand wußte, daß er es tat. Kein Regisseur durfte Dispens für Proben geben, um Urlaube für Film oder Rundfunk zu ermöglichen. Niemand hatte Auskünfte zu erteilen, außer dem einen, der dazu befugt war. Vom fernen Ort einer Urlaubsreise, vom Schiff nach Amerika, vom Ferienparadies in Taormina oder Sorrent oder von einem Gastspiel in England oder Skandinavien aus behielt er die Zügel in der Hand.

Als das Stück *Das hohe Haus* von Juliane Kay angenommen wurde, schien es offiziell noch nicht besetzt. Nur daß Müthel

Regie führen würde, stand fest. Durch irgendeinen Kanal mußte Käthe Haack erfahren haben, daß dieses Stück eine großartige Rolle für sie enthielt. Die künstlerische Leitung wußte, daß Maria Koppenhöfer vorgesehen war. Käthe Haack rief Müthel an und erbat sich diese Rolle. Müthel versprach, sich einzusetzen, und tat es auch. Wenige Zeit später wußte Gründgens, was es mit dieser Fürsprache auf sich hatte, und diktierte spontan einen Brief. Dieser enthielt die Kündigung von Frau Haack. Erschütterung, Tränen, Verzweiflung, nicht nur bei ihr, sondern auch bedrücktes Gefühl bei den anderen wegen des abrupten Abschieds dieser menschlich so sympathischen Kollegin. Vierzehn Tage später wurde die Frist verlegt, einen Monat später die Kündigung ganz aufgehoben. Nicht nur Käthe Haack war glücklich und atmete auf. Niemand im Haus wagte in Zukunft ähnliche Alleingänge.

Eines Tages im August 1934 erhielt Fräulein Gustl Mayer, wohnhaft am Kurfürstendamm, einstige Mitarbeiterin Max Reinhardts, dann persönliche Referentin Heinz Hilperts, nach Jahren bei Gründgens, einen Brief. Die Empfängerin war eine freimütige, unbestechliche Freundin aus Gründgens' Berliner Anfängen. In wenigen Zeilen teilte er ihr mit, sie solle nicht erschrecken, wenn in den nächsten Tagen eine Notiz in den Zeitungen erscheine. Er, Gründgens, habe sich gesagt: Die Axt im Haus erspart den Zimmermann.

Mit der Axt war ich gemeint. Kein schlechter Vergleich. Kritik von draußen war damals einseitig oder gehemmt, Kritik im Hause frei und wirksam.

Als Theaterkritiker der »Deutschen Zeitung« hatte ich mir den Blick freigehalten, um an diesem überparteilich nationalen Blatt eine unabhängige Referententätigkeit zu pflegen, trotz Opposition im eigenen Hause. Ich ließ mich nicht beirren, Erwin Piscators künstlerische Energie anzuerkennen, auch wenn er politisch anders dachte, als es der Richtung meiner Zeitung entsprach. Es ging um die Auseinandersetzung auf zwei verschiedenen Ebenen, hier Theater, dort Politik. Sie mußten auseinandergehalten werden, auch wenn sie korrespondierten.

Bei Beginn der politischen Wende hielt ich eine aufrichtige, aufrechte Theaterkritik für notwendig und selbstverständlich. Ich hatte aber die Folgen sehr schnell zu spüren bekommen. Die Folgen des Umsturzes konnte ich ebenso beobachten. Bedeutete Kunst noch etwas? Wodurch half sie, das menschliche Leben, den seelischen Vorrat, das echte Gefühl zu erhalten und zu erweitern? Das war die Aufgabe der Kunst, oder sie brachte sich selbst um. Theater war das Barometer, das die Größe und den Abstieg eines Landes anzeigte. Der andalusische Dichter Federico Garcia Lorca fügte hinzu: »Ein empfindliches und in allen seinen Gattungen gut ausgerichtetes Theater kann in wenigen Jahren die Empfindsamkeit seines Volkes verändern; ein verlumptes Theater, darin die Hufe die Flügel ersetzen, kann eine ganze Nation aushungern und einschläfern...« Ja, das betraf unsere Situation.

Man mußte etwas *tun*, zeigen, leben, Schritt für Schritt. Deshalb hatte ich die Chance der Mitarbeit bei Gründgens wahrgenommen. Die Axt im Hause... das war ich als künstlerischer Beirat und Lehrer an der Staatlichen Schauspielschule.

Albert Müller, der dicke Requisiteur, der auch noch aus Hülsen-Haeselers Zeiten stammte, hatte eine negative Sternstunde, als er auf der »Charlottenburger Seite« – beide Bühnenseiten trugen verschiedene geographische Rufnamen, die besser und schneller zu begreifen waren als die mißverständlichen Hinweise rechts und links – die große Pause und den Umbau zum zweiten Teil des Stückes erwartete. Eine

Spielpause bei offener Szene in Scribes konserviertem Lustspiel *Ein Glas Wasser* – 1934 eine der ersten Inszenierungen
Jürgen Fehlings während Gründgens' Leitung, Bühnenbilder von Rochus Gliese, dazu das stattliche Aufgebot von
Käthe Gold, Hermine Körner, Gustaf Gründgens – hielt
Albert Müller für die große Pause. Spätsommerlich verdöst
griff er nach den beiden Armleuchtern, die für den Akt nach
der Pause gebraucht wurden, und trabte an die Kulissen
heran. Als Müller auf der Bühne stand, erstarrte er. Mit ihm
erstarrten die Granden des Gendarmenmarktes, auch Gustaf
Gründgens. Das Spiel stand für Augenblicke still. Alle
warteten, bis Müller in blauer Arbeitskluft – unter dem
Gelächter des Publikums – rückwärts die Bühne wieder
verlassen hatte. Weiter im Spiel, exakt und hurtig, Vorhang
und Pause.

Dann folgte der erste bekannt gewordene Tobsuchtsanfall
des jungen, noch nicht »durchgesetzten« Intendanten auf
dem Bühnenflur. Im Kostüm des Bolingbroke riß er die
Garderobenhaken von der Wand und schleuderte sie weg.

»Es hilft ja nischt, Albert«, berieten die Kollegen von der
Requisite den unglücklichen Müller, der sich und seine
Familie schon am Hungertuche nagen sah, »du mußt runter,
dich entschuldigen.«

»Herein«, tönte es kurz aus der Garderobe des Intendanten, als sein Garderobier Preuß Herrn Müller von der Requisite meldete.

»Bitte«, klang es scharf und ohne Aufblicken vom
Schminktisch.

Müller, mit kleinen Elefantenäuglein, trat langsam näher.

Gründgens riß den Bolingbroke-Kopf mit der Staatspe-
rücke herum. Er war bereit, das erste Exempel im Hause zu
statuieren. Aber: diese puddinghafte Traurigkeit des Requi-
siteurs, dieser völlige Verfall eines Menschen innerhalb von
zehn Minuten, das hatte Gründgens nicht erwartet. Deshalb

stieß er nicht zu, sondern trug die Worte förmlich seelsorge-
risch vor:

»Du bist ein schöner Mann. Aber wenn du das nächste Mal
auftrittst, schmink dich bitte, und zieh dir ein Kostüm an!«
Sprach's und überreichte dem Fassungslosen fünf Mark. Und
das war 1934 noch ein recht ansehnliches Trinkgeld.

Kurz nach Beginn der Hauptprobe von Hans Rehbergs
Drama *Der Große Kurfürst* im Frühherbst 1935 erschien
Gründgens im Schauspielhaus. Ich staunte, wie er an der
ersten Tür, durch die man sonst den Zuschauerraum bei den
Proben zu betreten pflegte, vorbeilief. Er umging das ganze
Foyer bis zur gegenüberliegenden Seite und drückte dort auf
die Klinke. Hier betraten wir leise das dunkle Parkett und
setzten uns in die achte Reihe, fast in derselben Höhe, in der
mitten im Parkett das Regiepult stand. Einige Köpfe wand-
ten sich zu uns herüber, aber man nickte sich nicht zu.
Gründgens sah auf die Bühne, ich hielt Papier und Bleistift
für die Notizen.

Von Zeit zu Zeit liebte es Gründgens, Distanz sichtbar
werden zu lassen. Es konnte eine Distanz aus Respekt sein,
wie hier dem Regiekollegen Jürgen Fehling gegenüber; dieser
sollte sich nicht durch Gründgens beim Ablauf der Probe
beaufsichtigt fühlen. Es war auch eine Distanz, die die
Machtbefugnisse von Gründgens zeigte. Der Herr des Hauses prüfte die Leistung seiner Mitarbeiter und korrigierte sie
nach Bedarf.

Vom Beginn seiner Intendanz an pflegte er jedes Stück auf
den Haupt- oder Generalproben, manchmal schon früher
und öfter, »abzunehmen«. Das hielt er nicht nur für sein
Recht, sondern auch für seine Pflicht als kommissarischer
Leiter. Kein Mitarbeiter, nicht der höchste Prominente,
durfte auf eigene Rechnung Theater spielen. Mit der Zeit
sollte alles aufeinander abgestimmt werden, im Schauspiel-

haus am Gendarmenmarkt, danach am Kleinen Haus des Staatstheaters und schließlich im dritten Haus, dem Lustspielhaus an der Weidendammer Brücke.

Als ich zum ersten Male Gründgens' eigenartige, auf sehr vielen Ebenen sich abspielende Methode der Menschenbehandlung im Alltag des Theaters, dieses Abstoßen und Anziehen, erlebte, fühlte ich mich deplaciert. Ich wurde in ein Spannungsfeld gebracht, ohne zu wissen, wo es endete. Meine Tätigkeit konnte nur gedeihen, wenn ich allen Gruppen ohne Vorurteil, ohne auf heimlichen oder offenen Einfluß zu pochen, gegenüberstand.

Deshalb konnte es an diesem Tage zwischen uns – auf der abgelegenen Seite des Parketts – und der Arbeitsgruppe am Regietisch in der Parkettmitte nur kritischen Beistand für diese Premiere geben. Hierzu hatte ich jedenfalls meine bisherige Anwesenheit bei Fehlings Proben benutzt. Aber diese Reserve, in die ich mich wider Willen einbezogen sah – Gründgens neben mir zischte ein paar Hinweise, die ich verfolgte.

Auf der anderen Seite saß Jürgen Fehling. Eine mächtig ausladende Gestalt aus einer Lübecker Patrizierfamilie, Mitte Vierzig, im locker sitzenden Jackett, die Beine übereinandergeschlagen. Der hohe, an seinem Rande dicht behaarte, in den einzelnen Teilen ausdrucksstarke, von breiten Zügen gebildete Kopf schien förmlich auf die Brust herabgesunken. Es war, als wollte der Körper, der ganze Mensch in die Vorgänge auf der Bühne versinken. Alles an Fehling war Visier auf das, was oben auf der Bühne vorging. Er sah nichts anderes.

Zu Hans Rehbergs *Der Große Kurfürst* hatte Traugott Müller die Dekorationen entworfen. Streng und wuchtig in den Linien, von umstürzlerischer Einfachheit im Gegensatz zu den Bühnenbildern mancher tüftelnd ausführlichen Theatermaler.

31

Er war eine einmalige Begabung, kritzelte seine ersten Entwürfe auf Streichholzschachteln, als wollte er zunächst nicht mehr Einblick in seine Werkstatt geben. Erst die Grundlinien der Inszenierung, dann die Linien der einzelnen Bilder. Danach Materialfragen, Fragen der Farbe, der Beleuchtung. Im Lauf einer Inszenierung kamen Stufe für Stufe, Möbelstück für Möbelstück bis zum letzten Knopf des Klingelzuges zum Vorschein. Ein atemberaubendes Spiel, weil man stets fürchten mußte, die Termine der Werkstatt würden überschritten.

Müller war einer der wenigen Menschen der Bühnenkunst, der seine Einfälle wachsen ließ. Hinzu kam eine gewisse Gelassenheit seines Wesens. Gründgens urteilte über ihn: »So streng und so treu war seine Arbeit, daß sie nicht sprach, bevor nicht aus ihr gesprochen wurde. Und daß sie kein Wort duldete, für das sie nicht gedichtet war. So leidenschaftlich war die absolute Unverwechselbarkeit seiner Schöpfungen.«

Ein »alter Hase« wie Traugott Müller, der sich weder von Maßlosigkeiten der Regie noch von Finanzverantwortung in seinen Entwürfen hemmen ließ, vermochte nur etappenmäßig seine Einfälle »durchzudrücken«. Mitwisser konnten zu früh an der Kostenfrage oder an den Umbauzeiten herummäkeln. So urteilte Gründgens nach fünfzig Bühnenraumgestaltungen, die innerhalb von zehn Jahren aus Traugott Müllers Werkstatt kamen, über den Kampf des Intendanten mit dem Künstler Müller, über seine herrliche Kühnheit und himmlische Verrücktheit:

»... es war von göttlichem, weil tief künstlerischem Humor, wenn er mir die Modelle seiner Bühnenbilder zur Abnahme vorführte. Die Modelle, mit denen er mich betrog; die Modelle, bei denen ich wußte, daß er mich betrog; die Modelle, bei denen er wußte: Ich wüßte, wie er mich betrog. Und so ließ er sich eine Säule, eine Plastik, ein Raummaß in jähem Kampf abringen, die er vielleicht von vornherein geschaffen hatte, um meiner intendanzlichen Einsparverpflichtung etwas zum Opfer bringen zu können. Und meine technischen Mitarbeiter werden alle wissen, wie dieser große Mann von morgens bis abends in den Werkstätten herumsaß, im Wege stand, erzählte und Scherze machte, nur um ein Ornament, einen besonderen Farbton, an dem sein Herz, nein, sein künstlerisches Gewissen hing, doch heimlich gemacht zu bekommen, aus persönlicher Gefälligkeit, neben der Arbeitszeit. Und es machte ihm nichts aus zu schwören, eine von ihm entworfene Säule sei spielend leicht zu transportieren, obwohl er wußte, wie wir alle, daß sie nur mit äußerster Anstrengung an ihren Platz zu bringen war. Diese äußerste Anstrengung erschien ihm äußerst gerechtfertigt, diese Säule konnte so und nicht anders sein, und er wäre sich leichtfertig vorgekommen, wenn er nicht alle Mittel versucht hätte, gerade diese Säule gegen alle Widerstände, vor allem gegen die intendanzliche Vernunft, doch anzubringen.«

Als Bühnenbildner sei er nur dazu da, ohne eigene Meinung zu sein, um jedem Regisseur jede Laune wunschgemäß zu erfüllen, sagte Müller. Das war Ironie. Am Anfang bei Erwin Piscator durfte er sich auf grandiose Weise übersetzen, technisch, filmisch, baukünstlerisch und ausstattungsmäßig. Er befreite den Bühnenraum von seinem Konservativismus. Von da an führte der gerade Weg zu den Inszenierungen am Gendarmenmarkt, wo er – ob schwer oder leicht, karg oder verzaubert – den Bühnenraum immer wieder aufriß, neu gliederte, neu aufbaute. Mit Einfällen, die im Material oder in der Anordnung winzig sein konnten, aber hochbedeutend für den Sinn einer Aufführung. Immer Auswahl der Mittel, niemals Illustration. »Die Mittel des Theaters haben sich gegenseitig zu ergänzen und ebenfalls zur Ankurbelung des menschlichen Geistes zu dienen«, wie es dann im gleichen Geiste Willi Baumeister, der Stuttgarter

Meister ungegenständlicher Bilderkunst, um 1950 formuliert hat.

Gründgens wäre manche außerordentliche Inszenierung nicht so gelungen, hätte er nicht Traugott Müller zur Seite gehabt, der ihm die letzte Erinnerung des rheinischen Kaufmannssohnes an provinzielle Reichhaltigkeit und dekorativen Schaum auszumerzen verstand. Gründgens wußte um diesen heimlichen Ringkampf und ertrug ihn zu seinem eigenen Besten.

Darin bestand der letzte Sinn seiner Worte mitten in der unvergeßlichen *Zauberflöten*-Dekoration, die auf der Bühne des Gendarmenmarktes zur Totenfeier für Traugott Müller im März 1944 aufgebaut worden war:

»Wir haben uns in den vielen Jahren nie zueinander bekannt, wir haben uns nie manifestiert, aber wir haben miteinander Kunst gemacht – und wir waren gute Freunde. « –

Oben auf der Bühne wurde in der Spielzeit 1934/35 Rehbergs Schauspiel in Traugott-Müller-Dekorationen geprobt. Eugen Klöpfer spielte den Großen Kurfürsten. Um ihn herum ein erlesenes Aufgebot der Schauspieler: Hermine Körner, Maria Koppenhöfer, Bernhard Minetti, Günther Hadank, Aribert Wäscher, ob sie nun führende oder kleine Rollen innehatten.

Es war das erste Mal, daß Preußens Historie in der konsequenten Sachlichkeit seines Männerregimes, in dem wühlenden Trotz und der geharnischten Zucht, in seiner Erdfestigkeit und seinen jähen Träumen gezeigt wurde.

Der Regisseur Jürgen Fehling, in seinen besten Jahren von vulkanischer Dämonie und schlagartiger Treffsicherheit, gesammelter schöpferischer Potenz und polternder Unruhe, wenn seine Anweisungen von der Technik falsch oder schlecht wiedergegeben, seine Einfälle von den Schauspielern nicht sogleich verstanden und aufgenommen wurden – Fehling trug an dem Schicksal, immer der einzigartige, niemals der Entscheidende im Hause am Gendarmenmarkt zu sein. Das war ihm nicht so bei Max Reinhardt im Großen Schauspielhaus, wohl aber bei Leopold Jeßner ergangen. Die Zeiten davor unter Friedrich Kayßler, der ihn als Regisseur an der Volksbühne herausstellte, bedeuteten ihm eher Berliner Durchgangsjahre.

Fehling fürchtete, von jedem Intendanten »verkauft« zu werden. Er gab nicht wenig Anlaß, ihn zu behandeln, statt ihn freiweg handeln zu lassen. Er war und blieb ein rebellischer Außenseiter größten Formats, dessen Temperament gefährlich werden konnte. Das sagten besonders die, die sich ihm nicht zu stellen vermochten und sich mit ihm auf doppelbödige Weise anlegen wollten. Fehling konnte der beste, willigste, unermüdlichste und zutraulichste Arbeiter sein, wenn er sich verantwortlich betreut vorkam. Sein Zorn traf die Intriganten und falschen Besserwisser, die etwas vorschlugen, zu dem sie nicht standen, nur um ihn irrezuführen und von sich selbst abzulenken. Dann öffnete sich auch bei Fehling eine irrlichternde Scheinwelt, und er begann, die Komödianten zu »verkaufen«. Er tat das mit Übermut und hemmungslosem Bemühen, die Sache seines Stückes, seiner Aufführung zu retten. Manchmal vergaß er dabei das Theater als Institut.

Aus dem Mißtrauen gegenüber dem Intendanten steigerten sich Fehlings Besetzungswünsche oftmals ins Maßlose, um mindestens das für ihn Gültige durchzusetzen. In der Methode war er genauso wie Traugott Müller, aber nicht so listig wie dieser, sondern massiv. Gründgens nahm durchgehend alle Fehlingschen Vorschläge an – im Anfang gab es ganz selten darüber Diskussionen –, ohne daß die Spannung zwischen den beiden etwa nachließ. Es war die Spannung schöpferischer Gegensätze, die Gründgens so charakterisierte: Er wolle mit Jürgen Fehling lieber verkracht, als mit anderen befreundet sein.

Fehling wurden während der bevorstehenden Gründgensschen Intendanz der Titel und die Macht des Oberspielleiters zugesprochen. Er hat niemals davon Gebrauch gemacht. Seine drei bis vier jährlichen Inszenierungen am Gendarmenmarkt, die später um ein bis zwei Stücke im Kleinen Haus des Staatstheaters ergänzt wurden, waren sein eigentliches Pensum. Darin bestand seine Stärke und seine Begrenzung. Ihm lagen der Apparat, das Büro und die Organisation nicht. Aber er monierte scharf, wenn etwas nicht klappte. Ihm lag vor allem die unmittelbare Arbeit an der Bühnenkunst. Jeden Schauspieler nahm Fehling auseinander und setzte ihn im Laufe der Proben wieder zusammen. Gründgens dagegen entwickelte die Rolle aus der Substanz und dem Charakter des Schauspielers, bis sie sich deckten.

In der Inszenierung von Hans Rehbergs *Der Große Kurfürst* hatte es Proben gegeben, bei denen Fehling nicht nur eine Szene, sondern einen kleinen Teil davon den halben, den ganzen Vormittag probiert hatte. Er war auf die Bühne gestürmt und probierte für den Schauspieler, der zusah und die Stelle wiederholte. Da es Fehling nicht genügte, zeigte er erneut die Szene in ihrer schauspielerischen Anlage und Gestaltung. Er probierte nicht, sondern er spielte, wie er in seltenen Fällen ein großartiger Vertreter für kurz vor der Abendvorstellung erkrankte Schauspieler gewesen ist. Fehling wurde nicht müde, die Stelle, um die es ging, vorzuspielen. Er verliebte sich förmlich in diesen Probenteil und entfesselte seine einstmals als Schauspieler in Wien und Berlin gezeigte komödiantische Begabung.

Bei solchen Proben dachte Fehling weder an die Zeit noch an das Pensum, das er sich vorgenommen hatte. Selten wagte es jemand, ihn daran zu erinnern. Restlos lieferte er sich einer schauspielerischen Figur aus und vergaß darüber alles, was zu dem Betrieb, seinem reibungslosen Ablauf und den wechselvollen Terminen innerhalb der täglichen Organisation einer Abendvorstellung gehörte.

Natürlich hatte es lebhafte Gespräche, sachliche Konflikte, gesteigerte Dialoge mit dem Autor Rehberg, mit den Schauspielern, mit dem technischen Leiter gegeben. Fehling konnte in seiner impulsiven Art manchmal verletzen, ohne es zu wollen und ohne in nachtragendem Grimm zu verharren. Seine Natur schleuderte gelegentlich Lavamassen an Formeln und Aussprüchen hinaus, die in ihrer Schärfe mißverständlich waren und persönlich treffen konnten. In Wirklichkeit wollte er die Schauspieler nur drastisch aufrufen, ermuntern und zur rechten Entschlossenheit führen.

Fehlings Inszenierungen in jener ersten Zeit von Gründgens' Intendanz formten sich meist erst auf den letzten Proben zu dem Guß, den die Premiere zeigte. Das lag an noch nicht erprobten technischen Vorbedingungen oder an letzten Einfällen, die der Bühnenbildner Traugott Müller anbrachte, oder an Änderungen im Arrangement der Solisten oder Statisten durch den Regisseur selbst. Fehling besaß unerschöpfliche Einfälle. Er war ein maßloser Anreger, den oftmals seine eigene Phantasie zuzuschütten drohte.

Seine Inszenierungen bestanden aus einer Kette dramatischer Intensität. Oder wie Charlie Chaplin es einmal charakterisiert hat: »Ein Stück kann mit einem zehn Minuten langen Schweigen beginnen, dann öffnet sich ein Fenster, man hört einen Schrei von der Straße, die Worte – oder ihr Fehlen – sind nicht so wichtig, wenn nur der Zuschauer in Erwartung ist und bleibt.« So war es bei Fehling.

Wenn die Probe über die ersten Widerstände angelaufen war, wenn die Fehlingschen Schauspieler in völlig unkenntlich machenden Masken zu neuen Ausbrüchen oder neuen charakterologischen Deutungen geführt wurden, dann begann der Bann seiner Inszenierungen. Das war bei diesem Besuch der Hauptprobe von Rehbergs *Der Große Kurfürst* der Fall.

Nach dem dritten oder vierten Bild erhob sich Gründgens und griff nach meinen Notizen, die er nicht kannte. Er drängte durch die Parkettreihen hinüber zum Regiepult. Ich sah noch, wie er meine Zettel zusammendrückte und für jedermann sichtbar wegwarf. Eine Geste, die dem Regisseur huldigen sollte. Er ging hinüber, um Fehling seine Bewunderung für szenische Wirkungen oder schauspielerische Einzelleistungen auszusprechen. Gründgens lehnte sich an die Balustrade seiner Parkettloge, vor ihm der Regisseur, während auf der Bühne der Umbau für den zweiten Teil vor sich ging.

Im Augenblick solcher Zwiesprache vergaßen beide Männer ihre so verschiedenen Naturen, ihre verschiedenen geistigen Temperamente und die menschlichen Unterschiede. Sie fanden sich dort, wo sie ebenbürtige Schöpfer, Kollegen, Kameraden waren und sich rückhaltlos respektierten: in der dramatischen Kunst und in allem, was ihr nutzte und diente. Für sie hing das Wort »Kunst« an den Garderoben wie im Zuschauerraum, um einen Hinweis Garcia Lorcas zu benutzen, der es sich für das hervorragende wie für das bescheidene Theater wünschte. Am Gendarmenmarkt war es die große Schauspielkunst unter der großen Koalition der Regisseure.

Der Ausgleich zwischen Gründgens und Fehling hielt so lange vor, bis sich nach gewisser Zeit Spannungen durch Zwischenträger ergaben. Erst wurden sie einseitig verlautbart, wie während der Inszenierung des *Biberpelz*, als Gründgens den Regisseur Fehling als »die genialste Sackgasse der deutschen Bühne« verdächtigte. Fehling in seiner Vitalität hielt sich dann ebenfalls nicht zurück und streute heftige Bonmots über das »ar(i)sche Lockengesicht des Primadonnen-Hamlets« aus. Unter diesem Konfetti scharfer Witze zwischen den Extremen befand sich auch ein Solo für Lothar Müthel, den Fehling als den »Lurenbläser der Schaftstiefel«

pries... Witzbälle, scharf gestoßen, nicht immer böse gemeint.

Jeder dieser Granden wußte um sein Gestirn und das des anderen. Alle Gestirne hingen zusammen am Himmel über dem Schinkel-Bau des Gendarmenmarktes.

Ein seltenes Spitzentrio hatte sich dort zusammengefunden – durch Wolfgang Liebeneiner, vor allem durch Karlheinz Stroux, später durch Helmut Käutner ergänzt. Das war vorbildlich in der Geschichte des deutschen Theaters, wenn man an die Personal-Ausscheidungen bei Brahm, auch bei Reinhardt und an den häufigen Wechsel bei Jeßner zurückdenkt. Natürlich waren die Situationen nicht ohne Spannungen und Störungen, vor allem aber voller Effekte. Vereinzelte »Ausbrecher« kamen schnell zurück und füllten die Mannschaft oder die Führung wieder auf. Darin bestand *ein* Reichtum am Gendarmenmarkt. Der andere Reichtum lag in der Sammlung großer Schauspieler.

Was sich am Gendarmenmarkt traf, das war Reinhardts Erbe. Ein einmaliger Wechsel der Eliten, wie sie unter Theaterleitern und Instituten ganz selten vorkommt. Vom historischen hinüber zu einem in Bewegung befindlichen Kreis.

Kaum hatte Gustaf Gründgens auf dem Intendantensessel Platz genommen, da ergänzte er die von Jeßner zurückgelassene Truppe um Namen von Klang. Eine Reihe der Prominenten sollte dem Publikum den neuen Kurs deutlich machen. Mit Hermine Körner, Paul Hartmann und Eugen Klöpfer begannen die Neuverpflichtungen im Jahre 1934, darauf Gustav Knuth, Günther Hadank. Zwei Jahre später kehrten Käthe Dorsch, Maria Bard, Marianne Hoppe, Hannsgeorg Laubenthal und Paul Henckels ein. Zu Viktor de Kowa und Theo Lingen 1936 kam Heinz Rühmann 1939, gleich drei komische Charakterdarsteller. Sehr zu bedenken war das Engagement Elisabeth Flickenschildts, da die künstlerische Komplementärfarbe in Maria Koppenhöfer vorhanden war. Aber beide Schauspielerinnen liefen parallel im Repertoire. Dann folgten die Engagements der letzten fünf Jahre: Axel von Ambesser, Ruth Hellberg, Annemarie Holtz, Alfred Schieske, Adelheid Seeck, Paul Wegener, Otto Wernicke.

»Theaterspielen ist Verabredung«, hat Gründgens gesagt. Oder nach dem Standpunkt Friedrich Kayßlers: »Spielen heißt: wissen, wie man's macht, und setzt volles Bewußtsein voraus.«

Das gilt für den Solisten, der nach dem besten Spielplatz Ausschau hält, wie für das Ensemble, das der Geschlossenheit und der ständigen Erneuerung bedarf. Deshalb gab es am Gendarmenmarkt keine Vorstellung in dritter, vierter und weiter absteigender Besetzung. Gründgens wußte um diese Schäden in Reinhardts Vorstellungen, da er selbst von daher stammte. Das Publikum im Schauspielhaus konnte schwache Stücke ertragen, nicht schlechte Aufführungen. Es gab unter den Schauspielern weder Cliquen noch im Publikum Gruppen, die vielleicht einen Schauspieler bevorzugt hätten, um es andere Mitspieler merken zu lassen. Der Geschlossenheit des Spielkörpers befand sich eine immer wieder neu belebte Geschlossenheit der Besucher gegenüber, gleichgültig, ob diese jung oder alt waren.

Gründgens fing die Schauspieler förmlich. Er horchte herum wie ein Theateragent, nur unauffälliger und kollegialer. Engagementsvorschläge kamen ganz spontan bei Begegnungen im Filmatelier, durch plötzliche Telefonanrufe wie bei Käthe Gold, durch freundschaftlich gesonnene Mittelsmänner wie den Ausstattungschef Rochus Gliese... Umgekehrt verfolgten die Prominenten Gründgens bis in die Sanatorien, weil sie hofften, ihn dort in Ruhe sprechen zu können. Gründgens hatte immer Zeit. Er spürte das Wichtige und unterschied es vom weniger Wesentlichen. Das Engagement Viktor de Kowas brachte er aus den Ferien mit. Eines Abends setzte er sich in seiner Wohnung an die Schreibmaschine, um mit zwei Fingern eine vertragliche Vereinbarung zu tippen. Es erschien ihm sicherer, die Unterschrift der Schauspielerin Heidemarie Hatheyer sofort zu haben und nicht erst morgen oder später.

Mitten in einem konzentrierten Arbeitstag vermochte ich Gründgens den jungen Oberregisseur Ulrich Erfurth von einem rheinischen Stadttheater vorzustellen. Er bot sich in erstaunlicher Bereitschaft an, bei uns als Regieassistent anzufangen. Auch Gründgens fand ihn quick, klar, zu allem bereit. Daraus wurde ein anschmiegsamer, praktisch sicherer Helfer der drei großen Regisseure, deren Wesen und Stimme er übernahm, bis er seine Selbständigkeit bei Bühne und Film, auch im Schauspielunterricht, beweisen konnte. Zu solchen »Husarenritten« der Engagements war Gründgens als Theaterleiter durchaus bereit.

Wenn Paul Bildt den Intendanten in der Oberwallstraße aufsuchte, konnte es geschehen, daß Gründgens dem zur Ausführlichkeit neigenden Schauspieler eine Gesprächsszene in rasantem Tempo vorführte. Sie enthielt alles, um den überarbeiteten Theaterleiter glaubhaft zu machen. Gründgens wußte, daß fünf Minuten nach Bildts Fortgang im Wartezimmer darüber gesprochen wurde. Wieder einmal »dicke Luft« oben, Chef hat wenig Zeit, hieß es dann... Um so mehr erstaunte der nächste Besucher, in diesem Fall Herbert Ihering, der bekannte Theaterkritiker und Entdecker Bert Brechts, der öffentlich nicht mehr schreiben durfte. Er trat einem völlig ruhigen, konzentrierten Intendanten gegenüber und wunderte sich über den Fehlalarm im Wartezimmer.

Durch solche Umgangstaktiken begründete Gründgens seinen Ruf, eine Spielernatur zu sein, eine Deutung, die er sich gefallen ließ. Sie machte ihn, wie so vieles andere, interessant und undurchsichtig. So bekamen enge Mitarbeiter Aufträge durch ihn persönlich. Ohne es zu wissen, arbeiteten mitunter zwei, drei an derselben Sache. Der Chef wollte das Beste herausholen. Diese Mehrgleisigkeit beherrschte Gründgens aus dem ff. Hinzu kam durch vornehmlich junge Schauspieler ein unauffälliger Nachrichtendienst, der ihn das Gras wachsen hören ließ. Kühne Spiele, kleine Spiele, lange oder kurze Spiele, auch Spielereien zum Zeitvertreib. Sie fanden augenblicklich Grenzen, wenn es um ernsthafte Sachen und Entscheidungen ging. Dann irrlichterte er nicht mehr wie so manche seiner Intriganten und kriminellen Doppelgänger in Theater und Film. Dann benahm er sich ganz eindeutig.

Den »letzten Preußen« vom Gendarmenmarkt hat man ihn genannt. Er vertrat die Sache des Theaters bedingungslos, setzte sich selbst als Beispiel ein und trotzte sich die letzte Kraft ab. Es war eine schöpferische Epoche, die sich – im Sinne von Albert Camus – durch die Ordnung eines Stiles definieren läßt, mit dem die Unordnung der Zeit angegangen wurde.

Niemals gab es Etatgründe oder eine Ausflucht, wenn ein Angebot schwierig war. Gründgens honorierte die Großen wie die Kleinen gut und besser. Er dachte an viele. »Teuer« konnte ein Mitglied sein, wenn sein Talent teuer blieb. Gründgens sorgte schon für besten Einsatz, nur mußte der andere restlos mitmachen. Diese Bereitschaft weckte er bei allen, selbst bei Mitgliedern Hülsen-Haeselerscher Abkunft. Im Schauspielchor erhielt man kein Gnadenbrot, sondern war namenloser Repräsentant jenes Geistes, den die großen Kollegen wie alle anderen vertraten.

Das fünfundzwanzigjährige Jubiläum der Souffleuse Bertha Stobbe wurde nach einer Vorstellung begangen. Sie saß im kostbaren Goldsessel des Fundus mitten auf der Bühne,

Schauspieler und Bühnenarbeiter um sie herum. Auf ein Gongzeichen, wie am Abend bei Vorstellungsbeginn, hob sich der Vorhang vor dem dunklen Parkett. Im Souffleurkasten saß Gustaf Gründgens. Alles still, alle horchten. Der Intendant flüsterte seine Jubiläumsrede aus einem vorgetäuschten Textbuch. Ganz leise und ganz deutlich kam der Gruß und der Dank hinauf zu Bertha Stobbe, die strahlte und zugleich weinte...

Reinhardt entdeckte Schauspieler, Gründgens sammelte sie. Beide waren dazu aus dem magnetischen Kraftfeld ihrer Persönlichkeiten befähigt. Deshalb konnten sie bei jeder Gelegenheit ebenso zupacken wie bannen. Ähnlich Jürgen Fehling, der auf dem Kurfürstendamm einen Typ treffen konnte, der ihm für sein in Arbeit befindliches Stück so gefiel, daß er ihn sofort zu engagieren wünschte, selbst wenn es nur zum einmaligen Versuch ohne Ergebnis war.

Als Gründgens November 1937 in Hamburg gastierte, fiel ihm ein junger Mann auf, der bei den Verständigungsproben des Thalia-Theaters ebenso frisch wie sachlich half. Zwei, drei Worte abends in der Garderobe zwischen Gründgens und Otto Kurth. Nach der Vorstellung eine weitere Unterhaltung. Gründgens griff gern tiefer ins Unbekannte. Dann aus heiterem Himmel: Engagement Otto Kurths als Schauspieler und Regieassistent, anschließend als Regisseur.

Ein Wetterleuchten war es für das neue Mitglied, als der Intendant der Preußischen Staatsschauspiele die Verpflichtung mit den unverhüllten Worten schloß »... und außerdem erwarte ich von Ihnen, daß Sie kein Nationalsozialist sind.«

»Preuß soll mir meinen Schal runterholen.«

Es zog am Morgen im Zuschauerraum. Die Türen zum Parkett hatten lange offengestanden. In den Gängen arbeiteten die Reinmachefrauen und lüfteten das Haus.

»Haben wir noch was?« fragte Gründgens den wartenden Mitarbeiter.

»Nichts. Ich möchte gern etwas hier bleiben.«

»Sie werden nur in den ersten Bildern Fertiges sehen.«

»Ich brauche wieder eine Prise Regie.«

»Morgen, Werner«, grüßte Gründgens zur Bühne hinauf, wo Werner Krauß den Platz der ersten Szene von *König Lear* einnahm, ein Stück, das für Weihnachten 1934 im Schauspielhaus neuinszeniert wurde.

Der Inspizient meldete den sofortigen Probenbeginn. Dunkel im Zuschauerraum. »Ob ich überhaupt bei offenem Vorhang beginnen lasse?«

Die Frage zielte auf die stilistische Konsequenz, mit der *König Lear* inszeniert wurde. Die Proszeniumslogen spielten mit, sie waren Auf- und Abgänge besonderer Szenen und wurden deshalb als Tore verkleidet. Sollten sie sich außerhalb des Bühnengeschehens befinden und allmählich, je nach Bespielung, dem Bühnenbild anschließen, oder sollten sie gleich die Fassade des Spieles enthüllen? Blieb es sich nicht gleich, da die verkleideten Proszeniumslogen stets heller erschienen als die verdunkelte Bühne?

»Halt! – Werner, verzeih – Beleuchter!«

»Jawoll!«

»Gebt doch mal ganz sachte Licht. Das Bild soll sich langsam aus dem Dunkel lösen.«

»Jawoll!«

»Versuchen wir's mal.«

Die Anordnung wurde bemüht übertragen. Noch einmal Gong, das erste Bild begann. Erst Fanfaren, dann Licht auf die Szene.

Feierlicher Aufmarsch der Ritter und Edlen zum Staatsakt beim greisen König Lear, der sein Reich in drei Teile an seine Töchter und deren Männer auflöste, um Amt und Verantwortung auf junge Schultern zu übertragen.

44

Als wenn ein Buch mit alten Handschriften und Bildern aufgeschlagen wurde, so zog des Königs Gefolge aus dem Dunkel herauf in das allmähliche Licht.

»Recht schön«, fühlte sich Gründgens bestätigt. Es durfte nichts geben, was diese Dekoration zu früh aufblenden oder zu gegenständlich werden ließ. Das Stück sollte eine Legende aus der Vorzeit aufblättern.

»Deshalb die nur angedeuteten Dekorationen?«

»Ohne daß sie abstrakt wirken«, bekannte der Regisseur.

Näher rückte der Zug dieses Königs durch die phantastische Landschaft seines Herzens, wo er die wahren Freunde spät erkannte und im verwirrten Abschied seines Lebens auch die jüngste und beste Tochter hergeben mußte... an das Schicksal und sein Ende.

Die ersten Worte von König Lear, verhalten, aber warnend, dunkel, drohend – der Klang eines unruhig beherrschten Schicksals.

Im Hintergrund spannte sich die Landkarte seines Reiches wie eine Schleppe seines irdischen Königtums, dem der Schmerz das letzte Antlitz prägte und Leiden und Leidenschaften das Scheiden aus dieser Welt schwermachten.

Die leise Stimme im Dunkel des Parketts führte den soeben ausgesprochenen Gedanken weiter: »Und das Wesentliche kommt nur in der Einheit des Stils heraus.«

»Ich habe Blätter von *Lear* gesehen...«

»Wo? Bei uns im Theatermuseum?«

»Ja... mit korinthischen Säulen, Gotik dazu, natürlich auch die Tudor-Zeit, alles durcheinander in *einer* Aufführung.«

»Ritterstücke dürfen sich so etwas erlauben, wahrscheinlich ist es kaum bemerkt worden.«

»Fontane hat es angekreidet.«

»Besser ist es, sich so was selber *vor* der Aufführung anzukreiden.«

Das tat Gründgens bei allen seinen Inszenierungen. Meist erfolgte der Einfall so überraschend und grundlegend wie immer, wenn der Phantasie ein Thema gestellt wird. Während einer Sportveranstaltung, in einer Lesestunde, bei kurzem Aufenthalt auf seinem märkischen Gut, bei einer Diskussion über irgendeine Sache tauchte die Idee auf, festigte sich, drängte zur praktischen Anwendung und damit zur Aussprache. Diese Aussprache enthielt die erste Spiegelung und verlangte nach der ersten Beurteilung. Im Streitgespräch erhärtete sich der Einfall. Das war typisch für Gründgens. Von da ab ging es mit Riesenschritten an die Verwirklichung auf der Bühne. Von der Auswahl der Besetzung, für die von den Mitarbeitern Vorschläge eingereicht wurden, über die Arrangierprobe bis zur Stückprobe, wo die erste Umschau auf das Gesamtwerk stattfand, bestimmte der Regisseur Gründgens ein zusammengedrängtes Tempo seiner Arbeit. Keine Probe verschleppte sich oder verdunstete, kein Einfall ging unter, wenn er der Aufführung im ganzen nutzbar war. Mochte er in eine Szene oder eine Darstellung verliebt sein, stets komponierte er sie in die theatralische Gesamtansicht hinein. Er mochte keine Paradeaugenblicke, um über minderinszenierte Stellen hinwegzutäuschen.

»Hoffentlich wird die szenische Ausdeutung nicht an einem Schlagwort aufgefangen wie monumental, Relief oder al fresco«, klang wieder Gründgens' Stimme aus dem dunklen Parkett, »ich will *Lear* menschlich einfach und groß machen.« Gründgens' Worten folgten die Gedanken seines Nachbarn, der für sich die Merkmale der *Lear*-Inszenierung, wie sie sich bisher entwickelt hatte, zusammenfaßte: Trompeten als Signale für jedes Bild, weite Bühnenbilder oder hohe Bühnenbilder, meist in Grau, waren geplant, deutliche Farben für die drei Parteien um Lear sollten sich unterschiedlich abheben.

Da waren kaum Requisiten auf der Bühne, da waren

geordnete Spielflächen. Da wußte jeder Schauspieler, wo er zu stehen hatte. Da klang dann das Wort hell und wach, scharf und genau, treffend und schattiert in den dunklen und bösen Bewegungen, und entlud sich in Schrei und Schreck, um schließlich in der Trauerballade vom König ohne Land ergreifende Töne innerster Nötigung zu finden.

Umbau zum zweiten Bild, das Schloß Glosters.

Wieder die Stimme im dunklen Parkett:

»Ich kann diesen pessimistischen Shakespeare nur hart und heftig anpacken. Wie eine Lawine muß er abrollen. Und die Sturzgerölle sind Shakespeares Menschen oder Übermenschen, wie man will.«

»Sie müssen sich alle ducken bis auf die Erde...«

»Deshalb muß ich sie so groß beginnen lassen. Das ist die Fallhöhe meiner Inszenierung. Ich hoffe, es jedenfalls zu zeigen... Eugen, entschuldige...« Gründgens lief an die Rampe – von den Gedanken seiner *Lear*-Arbeit sprang er über zu Äußerungen für den Darsteller des Gloster, Eugen Klöpfer. Jetzt sprach nicht mehr die Nachdenklichkeit, sondern ein aus der Hauptidee kommender Vorschlag half dem Schauspieler aus dem Zentrum seiner Persönlichkeit zur künstlerischen Gestalt.

Gründgens half den Schauspielern, weil er ihre Naturen kannte und sie in den Rollen erlöste. Ihren seelischen Drang führte er zur plastischen Äußerung und formte damit den Aufbau der künstlerischen Gestalt. So führte er sie zusammen, so ergänzten sie sich. Aus einzelnen Prominenten wurden Mitglieder der Spielgemeinschaft. Drei Lears standen eigentlich in Gründgens' Shakespeare-Aufführung auf der Bühne des Gendarmenmarktes. Werner Krauß hat ihn gespielt, Friedrich Kayßler und Eugen Klöpfer waren schon durch Lears Passion hindurchgegangen. In dieser Inszenierung spielte Kayßler den Kent, Klöpfer den Gloster. Hinzu kam die auserwählte Darstellung mit Paul Hartmann als

47

Edgar, Bernhard Minetti als Edmund, Walter Franck als Narr, Lears Töchter waren Hermine Körner, Maria Koppenhöfer und Käthe Gold.

So begann die neue Leitung der Preußischen Staatsschauspiele in der Spielzeit 1934/35 mit einer Mannschaft von Prominenten. Kein willkürliches künstlerisches Ansehen von Namen, sondern gesammelter, geordneter, abgewogener Einsatz erster Schauspieler, aufgespürt und geführt aus der Natur ihres Charakters, aus dem sie die Rolle entwickelten und zur Brandung der Elemente entfesselten. *König Lear* war dafür das erste Beispiel entschlossenen Kunstwillens.

Es war eine lange *Lear*-Probe. Um 16 Uhr wurden noch Schlachtenszenen einstudiert. Die nachmittägliche Abspannung rüttelte Gründgens durch ein paar ermunternde Worte auf. Er bat um eine Zigarette, ließ sich Feuer geben und drehte sich zu mir um: »Wenn das Gründgens sieht, fliegt Mühr!« Alles lachte. Die nervöse Spannung war gelockert.

Eine Frage des Regisseurs: »Kinder, wollen wir's noch mal? Was ihr heute habt, braucht ihr morgen nicht.«

Lachen und Bereitwilligkeit als Antwort. Jeder gab sich einen Ruck und marschierte ins markierte Feld zwischen den beiden Lagern mit Alltagsrock und Hellebarde, drei-, viermal.

»Ich danke euch. Schluß der Probe. Bis morgen.«

Anweisungen an den Komparserie-Inspektor.

Es war 16.30 Uhr.

In der Garderobe wurden Gründgens Entwürfe und Stoffproben zu den Kostümen seiner Inszenierung vorgelegt.

»Einfache Kostüme, sagte ich euch, sonst kommt das Wesentliche nicht heraus. Es ist ein bitteres Lied vom Herrscher ohne Macht, dieser Shakespeare mit seinem Schlußvers von der Demut und dem Reifsein.«

Ein paar Gegenfragen.

48

»So schlicht wie möglich. Das ist alles... Hat einer von euch eine Zigarette?« Einige tiefe Züge.

»Preuß soll mir irgendwas zu essen bringen.«

Der Garderobier würde es besorgen.

»Feste Grundfarben. Man muß immer wissen, wer auf der Bühne ist und welcher Partei er angehört, damit man nicht herumraten muß und sich ganz auf die Handlung einstellen kann.«

Das Essen kam, Fleisch mit Gemüse, Kartoffeln und Sauce. Alles wurde durcheinandergepampt und hastig verzehrt. Währenddessen gaben Kostümbildner und Garderobendirektor Vorschläge, die Gründgens aufnahm, ergänzte oder korrigierte. Noch ein paar Happen, dann schob er das Essen beiseite. Es sollte nur den allzu leeren Magen etwas beruhigen.

»Wann wünschen Sie den Kostenanschlag für die Kostüme, Herr Gründgens?« Es waren alles einfache Kostüme. »Das darf gar nichts kosten. Wann sind sie fertig?« Der Garderobendirektor Palm versprach morgen den endgültigen Termin in der Lieferung anzugeben.

»Gut. Nun laßt mich nach Hause gehen.«

Die morgige Probe mußte noch bestimmt werden.

»Läute mich heute abend an. Ich muß mir's noch überlegen«, vertagte er die Entscheidung für den Regieassistenten.

Zum Auto wenige Schritte, die durch eine Autogrammbittstellerin gehindert wurden.

»Nein, laß das, Kind. Die Kollegen kommen gleich zur Abendvorstellung. Such dir heute mal 'n andern Liebling. Ich bin hundemüde.«

»Gibt's bald den *Lear*, Herr Gründgens?«

»Kind, ich weiß nicht. Frag mal Krauß, der spielt ihn.«

»Warum den? Wissen Sie es nicht?«

Heftig trat der Fahrer Max auf den Gashebel.

Die erste Traumrolle: Hamlet –
Das Leiden wird zum Kameraden

»Wie war's?« fragte Gründgens.

Er lehnte sich an die Wand des Überganges von der Herren- zur Damenseite der Garderobe. Dort konnte man etwas ungestörter vom Strom der Schauspieler, Garderobiers, Friseure und Bühnenarbeiter sprechen. Ein wenig rutschte er zusammen, rieb sich den Schweiß vom Gesicht. Geschlossen die müden Augen, blasse, schmale Wangen. Ein erschöpfter Page mit kleinem, grauem Antlitz.

Die erste Hauptprobe des *Hamlet* in der Inszenierung von Lothar Müthel, im Herbst 1935, war vorüber. Es war vierzehn Tage vor der Premiere. Gründgens wollte die Rolle einmal ganz durchspielen, um die Runden des Dramas zu ermessen, ehe es an die künstlerische und technische Feinarbeit ging. Ein nicht übliches Verfahren, ohne Dekoration und ohne Gewänder. Sonst folgt nach der Hauptprobe in Kostüm und Maske und in den Bühnenbildern am nächsten Tag die Generalprobe und dann die Premiere.

Hamlet war die erste Traumrolle in Gründgens' Repertoire: Dieser Hamlet im Berliner Schauspielhaus 1935/36, Hamlet auf der Podiumbühne am gleichen Ort nach der Schließung der deutschen Theater Herbst 1944 und schließlich Hamlet im Düsseldorfer Opernhaus 1949/50. Vierzehn Jahre lagen dazwischen, vierzehn Jahre menschlichen und künstlerischen Fortschritts. Gründgens ließ nicht von diesem Menschen zwischen Sein und Nichtsein, mit dem er immer wieder die Welt zum Aufhorchen veranlassen wollte. Unter seiner eigenen Theaterleitung war der Hamlet sein zweiter großer Einsatz als Schauspieler, nach dem Mephisto.

Gründgens wünschte, Hamlet wäre seine größte Rolle. Nicht der Mephisto, wie es dann kam. Tasso, Richard II., Fiesco – das waren ebenfalls Gestalten aus dem Repertoire dieses Schauspielers, der der Kainz seiner Zeit werden wollte.

Der geliebte und gefeierte Josef Kainz vom Wiener Burgtheater! Mit seinem romanischen Temperament war er um die Jahrhundertwende das Ideal früher Männlichkeit gewesen. An ihm hatte man den knabenhaft schmalen, federnden Körper ebenso wie den wachen Geist und die reiche, unvergleichlich biegsame Stimme bewundert. Als er mit zweiundfünfzig Jahren starb, konnten viele die grausame Sinnlosigkeit des Schicksals nicht fassen.

Gründgens' Traumrollen hatte Kainz alle gespielt. Sein Romeo war zum Idealbild zwischen Berlin und Wien, Europa und Amerika geworden. Diesen jauchzend und verzweifelt liebenden italienischen Jüngling sollte Gründgens niemals spielen, wie Kainz einen unfertigen Mephisto brachte, bei dem er, wie Arthur Eloesser feststellte, »entschieden von Geist und Phantasie verlassen wurde«.

Sie schufen beide aus verschiedenen Quellen, trotzdem näherten sie sich an einigen Punkten, allerdings auf verschiedenen Ebenen. Kainz hatte Hamlet Oktober 1909 im Berliner Deutschen Theater gespielt. »Das war die Vollkommenheit«, mußte ein Kritiker vom Range Siegfried Jacobsohns anerkennen, »Kainz war einer, der mit göttlichen Gaben spielte...«

»Wie war's?« hatte Gründgens gefragt.

Sein Hamlet der ersten Stückprobe war unterschiedlich gewesen. Noch nicht gegossen, deshalb starr und weich zugleich. Metallisch in der Stimme und voll angestrengtem Pathos, doch ungefüllt, nicht innerlich verbunden. Ich begann, meinen Eindruck zögernd zu erklären. Ich wurde deutlicher. Mußte ich ihm nicht alles sagen, damit er besser würde? Gründgens horchte regungslos hin, sah an mir vorbei, zuckte mit einer Achsel und ging davon.

Hätte ich anders reagieren sollen? Ja! Theaterarbeit ist

ebenso Werkstattwissen wie Menschenkunde. Nicht zustechen, um schnell zu klären wie in der Theaterkritik, sondern behandeln, um weiterzukommen. Der Schauspieler muß vorsichtig umgangen werden. Er soll ja sicher werden und sich steigern.

Der künstlerische Beirat oder der Dramaturg dürfen und können auf den Proben nur Visite machen. Das ist nicht wenig. Visite machen heißt, im Lager des Schauspielers, der die Rolle spielt, ebenso aufmunternd wie nachdenklich wirken. Nicht der Spiegel sagt alles, sondern die Spiegelung. Man kann einem Menschen, der sich im kreißenden Zustand befindet, nicht die Wahrheit sagen. Nur Teile der Wahrheit, Ausschnitte, später die ganze Wahrheit.

Zu Gründgens' Hamlet: Ich hätte seinen Wunsch nach einem Urteil abfangen und *nach* der Probe beantworten sollen. Hamlet ist wie alle Klassiker ein Langstreckenlauf, den man trainieren muß – der Darsteller genauso wie sein Begleiter und erster Zuschauer.

»Du mußt ja Schreckliches gesagt haben«, meinte Lothar Müthel nachmittags am Telefon. Gustaf sei wie verstört. Er werde nicht nach Zeesen fahren, um dort frische Kräfte zu sammeln, sondern woanders hin, weiter weg. Ich wiederholte meinen Eindruck, den Müthel zögernd, vorsichtig bestätigte. Es habe viel an technischen Umständen gelegen. Warum ich denn... Hätte ich überhaupt nichts zu Gründgens sagen sollen? Oder wußte Gründgens selbst um diesen problematischen Hamlet und war deshalb schockiert?

Am frühen Abend desselben Tages versammelten sich sämtliche Mitarbeiter von der künstlerischen Leitung bis zum Betriebsbüro. Am späten Abend verlasse er Berlin, sagte Gründgens. Hamlets Flucht in ein Sanatorium. Er wollte sich gesundheitlich in Form bringen für seine Traumrolle.

Mit einem Gespräch versuchte ich noch, meine Kritik

näher zu erläutern, Gründgens winkte kurz ab und blieb stumm. Er verbarg sich förmlich hinter der Ablehnung. Statt dessen genaue dienstliche Hinweise, eine weiche Hand, kaum ein Blick zum Abschied auf zehn Tage.

In seiner Garderobe lag Gründgens im Kostüm des Hamlet auf der Chaiselongue. Ein armes Bündel zusammengedrückter Glieder, den Kopf unter einem Handtuch. Manchmal ein Stöhnen, mehr ein leises Wimmern, sonst Stille.

Schwere Kopfschmerzen hatten ihn den ganzen Tag über geplagt. So war er im Bett geblieben, eine eng anliegende Binde über dem Kopf oder die Strahlenlampe nahe dem Genick oder dem Hinterkopf, durch die Stunden hindämmernd, kaum etwas essend. Nur Ruhe im verdunkelten Zimmer, auf Besserung hoffend, damit die Vorstellung nicht abgesagt zu werden brauchte.

Ein Berufsleiden konnte man es nennen. Kollegen erzählten, daß sich Gründgens 1932 bei seinem allerersten Mephisto täglich den Schädel habe rasieren lassen, um die rote Teufelskappe glatt und fest ansitzen zu lassen. Bald danach stellten sich rheumatische Kopfschmerzen ein. In der Kopfschwarte und Schädelmuskulatur riß und zog es, vor allem bei jeder Bewegung, an der die Kopfmuskeln beteiligt waren. Das Sprechen schmerzte, Kinn und Lippen im Bereich des fünften Gehirnnervs schmerzten.

Zum Nervenkopfweh steigerte sich das Leiden bei geistiger Übermüdung, bei Erkältung und bei Witterungswechsel. Die Anfälle störten den Schlaf. Fast jede Woche traten sie auf, manchmal dauerten sie tagelang, mit kurzen Unterbrechungen. Schmerzen vom Hals und Nacken bis zum Kopf. Jedes Geräusch war unerträglich. Zerschlagenheits- und Wundheitsschmerzen im Schädel. Jahrzehntelang sollte er daran leiden. Periodische Anfälle, periodisches Befreitsein.

Trotzdem hatte sich Gründgens an diesem Abend aufgerafft und war ins Schauspielhaus gefahren. Fast benommen betrat er die Garderobe, blaß und fröstelnd. Er ließ sich das Kostüm des Prinzen, selbst die Schuhe anziehen, ließ sich schminken, sah in den Spiegel und schloß die Augen. Er zitterte.

Dann riß es ihn hoch, so drückte und stach es im Kopf. Hamlet fiel auf die Chaiselongue und kauerte sich halb bewußtlos zusammen. Es war fünfzehn Minuten vor Beginn der Vorstellung.

Der herbeigerufene Hausarzt, Professor Siebert, gab ihm eine Spritze. Sie sollte den Gefäßkrampf lösen und den Kreislauf harmonisieren. Nach fünfundzwanzig Minuten verließ Gründgens die Garderobe. Mit einundzwanzig Minuten Verspätung konnte die Vorstellung beginnen.

Ein Wagnis! Keine Ansage über den unpäßlichen Hauptdarsteller, sondern Beginn wie an jedem Abend. Durch mehr als drei Stunden Satz für Satz, Frage über Frage, Monolog über Monolog, Bewegung über Bewegung. Wechsel der Stimmungen und Steigerung des Ausdrucks. Vermochte Gründgens überhaupt den Text zu bringen bei diesen Krampfzuständen?

»O schmölze doch dies allzu feste Fleisch...«

Gründgens allein auf der Bühne im ersten Hamlet-Monolog. Wie in jeder Vorstellung breitete er die Arme weit über die spiegelnde Tischplatte aus und ließ sich langsam daraufallen. Abscheu und Hilflosigkeit zugleich, um die gepreßte Wut über die ungeheure Heuchelei im Rat des dänischen Königs loszuwerden. Die Zuschauer mußten den Trotz an dieser schmalen Gestalt in der einfachen schwarzen Kleidung spüren. Trotz, mit dem sich Hamlet wappnete und geißelte, um wach zu bleiben im höllischen Treiben dieser Welt. Trotz, der Gründgens vom ersten Wort an erfüllte, um – mit Kopfkoliken – die fünf Akte, die zwanzig Bilder, zwanzig Shakespeare-Runden, zu bewältigen.

54

Der Hamlet dieses Abends verließ die Bühne nicht mehr. Auch nicht, wenn das Spiel draußen ohne ihn weiterging. Er wollte seine letzte Kraft beim Abgang und Aufgang über den Gang und die Treppen sparen. So saß er hinter einer schnell aufgestellten spanischen Wand in einer Ecke des großen Bühnenraumes, legte den Kopf, mit einer kühlen Kompresse bedeckt, nach hinten und schloß die Augen. Nach einigen Auftritten trank er lauwarmen Tee mit Zitrone, ließ sich den Schweiß auf der Stirn trocknen, antwortete schwach, doch genau auf die wenigen Fragen seines Arztes und versank wieder in sich selbst.

Atemlose Spannung hinter der Bühne, als Gründgens den tollen Prinzen spielte. Es war, als spazierte er wirklich auf der Nachtseite des Lebens, so unheimlich klang der Text. Oder legte man das hinein?

Immer spitzer wurde das Gesicht, die Sprache flackernder, nicht müder, sondern stechender. Immer gläserner die Erscheinung. Die Grenze zwischen Hiersein und Dortsein schien sich zu verwischen…

»Ich glaube, ich habe den genauen Text gesprochen – kein Wort ausgelassen«, flüsterte Gründgens heiser, als der Vorhang endgültig über dieser Vorstellung gefallen war. Vielleicht horchte er auf dem Weg zur Garderobe nach dem Beifall, der das Ensemble überschüttete und ihm besonders galt, dem er jedoch auswich, weil ihn die Schmerzen zu sehr peinigten. Er stützte sich auf den Arm seines Arztes und den des Garderobiers und lächelte schmerzlich vor sich hin.

Was ging im Kopf dieses Schauspielers vor? Kein Satz verlor sich bei dem Patienten in der Hamletrolle. Das war Professor Siebert beim Mitlesen des Textbuches am Inspizientenpult ebenfalls aufgefallen. Jede Stellung und jedes Arrangement wie in früheren Vorstellungen. Selbst der kranke Hamlet war Beherrscher der Situation. Ein winziges waches Auge im Gehirn nannte es der große Schauspieler

Friedrich Kayßler, das für diese künstlerische Präzision verantwortlich war.

Durch Monate und Jahre plagte Gründgens sein Leiden, ohne daß die Kunst oder der Betrieb darunter litten. Täglicher Dienst im Theaterbüro, tägliche Proben und abends Vorstellungen – dieses Pensum hielt er zeitweise trotz seiner Koliken durch, ohne daß er davon Aufhebens machte. Er stöhnte wohl, aber mehr für sich. Er sprach nur leiser bei den Proben und im dienstlichen Verkehr. Abends bestand er Ringkämpfe mit seiner leidenden Natur, bis er sie überwand... beim Hamlet, später beim Mephisto, beim Richard II. und beim Fiesco. Das Leiden war ihm zum Kameraden geworden.

»Woraus schließen Sie, daß Herr Gründgens mich empfangen wird?« fragte der bald sechzigjährige Georg Kaiser, einer der fruchtbarsten Theaterschriftsteller, beim Besuch in der Intendanz, Oberwallstraße.

Vor mir lag seine neueste Komödie, *Das Los des Ossian Balvesen*, ein nachdenklich stimmendes, packendes Thema: Glück und Unglück eines großen Loses, das seinem Empfänger weder Herz, Talent noch Frieden schenkt.

Bei uns war eine blendende Besetzung möglich. Emil Jannings als Postbeamter, der dem größten Phantom seines Lebens nachrennt und jenes, sich und seine Familie verliert. Werner Krauß als Lotterieeinnehmer, Tabakhändler und Puppenschnitzer, der genau weiß, daß er durch das große Los kein zweiter Michelangelo wird.

Gründgens war von dem Stück genauso beeindruckt wie ich. Es war jedoch schon die Zeit, in der Kaiser vom NS-Regime gestäupt worden war, weil er, wenn auch weniger scharf als Shaw, antimilitaristische Formulierungen kurz vor der Machtergreifung gebraucht hatte. Diese wurden ihm unnachsichtig angekreidet. Um die Situation vorzuklären, hatte ich an den Reichsdramaturgen Dr. Rainer Schlösser geschrieben. Ich wollte dort auf den Busch klopfen, da man mir telefonisch eine hinhaltende Antwort angeboten hatte.

Wir fuhren zu Gründgens nach Zeesen. Warum bemühte sich das Staatstheater um Kaiser zu einer Zeit, da ihm mit seinen über zwanzig Bühnenwerken niemand mehr ein Stück Brot anbot? Das bohrte in dem Dramatiker, der einst Mittelpunkt der Berliner Gruppe von Bühnenschriftstellern wie Hasenclever, Unruh, Sternheim, Kornfeld, Toller, den jungen Brecht und Zuckmayer gewesen war. Immer wieder stellte er die Frage: Gab es tatsächlich so etwas noch wie eine unabhängige Dramaturgie und eine freie Annahme von Stücken?

Gründgens fragte, und Kaiser antwortete ohne Zögern. Wir sagten ihm alles, was uns bewogen habe, die Annahme der Komödie vorzubereiten. Kaiser antwortete langsam. Er unterdrückte eine gewisse Unruhe und sah schmal, schlank, mit brennenden Augen aus. Für ihn war es nicht leicht, ein Gespräch zu führen, das vielleicht die Annahme seines Stückes brachte und damit endlich Honorar, um leben zu können. Er charakterisierte in Höllenfarben die politische Gegnerschaft, die ihn vielleicht außer Landes treiben könnte. Die innere und äußere Emigration hatte längst begonnen. Der Maler Max Beckmann lebte bereits in Holland.

Eine tolle Lage! nannte es Gottfried Benn und fragte: »Wo halten wir eigentlich? Furtwängler dirigiert nicht mehr. Hindemith ist in Ankara. Poelzig geht nach Ankara. Ein Buch über Barlach wurde verboten. Ich bin ein öffentliches Ferkel. Eine Corinth-Ausstellung in Basel erregt wegen ihres großen Erfolges den Haß, den unauslöschlichen Haß dieser Kreise, weil Corinth zu jener Gruppe der Kunst gehört. Man kann auch natürlich einfach sagen: Weil es Kunst ist...«

Wer wußte um diese Gefahren besser als Gründgens?

Unter dem Eindruck, Gesinnungsverwandten zu begegnen, wurde Kaiser gesprächiger. »Würde ein Pseudonym die Annahme reibungsloser machen?« fragte er.

Gründgens streichelte den irischen Terrier, der neben ihm lag, und bekam ein spitzes Gesicht. Die Frage war falsch von Kaiser, dachte ich. Darüber hätte er schweigen sollen. Sein Stück war ja schon vielen bekannt. Andere Schriftsteller, wie Erich Kästner, hielten sich zurück, schrieben trotzdem, schwiegen und weihten ganz wenige in das Geheimnis ihrer Arbeit ein. So kamen sie durch.

»Wenn er es Ihnen oder mir allein angeboten hätte – ein neues Stück natürlich –, dann hätten wir ihm nützlich sein können«, bedauerte der Intendant am nächsten Tag, als wir über Kaisers Besuch sprachen und uns über neue Wege zur offiziellen Aufführungserlaubnis unterhielten. Alle diese sollten an der unwandelbaren Ablehnung durch das Propagandaministerium schließlich fehllaufen.

Gründgens spürte die hohe Wand, an der es nicht weiterging und die auch für unsere preußische Insel zuweilen Bedeutung bekam.

Während der nächsten Jahre erst wurde diese Wand des Propagandaministeriums abgebaut oder umgangen. Aber die Schützen hinter der Wand beobachteten uns scharf, wie sich bald herausstellen sollte.

Aus seinem Schweizer Exil ließ sich Georg Kaiser hören: »Wenn ich in letzter Zeit so viele Werke geschrieben habe, so geschah es nicht, um nicht wahnsinnig zu werden, sondern um wahnsinnig zu werden. Diese Art des Selbstmordes erschien mir als die würdigste. Doch ich überstand die Schöpfung meiner Werke.«

Exil auf Zeit –
Klaus Manns Schlüsselroman, eine »Mine mit Zeitzünder«

»Ein paar Tage müssen Sie aufpassen«, sagte Gründgens leise, »ich fahre fort. Ob ich wiederkomme, weiß ich nicht.«

Es war die letzte *Hamlet*-Vorstellung wenige Wochen nach der Premiere. Das Stück verschwand, jedenfalls für vierzehn Tage, vom Spielplan. Gründgens hatte es angeordnet.

Der Garderobier Preuß war hinausgeschickt worden. Gründgens schminkte sich ab. Wir hatten über die ungewöhnliche Stimmung des Publikums an diesem Abend gesprochen. Zu dem großen Fenster der Intendantengarderobe schallte ein dumpfes Gemurmel von der Straße herauf. Die Besucher drängten sich schon in Scharen am Bühneneingang. Während der wenigen Schritte, die Gründgens zum Wagen brauchte, wollten sie ihren Beifall persönlich anbringen und um Autogramme bitten.

»Göring bekommt Bescheid. Mein Vater wird einen Brief abgeben im Augenblick, in dem ich in der Schweiz bin. Sie wissen von nichts«, fuhr Gründgens fort und säuberte mit ruhigen, festen Strichen den Nacken von der Schminke.

Hatten ihn also die Kritiken der Parteiblätter über seinen Hamlet doch zur Strecke gebracht! Nach dem üblichen Theaterreferat, das eine einzige unsachliche Ablehnung gewesen war, erschien fast eine ganze Seite im »Völkischen Beobachter«, dem parteioffiziellen Organ, worin seine Darstellung als bewußt antifaschistische Interpretation abgewertet wurde.

»Der Intellektualismus ist ein typisches Produkt des Judentums«, stand dort zu lesen, und zehn Zeilen tiefer: »Gründgens ist ein Intellektueller.« Kunststück, man wünschte eben keine Hamlet-Söhne mit ihrer überwachen, prüfenden Geistigkeit. Hamlet war in zu harter Opposition dargestellt. Die Pressekampagne befand sich im völligen Gegensatz zum Erfolg des Schauspielhauses, dessen *Hamlet* an der jeweiligen Sonntagskasse für die ganze Woche in kurzer Zeit ausverkauft war. Für Paul Fechter von der »Deutschen Allgemeinen Zeitung« war der Dänenprinz von Gründgens »der exakteste, sprachlich wie gestalterisch überlegteste, den es seit Kainz gab... Es ist ein sehr moderner Hamlet... nervös, von sich ebenso wie von seiner Aufgabe besessen, ein sehr ästhetischer Hamlet, der den Schädel Yoricks nicht mit den Händen anzurühren wagt, sondern sie unter seinem Mantel läßt und so mit ihnen den Totenkopf umfaßt. Er weiß sehr genau um sich und seine Wirkung... Denn das unterscheidet den Hamlet von Gründgens wesentlich von dem traditionellen, zur Tat unfähigen Melancholiker der Romantik: Er hebt die Momente des Handelns überall heraus...«

Wie lange sollte Gründgens das Kesseltreiben aushalten, das von verschiedenen Seiten betrieben wurde? Besonders von Dr. Goebbels, der die Preußischen Staatstheater gern unter seine Ressortgewalt gezwungen hätte. Alfred Rosenberg, die Redaktion des »Völkischen Beobachters« und die SS stimmten auf den gleichen Ton ein. Ihnen allen war Gründgens zu narzistisch, statt nazistisch.

Was erwarteten die NS-Kreise von einem Hamlet? Einen stolzen Schwan auf dänischen, sprich deutschen Gewässern, immer aktiv und vorwärtsstürmend, am besten alle Zweifel meidend, mehr zielstrebig als nachdenklich und zwiegespalten. Der wache, eindeutige Wille sollte triumphieren, nicht Gründgens' Hamlet, der ein Bruder des Mephisto war, wenn er fanatisch mit Menschen, Gefühlen und Problemen abrechnete.

Wie konnte ich nach dem Geständnis unter vier Augen helfen? Bereits zwei Jahre auf den Tag genau, nachdem die ersten Verhandlungen mit Göring begonnen hatten, stellte Gründgens sein Amt zur Verfügung. Sicherlich fuhr er zu seinen Bekannten, einer alten Schweizer Familie, mit der er sich beraten wollte. Wenn er nicht wiederkam... Fester Händedruck, kein Wort mehr, der Garderobier konnte wieder hereinkommen.

Am nächsten Tag telefonierte der Preußische Ministerpräsident Hermann Göring als Oberster Chef der Preußischen Staatstheater mit seinem »emigrierten« Intendanten in Basel. Er wollte ihn um viele Preise halten und unbedingt zurückhaben. Göring stellte den Zeitungsangriff als Einzelstimme hin, die man nicht überschätzen solle. Übrigens hätte er die beiden Redakteure längst in Haft genommen. Er kam dann auf die Abreise zu sprechen, auf die Folgen für Familie und Freunde, falls Gründgens auf seinem Aufenthalt im Ausland beharren sollte. Mit dieser Mischung aus Jovialität und Drohung wurde der Exilierte zu einem Gespräch nach Berlin eingeladen. Gründgens verlangte freies Geleit – was ihm zugesagt wurde –, und er versprach zu kommen.

Im Palais am Leipziger Platz, der Residenz der Preußischen Ministerpräsidenten, ließ Göring am nächsten Tage seine beiden Journalisten wie Trophäen vorführen. Er diente ja seinen Besuchern gern mit Attraktionen, ob er in Karinhall junge Löwen oder Prachtstücke seines Jagdeifers vorführte oder ob er anläßlich der Olympischen Spiele 1936 nach eigenen Entwürfen eine Miniaturfestwiese mit der Mühle im Schwarzwald, der Hamburger Hafenschenke und dem Nürnberger Bratwurstglöckle anlegen ließ.

Diesmal zeigte Göring menschliche Trophäen. Es waren jene eingesperrten Kritiker des »Völkischen Beobachters«, die aus den Zellen der Gestapo in der Prinz-Albrecht-Straße dem Intendanten Gründgens zur Unterredung vorgeführt wurden. Sie entschuldigten sich und beschworen, sie hätten nicht Gründgens in dem fraglichen Artikel gemeint, sondern Alexander Moissi, den für sie dekadenten, grimassierenden und näselnden Hamlet-Darsteller bei Max Reinhardt. Eine dumme Ausrede.

Während dieser offiziellen Situation trat der Intendant Gründgens vor und der Schauspieler, der Hamlet spielte, zurück. Was hatte er von der Inhaftierung der beiden Zeitungsleute? Es war eine Demonstration, die sich in keinem Verhältnis zum Anlaß befand. Keine Genugtuung, eher eine Blamage für die, die es angerichtet hatten. So bat Gründgens dringend, die Journalisten in Freiheit zu setzen.

Was wurde mit ihm selbst? Als Göring die mangelnde Wirkung seiner fatalen Entschuldigungskampagne beobachtete, schwenkte er sofort auf eine günstige Position um und begann einen Monolog. Er frappierte durch Gönnerlaune und beschwor Gründgens, er solle ihm sämtliche Voraussetzungen für die Weiterführung seines Amtes nennen. Was nur möglich war, sollte gewährt werden. Von sich aus versprach Göring: völlige Abschirmung von allen Angriffen, von welcher Seite sie auch kommen mochten. Wie bisher würde er seine Hand, noch stärker über die Preußischen Staatstheater halten. Er wollte, auch wenn seine Auffassung darüber problematisch war und dauernder Korrekturen bedurfte, Aufbau, Kunst, keine Störungen, keine Politik. Wie wär's, Herr Gründgens – auf ein Neues?

Bedenkzeit wurde erbeten und zugesagt. Wie lange? Vierundzwanzig Stunden. Einverstanden!

Gründgens, blaß, angestrengt und leidend, fuhr vom Leipziger Platz nach Charlottenburg, Kaiserdamm 45. Dort praktizierte der Hals-, Nasen- und Ohrenarzt Dr. Hanns Mauß, Chefarzt seines Faches im Westend-Krankenhaus. Zu dieser liebenswürdigen Erscheinung im Othello-Format pilgerten die erkrankten Künstler von ganz Berlin.

Es war gegen fünf Uhr nachmittags, als Gründgens sich in den Sessel des Ordinationszimmers fallen ließ. Zunächst einmal tief Luft holen, ruhiger werden, um dann Dr. Mauß von seinem Konflikt zu erzählen.

Wenig später fuhr am Haus Kaiserdamm 45 ein Auto vor, dem zwei SS-Männer entstiegen. Sie klingelten an der Tür der Arztwohnung und verlangten den Intendanten Gründgens, wie das Dienstmädchen meldete.

»Da haben Sie Görings Ehrenwort!« stieß Gründgens hervor. Er zweifelte nicht daran, daß das freie Geleit gebrochen war und er verhaftet werden sollte. Statt dessen überbrachten die SS-Männer einen Brief, vom Preußischen Ministerpräsidenten persönlich. Um Empfangsbestätigung wurde gebeten.

Ehe sich Gründgens von dieser Überraschung erholen und den Brief lesen konnte, betrat die Frau des Arztes das Ordinationszimmer und sagte: »Ich gratuliere Ihnen. Ich habe eben im Rundfunk gehört, daß Sie Staatsrat geworden sind.«

Unbeweglich stand Gründgens und sah Frau Mauß wie eine Erscheinung an. Als der Arzt hinzutrat, traf ihn ebenfalls ein Blick der Frage und des Nichtverstehens. Für die Glückwünsche fand Gründgens kaum eine Reaktion. Statt dessen zeigte er den Brief vor, den sie nun gemeinsam lasen. Ernennung zum Staatsrat... es war nicht zu glauben: Alles für eine Rolle, alles für seinen Hamlet, der für jeden Schauspieler die große Feuerprobe seiner Begabung bedeutet.

Über die Ernennung war zwischen Göring und Gründgens während ihres Gespräches im Palais kein Wort gefallen. Keine Frage, ob er den Titel überhaupt annehmen wollte. Übrigens ein Titel für ein Amt, das seit Jahr und Tag politisch bedeutungslos war. Also eine leere Verleihung? Das konnte man nicht sagen. Der Titel des Staatsrates machte Gründgens immun. Nichts konnte den Mitgliedern des Preußischen Staatsrats ohne Wissen von Göring geschehen. Sie konnten weder verhaftet noch abgesetzt werden. Darin lag Görings Effekt.

Es war die erste Immunität für Gründgens. Staatsrat »Justaf« hieß es launig im Theater. Sollte er protestieren? Sollte er endgültig emigrieren? »Das schien mir alles so unernst und eine solche Köpenickiade, daß ich mich dazu nicht entschließen konnte«, sagte er später.

So stand es auf dem Zettel der ersten Probe in der zweiten Septemberhälfte 1936: *Hans Sonnenstößers Höllenfahrt.* Zufall oder Anspielung auf das, was sich politisch in der Zwischenzeit ereignet hatte? Oder was in einigen Jahren einem ganzen Volk bevorstand?

Aus einer rheinischen Erinnerung an den alten Kumpel Paul Apel wählte Gründgens dessen Traumspiel aus dem Jahre 1911, das den Kampf des Künstlers mit dem Spießer in zahllosen Variationen zeigt. In der Neubearbeitung blieb keine Zeile neben der anderen. Jeder Schauspieler mußte zusätzlich dichten und textieren. Aus dreihundert losen, handschriftlichen Blättern entstand das Regiebuch für eine Inszenierung, die das Staatstheater zum »Kabarett und Varieté, Zauberland und Märchenland, Traumreich und Schau der tausend technischen Wunder« machte. Karl Heinz Ruppel schrieb in seinen Berliner Theaterbetrachtungen: »Aus dem Orchester zittern die Saxophone und zarten Geigen eines von Mark Lothar komponierten Tangos. Der Zuschauer wird überwältigt und niedergeworfen von allen Zauberkünsten des Theaters, berückt, behext, begeistert von der Virtuosität des Zusammenspiels aller Elemente auf, über, unter, vor und hinter der Bühne.«

In diesem gigantisch aufgeblähten Spektakel war Gründgens der Tausendsassa. Er sang und tanzte, er konferierte und entfesselte Dialoge. Gründgens brauchte sich manchmal nur zu bewegen. Oder wie Oscar Wilde einem ähnlichen Typ nachsagte: »Er spielt nicht auf der Bühne, er benimmt sich.« Im Zusammenspiel mit Theo Lingen wurde ein unverwüstliches Paar auf die Bühne gestellt. Käthe Gold spielte das Minchen Schmidt im Matrosenkleidchen, mit Hängezöpfen und einer Schulmappe auf dem Rücken. Elsa

2 *Das Staatliche Schauspielhaus Berlin, der Schinkelbau, eine preußische Insel mitten in der Reichshauptstadt. Gründgens war 11 Jahre Intendant am Gendarmenmarkt: 1934-1945.*

3 *Mephisto mit …*   4 *… und ohne Maske*
30 ausverkaufte Häuser: der erste Mephisto   *Gründgens wird abgeschminkt: der*
in Berlin 1932   *»Faust«-Film 1960*

5/6   Gründgens auf den Proben zum Kassenschlager »Das Konzert« von Hermann Bahr
1933 mit Emmy Sonnemann und Hans Leibelt
7   Szenenfoto aus »Das Konzert«, Regie: Paul Bildt. V. l. n. r.: Liselotte Henke
(Delfine), Hans Leibelt (Albert Heink), Gustaf Gründgens (Dr. Jura), Emmy Sonnemann
(Marie Heink)

8 Eine Paraderolle für Gründgens: der Lord Bolingbroke in Scribes »Glas Wasser« 1934 unter der Regie von Jürgen Fehling mit Hermine Körner (Lady Churchill) und Käthe Gold (Königin)

9 Zur Entspannung des Hausherrn am Gendarmenmarkt ein modernes Lustspiel: Maria Bard als Fliegerin und Gründgens als Jounalist 1935 in Jochen Huths »Himmel auf Erden«, Regie: Gustaf Gründgens

10/11   Das erste Musical auf einer deutschen Bühne:
Gründgens' Bearbeitung und Inszenierung von Paul
Apels »Hans Sonnenstößers Höllenfahrt« 1936 mit ihm
selbst in der Titelrolle, Käthe Gold als bürgerliches Minchen Schmidt (oben) und Herma Clement als intellek-
tuelle Ellen Müller (unten)

12/13   Vielgespielte Autoren am Gendarmenmarkt: Richard Billinger (links) und Hans Rehberg (rechts)

14   6.4.1939: Uraufführung von Rehbergs »Königin Isabella« am Gendarmenmarkt, Regie: Gustaf Gründgens. Szenenbild mit Maria Koppenhöfer (Königinmutter Isabella), Hannsgeorg Laubenthal als Philipp und Marianne Hoppe als Juana

15 Dieser ästhestische, vernunftbegabte Hamlet war der
nationalsozialistischen Parteipresse im Grunde zuwider.
Gustaf Gründgens reagierte mit Emigration in die Schweiz.

16 Nach dem Mephisto
die eigentliche Traumrolle
im Staatlichen Schauspielhaus: Hamlet mit Käthe
Gold als Ophelia unter der
Regie von Lothar Müthel
(21.1.1936)

17   *Eine Glanzrolle für Gründgens wurde der Lukull in Hans Hömbergs Komödie
»Kirschen für Rom«. Seine Partnerin in der Uraufführung im Kleinen Haus des Staatstheaters war am 5.10.1940 Heli Finkenzeller. Regie: Wolfgang Liebeneiner*

18/19   *Das Ehepaar Gustaf Gründgens/Marianne Hoppe 1937: glückliche Stunden auf
dem Landgut Zeesen vor den Toren Berlins*

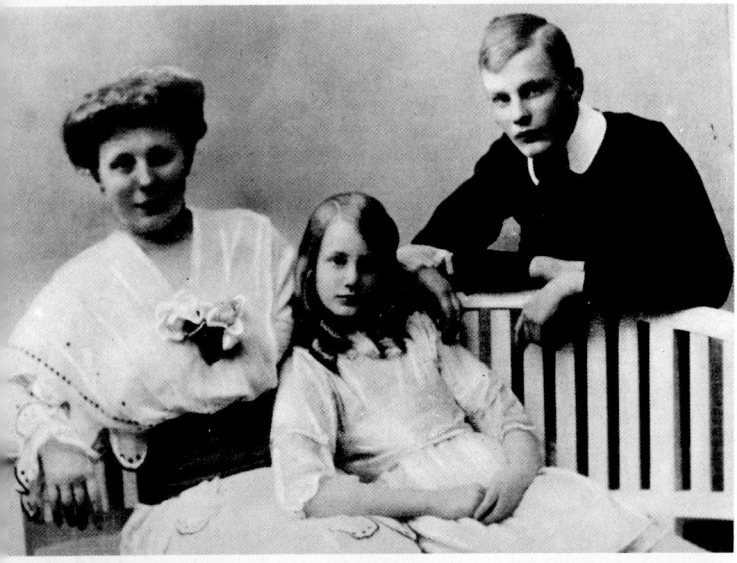

23/24 *Ähnlichkeit der Geschwister Marita und Gustaf im Leben und im Beruf. Marita Gründgens war eine bekannte Chansonsängerin.*

◁ 20-22 *V. o. n. u.: Kinder-Karneval Düsseldorf 1904, Gründgens zweiter von links, links außen Schwester Marita/Mit Mutter Emmy und Marita, Düsseldorf 1914/Sturm- und Drangzeit mit Pamela Wedekind (rechts hinten) und den Kindern von Thomas Mann: sie traten 1925 zusammen in Klaus Manns »Anja und Esther« auf. Erika Mann wurde Gründgens' erste Frau – eine kurze Ehe. Klaus Mann (rechts) schrieb 1936 den heute vieldiskutierten Theater-Roman »Mephisto«.*

25 *Marianne Hoppe als GG's Partnerin in dem von Gründgens inszenierten Filmlust- spiel »Capriolen«, 1937 (unten)*

26 *Als Orest in Goethes »Iphigenie auf Tauris«, Regie: Lothar Müthel (2.1.1943)* ▷

Wagner agierte als Tante Pauline mit hundert Doppelgängerinnen in der riesigen Plüschwüste. Ein rasendes Allotria trieb die Zuschauer von Anfang an in Lachorkane, wie sie das würdige Haus in dieser Stärke wohl noch kaum erlebt hatte.

War dieser zeitlos kritische Ulk eines Staatstheaters würdig? Die fünfte Inszenierung des neuen Intendanten – nach *Minna von Barnhelm* und *König Lear* 1934/35, nach *Gyges und sein Ring* und *Der tolle Tag* 1935/36 – kam aus jener Ecke des komödiantischen Übermutes und des Überbrettls, in der Gründgens in früheren Jahren vorübergehend beheimatet gewesen war. *Sonnenstößer* wäre für das Große Schauspielhaus eine prachtvolle Erwerbung gewesen. Hier am Gendarmenmarkt jedoch? Allen Skeptikern zum Trotz feuerwerkte es nun auch hier so ausgelassen, daß man sich um die paar Proteste wenig zu bekümmern brauchte. Ein abenteuerlicher Schwank war auf Hochglanz gebracht worden, blendend modernisiert und inszeniert, großartig in der Leistung des Apparates, und doch war es schließlich altes Konfetti. Scharf und läppisch, meinten einige ungehemmt. Drehte sich Gründgens schon in der zweiten Spielzeit im alten Kreise seiner Kabarettneigung? Wie sollte es weitergehen?

Mit einem dramatischen *Wilhelm Tell*-Sturm hatte es einst bei Jeßner angefangen, so ungehemmt, daß die historischen Schinkel-Mauern den Lärm und das Toben der Protestler gegen die neue Bühnenreform kaum aufhielten. Gründgens entfesselte einen Lachsturm. War das alles? Sein Effekt war der Witz der Jahrhundertwende, gemalt und gekennzeichnet für den Simplicissimus: Spießer im Reich des Plüschs. Ohne Zweifel, Lachen begann jetzt schon Zuflucht zu werden, Spaß wurde ein Mittel, um zu diskutieren. Vor allem: es kam auf die Erprobung an. Wie Jean Cocteau war Gründgens an einem Publikum gelegen, das nicht voller Vorurteile steckt, das nicht gleich die Stacheln sträubt und in Deckung geht…

Es lag noch ein anderer Grund vor. Gründgens wollte nicht nur den Apparat testen, sondern mit diesem kabarettistischen Explosionsgemisch auch den traditionellen Bühnenrahmen sprengen.

Mit seiner zweiten Premiere, dem *König Lear*, hatte er es tastend versucht. Es war geplant gewesen, diesen Shakespeare bei offener Bühne anfangen zu lassen. Um fünf Uhr nachmittags am Premierentag wurde die Technik angewiesen, den Vorhang halb zu senken. Nun lagen zwei Auf- und Abgangswege zu den beiderseitigen Proszeniumslogen nackt und beziehungslos da. Beim Dämmerlicht sah der Besucher auf die von Rochus Gliese entworfenen Kulissen, die noch nicht mitspielten, aber sich schon anboten. Im letzten Augenblick hatte Gründgens seine Konzeption umgeworfen. Fehlte ihm der Mut, die Bühne vorzuziehen, um den erweiterten Spielplatz für das vielschichtige *Lear*-Drama zu benutzen? »Ich finde es so besser«, resignierte er.

Im Kabarettmilieu Sonnenstößers war Gründgens ungehemmter. Bedenkenlos fuhrwerkte er in das Parkett, zu den Rängen hinauf und brachte überall Knallbonbons an. Einmal wollte er zeigen, wohin die Pfeile abzuziehen waren. Wie herrlich doppelbödig das alles war! Und wie schön, daß man auch an einem Staatstheater blitzende Floretthiebe austeilen konnte, um die übliche dramatische Chronik durch ein Unwetter von wilden Späßen und zeitkritischem Allotria von tieferer Bedeutung abzulösen.

Es blieb bei diesem einen diabolischen Ausflug in die geharnischte Komik – einmal Luft holen und Scherben umherfliegen und liegen lassen, wenn auch nur im Traumland Hans Sonnenstößers! Zu Recht hat man später diesen *Sonnenstößer* als das erste Musical auf einer deutschen Bühne bezeichnet.

Die künstlerischen Planungen gingen flott voran. Planungen, die eine Spielzeit unter ein Thema zu stellen pflegten. Es schien nicht lange zu dauern. Man traf auf Gerüchte, Gründgens sei Kommunist gewesen, der gleichgeschaltet wurde. Die harmlosesten Beamten der Theaterabteilung des Preußischen Staatsministeriums und der Generalintendanz im eigenen Hause fragten mit Augenzwinkern und hinter der Hand, ob es stimme. Ein Grund mehr, eine direkte Telefonleitung zwischen Gründgens und mir anzulegen, um jeden Mithörer auszuschalten.

Tatsache war: Ein halbes Jahr vor der »Machtergreifung« hatte Gründgens' Name zusammen mit denen anderer Künstler und Schriftsteller in einer Flugschrift der KPD gestanden. Die Kommunisten wollten zeigen, wer kulturpolitisch alles zu ihnen gehörte. Das Blatt hatte ich gelesen. Auf der Liste standen Namen wie Ernst Barlach und Käthe Kollwitz, die nie Kommunisten waren. Man hatte sie ohne ihr Wissen in die Reihe gesetzt. Die von ganz links fragten ebensowenig, wie Göring fragte, wenn er einen Intendanten zum Staatsrat ernannte.

Wie kam Gründgens damals zu diesem Extrem? hatte der Preußische Ministerpräsident, der davon unterrichtet worden war, in den ersten Gesprächen mit Gründgens wissen wollen. »Die Kommunisten waren die ersten, die sich um uns kümmerten«, antwortete der zukünftige Intendant und Staatsrat. Sie stellten Fragen oder gaben Antworten, mit denen man sich beschäftigen mußte. Die anderen Parteien, meinte Gründgens, selbst die Nationalsozialisten, ließen uns laufen. Für sie waren die Künstler ein exklusiver Kreis aus der Schminkkiste von Bühne und Film. Sie sah man sich an, aber man nahm sie nicht ernst.

Gründgens also ein früherer Salonkommunist? Ein bißchen politische Tändelei war dabei gewesen. Ein gewisses Sich-interessant-machen. Es genügte, beklatscht zu werden.

67

Aus menschlichen Gründen hat Gründgens nach 1933 verhafteten kommunistischen Schauspielern geholfen. Vielleicht stammten daher die Verdächtigungen in diesen Monaten Ende 1936.

Gerüchte folgten ihm wie sein Schatten. Manchmal stimmten sie, weil er sie selbst mit bestimmter Absicht durch Mittelsmänner ausstreuen ließ. Oftmals stimmten sie gar nicht. Dann machten sich junge Freunde wichtig. Sie halfen nicht, sondern unterminierten förmlich seine Stellung, sein Amt, seinen Einsatz. Wo sich Gründgens auch aufhielt, was er auch tat – Gerüchte wucherten. Selten im Volksmund, mehr durch Wichtigmacher. (Ruhm sei nichts als die Summe aller Mißverständnisse, die sich um einen Namen sammeln, hat Rainer Maria Rilke gesagt.) Am wenigsten gerüchtete es im Ensemble. Da ging es mehr um das nächste Stück, wer das inszenierte, ob man mit dabei war. Wann begannen die Proben, um vielleicht noch eine Filmrolle dazwischenschieben zu können...

In der Schauspielschule geisterte Gründgens in vielen Positionen, wie an jeder Schule, wo der Direktor namhaft ist und verehrt wird. Von diesem Klatsch ging manches über den Gendarmenmarkt hinaus, besonders wenn es Pointen von den Proben waren, die wiederholt wurden und verzerrt den Umlauf machten.

Solcher Tratsch verbreitete sich auch unter den Theaterfreunden, die sich schon am späten Sonnabend vor der Kasse des Schauspielhauses anstellten, die ganze Nacht hindurch warteten, um am Sonntagvormittag bei Kasseneröffnung für die ganze Woche die billigen Plätze oder Plätze nach besonderer eigener Wahl zu erstehen.

Jeder berühmte Mensch findet seinen Ruf und seine Anekdoten, Menschen in der Öffentlichkeit des Theaters erst recht. Bei Gründgens schien sein Flair mitzuwirken. Jede außergewöhnliche Erscheinung bietet sich Gerüchten an, wenn sie einigermaßen zu ihm passen, je merkwürdiger, desto wirksamer auf den lüsternen Zuhörer.

Zum Jahresende 1936 etwa hörte man, Dr. Goebbels sei bei verschiedenen Schauspielern und Schriftstellern aufgetaucht. Lothar Müthel hatte davon erzählt. Ein anderer war Bronnen, eine Art Zwillingsbruder von Bert Brecht und der Weiße-Mäuse-Protestler bei der Uraufführung von Remarques Film *Im Westen nichts Neues*. Dieser veranstaltete Treffen von links bis rechts. Damals befanden sich Juden darunter. So saß Valeriu Marcu neben Ernst Jünger und Franz Schauwecker. Zeitungs- und Rundfunkleute aller Richtungen stellten sich neugierig ein. Um Mitternacht pflegte manchmal Dr. Goebbels mit seinem Fahrer zu erscheinen und das Gespräch an sich zu reißen.

»Kennen Sie das?« Gründgens reichte mir eines Tages den »Mephisto« von Klaus Mann. Ich kannte diesen »Roman einer Karriere« im Dritten Reich. Es war der forcierte Versuch einer Abrechnung des ehemaligen Schwagers mit Gründgens. Dieser wurde so hingestellt, als wolle er mit Hilfe einer politischen Unterwelt zum Theaterleiter aufsteigen und paktiere deshalb mit den Nazis und sämtlichen »Goldfasanen«. Es war für Klaus Mann ein Triumph des Mimen im Staat der Lügner und Versteller. In der Romangestalt des Staatsrates und Intendanten Hendrik Höfgen konnte man Gründgens wiedererkennen.

Was war aus dem unberühmten Gründgens der frühen Epoche um 1925 an den Hamburger Kammerspielen geworden? Besaß er noch die überströmende Lebendigkeit, aus der er abwechselnd Liebhaber, »Père noble«, Intrigant und Bonvivant gewesen war? Seine Regiebegabung war für den ehemaligen Schwager schon damals von »bemerkenswerter Autorität«. Gewiß, bei den Hamburger Begegnungen litt er »an seiner Eitelkeit wie einer Wunde. Es war diese fieberhafte Gefallsucht, die seinem Wesen den Schwung, den Auftrieb gab, an der er sich aber auch buchstäblich zu verzehren schien.«

Klaus Mann »hatte mit ihm gelebt, gearbeitet, diskutiert, gespielt, gezecht, Pläne gemacht, gute Freundschaft gehalten, und nun saß er am Tische des monströsen Reichsmarschalls? Und nun zechte, spielte, diskutierte er mit den Mördern? Nicht genug damit, daß er atmen konnte in der verpesteten Luft, daß er es aushielt in jener Sphäre, die uns unbetretbar geworden war – er feierte Triumphe dort. Und man hatte mit ihm gelacht und sich an hübschen Dingen gefreut und auf häßliche Dinge geschimpft. Es war entschieden unheimlich, sich dies vorzustellen.«

So entstand ein Schlüsselroman als an sich verständliches Pamphlet eines emigrierten Deutschen aus der berühmten Thomas-Mann-Familie, die auffälligerweise auf jeder der ersten vier Ausbürgerungslisten gestanden hatte. Um sein fanatisiertes Porträt von Gründgens aus der Zeit nach 1933 zu zeichnen, verzichtete Klaus Mann allerdings ebenso auf Tatsachen wie auf die sich daraus ergebenden Folgerungen. Er diffamierte im Roman eine Person, wo er vermeinte, einen Typus aus dem Nazi-Deutschland hinzustellen.

Gründgens zeigte nicht, ob ihn diese »Mine mit Zeitzünder« aus der Familie seiner geschiedenen Frau schreckte. Wir unterhielten uns darüber wie über eine schlechte Neuerscheinung. Ihre Sprengwirkung war sowieso unterschiedlich, da das Buch in Deutschland verboten war und nur heimlich von Hand zu Hand ging. Wer hatte es aber lanciert? Wer wollte Gründgens wiederum treffen? Er selbst sagte damals zu mir, es wäre ihm völlig gleichgültig, wenn das Buch auch bei uns in Deutschland erschiene!

Heute, nach über vierzig Jahren, ist der Roman in vieler Hände. Man verspricht sich von der Lektüre mehr, als sie an Tatsachen enthält. Wie zu seinen Lebzeiten die Gerüchte um

Gründgens wucherten, so schnüffelt man auch jetzt noch nach Intimem. Selbst das Theaterstück, nach Klaus Manns Phantasien zusammengestellt von der Französin Ariane Mnouchkine, ist zu einem hochgespielten Effekt des Unterhaltungstheaters geworden, je nachdem wie es inszeniert wird. Weder der »Schlüsselroman« noch das Bühnenspiel nach ihm vervollständigen das Charakterbild von Gründgens.

Während Gründgens mit Frau Himmler tanzt...
Geständnis unter vier Augen

»Während ich mit der Gattin Ihres Chefs tanze, läßt er mir den rechten Arm abschlagen...«

Gründgens telefonierte, als ich ins Zimmer kam.

»Sie werden verstehen, daß ich sofort von dem Vorfall meinem Chef, dem Herrn Preußischen Ministerpräsidenten, Mitteilung machen muß...«

Hörte ich richtig: Der Name Heydrich fiel. War es etwa Reinhard Heydrich, seit 1936 Chef der Geheimen Staatspolizei, dann von 1942 an stellvertretender Reichsprotektor in Prag? Ich wußte: Gestern abend war Gründgens bei einem Bankett des Preußischen Staatsrats gewesen, auf dem die Himmlers ebenfalls anwesend waren. Er hatte ihnen sogar gegenübergesessen und das Bonmot über die Tafel geworfen, ob es ihm, Himmler, nicht sonderbar vorkomme, stets von allen Anwesenden einer Gesellschaft die Vor- und Hintergründe ihres Lebens zu wissen. Himmler hatte lächelnd geschwiegen.

Was war jetzt geschehen?

Ob das mit Gründgens' Privatsekretär etwas zu tun hatte? Heute morgen gegen neun Uhr war dessen Wirtin erschienen und hatte Gründgens sprechen wollen. Zum Theaterdiener Kühn hatte sie von der Verhaftung ihres möblierten Herrn getuschelt. Letzte Nacht sei es geschehen. Der Privatsekretär und sein Freund seien abtransportiert worden... Als Gründgens im Büro erschien, hatte er sofort mit der Wirtin gesprochen. Das war vor knapp drei Viertelstunden gewesen.

»Gibt's was?« fragte Gründgens und griff nach der Post, die jedoch ungeöffnet blieb.

»Absage von Theo Lingen. Jetzt hat's ihn doch erwischt. Schwere Angina«, berichtete ich dem Intendanten.

Gründgens wußte es schon. Er griff zu einem Rollenbuch – oder war es ein Regiebuch? –, schob die Brille auf die Stirn und las in dem vor wenigen Wochen von ihm inszenierten Shakespeare-Lustspiel *Was ihr wollt* mit der Spitzenbesetzung Maria Bard, Marianne Hoppe, Viktor de Kowa, Aribert Wäscher, Franz Weber. Er las eine Stelle aus der Rolle Malvolios vor sich hin: »'s ist nur ein Glück, alles ist Glück.«

Ich dachte an die Nachricht der Wirtin. Ob sich der Theaterdiener Kühn nicht verhört hatte? Ein pfiffiger Junge sonst. Im Augenblick war der Malvolio wichtiger. Würde sich jemand bereitfinden einzuspringen? Ich schlug Paul Bildt vor.

»Natürlich«, murmelte Gründgens, »aber dem ist der Text genauso abhandengekommen wie mir.« Er las weiter. »Was soll ich denken?« hieß es bei Shakespeare. Gründgens versank in den Monolog.

Er dachte sicherlich auch an den Besuch der Wirtin... an den abgeschlagenen rechten Arm, der für Gründgens sein Privatsekretär war. Wie sich herausstellen sollte, hatte die SS den Privatsekretär in seiner Wohnung beim Stelldichein mit einem Schauspielschüler verhaftet. Was würde Göring sagen?

»Ich werde heute abend den Malvolio lesen«, entschied Gründgens. »So wollen wir's auch ansagen. Nichts im Programmheft. Es tritt einfach einer vor den Vorhang. Am besten Sie. Um die Vorstellung nicht ausfallen zu lassen, hat sich Herr Gründgens bereit erklärt, die Rolle des Malvolio zu lesen usw. Sie wissen schon. Wenn ich mehr kann, um so besser.« Er klappte das Buch zu. »Sagen Sie der Garderobe Bescheid. Verständigungsprobe brauche ich nicht. Was ich schaffe, schaffe ich.«

Bei dem Ärger! dachte ich, während sich Gründgens erhob. Mantel über, Hut. Vom Nebenzimmer erschien Frau Peppel, Assistentin und Sekretärin des Intendanten, und meldete den Wagen. Ob der Fahrer Max die Wirtin in der Zwischenzeit nach Hause gefahren und noch ausgefragt hatte?

»Ich gehe zu Göring«, sagte Gründgens gedämpft. Die erste Andeutung über den Zwischenfall. Nicht die geringste Veränderung im Gesicht, ein ruhiger Blick hinter den Gläsern, kein Wort mehr. Er schwenkte den Hut. Dazu zitierte er Malvolio: »Ruf meine Beamten um mich her, in meinem beblümten Samtrock.«

Wenn er es aber doch nicht schaffte mit Malvolio? überlegte ich und klinkte die Tür zu meinem Zimmer fester als sonst zu. Der Regisseur der Aufführung als sein bester Schauspieler eingesprungen – bestimmt kostbar für das Publikum. Einmaliger Auftritt, statt Lingen: Gründgens. Tausch der Prominenz. Vom Charakterkomiker zum Charakterdarsteller. Alle Wetter, wann hatte es das am Gendarmenmarkt gegeben?

Zunächst aber war viel Wichtigeres zu bereinigen. Ob Gründgens seinen »amputierten rechten Arm« wiederbekam? Ob das überhaupt möglich war? An unübersehbare Folgen mußte ich denken.

Eine Voraussetzung für die endgültige Rückkehr Gustaf Gründgens' aus der Schweiz und die Wiederaufnahme seiner Intendantentätigkeit in Berlin war Görings Zusage gewesen, daß Gründgens ihn jederzeit persönlich, ohne Zwischeninstanz, sprechen konnte. Das war eine dienstliche Sicherheitsmaßnahme ersten Ranges gegen bürokratische Besserwisser und intrigante Zwischenspieler, die es auf allen Seiten gab.

Eine direkte Aussprache auf höchster Ebene hatte Gründgens schon einmal vor zwei Jahren unter besonderen Umständen erprobt.

Damals war die Form dieser Begegnung ohne Dritte allerdings noch nicht legalisiert gewesen, um so mehr beeindruckte sie Göring, zumal Gründgens mit einem ungewöhnlichen Anliegen erschien...

Am Mittag des 30. Juni 1934, am Tag der Röhm-Revolte, hatte sich Gründgens nicht gescheut, Göring aufzusuchen. Durch das Spalier schwerbewaffneter Soldaten des Regiments »General Göring«, durch mehrere Kontrollen von Polizisten mit Stahlhelm hinein in das Palais am Leipziger Platz. Dort traf er eine merkwürdige Versammlung von Politikern, Prinzen und Fachmännern. Sie machten einen erregten, gespannten Eindruck. Die Herren befanden sich nämlich an diesem Tage unter dem direkten Schutz des Preußischen Ministerpräsidenten. Er bewahrte sie davor, durch einen Fehlalarm irgendeiner bewaffneten Gruppe erschossen zu werden. Unter diese verhinderten Todeskandidaten mischte sich ein Mann, der zugleich ein prominenter Schauspieler war und der nichts Politisches plante. Aber was wollte er auf dem Befehlsstand zur Niederschlagung der Röhm-Revolte? In dieser Stimmung voller Dynamit, voller Schüsse, Rache, Angst und Mord.

Gründgens war damals noch kommissarischer Leiter des Schauspielhauses und beabsichtigte zurückzutreten, ausgerechnet am Tag der Röhm-Revolte. Er bekannte dem Generalobersten und Preußischen Ministerpräsidenten als Oberstem Chef der Staatstheater, daß er – wie zwei Menschen die

74

gleiche Haut- oder Haarfarbe haben, trotzdem verschiedenen Charakters sein können –, daß er, Gründgens, eine gleiche Konstitution, ein naturgegebenes Anderssein habe wie Röhm, von dem es in der Zeitung gestanden hatte. Er durchbrach damit einen Fragenkomplex, der zu den zentralen Gesellschaftstabus gehörte.

Da die nationalsozialistische Regierung neben den politischen Gründen auch den sexuellen Tatbestand als Grund für die Trennung von Röhm angeführt hatte, zog Gründgens daraus für sich persönlich Konsequenzen.

Göring, verblüfft über dieses keineswegs ungefährliche Geständnis in dieser Stunde, wehrte ab. Endlich hatte er einen Leiter für sein Schauspielhaus gefunden, endlich ging es aufwärts mit den Leistungen und der Kasse. Endlich sammelte sich eine Elite großartiger Schauspieler um diesen Gründgens. Und jetzt erschien dieser Mann, bekannte sich und wollte verschwinden. Unmöglich, lieber Herr Gründgens, völliger Irrtum. Es ging um Politik, um Staatsraison, so wie es die Nationalsozialisten verstanden. Als Gründgens mir das erste Mal davon erzählte, kam es mir wie ein Theatercoup vor. Aber er erzählte es mehrmals in Einzelheiten.

Auf jeden Fall wollte Gründgens es vor Göring einmal gesagt haben. Mit offenen Karten spielen, war ihm manchmal Bedürfnis. Für alle Fälle...

Ein solcher Fall war nun über Nacht mit seinem Privatsekretär Anfang der Saison 1936 eingetreten. Das Problem kam zwischen Göring und Gründgens an diesem Mittag zur Sprache. Natürlich war es ein Schuß der SS auf Gründgens gewesen, wobei sein Sekretär auf der Strecke blieb. Was war zu tun? Entlassung aus der Haft, mit einem Paß nach Südamerika, wo Verwandte saßen! Was sagte man Leuten, die fragten, wo er geblieben sei? Da der Privatsekretär »Halbjude« war, konnte man damit sein plötzliches Ausscheiden begründen. Übrigens war er nicht beim Staatstheater angestellt. Um so besser! Göring gab die nötigen Anordnungen.

»Wirf deine demütige Hülle ab und schreite vorwärts...«, hieß es in Shakespeares Text am selben Abend auf der Bühne des Schauspielhauses aus Gründgens' Mund. Schon die Ankündigung seines Auftretens hatte die Zuschauer außer Rand und Band gebracht. Nun, da er nicht las, sondern spielte, wie ein eingewachsener Darsteller der Inszenierung, quittierte man jeden Auftritt mit Sonderbeifall.

»Dein Glück ist gemacht, wie du es wünschest«, sprach Malvolio.

Niemand ahnte, unter welchem gewaltigen Druck Gründgens an diesem Tage gestanden hatte. Dazu noch die Übernahme der Rolle für den erkrankten Kollegen. Sein Sekretär auf dem Flug nach Übersee, er selbst als scheckiger Philister auf der Bühne.

»Ich will lächeln –«, rief der komische, merkwürdige und tragische Malvolio aus.

»Schlecht war ich nicht«, sagte GG bescheiden, als er das Kostüm des verfolgten Ehrenmannes und falschen Liebhabers an diesem Abend auszog. Er hat ihn ein einziges Mal, nur in dieser Vorstellung, gespielt. Weg mit der Schminke des genarrten Tugendhelden!

»Heute morgen glaubte ich nicht daran, daß ich es schaffen würde.« Hinter seiner Stirn stiegen andere Gedanken auf. Stummes Umkleiden. »Morgen werde ich Ihnen sagen, was mich heute außerdem... so getroffen hat«, sagte er mit einem Lächeln, das sparsame Befriedigung ausdrückte.

Im Feuer des Wagnisses zwischen Leben und Kunst benahm sich Gründgens stets souveräner und gültiger denn als gefeierter Star, der er war, aber nicht immer sein wollte. »Es besteht eine auffällige Symbiose zwischen ihm und einer gefahrvollen Welt«, so deutete der Verleger Peter Suhrkamp GG's Disposition. GG – die Initialen der Berühmtheit.

Der Artist
auf dem politischen Drahtseil

Gutsherr und Intendant

Es war in der Frühe eines heißen Sommertages. Die hohe Gittertür zwischen den Mauern mußte man sich selbst öffnen, um den ruhigen Dorfplatz mit Bäumen, Schenke und dem Ruf spielender Kinder hinter sich zu lassen und in die Stille des märkischen Gutes einzutreten. Den von niedrigen Hecken und Rasenflächen aufgeteilten Vorplatz umgrenzten zwei langgestreckte Scheunen.

Aus einem Heuboden ließ ein ländliches Original getrocknete Futterpflanzen auf einen hochrädrigen Wagen fallen und grüßte mit morgendlich wacher Neugier. Tauben flatterten aus dem Gebälk.

Die Sonne brannte auf den schattenlosen Anfahrtsweg. Zwei Kavaliershäuser flankierten das in sachlicher Schönheit erbaute Gutshaus. Eine große Freitreppe breitete sich bis dicht hinunter zu einer riesigen Linde aus, die sich wie ein mächtiger grüner Schirm zur Sonne reckte.

Immer wieder der Zauber der Einfachheit und Klarheit, mit dem die Idylle der brandenburgischen Herrensitze ihre Wirkung erhielt.

Die Hunde schlugen an. Ein Trio von braunen irischen Terriern verschiedenen Alters bellte, ein vierter steigerte seine Mitwirkung zum Heulen, wahrscheinlich hatte er schlecht geschlafen oder war zu plötzlich geweckt worden.

»Morjen«, grüßte die Mamsell aus dem Küchenfenster zu ebener Erde. »Wird doll warm heute«, meinte sie.

Hinauf die Freitreppe. Zurück der Blick in das grüne Karree der Gutsmauern. Was war denn das? Da strampelte ein junger, um nicht zu sagen jüngster irischer Terrier um meine Kniestrümpfe und versuchte zu klettern. Vorsicht, Kerlchen, mit den Krallen. Plautz! lag er auf dem Rücken, stand schon wieder auf allen Vieren und warf den Kopf horchend zur offenen Haustür herum.

Im blauen Sportanzug mit kurzer Jacke trat der Herr von Gut Zeesen heraus: »Die neueste Produktion. Unverwüstlich. Guten Morgen«, nahm Gründgens den Hund lächelnd auf, trug ihn hinein und schloß die Haustür.

Wir machten einen Rundgang durch die Ställe. Das Vieh döste in den schwülen Vormittag hinein, nur das Pferd war lebhaft und wieherte seinem Herrn entgegen. Es mußte sich noch gedulden, Frauchen kam bald, dann ging's im Trab davon. Eine Kuh scheuerte die Stirn am Trog. Schweine schnüffelten grunzend in den Futterstellen, schwere Jungs, die dem Landwirt Gründgens Freude machten.

Benommen von der Wärme und der gekoppelten Tiere verließen wir den Stall. Draußen preßte die Sonne ihre Gluten auf die Erde. Hinüber in den großen Gemüsegarten, vorbei an alten und neuen Erdbeerkulturen, an dem Gewächshaus, an Blumenbeeten und Obstplantagen, hinüber zu dem schattigen Park.

Gründgens gab dem Landwirt ebenso das Wort wie dem Generalintendanten.

»Zwei Wiesen nebenan habe ich gekauft.«

»Sie arrondieren also.«

»Heißt das so? Vorher fragte ich einen Fachmann, was ich damit anfangen könne. Er sagte, kaum eine Kuh sei damit zu sättigen. Jetzt habe ich die Wiesen. Was meinen Sie, was ich feststellte? Ich könnte zwei Kühe davon ernähren. Nichts gegen den Fachmann. Bloß die schöpfen ihre Weisheit meistens aus den großen Besitzungen und scheuen vor kleinen Berechnungen. Mir helfen die zwei Wiesen. Nicht nur wegen der Abgrenzung.«

Große Rasenflächen mit altem Buchenbestand rahmten das Gutshaus nach der Parkseite hin ein und eröffneten das Gelände zum Zeesener See, der zwischen den durchbrochenen Blätterwänden hellblau glitzerte. Weitläufige Wege mit romantischen Sitzgelegenheiten, verwilderte Winkel, das Bootshaus, ein Tennisplatz füllten diesen von hohen Bäumen abgeschlossenen Bezirk.

»Für den neuen *Faust* habe ich den Grundriß«, sagte Gründgens über die Vorbereitungen der neuen Spielzeit 1941/42, »ich meine die Anlage. Ist das nicht fleißig? Ich glaube, ich habe die Lösung dafür. Nur eine Sache ist nicht leicht: ich muß doch die *Zauberflöte* in Wien inszenieren. Teilweise werden Berliner Kräfte in Wien gastieren.«

»Wann wird Wien sein?«

»Vielleicht zehn, vierzehn Tage vor unserem *Faust*, genau am historischen Tag der *Zauberflöten*-Uraufführung in Wien.«

»Ist nicht zu gleicher Zeit auch der Vortrag in München?«

»Da kann ich von Wien aus zwischendurch hinfahren. Nur muß ich ihn erst mal vorliegen haben. Es drängt sich viel im September zusammen.«

Gustaf Gründgens bewältigte die Arbeit aus dem Tempo der vielfachen Einfälle und überraschenden Planungen und verwirklichte sie aus der Konzentration der Kräfte, aus der Geduld, sie wachsen zu lassen und im rechten Augenblick einzusetzen, und dann schonungsloser Einsatz bis zur Erfüllung seiner Absichten.

Wir trennten uns, Gründgens wollte zunächst Briefe durchsehen, die er auch sonntags von der Post abholen ließ, der Sekretärin wichtige Antworten diktieren und später über den Spielplan der neuen Saison zusammenfassende Betrachtungen abgeben.

Er eilte die Freitreppe hinauf, die zur säulengestützten

Veranda führte und wie ein Gegenstück zur Freitreppe des Eingangs angelegt war.

Ich schlenderte weiter.

Ein Vormittag von betörender Schwerelosigkeit. Überall dieses Strahlen in der Landschaft, als wenn man jeden Gegenstand in der Ferne greifen könnte.

Ganz still war es. Man glaubte, das Atmen der Natur zu spüren, und ihr Blühen legte sich wie betäubender Bann auf den Menschen.

Ein Stoß an der Schulter, mehr ein Anrempeln. Ach, der graue Philosoph von Zeesen begrüßte mich auf seine Weise.

Nun, mein Freund, wie geht es dir? Ich kraulte die kurze Mähne und klopfte ihm den Hals.

Der Esel drehte die Ohren und sah nachdenklich aus. Er stemmte den Kopf an meine Schulter, rieb ihn und puffte wie zur nochmaligen Begrüßung. Gut, gut, mein Freund, man kann sich auch so verständigen.

Kommst du mit? Ein paar Schritte weiter. Der Esel schloß sich an. Er trottete im Sinnieren, manchmal brummelte er vor sich hin, aber es wurde nicht das bekannte Iah daraus. Vielleicht war es die Stimme des Selbstgespräches, vielleicht suchte er auch Unterhaltung.

Was hältst du vom Leben, mein schweigsamer Freund?

Eine Kuh rief von irgendwoher, der Esel spitzte die Ohren, legte sie nach hinten. Dann wandte er sich und trabte in entgegengesetzer Richtung davon.

Näher an den See. Wie sich das Wasser in dem Bassin gesammelter Goldtropfen spiegelte. Dazu das grüne Schilf und die gelben Ränder des Sees mit den bunten Tupfen der Dächer von Katen und Wochenendhäusern. Darüber das Blau des Himmels in reinster Farbe.

Auf der Bank am Wasser saß jemand, zwei sogar. Das mußten Wolf Trutz und seine Frau sein. Ein älterer Schauspieler, der schwerkrank gewesen war und dem Gründgens in Zeesen Wochen der Erholung angeboten hatte. Später sollte es eine ständige Unterkunft werden, als ihr Heim in Berlin-Tempelhof völlig ausgebombt worden war. Ein liebenswertes Paar in seiner persönlichen Milde und ästhetischen Einstellung zu den Dingen der Welt. Ich wollte nicht stören, nahm die Richtung auf die nahen Wiesen. Wie groß waren die eigentlich?

Da kam Max im leichten Sommerdreß und bat zum Generalintendanten.

Hinein in die kühlen Räume des Gutshauses. Am Fenster seines Arbeitszimmers – es war der einzige Raum in Zeesen mit moderner Einrichtung – saß Gründgens und zeichnete Rechnungen für die letzten Aufführungen ab. Er achtete auf die kleinen Posten genauso wie auf die großen.

»Sie sind also gegen dieses Stück?«

Der Generalintendant unterschrieb die letzte Rechnung.

»Sie haben nicht unrecht. Aber hilft uns das? Wer schreibt heute Konversation? Wir wissen, wie langsam die Produktion vorankommt. Müssen wir nicht nach jedem Stück greifen, um es hochzupäppeln? Den Mut zum Schreiben geben wir vom Theater.«

Leider stimmte so wenig an dem Stück. Das Problem, der Bau, der Dialog, alles war Entwurf, nicht mal angetippt im Thema, ganz zu schweigen von der Ausführung.

»Der erste Akt ist gut, das ist das Beste bisher. Die anderen müssen nachgearbeitet werden.«

»Ob das helfen wird?«

»Wir müssen es hinkriegen. Das Publikum wird aufatmen. Endlich mal ein modernes Stück, Menschen ohne Kostüm. Es sitzt auch so gut im Spielplan.«

»Ein paar Schauspieler, vor allem de Kowa, werden ausgezeichnete Rollen haben.«

»So was ist wichtig.«

»Und Sie sind bestimmt acht Tage auf den Proben.«

»Warum soll ich nicht?«

»Und die eigenen Rollen? Ihre eigene Inszenierung, die vielleicht angelaufen ist?«

»Muß ich eben unterbrechen.«

»Das sind immer wieder nur Stücke mit Reparatur.«

»Und wenn Sie keine Reparatur machen? Was spielen Sie? Wie wollen Sie einen Spielplan aufbauen?«

Über diesen regelmäßigen Wechsel der Stücke, über die Pünktlichkeit der Reihenfolge der Premieren im Aufbau des Spielplans einer staatlichen Bühne, über die Notwendigkeit, keine Lücken zu dulden, dauernd den Apparat mit Aufgaben zu besetzen, davon machen sich Außenstehende und selbst auch innerhalb des Arbeitskreises befindliche Mitarbeiter kaum eine Vorstellung.

»Lesen Sie das Stück noch einmal, und machen Sie mir Vorschläge über Änderungen. Bitte auch die Dramaturgie heranzuziehen. Es darf uns kein Stück heute unwichtig sein.«

»Aus welcher Fülle hat ein Theaterleiter wie Laube schaffen können. Nicht allein, daß er im ersten Wiener Jahr über dreißig, im zweiten gegen vierzig Neuinszenierungen herausbrachte –«

»Ob das uns heute helfen würde? Und sehen Sie, trotzdem hat er Stein und Bein geklagt, daß kein Stück seiner modernen Produktion ohne Nachhilfe gedieh. Das war vor achtzig Jahren.«

In Akten und Papieren mit Voten blätterte der Generalintendant.

»Sie haben mir eine Schauspielerin genannt, die vorgesprochen hat. Wo habe ich das Bild?«

Gründgens sucht unter den Papieren. Da ist es. Ein Blick auf die Fotografie: »Guter Eindruck. Was hat sie vorgesprochen?«

»Thekla, Emilia Galotti, Gretchen. Sie wäre eine zweite

Besetzung, die einmal in die erste Reihe vorrücken könnte.«

Gründgens betrachtete die Schauspielerin: »Trotzdem gefällt mir nicht der Zug um den Mund. Zwischen Nase und Lippen. Da steckt etwas. Hysterie?«

»Glaube ich nicht.«

»Aber Jähzorn. Der Krampf muß sich erst lösen.«

Weiter kramte er in den Vorschlagszetteln: »Hier Ihr Schützling. Die Briefe gefallen mir nicht.«

»Er spricht besser, als er schreibt, Herr Generalintendant. Die Briefe kommen aus einem menschlichen Hintergrund...«

»Hintergrund oder Vordergrund, was sollen die Briefe sein? Das ist Geschwafel auf Stelzen, das ist Dunst.«

»Haben wir nicht alle mal mit großen Worten angefangen?«

»Ich hatte dazu keine Zeit. Ich war siebzehn, da war Krieg. Der ließ keinen Blak aufsteigen, weder in einem noch außerhalb. Erst recht nicht bei den Soldaten. Alle mal anstehen, hieß es da. Mann für Mann zum Gang in den Puff. Eine ärmliche Bretterbude mit zwei, drei gefälligen Damen. Es dauerte bei jedem nicht lange. Als ich das eine halbe Stunde mit ansah, verließ ich die Reihe und trat beiseite. Ich mußte mich übergeben. Solch Eindruck erhält sich ein Leben hindurch... Und beim Fronttheater war alles viel zu neu, zu improvisiert und durcheinander, um darüber zu spinnen. Aus dem Gefreiten sollte ein richtiger Schauspieler werden, also habe ich nach dem Krieg in Düsseldorf gelernt. Gelernt und nicht gegrübelt. Aber besessen waren wir alle bei den Dumont/Lindemanns. Dann kam das erste Engagement in Halberstadt. Mit Wut und Krach. Ich war einundzwanzig Jahre und spielte Väter. Die ältesten Rollen waren gut genug für mich. Sieht man da Probleme? Da flüchtet man. Erst beim vierten Engagement, nach Kiel und kurzem

Vorstoß in Berlin, bei Ziegel in Hamburg fand ich mich. Der Schauspieler entwickelte sich, der Regisseur kam zum Vorschein. Da ging's heiß her. Und da war ich in meinem Element, wo es zupacken hieß. Zupacken, das fehlt so manchem, dann tüfteln sie und versinken im eigenen Weihrauch. Trotzdem werde ich ihn mir einmal ansehen, Ihren Schützling.«

»Eine Begabung, die ich für wert halte...«

»Lassen Sie doch. Auf jeden Fall stoßen wir ihn zurecht. Das lohnt sich immer.«

Weitere Spielplanfragen, technische Dispositionen waren zu beachten. Während der Theaterferien lief in den Werkstätten trotz der Urlaubseinteilung die Vorarbeit an neuen Dekorationen für die Saison weiter. Auch die Garderobenoberinspektion mußte mit Aufgaben bedacht werden. Es durfte keinen Leerlauf geben. Wenn man in besonderen Zeiten auch nur Schritt um Schritt handeln kann, so muß doch der Gesamtplan abgesteckt und doppelt verantwortet werden. Was würde der Spielplan der ersten Hälfte an großen Stücken enthalten im Vergleich zum Spielplan der zweiten Hälfte? Welche großen Stücke laufen durch? Wie lange geht der Vertrag einer Staatsschauspielerin, die einen vereinbarten Urlaub antritt? Soll während dieser Zeit an eine zweite Besetzung gedacht werden?

Ein sommerlicher Vormittag sättigte sich mit Problemen, die nur in kühlen Räumen behandelt und gelöst werden können. Schon die geringste Bewegung machte müde. Trotzdem knisterte es vor Plänen, und die Gedanken spannten sich über Raum und Zeit in die nahe Wirklichkeit und neue Saison des Theaters.

Auf der Veranda wurde im engen Kreis Mittag gegessen. Erträgnisse der eigenen Landwirtschaft waren Mittelpunkt der Mahlzeit. Gemüse und Obst verherrlichten die Qualität des Bodens und die sorgsame Pflege. Die Nachspeise wurde zum Leckerbissen. Dazu gab es Bier oder Brunnen je nach persönlicher Wahl.

Langsam zogen des Mittags höchste Kreise vorüber. Die Stunden nach dem Essen gehörten jedem allein. Ideen und Anregungen wurden noch einmal durchdacht. Der Gutsherr ruhte wie seine Gäste.

Verwunschen lag der Landsitz am märkischen See. Übers Wasser klang der Schrei eines Vogels oder der Ruf eines badenden Ausflüglers.

Die Zeit gerann am Mittag.

Auf einem Badelaken nahe dem Landungssteg am See lag eine junge Frau im Luftanzug und sonnte sich. Sachte wurde ein Liegestuhl von mir in den Halbschatten gerückt.

»Kommen Sie nur näher«, forderte Frau Marianne Hoppe auf.

»Bitte nicht, ich würde mich auflösen.«

»Möchte ich sehen«, ertönte wie von weit her die Stimme aus der Tiefe der ausgestreckten Lage. Sie schienen sich aus Träumen zu lösen, so fern erklangen die Worte.

Leise bewegte sich der Kahn an der Kette. Holz klirrte an Eisen, Takt um Takt, ganz ruhig klang es in den abziehenden Mittag hinein.

Die Ruhende wechselte die Armstellung und legte den Kopf auf die andere Seite. Dabei schlug die Ecke des Badelakens um, die Sonnenbrille und ein Buch wurden sichtbar. Ein neues Buch? Nein, Fontane, der gute, alte, arme, einsame, tapfere Fontane mit seinem »Stechlin«. Das Buch mußte sich inmitten dieses märkischen Idylls wie eine persönliche Naturbeschreibung lesen. Es gehörte hierher wie auch »Effi Briest«, zu dessen Verfilmung unter dem Titel *Der Schritt vom Wege* Gut Zeesen Augenblicke seiner melancholischen Stimmung hergegeben hatte.

Das war ein echter Fontane-Film geworden. Damals doppeltes Hochzeitsgeschenk des Gestalters, eine Gabe von

Gustaf Gründgens an seine Frau und das erste Präsent der Gustaf-Gründgens-Produktion.

»Warum war er eigentlich nicht glücklich?« tönte es hell von der Erde.

»Wer? Fontane? Gott, was ist Glück?«

»Strengen Sie sich bitte aber nicht zu sehr an. Ich frage nur so.«

»Und ich spreche nur mit Fontanes Worten.«

»Was?«

Frau Hoppe stützte den Kopf auf eine Hand und blinzelte herüber.

»Was ist Glück, sagte der 65jährige, eine Grießsuppe...«

»Esse ich gern, mit Milch, Zucker und Zimt.«

»Eine Schlafstelle... und keine körperlichen Schmerzen – das ist schon viel, sagt Fontane.«

Sie streckte sich wieder in die Sonne und schloß die Augen: »Klingt wie Resignation.«

»Ist nicht auch Resignation ein Sieg? fragt der 70jährige Fontane.«

Das Hinüberschläfern wurde von einem Brummen begleitet, was auch als Antwort von Frau Hoppe gelten konnte.

»Stechlin«, »Effi Briest«, Fontane... die Mark... Zeesen am See...

Um 1500 sprach man schon von dem Gut, das damals zur Herrschaft Niederlausitz gehörte. Zweihundert Jahre später wohnte hier der Brandenburg-Preußische Großkanzler Eberhard von Danckelmann, die imponierende und tragische Gestalt eines politischen Menschen und Staatsmannes.

Wie ein Roman las sich sein Schicksal:

Ein Bürgerlicher als Lehrer des späteren ersten preußischen Königs Friedrich I. Er ist sein engster Mitarbeiter in der kurfürstlichen Regierung und innen- und außenpolitischer Ratgeber. Industrien und Wasserwerke, Universitäten und die Akademie der Künste werden aufgebaut. Zu den afrikanischen Kolonien kommen amerikanische. Kriegs-schiffe dienen dem Handel als Seemacht, so daß Branden-burg nahe daran gewesen ist, das Amt eines Reichsadmirals zu erhalten. Danckelmann ist Wirklicher Geheimer Etats- und Kriegsrat gewesen. Er erhält Schenkungen von Landbe-sitz, Beteiligungen an Banken, Zuwendungen, Lehnsgüter. Er verweigert den Adelsbrief, wird aber in allem wie ein Adliger »traktiert«. An seinem Geburtstag serviert man ihm die Ernennung zum Ersten Minister in Brandenburg wie einen Tafelscherz. Durch die Kurfürstin beginnt die Krisis seiner Beziehung zum Fürsten. Danckelmann bittet um Ent-lassung und geht in die Verbannung. Er ist Mitte Fünfzig.

Neun Jahre steht er an erster Stelle hinter seinem Fürsten, was nicht hindert, daß er nach Spandau geschleppt wird. 290 Punkte stehen in der Anklage zur Debatte, und nichts ergibt sich. Nach zehn Jahren mildert der Kläger die Haft, ohne die Anklage zu kassieren.

Das war Eberhard von Danckelmann, der hier vor 250 Jahren in Zeesen gewohnt hat. Merkwürdig. Gedanken- und Traumbilder verwischten sich im Sonnenflimmer des Sees.

»Was lächeln Sie?«

»Wer sind Sie?« fragte ich verträumt.

»Na, hört mal, ihr schlaft hier und gebt vor lauter Träu-men weder mir noch Max eine Antwort, ob wir Tee trinken wollen.«

»Bitte, mit wem?«

Mit gekräuselter Stirn und leichtem Spott stand Gründ-gens zwischen der langsam sich zur Besinnung emporraffen-den Marianne Hoppe, die sich erschrocken und überflüssig in das Badelaken einwickelte, und dem erstaunten Gast im Liegestuhl.

»Was ist?« fragte Gründgens.

»So heranzuschleichen und so wach zu sein...«, zürnte Frau Hoppe.

»Kommt langsam zu euch«, forderte Gründgens und nickte mir zu.

Wir schlenderten über den Rasen. Gründgens hatte mich untergefaßt. Das hatte er noch nie getan. Eine Weile gingen wir stumm unter den alten Bäumen.

»Ich werde immer ein bißchen traurig, wenn ich abends ins Haus gehe. Es ist wie ein Abschied von der Natur. Es ist überhaupt viel Abschied im Leben.« Er löste seinen Arm von meinem. Wir gingen nebeneinander quer über den Rasen. »Jeden Tag Abschied von der Probe«, spann Gründgens den Faden des Gesprächsthemas weiter. »Nach jeder Vorstellung Abschied von Kostüm und Maske, von der Rolle, Abschied vom Haus, von den Kollegen, von Freunden und Bekannten. Da hilft auch kein Telefon. Abschied vom Tag durch Schlaf oder Nichtschlaf. Abschied.«

»›Wir sind an das Leben verraten‹, habe ich mal in dem Frontbrief eines jungen Soldaten aus dem Ersten Weltkrieg gelesen. Sehr schmerzlich formuliert, aber gegenüber dem Toben der Schlachtfelder...«

»Davon müssen wir ebenfalls Abschied nehmen, im nächsten Weltkrieg. Der wird noch erbarmungsloser. Die Kriege werden immer grausamer.«

»Und die Menschheit nimmt keinen Abschied davon«, warf ich ein, während wir die Treppe zur Veranda hinaufschritten, um kühlen Tee zu trinken und dann wieder an die Arbeit zu gehen.

Morgen, Montag, Prüfung in der Schauspielschule, fiel mir ein.

Dem Nachwuchs eine große Chance

Waren Schnitt und Farbe des Mantels praktisch? Stand das Kleidungsstück dem Schauspielschüler Ullrich Haupt? Er hatte auf das neunköpfige Lehrerkollegium der Staatlichen

Schauspielschule einen besonderen Eindruck gemacht. Deshalb half man ihm auch bei notwendigen Anschaffungen.

Selten gab es eine solche Elite an Pädagogen der Schauspielkunst wie am Gendarmenmarkt. Erst leitete Lothar Müthel die Schauspielschule. Er sagte: »Ich lerne dabei mehr als die Schüler.« Dann Gustaf Gründgens, der an dem Prüfling vor allem Begeisterung und Nachdenken beobachten wollte: »Von seinem Charme hat man nichts, nur von seinem ersten Können, selbst wenn es falsch ist. Nur schlecht darf es nicht sein.«

Gründgens nahm nicht nur die Aufnahme- und Abschlußprüfung ab, sondern hielt auch Unterricht. Die stellvertretende Leiterin der Schauspielschule, Herma Clement, gab Sprechunterricht, der sich besonders bei der Mitwirkung der Schüler im Chor des *Faust I* und *II* und bei der *Orestie* bewährte. Hermine Körner, Maria Koppenhöfer, Walter Franck, Erich Ziegel und Ulrich Erfurth gaben Rollenunterricht. Bernhard Wosien, Ballettmeister an der Staatsoper, lehrte Tanz und Gymnastik zur Unterstützung der körperlichen Beredsamkeit der zukünftigen Schauspieler. Das kulturgeschichtliche und lebenskundliche Pensum hatte ich übernommen.

Aus ganz Deutschland reisten die Bewerber zu den Prüfungen an, per Eisenbahn und streckenweise zu Fuß, falls das Fahrgeld nicht ausreichte. Während des Krieges benutzten Soldaten den Urlaub von der Front, um sich bei uns zu bewerben. Erstaunliche, in einigen Fällen sogar gelungen geschweißte Gegensätze, wenn ein junger Mann aus den Kesselschlachten des Ostens heimkehrte, um Hamlet, Don Carlos oder Max Piccolomini vorzusprechen. Natürlich konnte es völlig mißlingen, weil die Kriegserlebnisse die künstlerische Phantasie fesselten.

Wir haben Prüflinge gehabt, die sich dreimal hintereinander vorstellten, um endlich zu bestehen. In der jahrelangen

Zwischenzeit arbeiteten sie als Hotelboys, im Büro oder bereiteten sich auf das Abitur vor. Sie ließen nicht locker, sie wurden besser, ausdrucksvoller, differenzierter. Sie überwanden die Widerstände, bis sie zu dem zweijährigen unentgeltlichen Besuch der Staatlichen Schauspielschule zugelassen wurden. Die Schüler lernten alles, was zum Theater gehörte. Deshalb Probenbesuch neben den Unterrichtsstunden, deshalb Anleitung in der Kunst der Maske, wie perfektes Rollenstudium, das manchem Schauspielschüler sogar die Chance eröffnete, in plötzlichen Krankheitsfällen auf der Bühne des Gendarmenmarktes einzuspringen. Sie lernten Diskussion wie Urteilsbildung, wobei für damals »heiße Eisen« angefaßt wurden. Bert Brecht, Frank Wedekind, überhaupt die verfemten Geister und Dramatiker befanden sich im Lehrplan. Nirgends existierte eine »Ausrichtung«, zumal der Schauspielschule des Staatstheaters in Gründgens oder seiner Stellvertretung eine eigene Prüfungsbevollmächtigung zustand.

Ullrich Haupt, mit dem ich, wie in ähnlich gelagerten sozialen Fällen, in dem großen Textilgeschäft Einkäufe machte, Leinensachen, wollnes Unterzeug, Strümpfe, wählte zunächst immer Stücke der billigen Preislagen, so überraschte ihn die Großzügigkeit der Schauspielschule, die sich auch in Beihilfen und Essenabonnements äußerte. Jugend im geistigen, künstlerischen Wachstumsprozeß bedarf auch materieller Betreuung, um die beste Entwicklung zu gewährleisten.

»Wie war Ihr Name?«
 »Rolf Henkel.«
 Richtig. Was sind Sie von Beruf?«
 »Ich bin Etagenchef.«
 »Richtig. Das steht in Ihren Papieren. In einem Dresdener Hotel, nicht wahr?«

»Es ist das erste Haus am Platze.«

Der Intendant lächelte sparsam über diese bekannte Propagandazeile und kippte aus dem zurückgelehnten Sitz, in dem er sich eine Zigarette angezündet hatte, in die normale Stellung am Schreibtisch. Leise, nicht ohne ironischen Beiklang, stellte er fest: »Das sagen eure Reklameschilder.«

»Verzeihung, wir *sind* auch das erste Haus.«

»Gut. Das spricht für Sie, das andere, das Reklameschild, nur für das Hotel. Was können Sie nach dem Etagenchef werden?«

»Nur Schauspieler, Herr Intendant.« Der Junge, der zur Rücksprache beim Leiter der Staatlichen Schauspielschule beordert worden war, trat näher an den Schreibtisch heran. »Es gibt für mich nur eine Entscheidung.«

»Auch wenn Sie sich dabei den Hals brechen?«

»Das kann überall geschehen, mit Verlaub zu sagen.«

»Haben Sie noch etwas gelernt, ich meine vor dem Hotelgewerbe?«

»Da war ich auf der nationalpolitischen Erziehungsanstalt. Dann beim Militär.«

»Wo?«

»Bei der Marine.«

»Waren Sie gern Soldat?«

»Ich wollte Berufssoldat werden.«

»Und warum sind Sie es nicht geworden?«

»Das Theater war, solange ich denken kann –«

»Seit wann ist das, Herr Henkel?«

Der Junge zögerte, dann faßte er sich. »Nicht lange, Herr Intendant, aber so lange, um zu wissen, daß ich jetzt Schauspieler werden muß.«

Ohne Pathos anzunehmen, erregte sich der Junge. Seine Darlegungen begleitete er mit unterstreichenden Gebärden. Manchmal schüttelte sich der Körper unter einer zu starken Aussage. In wenigen Aufblicken beobachtete Gründgens die hohe Erscheinung des Prüflings, den er unter vier Augen sprechen wollte, um ihn sich genauer anzusehen.

»Immer wieder habe ich versucht, andere Berufe zu ergreifen. Ich wollte mich ablenken vom Theater. Ich bin eine Zeitlang Taxichauffeur gewesen. Dann habe ich den Hotelberuf begonnen. Aber es geht nicht weiter. Jetzt nicht mehr.«

»Wenn Sie Schauspieler werden wollten, warum haben Sie es nicht schon früher getan?«

»Es fehlte am Geld, Herr Intendant. Da mich niemand unterstützt, habe ich mir alles selbst angeschafft. Das dauerte eine Zeitlang. Erst als sich mein Guthaben den 2000 RM näherte, meldete ich mich hier an. Mein Sparkassenbuch habe ich zu den Akten gegeben – «

Der Intendant nickte aus Gedanken, die einem unsichtbaren Punkt galten oder auch dem finanziellen Hinweis des Jungen.

»Wie oft habe ich mich hier schon zur Prüfung anmelden wollen«, holte der Junge die Worte wieder langsam hervor. »An irgend etwas fehlte es immer. Jetzt soll es gelingen, jetzt ist es gelungen.«

»Stopp, mein Freund, Ihnen ist es gelungen, hierher zu fahren. Aber ob es Ihnen bei uns gelungen ist, das fragen Sie nicht?«

»Das ist doch selbstverständlich, Herr Intendant. Zunächst war aber die materielle Voraussetzung zu erfüllen, ehe ich hier überhaupt zur Prüfung zugelassen wurde.«

»Und Ihr Talent – was ist damit?«

»Es steht mir wohl nicht zu, darüber etwas zu sagen. Ich fühle nur – «

»Und wenn Sie damit nicht durchkommen?«

»Ich kann arbeiten, alles, was Geld bringt, ich bin mir für nichts zu schade.«

»Wieviel Geld haben Sie?«

»Genau 2085 RM, Herr Intendant.«

»Und die wollen Sie draufzahlen?«

»Davon kann ich leben, wenn ich hier aufgenommen werde, so wie es die Statuten der Schule verlangen.«

»Zwei Jahre können Sie davon leben?«

»Auf jeden Fall anderthalb.«

»Und den Rest?«

»Da werde ich versuchen, mir etwas zuzuverdienen.«

»Nun mal vorläufig Schluß damit. Zur Sache: Sie müssen mich stärker überzeugen.«

Es war, als wenn der Junge angerempelt wurde. Er schwankte, aber er vergaß nicht, den Stoß mit Worten abzufangen: »Ich kann noch andere Rollen. Darf ich Ihnen vielleicht –«

»Nein, Sie dürfen jetzt einmal den Mund halten!« Mit einem Programmheft in der Hand durchschlug der Intendant das Frage- und Antwortspiel und sah den Prüfling an. Seine Fragen wollten den Jungen locken. Er sollte sich äußern und dabei Boden gewinnen. »Ja, jetzt rede ich mal. Wenn wir Sie nicht aufnehmen, was tun Sie dann?«

»Ich bat darum, mir möglichst bald das Urteil bekanntzugeben, damit ich schnell zurückfahren kann. Es war nicht leicht, jetzt wegzukommen. Wir haben die große Gartenbauausstellung. Da ist Hochbetrieb, da wird jeder Mann gebraucht.«

»Wann fährt Ihr Zug?«

»Genau in anderthalb Stunden.«

»Da haben Sie es gar nicht so eilig. Also: Was machen Sie, wenn Sie bei uns nicht ankommen?«

»– gehe ich an meine Arbeit und nehme nebenbei Schauspielunterricht. Bei einem Schauspieler oder so. Schaffen werde ich es bestimmt. Ich kann das Theater nicht mehr lassen. Ich habe so lange gewartet. Ich muß auch mal an mich denken.«

Auf und ab ging der Junge zu seinem bekenntnishaften Ausbruch und sprach mehr zu sich als vor dem Zuhörer. Dann erschrak er und sah auf den Intendanten: »Ich möchte Ihre Zeit – «

»Sie wollen doch das Urteil hören«, beruhigte ihn Gründgens. »Warum spreche ich so mit Ihnen? Weil Sie schon einen reifen Eindruck machen. Man kann mit Ihnen reden.«

»Entschuldigen Sie, Herr Intendant, darf ich bitten, mir Ihr Urteil so hart wie möglich zu sagen?«

»Warten Sie ab!« Die Stimme zuckte durch die Luft wie ein Hieb, der geübt wird, um Griffe und Muskeln zu proben. »Sie sehen gut aus. So etwas braucht die Bühne.«

»Das genügt mir nicht.«

»Ja, ja, ist schon gut.«

»Ich muß noch etwas sagen, das mein Verhalten vielleicht erklärt, Herr Intendant. Darf ich?« Nach tiefem Atemholen: »Ich habe nichts auf der Welt als meine Schauspielerei. Dafür arbeite ich, dafür gebe ich mir Mühe im Beruf. Dafür lese ich, studiere – «

»Was studieren Sie?«

»Kunstgeschichte in Leipzig. Zweimal in der Woche. Ich lese, was wichtig ist. Und das alles bringe ich mit meinem Beruf in Einklang, damit ich darin vorwärtskomme, um mir das alles leisten zu können. Nur um Schauspieler zu werden.«

»Das wollen Sie werden.«

»Das werde ich auch, Herr Intendant. Wenn nicht hier, dann anderswo. Auf *jeden* Fall.«

»Sie können's *hier* werden. Wir nehmen Sie auf.« Ganz sachlich, schlicht und fast ohne Ton fiel die Entscheidung.

»Sie sagten eben – «

»Daß ich mit Ihnen darüber sprechen will. In Ihren Jahren, bei Ihrem erfolgreichen Beruf wechselt man nicht mehr die Stellung so ohne weiteres. Das muß man sich gründlich überlegen.«

»Das tue ich seit Jahren.«

»Heute tut es mal ein anderer für Sie... *für* Sie. Sie begreifen doch, warum ich mit Ihnen so spreche? In Ihren Jahren tauscht man nicht mehr den Beruf so leicht. Was Sie mir da erzählen, ist alles sehr ordentlich. Nur werden Sie verstehen, daß eine Schule wie die unsrige die Verantwortung an Ihrer Entscheidung mittragen helfen will. Es macht Sie natürlich heute sehr glücklich, wenn Sie die Chance, Schauspieler zu werden, benutzen können. Aber wissen Sie, ob Sie in zehn Jahren immer noch so glücklich sind? Ich will nicht bei Ihnen Schicksal spielen. Aber ich will Ihr Nachdenken herausfordern. Sie sind alt genug, um schon zu wissen, daß die Gelegenheiten, um vorwärtszukommen, nicht auf der Straße liegen. Man muß sie alle hart erarbeiten. Und bei solchen Überlegungen bin ich an Ihrer Seite. Deshalb will ich mit Ihnen gemeinsam Ihren Fall klären. Talent ist vorhanden.«

»Wirklich?«

»Ausdauer wahrscheinlich auch, nach dem, was Sie mir hier alles von sich sagen.«

»Darf ich Ihnen das Verzeichnis meiner Theaterbibliothek zeigen? Es sind 23 Bände über das Theater und über 30 Stücke...« Wie ein rührendes Geständnis machte der Junge die Angaben und griff in die Rocktasche.

»Glaube ich Ihnen. Das werden Sie mal alles eine Zeitlang vergessen.«

»Vergessen?«

»Vergessen, bis es wieder gebraucht wird. Sie werden nach Hause fahren, mit Ihrem Chef sprechen.«

Der Junge gab eine fast verschämte Auskunft: »Mein Chef sagt immer, wenn ich beim Theater noch mehr leisten kann als im Hotelgewerbe, dann ist er einverstanden. Aber wer kann das im voraus sagen? Werde ich es denn schaffen, Herr Intendant?«

»Haben Sie sich das auch gefragt, als Sie auf der Schule waren oder im Hotel Ihre Arbeit begannen?«

»Das brauchte ich nicht. Dazu gehört nur gesunder Menschenverstand und Geschicklichkeit. Da muß man auf dem Posten sein. Einfache Sache. Aber beim Theater...«

»– muß man genauso auf dem Posten sein, mein Lieber. Den Anfang haben Sie, die Ausbildung geben wir Ihnen. Danach ist alles wieder bei Ihnen, der Zufall, der Erfolg und was Sie sonst noch haben werden. Aber zwei Jahre können Sie sich bei uns einen Vorgeschmack holen auf alles, was mit dem Theater zusammenhängt.«

»Zwei Jahre lernen...«

»Zwei Jahre *leben*, mein Freund! Das vergessen Sie nur nicht. Zwei Jahre sich entwickeln, zwei Jahre tief Luft holen, als werdender Schauspieler –«

»Ich danke Ihnen so, Herr Intendant.«

»Bedanken Sie sich auch bei sich selbst. Sie geben das Material.«

»Sie geben mir die Zukunft.«

»Zunächst auf zwei Jahre, Herr Etagenchef a. D.«

Nach zweijähriger Ausbildung bestand Henkel die Abschlußprüfung an unserer Schauspielschule und ging wie üblich zur ersten Erfahrung in die Provinz, nach Trier und Bremen. Während dieser praktischen Erprobungszeit erkannte er allmählich, zweifelnd und dann wieder zustimmend, schließlich, daß seine Begabung sich nicht über den künstlerischen Durchschnitt erheben würde. Sein Ziel war gewesen, besser als der Durchschnitt zu sein, wie die Vorbilder am Gendarmenmarkt. Tatsächlich ließ ihn die Selbsterkenntnis von der Bühne abtreten, was die Menschenkenntnis des Generalintendanten bestätigte und weshalb er sich für solche ausführlichen Gespräche mit jungen Menschen die Zeit nahm.

Henkel wechselte zum drittenmal seinen Beruf und wurde ein sehr geschätzter Kapitän zur See bei der Hapag Lloyd. Seine Bühne von einst wurde nun der Ozean.

Das schöne Mädchen, das sich unter falschem Namen dem Prüfungskollegium vorstellte, war Lola Müthel. Nicht ihr Vater, der Schauspieler und Regisseur Lothar Müthel, nicht ihre Mutter Marga Müthel wußten davon. Heimlich hatte die Tochter ein Repertoire vorbereitet und sich zur Aufnahme angemeldet. Schon damals erschien sie mit einer geradezu kühnen Sicherheit, mit Abstufungen und Unterschieden, die bei ihrer Jugend überraschten. Kein Wunder, daß Gründgens sie von der Schule ans Staatstheater engagierte.

Das geschah mit allen überragenden Begabungen, mit Ullrich Haupt, der sich zu Schillerscher Leidenschaft bekannte, mit Joachim Brennecke, auf dessen Zukunft Gründgens ebenfalls setzte. Vor allen Dingen stammten Hans Quest und Hans Lietzau aus der Staatlichen Schauspielschule. Sie gehörten zu dem ersten Jahrgang, den Lothar Müthel in die Praxis entließ. Erich Schellow wurde durch Gründgens gleichfalls von der Schule ans Schauspielhaus verpflichtet und nahm dann eine erstaunliche Entwicklung.

Gleich im zweiten *Faust* spielte Lola Müthel die Helena nach Hilde Weissner, sie war die Lukretia in *Bruderzwist im Hause Habsburg*, die Tochter des Sartorius in Shaws Komödie *Die Häuser des Herrn Sartorius* und die Rosaura in *Das Leben ein Traum* von Calderon. In all diesen Rollen fand ein eigenwilliges Temperament schon in jungen Jahren intensiven und selbständigen Ausdruck. Heute ist sie eine überragende Schauspielerin.

Gründgens wählte Antje Weisgerber aus dem Ensemble der Kommenden für das Staatliche Schauspielhaus. Ihre

Figuren aus klassischer oder Fontane-Zeit verwendete Gründgens auch an den Orten seines Wiederanfangs nach 1945, wo sie in den Reliefs von Mädchen- und jungen Frauenrollen erschien.

Ein besonderer Typ war Joana Maria Gorvin, auf die Gründgens nicht sogleich »setzte«. Er bat mich sogar, Jürgen Fehling von der Besetzung des Stückes *Der verlorene Brief*, einem klassischen Lustspiel der rumänischen Theaterliteratur von Jon Luca Caragiale, mit der Gorvin als Partnerin Paul Wegeners abzubringen. Gewiß, das war für eine junge Schauspielerin ein Start ohne Beispiel. Sie war bei uns ausgebildet worden. Eine aparte Erscheinung mit ungewöhnlichem seelischen Radius.

Bei Fehling gab es nur eine expressive Bestätigung, die Besetzung mit dieser »erotischen Nachtigall«, wie er die Gorvin nannte, solle so bleiben. Daraus wurde ein großer Erfolg für Paul Wegener und Joana Maria Gorvin, für die ganze Arbeit und alle Mitwirkenden.

Das hatte Gründgens nicht erwartet. So korrigierte er sich Fehling gegenüber, der mich danach zweifelnd taxierte, ob ich etwa an dem anfänglichen »Komplott« gegen die Gorvin teilgenommen haben könnte. Für ihn war und blieb sie eine Sprecherin, die »seltsame Geigentöne verwaltet«. So wurde aus Joana Maria Gorvin die große Schauspielerin und Gefährtin Jürgen Fehlings, dessen Leben bis ins hohe Alter unruhig geblieben ist.

Einen Donnerschlag gab es am Mittagstisch Görings, als er erfuhr, daß der aus der Schweiz gebürtige, bei uns als Hospitant der Schauspielschule mitunterrichtete Bernhard Wicki ein kleines Wermut-Gelage mit Schauspielschülerinnen veranstaltet hatte. Da die Mädchen übertrieben, sogar aufgestört nach Hause berichteten, kam es in der offiziellen Familienrunde zur Sprache. Das Vaterherz in Göring klopfte laut und stürmisch. Wicki wurde am selben Tag in einen Steinbruch abtransportiert.

Vor den beiden Jahrgängen der Schauspielschule vertrat ich die Meinung: Wenn junge Menschen in beruflicher Ausbildung ihren familiären Kreis verlassen, sich in einer anderen Stadt und in selbstgewählten Appartements aufhalten, dann übernehmen sie eigene Verantwortung. Man hätte auf sich selber zu achten im Umgang mit anderen... Das wurde Göring »gesteckt«, auch von seiner Erwiderung erfuhr ich: Was ich wohl davon verstünde? – Nun, gerade recht viel! Eine Verwandte war als Arbeitsdienstlerin ausgerechnet in diesen Tagen einem SS-Treffen ausgewichen, das bei Tanz und Geselligkeit dazu dienen sollte, Kinder der »nordischen Rasse« entstehen zu lassen.

Ich schrieb an Gründgens einen Brief, in dem ich wegen der Vorgänge in der Schauspielschule, besonders wegen der barbarischen Behandlung eines Jugendstreiches, um Entlassung als Lehrer der Schauspielschule bat.

Wenige Stunden danach erreichte mich sein Anruf zu Hause: »Müssen wir uns Briefe schreiben, Mühr?« Ich wiederholte meine Gründe. Er hatte bereits interveniert, zumal der Schweizer Gesandte sich um die Freilassung Bernhard Wickis bemühte. Einige Gläschen Südwein unter Schülern waren beinahe zum politischen Fall geworden. Aus Bernhard Wicki wurde der ausgezeichnete Schauspieler und international anerkannte Filmregisseur.

Als Gründgens an einem Herbsttag des Jahres 1934 zu Beginn der *Lear*-Probe zehn Minuten vor zehn Uhr das Schauspielhaus betreten wollte, wurde es ihm verwehrt. Vor der angelehnten Tür stand ein junger Mann und flüsterte drei Sätze. Mit Armen und Körper versperrte er den Eingang.

Erstaunt und fast gereizt sah der Intendant auf den Unbekannten und blickte sich nach seinem Fahrer um, der den Vorfall nicht bemerkte, weil er am Wagen hantierte. Gründgens schwieg, der junge Mann ebenfalls. Ein musternder Blick von Gründgens und die Aufforderung: »Gehen Sie in die Oberwallstraße, dort sitzt Herr Mühr. Sagen Sie, ich schickte Sie. Nun aber nehmen Sie den Arm runter und lassen Sie mich rein.«

Der Unbekannte trollte sich über den Gendarmenmarkt, blieb stehen, ging wie abwesend weiter und brauchte eine halbe Stunde, um seinen Mut abkühlen zu lassen. Dann tauchte er in der Oberwallstraße auf.

Kein Theaterdiener machte Ausflüchte oder schüttelte den Kopf, keine Sekretärin versuchte ihn abzuwimmeln. Mein Telefon war immer durchgeschaltet, solange ich im Hause war. Aus der Tradition des Journalismus hatte ich bestimmt, daß jeder mich erreichen und jeder mich sprechen konnte.

Da saß ein junger Mann namens Helmut Kollek, Student der Theaterwissenschaft und der Germanistik. Er berichtete erregt von seinem morgendlichen Abenteuer, das er deswegen unternommen hätte, weil seine Briefe an den Intendanten nicht beantwortet worden seien. Als drei Monate vorüber waren, faßte Kollek den Entschluß, Gründgens zu stellen. Wie ein Detektiv hatte er alle Umstände auf die Minute zusammengetragen. Er wußte genau, wann Gründgens am Schauspielhaus vorfuhr, wie das vor sich ging, wer ihn am Eingang erwartete und was weiter geschah.

Kollek bekam keine Luft mehr, so bedrängte ihn das praktische Theater. Deshalb überlegte er sich den unmittelbaren Vorstoß. Er wollte Regieassistent werden, aber nur bei uns. Als er meinen erstaunten Blick sah, verbesserte er sich: Er wolle alles tun, was am Gendarmenmarkt nötig sei. Er würde schon allmählich zeigen, was er könne.

Viele Bewerber redeten so. Viele sahen sich größer, als sie

waren; manche untertrieben. An Kollek war ein Funke. So ließ ich ihn ein paarmal kommen, um ihn mir näher anzusehen. Man sollte ihm eine Chance geben, dachte ich. Das war wertvoller als jedes sofortige Engagement, das für ihn und für uns noch nicht ergiebig zu sein brauchte. Er sollte »hineinriechen«.

»Aber machen Sie sich auf manches noch gefaßt«, warnte ich ihn. Ich meinte vor allem jenen Herrn, dem er am Bühneneingang einen Auftritt ohne Beispiel angeboten hatte.

Kollek hospitierte zunächst eine Spielzeit lang. Er sah sich die Proben an, blieb unauffällig, machte sich trotzdem bei Gelegenheit nützlich und verlangte weder Geld noch engere Bindung. Diese sollte sich mit der Zeit ergeben. Gründgens' Wort zu einem jungen Menschen, der zum Theater wollte: »Du bist dir doch hoffentlich klar darüber, daß es heutzutage keine Karrieren mehr gibt!«

An solchen Widerständen wuchsen echte Begabungen, oder sie versagten.

Die beste Kameliendame der Welt –
Narrheit und Trauer

Anfang September 1937 begannen die Proben zur *Kameliendame* von Dumas in der Filiale des Schauspielhauses, dem Kleinen Haus des Staatstheaters in der Nürnberger Straße. Regie: Gustaf Gründgens, die berühmte Titelrolle spielte Käthe Dorsch. Die einstige Sängerin, dann Schauspielerin, Singspielerin und große Tragödin war die liebestrunkene Hauptdarstellerin dieses »dramatischen Gemäldes«. An der Seite des Regisseurs stand zum erstenmal Kollek als Assistent. Er hatte eine Spielzeit gut durchgestanden. Bei Liebeneiner war er offizieller Regieassistent, zweimal auch bei

Hans Leibelt und bei Paul Bildt gewesen. Einen Hürdensprung machte Kollek, als er die Rolle des plötzlich erkrankten Volker von Collande im *Raub der Sabinerinnen* übernahm. Dafür erhielt er einen Tag darauf einen Zweijahresvertrag. Die Proben zur *Kameliendame* wurden für Kollek eine unerbittliche Prüfung. Was er sagte, was er tat, war falsch und erregte Ärgernis. Nicht einmal den Mantel konnte er Gründgens richtig abnehmen. Es war so, wie manche jungen Schauspieler am Staatstheater sich zuflüsterten: Gründgens konnte unsagbar scheußlich sein. Damit übertrug er Spannungsmomente, die der andere zu bestehen hatte.

Vier Tage hielt es Kollek aus, dann rief er eines Abends vom Theater aus den Intendanten an: »Ich kann so nicht weiter, bitte empfangen Sie mich sofort, oder ich komme nicht mehr ins Theater.« Keine Antwort, lange Pause. Dann Gründgens' Aufforderung, ihn aufzusuchen.

Was quälte den jungen Mann? Gründgens empfing ihn lächelnd, hörte sich noch einige Geständnisse an, wurde ernst, sehr ruhig und mitunter sehr laut.

Um was es beim Theater gehe? Um gute Laune! Die mußte man gerade dann behalten, wenn es kompliziert wurde. Lieber gute Laune vor den Schauspielern als gute Laune am Regietisch. Warum sich Kollek denn überhaupt mausig mache? Er fühlte sich schlecht behandelt. Es gehe doch nur um die gute Behandlung der Schauspieler, damit die Inszenierung gelang. Der Weg von der ersten Probe bis zur Premiere war ein Weg über Stationen. Manchmal hielt man an einer Station länger als beabsichtigt oder fuhr zwei Stationen zurück, um dann bis zur fünften Station vorzupreschen. Gründgens war ein Regisseur ohne monatelange Vorbereitungen. Deshalb gab es keine Schreibtischarbeit und kein bis ins Kleinste ausgeführtes Regiebuch. »Im Gegenteil: zu diesem macht mich erst die praktische Arbeit auf der Bühne wirklich produktiv«, sagte er.

Kollek verließ den Chef und erschien am nächsten Tag auf der Probe. Gründgens blieb hart, aber er war nicht mehr scheußlich.

Und dann kamen die letzten Proben zu dem Dumas-Stück, letzter Akt, Schlußszene. Die sterbenskranke Marguerite Gautier bekommt im Bett den Brief und den Kamelienstrauß ihres Geliebten. Nach einer halben Probenstunde unterbrach Gründgens.

»Ich hab da eine Idee«, sagte er und eilte auf die Bühne. »Paß mal auf, Käthe. Situation ist klar, du bekommst Brief und Strauß. Es reißt dich aus dem Bett hoch, die Bühne ist halb dunkel, um lesen zu können, wankst du an den Kamin...« Gründgens spielte die Szene vor, wie er sie meinte, und alle sahen zu. Zwischendurch ein Wort an den technischen Leiter: »Herr Ehle, der Kamin lebt und bekommt rosa Scheinwerfer für Frau Dorsch – – und dann neigst du dich, Käthe, zum Kamin hin, öffnest den Brief. Um lesen zu können, mußt du dir den Strauß auf die rechte Schulter legen. Du liest mühsam die Zeilen, und am Ende reißt das Erlebnis deinen Körper hoch, gleichzeitig erschlaffen die Arme, und die Kamelien rieseln langsam von der Schulter über deinen Körper, und über ihnen sinkst du sterbend zu Boden.«

Die Schauspieler wie die Bühnenarbeiter hörten atemlos zu. Stille.

»Na, was sagst du?« fragte Gründgens und erwartete begeisterte Zustimmung.

Die Dorsch zögerte: »Ich weiß nicht, Gustaf. Ist das nicht ein bißchen viel?«

Darauf Gründgens schwungvoll: »Aber Käthchen, wie kannst du mir so etwas sagen, mir, der besten Kameliendame der Welt.«

Der Vorschlag wurde angenommen, er entstammte komödiantischem Geist. So etwa, wie der schwerkranke französische Schauspieler Mounet-Sully vor sich hin murmelte: »Das Sterben fiele einem leicht, wenn das Publikum dabei wäre...«

Frau Dorsch kam zu solcher Wirkung, daß es manchmal Minuten dauerte, bis nach dem Vorhang der Applaus begann. Am Abend nach der Premiere sagte Gründgens zu dem Regieassistenten Kollek fast nebenbei: »Sehen Sie, nicht wie etwas war, ist wichtig, sondern was daraus geworden ist.«

»Ich habe heute morgen eine Notlüge gebraucht, entschuldigen Sie bitte«, sagte ich zu Gründgens, als er überraschend mein Zimmer betrat. »Ich wollte es nicht am Telefon sagen.«

Er zögerte und sah mich an.

»Meine Frau ist am Sonnabend gestorben.«

Mir kamen die Tränen, ich ließ sie laufen.

Zwei Schritte kam Gründgens auf mich zu. Er faßte meinen Arm, drückte ihn fest und ging zum Fenster. Er sah auf die Oberwallstraße hinunter.

»Schwer?«

Ich schüttelte den Kopf: »Sie ist hinübergedämmert.«

Er nickte kurz. Nach einer Pause: »Da stehen wir ja zu gleicher Zeit an zwei Gräbern.«

Seine Mutter war vor fünf Tagen in Zeesen gestorben. Die Mutter, die er sehr geliebt hatte. Sie war es gewesen, die den Sprung des rheinischen Kaufmannssohnes zum Musensohn ermöglicht hatte. Neuerdings war sie dem Haushalt ihres Sohnes in Berlin und Zeesen eine unauffällige Betreuerin gewesen.

»Mühr, Sie haben mir einen Brief geschrieben«, begann Gründgens langsam. Es war wohl der Grund, weshalb er mich aufsuchte. Er blieb am hohen Fenster stehen und behielt den Blick auf die Straße, deren eine Hälfte in der

Sonne, die andere im Schatten lag. Mir war es ein Bedürfnis gewesen, an ihn zu schreiben, da ich manches über das enge Zusammenleben mit seiner Mutter erfahren hatte. Mein Versuch zu trösten bestand in dem Hinweis der natürlichen Ablösung der Generationen, der wir alle ausgesetzt sind. Die ersten Toten sind manchmal die Nächsten.

»Ich weiß nicht, ob es nicht zuviel des Guten war«, sagte er und unterbrach sich. »Natürlich, in der Anteilnahme soll man nie sparsam sein.« Er drehte sich zu mir um, ich stand an der Seite meines Schreibtisches. »Sie schreiben, in meiner Welt wäre die Mutter die einzige, die erste und letzte Frau gewesen. Woher wissen Sie das?«

Gewiß, ich wußte um Gründgens' Ehe mit Erika Mann. Ein Frühlingsspiel, gleich einem Abstecher zur anderen Seite, mit einem schnell einsetzenden Gewitter, das sich aus der Dynastie der Manns bis in unsere Tage entlud. Man übertrieb dort trotzig, als wenn man diese Ehe nicht wahrhaben wollte. Jedenfalls tat es der ehemalige Schwager Klaus Mann in seinem »Mephisto«.

»Sagen Sie nichts. Ich weiß schon, was Sie bewegt hat. Ein schönes Zeugnis für meine Mutter von einem Fremden, der sie nur ein paarmal gesehen hat – ich Ihre Frau überhaupt nicht.« Er schwieg und sah mich an.

Heute kam mir sein sonst so modellierter Kopf klein und armselig vor. Folgen des Abschieds. So war ich nach dem letzten Kuß für meine Frau die Treppen des Augusta-Krankenhauses wie ein alter Mann hinuntergegangen, Stufe um Stufe. Ich mußte mich draußen im Freien förmlich neu orientieren. Um einen Menschen ärmer.

Immer war der Kopf an Gründgens für mich das Rätselhafte. Nein, weniger der Kopf als der Schädel. Die Gesichtszüge konnten weich und fließend sein. Aus diesem Antlitz lösten sich mit oder ohne Augengläser seine wechselnden Gesichter. Während der ersten klassischen Rollen und faden

Lebemänner in den Jahren 1930 bis 1932 hatte er in Berlin ein Profil bekommen. Aber es war noch nicht sein Profil, wie er damals selbstkritisch anmerkte. Es war das Gesicht der Branche, so wie man es auf Bühne und Leinwand braucht. Jetzt trug er sein eigenes Antlitz. Heute, nach dem hilflosen Abschied von der Mutter, war es ein kleines Gesicht.

Sonderbar, wie sich solche Betrachtungen nach unserem Gespräch aufdrängten. Füllten sie das Schweigen? Oder lenkten sie von der Trauer ab? Ich horchte wieder auf seine Worte.

»Sie sprechen in Ihrem Brief das Anderssein an... ist das so auffällig? Jeder von uns ist anders als der Nächste. Wir alle sind Naturen und tragen Variationen an Charakteren. Wir ziehen an, wir stoßen ab. Hauptsache ist, wie wir es verwenden. Nicht wahr, Mühr. Sie, Ihre Frau – ich, meine Freunde. Jeder geht eigene Wege. Entscheidend, daß wir daraus Gewinn ziehen, Auftrieb, Schwung... vom Ich zum Du und für uns.« Gründgens ging ruhig ein paar Schritte über den Teppich. »Jeder Abschied dauert ein Leben lang. Machen wir uns nichts vor. Meine Mutter wird mal stärker, mal schwächer in mir leben. Ihre Frau mit Ihnen. Das ist nicht nur bei uns so, Mühr. Es kommt auf jedermann zu. Und jedermann ist ein anderer.«

Er trat wieder zum Fenster und fragte leise, beinahe nur für sich, so daß ich ihn mit Mühe verstand: »Sie kennen Davids Totenklage? Von Gläubigen und vom Publikum meist mißverstanden, diese so gern zitierte erste Zeile: ›Es ist mir leid um Dich, mein Bruder Jonathan.‹ Aber dann heißt es in der Bibel weiter an den gestorbenen Gefährten: ›Überaus lieblich warst Du‹ –«, er machte eine kleine Pause und fuhr dann fort: »und Deine Liebe wunderbarer als die Liebe der Frauen.«

Gründgens sprach die Worte heimlich und sanft, er hauchte sie förmlich, wie ich es ganz selten im Leben und auf der Bühne gehört hatte. Wir standen uns gegenüber. Sein Kopf erschien jetzt wieder modelliert, nicht mehr arm und klein. In anderem, festerem Ton als bisher sagte er: »Wenn Ihnen in diesen Wochen die Decke auf den Kopf fallen sollte – Sie sind jederzeit willkommen.«

Die Türklinke in der Hand, drehte er sich um und fragte zurück: »Wann ist die Beerdigung?«

Über den Hof des Kleinen Hauses in der Nürnberger Straße liefen drei Pudel und verschwanden schweifwedelnd im Bühneneingang. Man probierte im September 1938 *Minna von Barnhelm* unter der Regie von Gustaf Gründgens mit Marianne Hoppe in der Titelrolle, Paul Hartmann als Tellheim, Eugen Klöpfer als Just, Hans Leibelt als Werner, Aribert Wäscher als Wirt, Paul Henckels als Riccaut.

Auf der Bühne standen gerade Hartmann und Klöpfer im Dialog. Der eine war sonor und sicher im Text, Klöpfer dagegen zog seinen Part gewissermaßen aus dem Souffleurkasten. Dann unterbrach er überraschend die Szene und visierte zu Gründgens am Regiepult hinunter.

»Gustaf«, knurrte Klöpfer im fränkischen Dialekt und blinzelte ins Halbdunkel, »Gustaf, ich möchte dir gern was vorschlagen...«

Die Pause füllte Gründgens liebenswürdig und mit gedämpfter Neugier, indem er zurückfragte: »Ja, Eugen?«

»Gustaf«, begann es oben wieder, »ich habe einen Gedanken.« Bedächtig erläuterte Klöpfer seinen Vorschlag: Er wollte die Justsche Erzählung von dem geretteten Pudel durch das Auftreten eines leibhaftigen Vierbeiners verbildlichen.

Ehe sich der Regisseur zu dem Vorschlag äußerte, trat Klöpfer aus dem Probenbild zurück, pfiff in die Kulissen und trat mit einem braunen Pudel wieder auf. Das Tier wedelte um Klöpfer herum und hörte dem Lessingschen

Text zu, wobei es sich setzte. Hartmann begann sich an dieser neuartigen theatralischen Situation zu erfreuen. Mehrmals probierte Klöpfer die Szene, als wollte er das vorbildliche Auftreten des Pudels demonstrieren. Sein Hund war weder neugierig noch erschrocken, folgte seinem Herrn, wie es vielleicht der Pudel des Bedienten Just getan hätte. Gründgens am Regietisch beobachtete die Vorführungen mit heimlichem Spaß. Auch als Klöpfer einen zweiten Pudel auftreten ließ, blieb er liebenswürdig. Klöpfer meinte, ein Mann wie Just, der Pudel liebte, habe bereits einen Hund gehabt, als er den zweiten rettete. Die entzückenden braunen Pudel, die Klöpfer sich als Illustration der Justszene gedacht und die er deshalb an diesem Morgen ins Theater mitgebracht hatte, gehörten dem großen Schauspieler, und er wollte ihnen offenbar zu theatralischem Ruhm verhelfen. Der zweite Hund benahm sich ebenfalls einwandfrei.

Aus den Kulissen tauchten die Köpfe einzelner Mitwirkender auf. Hartmann konnte sich bei diesen zirzensischen Darbietungen seines Kollegen kaum mehr halten, so lachte er. Andere schmunzelten.

Da griff Gründgens ein. Es ging darum, den Spaß abzufangen und die Laune im Ensemble zu erhalten. Vor allem durfte er bei Klöpfer keinen Ärger über den abgelehnten Einfall wecken.

Der Regisseur trat deshalb vor die Rampe und bewunderte die Tiere, die sich an der Seite ihres Herrn wie erfahrene Komödianten auf vier Beinen benahmen. Vielleicht spukte bei Gründgens in diesem Augenblick die tragikomische Erinnerung, daß Kollege Goethe als Weimarer Theaterleiter über einer solchen pudelnärrischen Situation sein Amt und seine Neigung, die Bühne zu führen, aufgegeben hatte. Das Gelegenheitsstück *Der Hund des Aubry*, in dem tatsächlich ein Vierbeiner auftrat, war gegen den Goetheschen Willen aufgeführt worden.

Von der Rampe diesseits des Parketts versuchte Gründgens vorsichtig, Klöpfers Einfall in seiner gefährlichen Komik und seinem vieldeutigen Naturalismus auszuschalten. Aber der Darsteller des Just hörte auf diesem Ohr ausgesprochen schlecht und ließ sich aus seinem vierbeinigen Milieu nicht ohne weiteres vertreiben.

Statt dessen führte er die Szene mit einem Pudel noch einmal vor, sprach dazu den Text, der jetzt ohne Stocken vor sich ging und beobachtete den Hund. Dann sah er auf die lächelnden Kollegen in und zwischen den Kulissen. Ein Pfiff! Zu dem ersten Pudel gesellten sich jetzt zwei Pudel! Drei Tiere waren also auf der Bühne und unter den Staatsschauspielern.

Klöpfer spürte das deutlicher werdende, heitere Echo der künstlerischen und technischen Spielgemeinschaft. Er genoß die allseitige Heiterkeit. Er sah auf Gründgens, dessen Lächeln sparsam blieb. Ein Wink an die Pudel, und sie machten Männchen. Sie tanzten auf zwei Beinen um ihren Herrn. Alles lachte schallend, Klöpfer lachte mit den Kollegen und Bühnenarbeitern. Er lachte und sah auf Gründgens. Dann funkte es bei Klöpfer. Eine Handbewegung, gehorsam entwischten die Pudel.

Klöpfer sprach zu Gründgens ins Parkett von klugen und folgsamen Hunden und von dummen und ungehorsamen Menschen. Über den kassierten Einfall spielte er treuherzig hinweg. Es bedurfte kaum eines Wortes von Gründgens. Er hatte den unfreiwilligen Effekt mit den Vierbeinern einfach »abbrennen« lassen. Die Probe ging nach dem kleinen Umweg weiter.

»Ich werrde verrrrückt!« stieß die aus dem Baltikum stammende Charakter- und Mütterschauspielerin Elsa Wagner aus, als sie merkte, daß sie sich geirrt hatte. Sie glaubte, spielfrei zu sein, weil die Premiere von *Antigone* erst im

September 1940 stattfinden sollte. Statt dessen stand seit sechs Tagen *Faust* auf dem Spielplan. Frau Marthe: Elsa Wagner. Es war einundzwanzig Uhr. Die Vorstellung lief.

In buchstäblich letzter Minute erschien Elsa Wagner. Das Marthe-Kostüm über die Straßenkleidung geworfen, die Haube auf! Die Szene Faust/Gretchen hatte schon begonnen. Das Zeichen vom Inspizienten: Mephisto und Frau Marthe traten auf. Text und Arrangement wie immer. Frau Wagner bewegte sich etwas steifer als sonst. Sie fühlte kaum Boden unter den Füßen, so saß ihr der Schrecken in den Gliedern.

Von Gründgens nach dem Auftritt kein Wort. Im Theater gerüchtete es, der Intendant habe Krach gemacht. Es sei Pflicht des Inspizienten wie des Abendregisseurs festzustellen, ob die Mitglieder eine Stunde vor Beginn im Theater waren, gleichgültig, wann sie zu tun hätten.

In der Nacht noch schrieb Elsa Wagner einen Entschuldigungsbrief an Gründgens. Sonderbar, sie hörte nichts darauf. Sie erhielt auch keinen Entlassungsbrief, wie sie befürchtete. Zwei Monate blieb sie ohne Antwort.

Eines Abends war die Sprachlehrerin von Brümer, bei der sich Gustaf Gründgens und Marianne Hoppe sprachtechnisch gelegentlich »überholen« ließen, in der Vorstellung. Vor ihrer Lehrerin wollten beide besonders exakt spielen und verabredeten sich dementsprechend. Gründgens akzentuierte so scharf wie ein Musterschüler. Frau Hoppe hörte sich das eine Zeitlang an, dann packte sie die Lachlust. Gründgens hielt durch, um über Mariannes Lachen hinwegzukommen, zumal sie ebenfalls anfing, den Text zu übersteigern.

Gründgens verlor seinen Part, »schwamm«, wie man in der Fachsprache sagt, und Marianne Hoppe sank vor soviel Krampf in die Knie und weimerte. Um Gründgens war es

nun ebenfalls geschehen, er sank daneben, der Vorhang
mußte fallen.

Wenige Tage später lag ein Brief auf dem Frisiertisch in
Elsa Wagners Garderobe. Er war von Gründgens. Mit der
Hand geschrieben hieß es darin:
»Liebe Elsa, wir sind quitt. Dein Gustaf Gründgens.«
Niemals mehr wurde ein Wort über die beiden Zwischen-
fälle gewechselt. Frau Wagner erinnerte sich nicht ohne
Rührung daran.

Atemlos blieb der Regieassistent Kollek einen Augenblick
vor der Tür des Intendanten in der Oberwallstraße stehen.
Er mußte verschnaufen. Er hatte sich von einer Probe
zur Uraufführung von Hauptmanns *Tochter der Kathedrale*
unter der Spielleitung von Wolfgang Liebeneiner wegge-
schlichen.

Von Anfang an gingen die Arbeiten schwer voran. »Fest-
liches Weihespiel« hieß der Untertitel des Dramas, merkwürdig anspruchsvoll und vieldeutig. Den zur Schau getra-
genen Optimismus ihres Regisseurs teilten die Schauspieler
bald nicht mehr. Liebeneiner verbiß sich um so stärker in das
Stück und inszenierte weiter gegen sein eigenes Empfinden.

Vier Tage vor der Premiere war die Krise nicht mehr
wegzuleugnen. Tränen bei Käthe Gold, Ausbrüche bei
Gustav Knuth, Paul Hartmann und Maria Koppenhöfer
starrten wie abwesend ins Leere, vergebliche Beschwichti-
gungsversuche durch Liebeneiner. Als die Proben sich träge
fortschleppten, benutzte Kollek einen Augenblick, um das
Haus zu verlassen. Der Chef mußte eingreifen, ehe es zu spät
war. Kein Rapport durch das Telefon, sondern persönlicher
Alarm.

Der Intendant schaute ruhig auf, als er den Bericht hörte,
und zog den Mantel an. Kollek sprach auf dem Weg zum
Gendarmenmarkt, Gründgens schwieg. Hinein zur Tür für

Ehrengäste, damit es nicht auffiel und damit vor allem niemand signalisieren konnte.

Kurz vor der Saaltür sagte Gründgens zu dem Regieassistenten:»Und nun paß auf, was ich mache.«

Mitten hinein in die Probe ein scharfer Befehl:»Her mit Koch!« Das war der Komparserie-Inspektor, der sofort erschien und mit belegter Stimme nach den Wünschen fragte. Er bekam lautstarke Vorwürfe über einige Komparsen, die gelangweilt dastanden. Koch erbleichte und schlug mit den Armen, ohne die Schultern zu heben und zu senken. Aushalten, was der Chef sagte, anhören und die Fehler abstellen.

Liebeneiner und die Besetzung erschraken mit und vergaßen ihre Probennöte. Der Retter war ja im Haus! Sie brauchten sich nicht mehr allein zu quälen. Alle erwarteten, daß der zweite Krach sie treffen würde. Gründgens wußte doch längst, daß die Situation verfahren war.

Ein lächelnder Galan bestieg die angelegte Probentreppe vom Parkett zur Bühne, Gründgens begrüßte und umarmte die Darsteller, küßte Frau Gold auf die verweinten Augen und setzte sich auf den Bühnenboden.

»Habt ihr etwa auch ein Wehwehchen?« fragte er strahlend.

Die Beklommenheit löste sich. Alle waren verdutzt, erfreut über den gutgelaunten Gustaf. Hartmann drängte mutig nach vorn mit allem»Wenn« und»Aber« zu dem Stück. Käthe Gold mokierte sich auf»weanerisch«, was immer noch reizend klang. Gründgens ließ sich das Textbuch geben.

Ein Blick hinein – nein, nur auf den Umschlag. Dann warf er das Buch fort und ließ das Spiel ganz leicht anlaufen, Kamerad unter Kameraden, von Mimus zu Mimus. In allen verschwand Widerstand und Ärger. GG gab kurze, klare Hinweise, die sie sofort begriffen. Er lockerte sie aus der

Verkrampfung und schloß ihr komödiantisches Wesen auf. Seine gute Laune steckte an, wenn er mit- und vorspielte. Sie blieben in seinem Griff, trotz Änderung und Spiel, Spiel und Änderung. Schließlich fing er an, richtig zu inszenieren, vorher charmant bei Liebeneiner um Erlaubnis bittend. Dieser war schließlich ein namhafter Filmregisseur. Gründgens nannte ihn den Einäugigen unter den Blinden. Nach einer Stunde schon blühte dieses neue Hauptmann-Drama. Alle waren glücklich. Keine Unruhe, keine Unsicherheit mehr. Die Hürden vor der Premiere waren abgeräumt. Jeder wußte, woran er war.

Am Ende meinte Gründgens zu Liebeneiner, aber alle konnten es hören:»Daß ihr aber auch darauf reingefallen seid!«

Erstaunte Fragen:»Reingefallen? Worauf?«

»Ganz einfach«, sagte Gründgens,»da ist ein kleiner Druckfehler auf dem Umschlag. Es muß natürlich heißen: Ein Lustspiel von Gerhart Hauptmann...«

Ein Stück mit einem vermeintlichen Zugtitel war an der Reihe: *Kollege kommt gleich* von Utermann. Ein allzu gefälliges Lustspiel, gegen das sich auch Gründgens am Schluß der Probenzeit nicht mehr wehren konnte. Viktor de Kowa als Regisseur und Hauptdarsteller, Pamela Wedekind war seine Partnerin. Die ganze Besetzung bemühte sich, aber das Stück wurde dadurch nicht besser.

Abnahme der Generalprobe durch Gründgens, der an Pamela Wedekind etwas verbesserte, bis sie sich wegen der Rolle an ihn wandte:

»Ja und überhaupt, Gustaf, ich weiß gar nicht, was das für eine Figur ist. Hat sie nun etwas mit diesem Kellner gehabt oder nicht?«

Gründgens blieb ruhig sitzen, rückte dann den Hut zurück, den er wegen der Kopfneuralgie auf der Bühne

113

gelegentlich aufbehielt. Man konnte eine Stecknadel fallen hören, als er sagte:

»Kinder, ich weiß gar nicht, was ihr alle für Leute seid. Es ist doch völlig gleichgültig, ob die was mit dem gehabt hat oder nicht. Die beste Beziehung, die es zwischen einem Mann und einer Frau geben kann, ist, wenn sie nichts miteinander haben.«

Absolute Stille. Im Augenblick wurde nichts zur Verbesserung des Stückes getan, aber alles zur Reinigung der Atmosphäre. Und das war wichtig.

Gründgens hatte gelernt, überall, wo er engagiert war; nicht nur als Schauspieler, sondern auch als Theatermann, von seinen ersten Lehrern Gustav Lindemann und Paul Henckels an der Düsseldorfer Schauspielschule und von Erich Ziegel im ersten größeren Engagement an den Hamburger Kammerspielen. Viel auch von Reinhardt, dessen Erfolgsmethoden er vollständig übernahm. Wie Reinhardt zum Schluß der Premiere am Vorhang stand und die Schauspieler zum Applaus dirigierte, so machte es Gründgens. Auch er teilte die Schauspieler ein, wann und in welchen Gruppen sie sich zu verbeugen hatten. Wie Reinhardt ließ Gründgens den Vorhang fallen, wenn der Beifall am stärksten war, um das Publikum erneut zu animieren. Das Verbeugen der Schauspieler ging nach ganz bestimmten Exerzitien vor sich. Reinhardt hatte gesagt: »Das macht bei der Presse etwas aus. Die Presse ist für die Kasse wichtig, und von der Kasse leben wir.« So dosierte auch Gründgens den Erfolg, seinen eigenen und den seiner Theater. Die ersten »Ausverkauft«-Schildchen auf dem Wochenspielplan waren die beste Publicity.

Vormittags Probe im Schauspielhaus mit einer Shakespeare-Komödie für den sommerlichen Spielplan. Aufgebot der großen Mimen von Paul Hartmann über Aribert Wäscher bis

Paul Bildt, dazu die Damen Adelheid Seeck, Elsa Wagner, Margarethe Schön. Regie: Karlheinz Stroux. Das Tempo lief langsam an, man glossierte sich selbst und gab übermütige Extempores. Am Regiepult blieb es zunächst still. Plötzlich zogen die Schauspieler an. Wie ein Strom pulsierte es durchs Ensemble. Der Text wurde genauer, das Witzeln unterblieb, das Tempo wurde intensiver.

Stroux wunderte sich, wie das Ensemble allmählich schräg zu spielen begann, in Richtung auf die Loge des Intendanten. Warum das? Stroux wollte nicht unterbrechen und schickte deshalb den Regieassistenten hinter die Bühne, um den Fehler korrigieren zu lassen.

Als der Assistent zurückkehrte, sagte er kein Wort, bis er sich neben Stroux gesetzt hatte. Dann flüsterte er: »Der Chef ist im Haus.« Stroux hörte mit schiefem Kopf hin, dazu ein verständnisloser Blick hinter den Augengläsern. Gründgens war doch verreist! Nein, korrigierte der Assistent, der Intendant sitze in seiner Loge. Hatten sich die Schauspieler deshalb so angestrengt, weil sie die Anwesenheit des Hausherrn spürten?

Stroux erklärte laut eine Stelle, ließ wiederholen, unterbrach, stieg über die angelehnte Treppe zur Bühne hinauf. Er übernahm selber eine Rolle und spielte. Dabei blinzelte er in die Loge. Kein Zweifel, dort saß jemand. Stroux blieb auf der Bühne. Er übernahm eine zweite Rolle, um das Zusammenspiel zu zeigen und vor allem seine Regieabsichten deutlich zu machen.

»Das müßte Gustaf sehen«, sagte Paul Hartmann aus heiterem Himmel, völlig sinnlos.

»Ist er nicht im Hause?« stellte sich Aribert Wäscher ahnungslos und drehte sein imposantes Massiv langsam zu allen Mitspielern. Kein Schmunzeln bei den Kollegen. Weiter im Text. Stroux wieder am Regiepult im hell-dunklen Parkett. Was bezweckte eigentlich Gustaf auf seinem Beobachtungsposten? fragte er sich. Kontrolle, »Macke« oder Takt, weil er vielleicht nur für Augenblicke im Hause war?

»Ich halt's nicht mehr aus!« rief eine Schauspielerin hysterisch und wandte sich ab. Als Stroux auf sie zutrat, entspannte sich bereits ihr angestrengtes Gesicht, sie entschuldigte sich, es sei nicht so gemeint.

Was war eigentlich los? Stroux blickte in die Proszeniumsloge des Intendanten, er war nicht mehr da. Habe ich doch gewußt! sagte sich Stroux.

Als die Szene durchgespielt worden war, benutzte der Regisseur den Umbau zum nächsten Bild zu einem Gang, der an Gründgens' Loge vorbeiführte. Er klinkte die Tür auf, sah hinein. Niemand, nicht einmal der Hut, den Gründgens manchmal liegen ließ.

Tagelang sprach man in den Garderoben von dem geisternden Chef, der sich jedoch weder im Büro noch im Theater blicken ließ. Stroux konnte ihn nicht telefonisch erreichen. Nach knapp einer Woche klärte sich der Spuk auf. Der Ausstattungsleiter Rochus Gliese hatte ein lebensgroßes Bild, das Gründgens darstellte und ihm von einem Maler geschenkt worden war, aus der Garderobe des Intendanten in die Loge schaffen und an seinem Platz aufstellen lassen. Er beabsichtigte, eine byzantinische Stimmung hervorzulocken...

Drama auf und hinter der Bühne

Es schien ein Theaterabend wie jeder andere zu werden: *Michael Kramer* von Gerhart Hauptmann im Februar 1938 unter der Regie von Lothar Müthel. In der Titelrolle: Werner Krauß – »eine fast überirdische Leistung« für Rudolf G. Binding, den Lyriker und Novellisten.

Seit einer Woche war die Vorstellung ausverkauft. Der Gendarmenmarkt füllte sich mit Autos, die aus allen Richtungen anfuhren. Das Publikum in festlicher Garderobe strömte herbei. Ein Abend voller Spannung und drohender Gefahren. Deshalb hatte mich der Intendant aufgefordert, anwesend zu sein, zumal Krauß und ich uns nahestanden. Die Ehe Werner Krauß/Maria Bard befand sich in offener Krise. Lange schon schwärte es, dann rissen nach achtjähriger Gemeinsamkeit die Verbindungen zwischen beiden ab. Maria Bard war schon am anderen Ufer.

Werner Krauß als Michael Kramer und Maria Bard als Lise Bänsch traten in diesem Hauptmann-Drama zusammen auf. Wir konnten die Erfolgsserie von *Michael Kramer* nicht abbrechen, obwohl zu befürchten war, daß die künstlerische Begegnung zwischen Krauß und Bard zu einer plötzlichen menschlichen Explosion führen könnte.

Frau Bards komödiantische Begabung, spielerisch im Körper und in der Mimik, graziös und frech, ebenso vibrierend wie undurchdringlich, konnte mit ihrem Temperament durchbrechen. Auf der Bühne ein Skandal? Das war bei Werner Krauß nicht ausgeschlossen. Aber wie sollte man dem allen aus dem Wege gehen...?

Die Liebe und die Ehe der beiden großen Darsteller war auf dem Scheiterhaufen einer Tragödie entstanden. Anfangs war es eine Liebelei vor und auf den Proben zu Walter Hasenclevers Komödie *Napoleon greift ein* im März/April 1930 gewesen. Kurz vor der Premiere wurde Krauß am Blinddarm operiert. Entgegen dem ärztlichen Rat trat er trotzdem mit Schmerzen auf, um dem Theater in der Stresemannstraße keinen Schaden zuzufügen. Die bereits angesetzte Premiere hätte sonst vertagt werden müssen. In den gleichen Tagen lag Frau Paula Krauß mit einer schweren Angina zu Hause in Dahlem. Sie verließ das Krankenbett und fuhr ohne Wissen des Hausarztes und natürlich ohne Wissen ihres Mannes ins Theater.

In der ersten Parkettreihe die kranke Frau, oben auf der Bühne spielte der noch nicht geheilte Mann, dazwischen die andere Frau. Zum ersten Male trat Krauß ausgerechnet in einer Bettszene auf, umworben von der Rollenpartnerin Maria Bard, die die Nebenbuhlerin der Gattin geworden war.

Die vom Fieber geschüttelte Frau im Parkett, die in vielen Ehejahren manches überwunden hatte, erkannte am Zusammenspiel, daß das dort oben nicht mehr reine Schauspielerei war. Sie glaubte es jedenfalls zu sehen. Nach Schluß der Vorstellung fuhr Frau Paula schnell zurück in das Dahlemer Haus im Schwarzen Grund 17 und nahm eine Überdosis Schlaftabletten.

Bei der ersten Wiederholung des Hasenclever-Stückes traf Direktor Viktor Barnowsky einen nachdenklich versunkenen Werner Krauß. Ein fremder Zug fiel an ihm auf. Barnowsky gab zunächst nichts darauf. Er kannte die Eigentümlichkeiten der großen Schauspieler zur Genüge. Krauß zog sich für die Rolle an und spielte in diesem politischen Kabarettstück. Er lachte und tändelte, schritt durch den Zufall einer Liebe, um dann wieder als Napoleon im Wachsfigurenkabinett Platz zu nehmen und das Leben einer historischen Schaunummer weiterzuführen.

Während der Pause erschrak Barnowsky. Sein Hauptdarsteller war wie abwesend und voller zurückgehaltener Erregung. Vorsichtig fragte er nach der Ursache. Er erhielt keine Antwort. Krauß spielte diesen Napoleon, siegte und erstarrte – mit einer selten bei ihm so unbeweglich gesehenen Maske, mit einer betonten Festigkeit im Schritt, mit einer Leidenschaft... Was war nur?

Krauß spielte weiter Theater, während seine Frau auf der Totenbahre ruhte. Er trug den Schmerz allein und hartnäk-

kig, teilte ihn nur mit seinem Sohn. Eine unauffällige Beerdigung in der Frühe eines Tages auf dem Dahlemer Friedhof
mit drei, vier Leidtragenden. Nur keine Fremden!
Während Krauß abends Theater spielte, wurden in den
Redaktionen erste Schlagzeilen entworfen. Man verstieg sich
zu Vermutungen, sogar zu Kombinationen, weil die Um-
stände aus weiter Sicht merkwürdig ans Kriminelle grenzen
konnten.
Allabendlich erschien Werner Krauß im Theater in der
Stresemannstraße. Er gönnte sich keinen Ruhetag, um den
Erfolg des Privattheaters nicht durch Ausfälle von zwei, drei
Vorstellungen zu gefährden. Oben auf der Bühne ein Schau-
spieler, der die stärkste Belastung seines Lebens ertrug,
zusammen mit jener Frau, die der Anlaß des tragischen
Abgangs von Frau Paula Krauß gewesen war.
Hatte Werner Krauß zuviel Shakespeare gespielt? Wußte
er, wie unberührt er sein Schicksal vor und auf der Bühne
demonstrierte?
»Kann ich dir helfen?« fragte ich damals Werner Krauß.
Er überging die Frage.
»Wir werden natürlich heiraten«, sagte er nur.
An diesem Abend im Schauspielhaus, im Februar 1938,
an dem Krauß den Michael Kramer spielte, war die zweite
Ehe, die mit Maria Bard, zerbrochen. Das merkte ich sofort,
als ich seine Garderobe betrat. Krauß war schon in Maske
und Kostüm. Ich brachte ihm einige großartige Pressestim-
men ausländischer Zeitungen. Er brummte und sah sie gar
nicht an. Hin und her ging er, mit dem schlurfenden Gang
des Malers Michael Kramer. Es war also richtig, daß ich auf
Gründgens' Wunsch im Theater blieb. Die zwei durften
nicht allein gelassen werden. Es konnte gefährlich werden.
Langsam trat mir Krauß entgegen: »Du weißt doch, was
los ist?« Ich nickte. Er wandte sich ab, schlurfte zum Fenster.

»Wenn nicht alles so häßlich wäre...« Er kam auf mich zu, sah auf den Boden, als suchte er dort etwas.

»Du kannst dir denken«, fuhr er fort wie im Selbstgespräch, »daß ich nicht kleinlich bin. Sie will viel haben. Das Haus in Wien, an dem sie keinen Anteil hat. Alles vor ihrer Zeit. Es ist doch nicht möglich... Man kann darüber sprechen. Ich meine sie und ich. Statt dessen mischen sich Unbekannte ein, Briefe von Rechtsanwälten, gleich zwei.«

Krauß war ernst, trotz der Maske ganz nah. Schneller ging er in seiner Garderobe auf und ab. Zwanzig Minuten bis zum Anfang... Noch Zeit, um sich auszusprechen. Das war bestimmt gut für ihn, damit er's jetzt los wurde. Sonst konnten auch bei ihm plötzlich Funken stieben.

»Soll ich einen Anwalt nehmen?« fragte er durch die Garderobe zu mir herüber. Ja, natürlich. Einen diskreten, überlegenen Begleiter mußte er finden. Mitten im Raum stand er und hörte mir zu. Ohne Bewegung, konzentriert, als prüfe er jedes Wort. Krauß langte nach der Brille, die er als Kramer trug. Ein zusammengekniffenes Gesicht, zusammengepreßte Lippen, zusammengedrückte Augen fielen auf.

»Scheußlich«, sagte er im Ton des alten Kunstlehrers Kramer. Es war wie bei der Stelle, an der er von den Abenden seines Sohnes im Restaurant Bänsch erfährt, wo Arnold herumsaß und der Wirtstochter aufdringlich und vergeblich den Hof machte. Krauß setzte sich die Brille auf und sah kurz darüber hinweg an die Wand. In seinem Gesicht löste sich etwas. Er wurde immer mehr der alte Kramer, je näher der Beginn der Vorstellung heranrückte.

In der Garderobe leuchtete die Lampe als erstes Signal auf. Durch den Flur und das Haus hörte man es schnarren.

Krauß trat im zweiten Akt auf. Im zweiten Auftritt desselben Aktes erschien Maria Bard als Lise Bänsch. Ob sie schon im Hause war?

»Hast du nachher Zeit?« fragte Krauß, »wir gehen zu

mir.« Natürlich, so brauchte er nicht allein zu sein. Vor allem konnte ich ihn durch meine Zusage ruhiger stimmen. Es war ja nur ein Auftritt mit Maria Bard, wenn auch ein Paradeauftritt. »Also bis nachher! Ich schaue noch mal während der großen Pause herein…« tröstete ich ihn und mich.

Ein Blick in die Garderobe von Frau Bard. Die Garderobiere meldete, sie sei noch nicht im Hause. Gewiß, sie hatte erst im zweiten Akt zu tun. Und wenn sie einfach wegblieb? Ich rief bei ihr an. Sie wohnte jetzt im eigenen Haus in Caputh bei Potsdam, nicht mehr bei Krauß. Das Telefon wurde nicht abgehoben. Merkwürdig, ich ließ noch einmal läuten. Da meldete sich die Hausangestellte. Ja, die gnädige Frau sei ins Theater gefahren. Wann, bitte? Rechtzeitig, wie immer… ja, zusammen mit Herrn Stelzer.

Hannes Stelzer, der junge Schauspieler, war der private Gegenspieler von Werner Krauß. Hoffentlich erschien er nicht auch noch im Theater. Er war bei uns engagiert. Vielleicht nahm er einen Schluck in der Kantine, und alle Welt sah ihn. Nein, Stelzer war nicht der Typ dafür. Ein junger Mann, von Emil Jannings für seinen Film *Traumulus* entdeckt, der sich diskret verhielt.

Noch ein Ruf zur Probebühne hinauf, wo der Abendregisseur Erfurth mit Charlotte Witthauer die Lise Bänsch probierte. Dort war alles in Ordnung. Wann würde diese flinke Schauspielerin mit ihrer originellen Begabung die Rolle übernehmen können?

»Heute abend«, sagte Erfurth.

»Machen Sie keinen Quatsch«, entfuhr es mir. Ich lehnte die eilfertige Bemerkung ab; sie traf mich mehr, als der Gegensprecher es beabsichtigt hatte. Die Witthauer war also zur Übernahme der Rolle bereit. Gut, in der nächsten Woche würde sie für die Bard spielen, um Komplikationen mit Krauß zu vermeiden. Übrigens nicht vergessen, die Witthauer heute rechtzeitig auf den Dienstplatz ins Parkett zu schicken, damit sie sich die Szene nochmals ansah.

Als ich beim Portier des Bühneneingangs nachfragte, erfuhr ich: Jawohl, Frau Bard war soeben eingetroffen. Auf der Bühne lief der erste Akt von *Michael Kramer*. Frau Bard sei mit Blumen ins Theater gekommen, berichtete die Garderobiere von Frau Koppenhöfer, die als Michaline Kramer draußen auf der Bühne stand. Beifall nach dem ersten Aufzug. Einsatz des zweiten Bildes: Kramers Atelier. Erste Szene mit Hans Leibelt als Lachmann. Krauß stand in der Kulisse bereit, den Kopf geneigt, den Blick über den Brillenrand ins Weite gerichtet. Eine Variation des Menzelschen Selbstporträts. Gong – der Vorhang ging auf. Erste Worte, Gegenrede. Die Szene lief ruhig an.

Dann aber: durch die Tür der Hinterbühne rauschte Maria Bard herein. Eine verführerische Studie im pointierten Modeschnitt von 1900, die naiv-durchtriebene Lustbarkeit der Lise Bänsch mit Kapotthütchen und Schleier, dahinter ein spitzer Mund. Begrüßung zwischen uns. Kühle Hände. Ruhige Augen? Ach, wer kennt sich in diesen Feuerchen aus! Während die Garderobiere das Täschchen hielt, zog Frau Bard den Schleier fester unters Kinn. Dann ging sie zur Auftrittsseite. In wenigen Minuten fand die Begegnung mit Michael Kramer... und mit Werner Krauß statt.

Der alte Kunstlehrer auf der Szene war bisher nicht anders als sonst. Das Parkett mäuschenstill bei Kramers Worten: Wenn einer die Frechheit hätte, den Mann mit der Dornenkrone zu malen.»... Hörn Se, da braucht er ein Leben dazu. Hörn Se, kein Leben in Saus und Braus: einsame Stunden, einsame Tage, einsame Jahre...«

Einige Dialoge noch, kaum eine Seite. Ich stand am Pult des Inspizienten und sah mit ins Textbuch.

Jetzt: Maria Bard... Krauß begrüßte sie abgewandt, früher hatte er sie angesehen.

»Sie sind Modell?« Böser als sonst klang die Frage an Lise Bänsch, die zu antworten hatte:»O nein, Herr Professor, da täuschen Sie sich...«

Maria Bard brachte auch nicht den bisherigen Ton. Das »täuschen Sie sich...« klang schneidend scharf, wie eine Drohung. Oder hörte ich etwas hinein? Die Szene wurde gleich zu Anfang hochgespielt, früher war sie langsam angelaufen. Jetzt war es ein Trapezakt für zwei in der Luft, die nicht zusammenkommen wollten. Jeder spielte für sich und schoß auf den andern.

Maria Bard:»Nein aber auch, wie Sie gucken, Herr Kramer! Da mach ich mich lieber schnell fort...« Die Bard schlug das Tempo an, Krauß übernahm es. Die Szene bekam stechende Schärfe, sie sprudelte vor Gift.

Krauß und Bard schlugen sich förmlich gegenseitig mit ihren Texten. Ein Schlagwetter ohne Pause, ein Wettlauf prasselnder Bösartigkeiten mit Text von Hauptmann, nur anders geladen, überladen. Einer setzte dem andern auf der Szene zu. Zwei heiße Köpfe, die sich gegenseitig mit Feuer bedienten, ohne sich von der Stelle zu rühren. Jeder Satz wurde zu einer privaten Auseinandersetzung... für den Mitwisser.

Krauß lauernd:»Sie sind also ein Gemüt, wie man sagt...«

Bard:»Ich kann aber wirklich nichts dafür.«

Krauß brüllend:»Nein, nein, gewiß nicht. Wie sollten Sie auch!«

Bard:»... und dann ist mir zumute, wahrhaftiger Gott, als ob er mir könnte mal was antun.« Es ging um Arnold Kramer, den Sohn.

Krauß wütend:»Hat er Sie jemals bedroht?«

Bard:»... hu, wissen Sie, und dann guckt er mich an...«

Dieser ganze Text klang neu, ohne daß eine Zeile Hauptmanns geändert war.

Noch ein Satz von Krauß, dann von der Bard zwei Sätze – hinaus fegte sie. Überstanden! Krauß schnaufte hörbar und machte mehr Gänge als sonst bis zum Auftritt des Sohnes, den Bernhard Minetti spielte.

Vorüber der Zweikampf mit dem geheimen Willen beider Schauspieler, zu Ende zu kommen. Aufruhr, keine Störung auf der Szene. Sicherlich hatte es kaum einer im Publikum bemerkt, daß in dem heutigen Auftrittsblitz zwischen Werner Krauß und Maria Bard der Schluß der Szene vorweggenommen worden war. Krauß hatte sich nicht an das Milieu des Sohnes Kramer herangetastet, sondern er zerschlug es. Frau Bard umging nicht kätzisch und instinktiv frech den alten Kunstlehrer, sondern brannte vor seinen Augen ein Feuerwerk ihrer Reize ab.

Es war das letzte gemeinsame Auftreten beider Schauspieler. Über den guten Verlauf der Vorstellung telefonierte ich mit Gründgens.

Krauß heiratete zum dritten Male und blieb übrig.

Maria Bard nahm an einem Januartag 1944, zwei Tage vor der Premiere eines Stückes im Lustspielhaus des Staatstheaters, wo sie sich als Regisseurin *und* Schauspielerin vorstellen sollte, eine Überdosis Schlaftabletten, während Hannes Stelzer im Nebenzimmer auf sie wartete. Vielleicht war es Alterspanik der Vierundvierzigjährigen oder plötzliches Entsetzen vor dem immer heftiger werdenden Bombenkrieg und dem Schreckensende. Eigentlich waren beide übereingekommen, daß, falls einer von ihnen den Freitod wünschte, sie ihn gemeinsam gehen wollten.

Nachdem Krauß' Landhaus in Dahlem von Bomben zerstört worden war, hatte ihn seine ehemalige Frau in Caputh gastfreundlich aufgenommen. In jenen Tagen, als sich das Schicksal von Frau Bard zu schwerer, unentrinnbarer Tragödie steigerte, weilte Krauß nicht in Caputh, sondern zu einem kurzen Gastspiel in Wien.

»Weißt du, das war mein Glück«, sagte er zu mir auf der verschneiten Landstraße vor dem Trauerhaus. »Man hätte sonst meinen können, ich wäre mit im Spiel gewesen, Eifersuchtstragödie, wie man dann so etwas nennt.«

Krauß, im langen schwarzen Paletot, das Gesicht unter dem weißgrauen Haar frisch und gerötet, stapfte durch den hohen Schnee. Er sah auf seine schwarzen Schuhe und behielt den referierenden Tonfall, als er fortfuhr: »Weißt du, ich habe Maria immer gesagt: Du bist so alt wie das Jahrhundert. Als sie vor vier Jahren vierzig wurde, fiel mir ihre Unruhe auf. Frauen mit vierzig erschrecken vor sich selber und werden unberechenbar.«

So, wie es jetzt Gustaf Gründgens drinnen im Haus mit Hannes Stelzer tat, hatte Krauß mit dem plötzlich Alleingelassenen die ganze Nacht gesprochen. Stelzer stand vor einem Rätsel.

»Ich konnte ihm viel erklären, wie du dir denken kannst«, hörte ich Krauß neben mir auf der Straße, während die Sirene aufheulte, um einen Bombenangriff anzukündigen. »Er schüttelte nur immer wieder den Kopf. Ein tapferer Junge, der vor Ratlosigkeit schweigt.«

Wenige Monate nach dem Tode Maria Bards, Mitte Juli, flog der Luftwaffengefreite Hannes Stelzer mit seiner Maschine in Baumwipfel und stürzte tödlich ab.

Da wir ständig nach neuen Begabungen unter den Autoren wie unter den Schauspielern fahndeten, ließ ich regelmäßig Talente aus der Provinz und von den Stadttheatern auf der Probebühne vorsprechen. Sie riefen einfach an, und ein Termin wurde vereinbart. Aus der Menge traf ich die beste Auswahl für Gründgens. So entschieden wir uns durch die Jahre für Wolfgang Engels, Just Scheu und Werner Stock,

Bettina Moissi-Hambach, Marianne Simson und Charlotte Witthauer.

Auf eine besondere Begabung setzten wir vom ersten Augenblick an: auf Alfred Schieske. Obwohl er zunächst nur im Chor der *Orestie* mitmachte, fiel er sofort auf. Da waren Eigenheit, Klarheit und Intensität vorhanden, ohne die Mitspieler akustisch beiseite zu drücken. Aus ihm wurde dann nach 1945 eine der stärksten, gültigsten Begabungen des Berliner Theaters. Schieske empfing vom Kultursenat den seltenen Titel des Berliner Staatsschauspielers. In seinen besten Jahren starb er an Krebs.

Einmal führte ich dem Intendanten eine besondere »Nummer« vor, den Ostpreußen Horst Lommer. Er hatte einen merkwürdigen Gang und erschien auf der Probebühne mit einem kleinen Kästchen unter dem Arm, worin sich Utensilien befanden, die er kurzerhand benutzte. Verschiedene Bärte, originelle Mützen und kleine Hüte, Armbänder, Brillen, Kneifer, Zeitungsblätter – was er so alles brauchte. Jede vorzusprechende Rolle bekam ihr eigenes Gesicht, ihr einmaliges Aussehen und den ihr eigenen Rhythmus.

Als Gründgens den schnellen Wechsel der Rollenwahl beobachtete, Ernst und Komik in rascher Folge, Klassik und Moderne hintereinander – stets dabei der Griff in das Requisiten-Kästchen, um die Echtheit der Proben-Figur zu verstärken... als Gründgens diese mimische Munterkeit bemerkte, engagierte er Lommer vom Fleck weg.

Eines Vormittags forderte mich der Generalintendant auf, am frühen Nachmittag auf der Probebühne zu sein. Es käme ein Vorsprecher, wie so häufig.

Aufgeschossen, mit langen Gliedmaßen, blaß, schmal, nicht unbeweglich, traf er später als verabredet ein und wirkte sehr nervös. Der plötzliche Ausbruch bei Romeo mißlang. Er erschien wie abgedeckt, weniger heißblütig als träumerisch. Wohl eine graziöse Gestalt, doch nicht hell und freudig über das Liebesglück des Dramas. Als wenn ein Druck auf dem Jungen lastete. Hegte er eine andere Erwartung?

Die nächste Rolle war Carlos in *Clavigo:* sympathisch, doch ohne Wärme, im Ton eines kühlen, berechnenden Vernunftmenschen, ohne Teilnahme für seinen Freund. Kein Strom der Herzlichkeit lief an.

Gründgens brach ab und fragte nach modernen Rollen. Beim *Idealen Gatten* von Oscar Wilde, bei *Himmel auf Erden* von Jochen Huth war er besser, gelöster. Die beiden Rollen waren unserm Repertoire entnommen und etwas nachgearbeitet.

Was sollte der junge Mann bei uns? Seine Jugend sprang nicht über. Ich beobachtete eine gewisse Enge und Schwere, auffällig in diesen frühen Jahren.

Gründgens nahm ihn beiseite, ohne wie sonst über das Vorsprechen zu urteilen oder meine Meinung zu erfragen.

Als beide an den hohen Fenstern standen, glaubte ich während ihrer Unterhaltung plötzlich einen vertraulichen Ton und spontane Gebärden bei dem jungen Manne zu bemerken. Ja, er konnte zur Jüngerschaft der Homoerotik gehören... Er war es und blieb bei uns. In Zeesen sah ich ihn später durch die Räume flitzen, als ich ihm unerwartet begegnete.

Wir hatten einige solcher Homophilen im Ensemble. Einige entwickelten sich auch erst in diese Richtung. Ein, zwei kehrten sich mit der Zeit ab und wechselten das Engagement. Die Chance, durch den Intendanten pfleglich, doch nicht auffällig eingesetzt zu werden, ihm heimlich näher zu sein als alle anderen, war zu groß, Freundschaft mit Gründgens, das bedeutete, an dem Drama seines Lebens teilzunehmen. Genügte es für eine innerlich tragende Verbindung? Nur wenige fand ich menschlich und künstlerisch überdurchschnittlich. Ich fand, sie ließen sich einfangen, sie folgten ihm, zitternd oder robust, anstatt eine wirkliche Partnerschaft anzustreben. Sie halfen wenig und bedauerten nur, wenn etwas schiefging, oder blieben stumm für sich. Im Gegensatz zu Sigmund Freuds Ansicht: »... Wißbegierde und sexuelle Neugier scheinen untrennbar voneinander zu sein.« Anstatt mit dem andern den Wechsel der Gefühle und vor allem des Geistes auszutauschen, zu sammeln und sich gegenseitig zu steigern. Sie kamen auch zu keiner Verklärung des Gefühls. Sie hatten und haben sich nicht für Gründgens geopfert. Sie wußten, sie ahnten manches gar nicht. Für das Abenteuer der Abseitigkeit angenommen zu werden, schien sie zu reizen. Das drang aber nicht vom Alltag in die Kunst, nur in die Nerven. Ihre Herzen schlugen wie in einer Kapsel, jedenfalls bei den meisten. Den Tanz auf dem Vulkan vollführte Gründgens allein, völlig einsam. Daß einige das sexuelle Anderssein später zu Erpressungen benutzten, spricht gegen das Niveau. Solche Fälle ließ Gründgens durch einen Rechtsanwalt abfangen. Ein minderes Zeugnis für die männlichen Gespielen, von denen dem Gott Apoll allein siebzehn zugeschrieben wurden. Im Vergleich dazu Michelangelos tiefe Liebe zu dem Jüngling als dem Modell und Schicksalsfreund, während Leonardo da Vinci seine Schüler mehr nach dem guten Aussehen als nach ihrem Talent wählte. Shakespeares lyrische und körperliche Neigungen zum eigenen Geschlecht sind auffällig. Aus unserer Zeit: Cocteaus Triumph in seiner brüderlichen und väterlichen Beziehung zu dem Schauspieler Jean Marais.

Im Höchsten offenbart sich bei manchen Hochbegabungen eine völlig eigene Welt zwischen Männern. Welche gegensätzlichen Genietypen huldigten nicht diesem Anderssein, dem man auch bei den Geschöpfen der Natur begegnet: der dänische Märchendichter Andersen, dann der dänische Religionsphilosoph Kierkegaard, der erste Berliner Generalintendant Iffland, die amerikanischen Dichter und Schrift-

27/28   Gustaf Gründgens mit den Mächtigen des Dritten Reiches
Oben: Neujahrsempfang 1935 beim »Obersten Chef der Preußischen Staatstheater«, Mini-
sterpräsident Hermann Göring: Generalintendant Heinz Tietjen, Min.-Dirigent Scheffels,
Intendant Gründgens, Oberregierungsrat Savade und Dr. Dr. h. c. von Prittwitz und Gaf-
fron (v. l. n. r.)
Unten: Der Gegenspieler auf der anderen Seite, Reichspropagandaminister Dr. Joseph
Goebbels, begrüßt Gründgens 1939 beim Empfang des italienischen Kultusministers Alfieri.

Zwei herrliche Schauspieler in dem Ufa-Film »Yorck« 1931: Gustaf Gründgens als Karl August Fürst von Hardenberg und Werner Krauß als General Yorck, Regie Gustav Ucicky

29–32 *Zahlreiche Rollengestalten von Gründgens auf der Bühne und im Film der dreißiger
und vierziger Jahre gehörten zu den Mächtigen
der Geschichte.*

*Oben: In der Reihe der Preußendramen von
Hans Rehberg inszenierte Gründgens die Uraufführung des »Siebenjährigen Krieges« (7. 4. 1938)
und spielte König Friedrich II.*
*Oben rechts: Wieder unter der Regie von Gustav
Ucicky 1935 als Karl VII., König von Frankreich, in dem Ufa-Film »Das Mädchen Johanna«*
*Unten rechts: Neben Henny Porten, »Luise, Kö-
nigin von Preußen«, als königlicher Gatte Friedrich Wilhelm III. in dem gleichnamigen Film
von 1931, Regie: Carl Froelich*

33/34 Star in zwei Kriminalfilmen: »Teilnehmer antwortet nicht« (1932), Regie: Rudolf Katscher und Marc Sorkin (links) und Fritz Langs »M« (1931, rechts)

35 Drei Jahre später mit Paula Wessely in dem Film »So endete eine Liebe«, Regie: Karl Hartl

36 In »Capriolen« war Werner Krauß' Ehefrau Maria Bard eine der Gründgens-Film-partnerinnen.

37 Zwei Liebende treffen sich nach 20 Jahren wieder: In der Filmkomödie »Eine Frau ohne Bedeutung« nach Oscar Wilde, Regie: Hans Steinhoff, spielte Gründgens 1936 an der Seite von Käthe Dorsch, die er im gleichen Jahr ans Staatstheater verpflichtete.

38 Gründgens als strahlender, singender, tanzender Revolutionär in »Tanz auf dem Vulkan«, Regie: Hans Steinhoff, 1938

39 Der Hauptschlager »Die Nacht ist nicht allein zum Schlafen da ...« wurde zum Evergreen. Gründgens wollte den »Tanz auf dem Vulkan« verbieten lassen.

40 *Eine seiner Partnerinnen in diesem Film: Sybille Schmitz*

41 *Der Intendant des Preußischen Staatstheaters glich einem Revuestar (»Tanz auf dem Vulkan«).*

42 »*Friedemann Bach*«: *Gustaf Gründgens spielte 1941 den genialen, gefährdeten Sohn Johann Sebastian Bachs in einem Film der eigenen, unabhängigen Gründgens-Produktion, Regie: Traugott Müller.*

43 *In eine ähnlich schillernde Persönlichkeit verwandelte sich Gründgens als Maler Dubedat in Shaws* »*Arzt am Scheideweg*« *(unten links), Schauspielhaus am Gendarmenmarkt (29. 10. 1938), Regie: Wolfgang Liebeneiner.*

45 100mal Gründgens als Hamlet im
Berliner Staatstheater 1938 – im gleichen
Jahr das erste ausländische Ensemble-
Gastspiel in Dänemark auf Schloß
Kronsborg, Hamlets Heimat

46 150 Jahre Schauspielhaus am Gendarmenmarkt: Festvorstellung von Grabbes »Don
Juan und Faust« am 5.12.1936, Regie: Jürgen Fehling. Eugen Klöpfer als Faust, GG als Don
Juan

◁ 44 Im ersten klassischen Drama der
deutschen Literatur, Lessings »Emilia Galotti«, spielte Gründgens in eigener Inszenierung 1938 den Prinzen als Partner von
Marianne Hoppe in der Titelrolle.

47 Die Lebensrolle Mephisto:
in »Faust II«, Regie: sein Lehrer Gustav Lindemann,
Berlin 21. 1. 1933

48 Mephisto in der ersten eigenen »Faust I«-Regie,
Berlin 11. 10. 1941 (oben)

49 Szene aus der gleichen Berliner Inszenierung mit
Käthe Gold als Gretchen und Maria Koppenhöfer als
Marthe

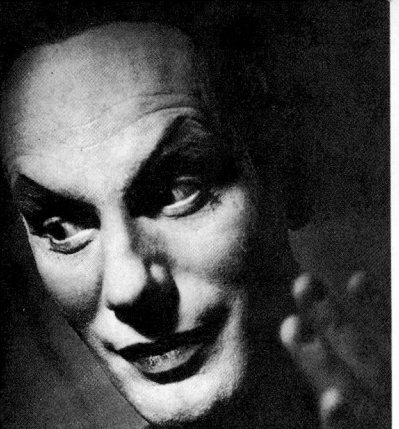

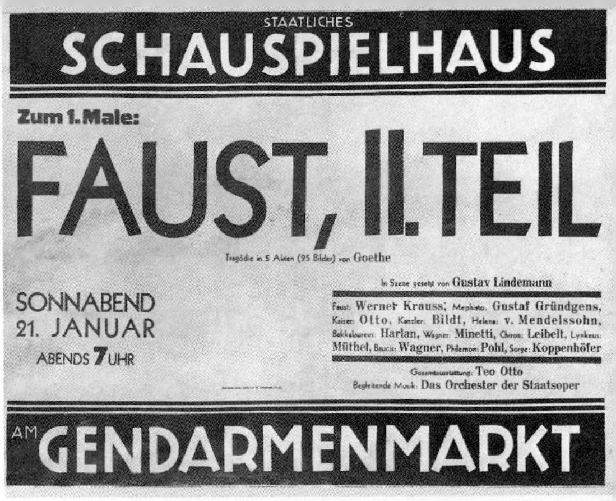

STAATLICHES
SCHAUSPIELHAUS

Zum 1. Male:

FAUST, II. TEIL

Tragödie in 5 Akten (25 Bilder) von Goethe

In Szene gesetzt von Gustav Lindemann

SONNABEND
21. JANUAR
ABENDS 7 UHR

Faust: Werner Krauss; Mephisto: Gustaf Gründgens, Kaiser: Otto, Kanzler: Bildt, Helena: v. Mendelssohn, Bakkalaureus: Harlan, Wagner: Minetti, Chiron: Leibelt, Lynkeus: Müthel, Baucis: Wagner, Philemon: Pohl, Sorge: Koppenhöfer

Gesamtausstattung: Teo Otto
Begleitende Musik: Das Orchester der Staatsoper

AM GENDARMENMARKT

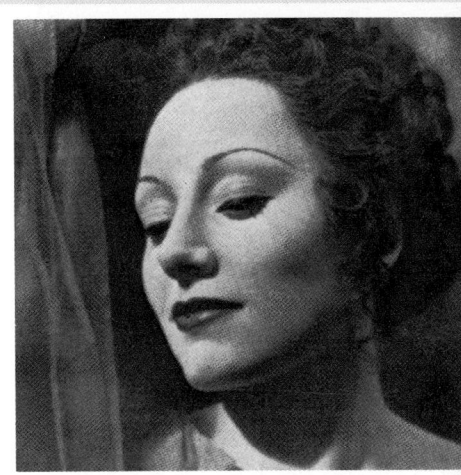

50 Mephisto in »Faust II«, ebenfalls Regie: Gustaf Gründgens, Berlin 22.6.1942

51 Der Theaterzettel »Faust II« 1933

52 Lola Müthel, Gründgens' Entdeckung, als Helena in » Faust II« 1942

53 Die Kaiserpfalz in der gleichen Inszenierung mit Gustaf Gründgens als Mephisto, Paul Hartmann als Faust und Erich Schellow als Kaiser (v. r. n. l.)

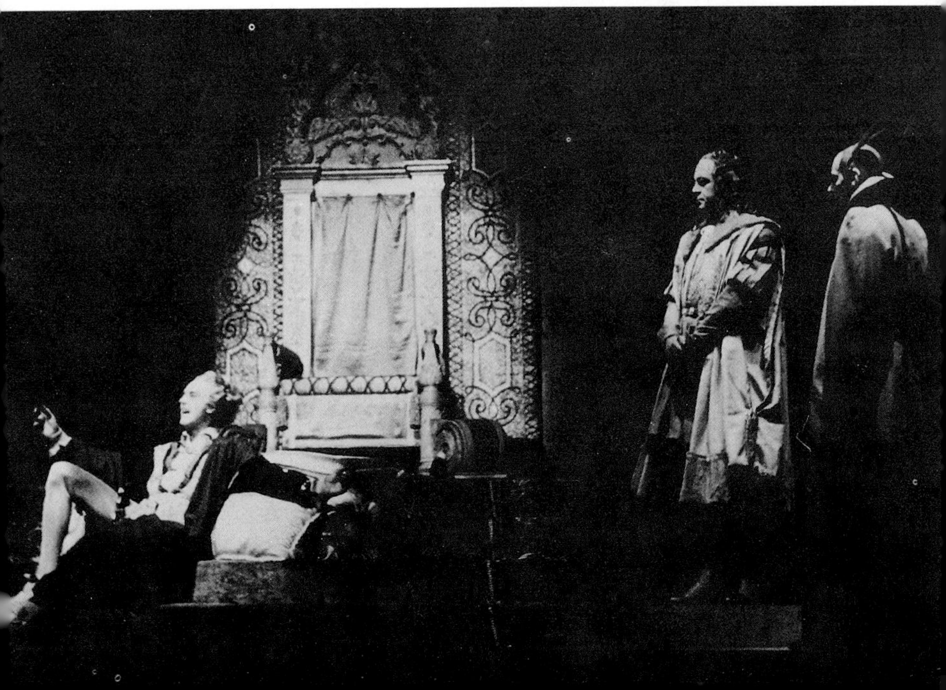

Zum 39. Male
Ausverkauft!

Donnerstag, den 18. September 1941

Die Verschwörung
des Fiesco zu Genua

Ein republikanisches Trauerspiel von Schiller

Inszenierung: Karlheinz Stroux   Bühnenbilder: Traugott Müller

Andreas Doria, Doge von Genua . . . . Luis Rainer
Gianettino Doria, Neffe des Dogen . . . . Gustav Knuth
Julia, Gräfin-Witwe Imperiali,
     Dorias Schwester . . . . Maria Koppenhöfer
Fiesco, Graf von Lavagna . . . . Gustaf Gründgens
Leonore, seine Gemahlin . . . . Kitty Stengel
Verrina, verschworener Republikaner . . . . Walter Franck
Berta, dessen Tochter . . . . Ingeborg Senkpiel
Bourgognino   Hannsgeorg Laubenthal
Calcagno   ⎫ Verschworene   Otto Kurth
Sacco   ⎭   Albert Florath
Zenturione   Otto Graf
Zibo   ⎫ Nobili   Wolf Trutz
Asserato   ⎭   Kurt Eggers-Kestner
Lomellino, Gianettinos Vertrauter . . . . Paul Bildt
Romano, Maler . . . . Erich Schellow
Muley Hassan, Mohr . . . . Karl Haubenreißer
Deutscher der herzoglichen Leibwache . . . . Franz Nicklisch
Rosa   ⎫ Leonorens Kammermädchen   Lieselotte Köster
Arabella   ⎭   Hedwig Rupprecht

Aufrührerische Bürger . . . . Walter Werner, Erich Dunskus,
                                            Horst Lommer, Paul Voissel
Diener des Fiesco . . . . Walter Dölling
Wachen . . . . Hans Eggarter, Hans Heine

Genua, 1547

Musik: Mark Lothar

Anfang 17½ Uhr
Ende gegen 21 Uhr   12 Bilder — Pause nach dem 5. Bild
                      Kurzer Einschnitt nach dem 8. Bild

54   Ein bis zur letzten Rolle aus Persönlichkeiten bestehendes intaktes Ensemble:
Schillers »Fiesco« am Gendarmenmarkt

55   Gründgens als Fiesco, Marianne
Hoppe hatte in der Premiere am 4. 4. 1940
die Leonore gespielt.

steller Whitman und Truman Capote, der hervorragende deutsche Archäologe und Kunsthistoriker Winckelmann, der österreichische Dramatiker Billinger... um einige zu nennen. Überall, wo die Neigung über das Sexuelle hinausführt, wo das Seelische, Geistige, Herzliche Raum gewinnt, behält und herrscht, ist es völlig gleichgültig, wie der Absprung vom Körperlichen vor sich geht. Den Prostituierten stehen die Strichjungen gegenüber. Daß sie auf geschäftliche Weise willens sind, sich anzubieten, kommt auf das Konto derer, die sie brauchen, gebrauchen, nicht anders können und es nicht anders kennen. Leidenschaft und Liebe dagegen entfesseln sich auf einem anderen Stern: dem der restlosen Hingabe des ganzen Menschen. Jede erotische Beziehung, gleich welcher Art, muß dieses letzte Geheimnis des Menschseins unter den Partnern zur Steigerung der Lebenssinne und Lebensgeister führen, damit die Begegnung einmalig, einzigartig und weitertragend erfahren wird.

Die glücklichste Zeit
am Theater

Große Inszenierungen,
interessante Rollen

Jeder Bühnenkünstler hat seine Träume und seine Illusionen. Was erfüllt sich davon und was nicht? Am Anfang der Laufbahn bis in die hohen Alterszeiten? Selbst Bühnengreise finden, wenn sie gesund bleiben, noch die Kraft für einen schauspielerischen Abgesang in einer geliebten Charge, zu der sie vielleicht während eines langen Theaterlebens nicht gekommen sind.

Selbstverständlich wählt sich ein Bühnenleiter die Rollen und Inszenierungen, die sein Alles bedeuten. Gründgens hat das auch getan, wenn er auch stets die Gesamtkomposition des Spielplans im Auge behielt. Seine Lebensrolle Mephisto in *Faust II* wurde aus der Lindemannschen Inszenierung vor 1933 ins eigene Repertoire übernommen, allerdings mußte der Name des Regisseurs aus bekannten politischen Gründen ausgespart bleiben. In der ersten Saison 1934/35 folgte Gründgens' zwar überschätzter Bolingbroke in Scribes *Glas Wasser*, aber wie gab er diesen Höfling im glänzenden Staatsfrack mit der hochfrisierten weißen Allongeperücke:

Das Scribesche Jahrhundert wurde noch einmal in fessolloser Komödiantenlust abgeschritten, abgetänzelt, abgedienert, abhofiert, mit Etikette und Intrigen, mit Witz und Florett, mit Glanz und böser Lust ausgestattet.

Dieser Kavalier mit seiner durchtriebenen Hoheit und unerschütterlichen Grandezza dirigiert das Szenarium verliebter Masken und Verkleidungen wie im Rausch der Effekte. Rausch der Fülle und verschwenderischen Eleganz, Rausch der Auf- und Abtritte im Strudel von Politik und

Spaß, Rausch um eine Königin und ihre Trabanten, Rausch um Herzen und Flitter, Rausch um Allzumenschliches unter dem Plafond von Staat und pompösem Spiel.

Aber dieser Gründgenssche Kavalier ist nicht nur ein Hexenmeister der Verwandlungen und Gelüste bei den anderen, er ist selbst ein Zauberer der Nuancen. Seine Erscheinung federt wie ein Florett. Sein Gesicht eröffnet ein Mienenspiel unberechenbarster Listen und trägt dabei den Adel des Schneides. Seine Gebärden sind Pointen der Vornehmheit. Seine Sprachkunst entfaltet vom ersten bis zum letzten Wort ein Feuerwerk von Schärfe, Blitz und Leuchten, von Schwärmerei und Energie, von Unnennbarem und Doppelsinnigem.

Bis zur Falte des Handschuhs, bis zum Blinken des Medaillons auf der Brust, bis zu Bändern und Rüschen ist Gründgens ein unnachahmlicher Held des Parketts, ein gewiegter Plauderer ohne Unterlaß, ein Artist seines Schicksals, eine virtuose Figur aus dem Pracht- und Blendwerk der Höfe und versunkenen Zeiten.

Ein Kavalier im berauschten Selbstbewußtsein.

Dagegen Lessing und Gründgens, sie verbanden sich in der Sachlichkeit der schöpferischen Vorgänge. Die Schärfe, das Temperament des Denkens und die Verhaltenheit waren beiden eigen. Lessing klärte seine Anschauungen und prägte sie, ehe er die Probe aufs Exempel selbst übernahm. Gründgens' Regie drang in das zu inszenierende Werk bis auf das Skelett. Er wußte genau Bescheid über den Text, über Silben genauso wie über szenische Anweisungen, so daß er ohne Buch auf der Probe arbeitete. *Emilia Galotti* wurde unter Gründgens eine beinahe klassische Inszenierung des ersten klassischen Dramas unserer Literatur. Diese Arbeit enthielt wie alle seine Werke ein Zeichen: die Kultur der Sprache. Er huldigte diesem Instrument. Und wie bediente er sich dessen, wenn er neben der Regie auch noch den Prinzen Guastalla spielte? »Klagen, nichts als Klagen! Bittschriften, nichts als Bittschriften!«

Es ist der erste Atemzug des schönen Prinzen bei der morgendlichen Durchsicht am Arbeitstisch seines Rokoko-Kabinetts, die erste Strophe eines Liedes vom Amt und seinen Lasten.

»Klagen« – klagt er auch über sich selbst? Wie ein Seufzen klingt das Wort in seiner zitternden Spannung. »Nichts« wird als Ausrufungszeichen hingeschleudert, und das wiederholte »Klagen« schwebt umflort.

Ist der Prinz gedrückter Stimmung? Oder gilt es nur der Ungeduld seines bürokratischen Geschäftes?

Gründgens faßt ein Papier, dann ein anderes und läßt sie beide zurückflattern auf den Schreibtisch. Auf Texte sieht er kaum, wie beiläufig auf Unterschriften.

»Eine Emilia?«

Der prinzliche Kavalier fährt aus der konventionellen Haltung im blauen, weiß gestickten Seidenrock auf – es ist, als wenn eine Flamme durchsticht und hochschießt. Vergessen ist die Langeweile über die Ohnmacht des Amtes gegenüber den Bittstellern. Es pulsiert durch Gründgens' Körper und jagt ihn auf. Der Schwung erleichtert die Gebärden.

In den blendenden Kavalier am Schreibtisch steigt ein Impuls, aber er bricht nicht aus, er hält sich in der Form adliger Regung. Nur die Stimme klingt in Unruhe, schwillt an und strudelt in Tönen... alles nur durch die Ähnlichkeit des Vornamens mit dem geliebten Wesen Emilia Galotti.

Über das Parkett seines Lustschlosses stolziert Gründgens, tänzelt er, fast schwebt er, als mochte er nicht die Erde berühren. Ein kostbares Wissen um das Ende geht von diesem Prinzen aus. Er spaziert auf dem Grat seiner Gefühle, er balanciert in Goldbrokat und Ekstase. Seine

Schwäche wird geadelt. Seine Gelüste werden von großen Gebärden getragen und in ihrer Gefährlichkeit verschmolzen. Schmetterling und Pfau könnten als Symbole von den Wänden des prinzlichen Palais grüßen.

Lustvoll und voller Ungeduld, taumelig und drängend, immer Kavalier, will er seiner Neigung zu Emilia verlockend nachspüren. Aber je näher die Geliebte weilt, je unmittelbarer sich dieses Duett ja- und neinsagender Empfindungen begegnet, desto mehr Furcht lastet darüber. Es ist, als wenn dunkle Streifen in dem weiten Saal mit den rosa bezogenen Silbersesseln aufziehen und dieses Paar im heimlichen Rausch schattenhaft umgeben.

Es ist ein Schauer um dieses Paar.

Jeder dämmernde Gedanke, jeder Anschlag des Gefühls, jede verschwiegenste Beteiligung wird sicht- und hörbar aus dem Wort des Prinzen. Aber es ist nicht das Wort aus dem Alltag des Naturalismus, sondern aus dem Triumph Lessingschen Verstandes, das hier von Gründgens in durchleuchteter Klangfarbe wiedergewonnen wird. Es ist das Pathos einer künstlerisch geprägten und erhöhten Ausdrucksform. Man spürt die Erregung durch das Medium des Dichters und Hingabe an die Gestalt reiner Geistigkeit, deren Weg in Tönen, deren Leiden in der Symphonie des Schicksals verströmt.

»Gott! Gott!«

Dieser doppelte Anruf aus dem Epilog des fürstlichen Liebhabers bestätigt wie beim ersten Wort des Trauerspieles das Seufzen und Klagen des einsamen Prinzen, der sich allzu willig in das Labyrinth abgleiten läßt. Hineingerissen von der Bangnis des Herzens, ausgeliefert an die Schwächen und Leiden umworbener Naturen, erhoben von Wellen der Entzückung, herabgerissen vom Unheimlichen – da steht Gründgens' Prinz im Banne der Ausweglosigkeit. Zaghaft findet er des tragischen Rätsels Lösung, und ein Drohen quillt in die anklägerischen Worte, es sind die letzten im *Galotti*-Drama:»Ist es zum Unglück so mancher nicht genug, daß Fürsten Menschen sind?« Das ist es, was ihm fehlt: die Bruderschaft der Herzen. Aber darf er sie bekennen? Muß der Regent nicht einsam sein, über allen, vor allen? Der Prinz sieht in der vertanen Liebe das Spiegelbild seiner wankelmütigen Regentschaft. Sein Zepter schwingt zwischen den Amouren und dem Schicksal. So wird alles ein verlorenes Spiel. »Müssen sich auch noch Teufel in ihren Freund verstellen?«

Mit diesem fragenden Nachsatz über den mephistophelischen Ratgeber, der den pikanten Einfall kriminell auslöst, stürzt der Prinz ins Nichts und klagt sich selbst an. In diesem Augenblick sehen wir endlich das Ich in diesem Gründgensschen Kavalier. Herkunft und Glanz wirken wie eine abgeflitterte eitle Farce. Übrig bleibt ein Mensch mit dem tragischen Eifer eines schwachen Willens, der ihn nicht nur zu sich selbst durchstoßen läßt. Das Fragezeichen hinter dem letzten Wort des Lessingschen Dramas springt auch im Antlitz des Schauspielers Gründgens auf, dessen Trauer als Prinz ohne Stolz ist, weil das Unglück ihn überkommt und richtet... als Mensch und Fürst. Die Maske stürzt, Überlegenheit, Spiel und Lächeln verschwinden. Am Scheitelpunkt des Schicksals hält ein Ich und beginnt zu leiden. Das ist ein schmerzlicher Abschied von dem irdischen Abenteuer solchen Kavalier-Daseins.

Ein Schauspielregisseur inszeniert Opern

Nein, keine Rückkehr zur Oper war es, als Gustaf Gründgens den *Schneider Wibbel* unseres musikalischen Leiters Mark Lothar in der Lindenoper Frühling 1938 inszenierte.

Tatsache war ja, daß Gründgens 1932 durch einen Vertrag mit der Staatsoper über Generalintendant Tietjen zum Intendanten des Staatsschauspiels aufgestiegen war. Sein Hang zur Oper blieb bestehen. In dem neuen Auftrag vereinigten sich Dank und Freude und eine überaus starke Begeisterung: Dank des Intendanten an den »Leiter des Musikwesens« im Schauspiel, der sämtliche Bühnenmusiken schrieb und sie einstudierte. Freude an der so beschwingten, leichten und heiteren Komposition und Begeisterung über das fessellose, trotzdem diszipliniert abgestimmte komödienhafte Treiben der Sänger.

Eine lustige Oper von Mark Lothar, die Gründgens aus dem Häuschen brachte, wie man auf den Proben beobachtete. Schneider Wibbel – eine rheinische Ideal- und Originalfigur an Witz, Humor, Schlagfertigkeit, Einfällen und Späßen. Förmlich ein klassisches Stück für jeden Rheinländer, auch für Gustaf Gründgens, der das Ur-Schauspiel von Hans Müller-Schlösser, nach dem die Oper entstanden war, schon als Vierzehnjähriger gesehen hatte. Nun inszenierte der Neununddreißigjährige diese Oper mit sprühenden Effekten und bekannte: »Seit Lortzing kenne ich keine Oper, die so heiter, lebendig, so unbeschwert ist wie dieser *Schneider Wibbel.*«

In seiner Düsseldorfer Jugendzeit hatte Gründgens alle kleineren Rollen im *Schneider Wibbel* gespielt. Nun tummelten sich die Mitglieder der Staatsoper in dem klangvollen Lustspiel wie Schauspieler. »Kinder, ihr wißt gar nicht, wieviel ihr könnt«, rief Gründgens ihnen zu. Dem Neumann, Zimmermann, Fuchs, der Scheppan, Tegetthoff, Spletter und den übrigen.

Was brachte Neumann nicht alles fertig! Er lag über dem Tisch und sang mit herabhängendem Kopf, er kroch unter den Tisch und sang, so daß ihn Gründgens fragte: »In welcher Lage können Sie eigentlich nicht singen?«

Der große Erfolg ließ die Berliner Musikkritik von einer »verwandelten Staatsoper« sprechen. Mit diesem sanften, weitsichtigen und fröhlich gesinnten Mark Lothar musizierte Gustaf Gründgens. Klassisches Programm, Mozart vor allem, moderne Lieder. Unvergeßlich für den Komponisten die Silvesternacht 1943/44 in Zeesen. Er war im November in seiner Berliner Tiergartenwohnung völlig ausgebombt worden und mit seiner Frau knapp mit dem Leben davongekommen. »Gustaf und Marianne nahmen uns sofort in Zeesen auf und stellten uns ein Cembalo auf unser Zimmer«, erzählt Lothar. Er fährt fort: »Sie verstanden, daß wir den Schock überwinden mußten. Silvester hatten sie Käthe Gold, Kurt Meisel, Gustav Knuth, Elsa Wagner und den Maler Steffule eingeladen. Draußen am Himmel leuchteten die sogenannten Christbäume, und man konnte beobachten, wie die Bomben auf Berlin fielen. Mitternacht wurde reichlich Champagner getrunken. Dann stürzte Gustaf Gründgens zum Flügel und sang sein ganzes Repertoire mit unvergleichlichem Elan, Charme und Härte. Ich begleitete bis in die Morgenstunden. Er sang Lehárs ›Dann geh ich zu Maxim‹, seine Erfolgsnummern aus Künnekes *Liselott*, ›Gott, wie sind wir vornehm‹, die Mephistolieder und endlich Mackie Messer. Er konnte die ganze *Dreigroschenoper* auswendig. Wir waren alle hingerissen. Dann wurden Schallplatten von Strawinskys *Feuervogel* aufgelegt. Schließlich sang die Gold die Butterfly, Meisel den Prolog aus dem *Bajazzo*, meine Frau Hugo-Wolf-Lieder, und Marianne stimmte einen Chorus an: ›Ach, wie wohl ist mir am Abend‹. Wir vergaßen in diesen Stunden Angst und Ungewißheit.«

Lieder gegen Krieg und Bomben, Schauspieler als Sänger aus einer entfesselten Laune des Widerstandes gegen das Ungemach. Gründgens ahnte nicht, wie ihm sein Repertoire an Chansons mitten in der Gefangenschaft zur wirklichen Freiheit verhelfen sollte...

Für den Opernregisseur Gründgens lag der künstlerische Geist darin, jede Strecke Musik seelisch auszufüllen, sie nicht nur heruntersingen zu lassen. Gelang das, waren alle glücklich zu entdecken, daß man dann auf etwas kam, was das Sprechtheater nicht unbedingt hergibt. Gründgens nannte es: »Die restlose Bändigung des Ausdrucks durch die Form, wie es Mozart in idealer Weise ermöglicht.«

Mozart und Gründgens verbündeten sich in der wehen Tröstlichkeit und fast schwerelosen Tragik des Künstlertums. Beide schufen aus dem schöpferischen Geheimnis, der durch nichts verletzbaren, unüberwindlichen Heiterkeit. Nichts beklagte Gründgens bei seinen Mitarbeitern mehr als ein »völliges Fehlen von Humor, von jenem weltweiten Humor nämlich, der die Dinge nimmt, wie sie genommen werden sollen«.

Die meisten Gründgens-Inszenierungen, sowohl die für das Schauspieltheater als auch die für die Oper, wirkten sensationell, neuartig und galten als entscheidend für die zukünftigen Regiearbeiten des deutschen Theaters: Sie waren so verblüffend einfach, daß man ihre Neuartigkeit kaum empfand; sie waren so natürlich und echt in der szenischen Deutung, daß man sich wunderte, wenn andere Zeiten und andere Regisseure andere Schnittpunkte eines dramatischen Werkes für wichtig gehalten haben.

Das war so bei Gründgens' *Emilia Galotti*-Inszenierung, die eine Lessing-Renaissance eingeleitet hat. Das ist so bei seiner *Wie es euch gefällt*-Inszenierung gewesen, die den Shakespearestil der einfachsten, wesentlichsten, modernsten und hintergründigsten dekorativen Ausstattung angewendet hat. Und Gründgens' Inszenierungen von *Faust I* und *II* in der Spielzeit 1941/42 verbanden alle dramatischen, bühnentechnischen und schauspielerischen Mittel zur tiefsten Deutung des Goetheschen Gedichtes von Fausts Wanderung aus der Einsamkeit einer Studienklausur über irdische Abenteuer zu den kosmischen Kreuzwegen zwischen Gott, seinem abtrünnigen Engel und dem irrenden Menschen.

Vier große Inszenierungen, vier umstürzende, neufassende und geformte Deutungen, vier Ereignisse theatergeschichtlicher Entwicklung – vier in ihrer selbstverständlichen Sicherheit und Anschauungskraft erstaunlich einfache Lösungen bühnenpraktischer Aufgaben. Gründgens ging in seiner Stellungnahme zu den verschiedensten Themen Shakespeares, Lessings und Goethes von der eigentlichen Entstehungszeit der Werke aus und spürte gestaltend zwischen Herkunft und Gegenwart die ewig gültigen Spannungen und Wirksamkeiten der dichterischen Themen auf.

Seine *Zauberflöten*-Inszenierung im Dezember 1938 in der Preußischen Staatsoper bekannte sich zur ursprünglichen Mozartschen Zauberoper. Nichts ist mehr Allegorie, überaltertes Symbol und schreckhafter Bann ägyptischen Milieus, alles ist Märchen und Schöpfungsspiel. Nicht dekorative Anstrengungen, sondern theatralische Bemühungen beherrschten Gründgens' *Zauberflöte*, auch hier wieder begleitet von Traugott Müllers klargesichtigen Bühnenbildern.

Herbert von Karajan stand am Pult. Ein kommender Staatskapellmeister. Er war damals noch nicht der berühmte Dirigent. Aber seine geniale Persönlichkeit war spürbar. Mark Lothar flüsterte zu Gründgens am Regiepult: »Das ist ein sehr guter Dirigent.« Der Regisseur der *Zauberflöte* murmelte: »Ja, er ist sehr gut. Aber in Hysterie bin ich ihm über.«

Bei Gründgens wurde Schikaneders Operntext entstaubt und erneuert. Seine Opernfiguren bekamen wieder phantastische Bedeutung und kostümliche Sinngebung. Selten habe ich bei einer Opernregie eine solche Einheit zwischen der

Musik und der Melodik der Darstellung auf der Bühne beobachtet. Jede Bewegung entwickelte sich in fast tänzerischer Weise aus Mozarts absoluter Klarheit und höchstem Formensinn. Alles war Zauber und Klang, Märchen und Melodie. Alles war naive Phantasie und wunderbare Wehmut. Mozarts musikalischer Geist erweckte in Gründgens' Musikalität die darstellerischen Gesetze der Melodie. Alles war wieder sinnvoll und doch verzaubert in diesem einzigartigen Spiel, wo die Wahrheiten an die Grenze unseres Fassungsvermögens drangen, die Musik uns restlos in Mozarts Reich wieder einführte und uns einen Traum zwischen Himmel und Erde fühlen ließ.

Profile

Wir haben sehr energisch nach neuen Dramen gefahndet und kaum etwas entdeckt. Wir sammelten sogar einige bekannte Autoren wie Lützkendorf, Heynicke, Schwenzen, statteten sie mit einem Ehrensold für die Arbeitszeit aus und erhielten Komödien, mehr oder minder begabt, auf jeden Fall flott und lustig.

In der Zeit vor 1933 war Hans Rehberg schon im Spielplan des Staatstheaters erschienen. Der Beifall hatte sich unter der Zwischenintendanz Dr. Ulbrich/Johst erhalten, bis Rehberg mit seinen Preußendramen in den Ruf kam, sich in der Shakespeare-Nachfolge zu befinden. Rehberg verblüffte das Publikum durch neuartige Visionen der Geschichte. Für den Zuschauer oftmals befremdend, da diese Visionen nicht im landläufigen Sinne patriotisch waren. Durch Jürgen Fehling als Regisseur und Traugott Müller als Bühnenbildner bekamen Rehbergs Dramen eine erregende Deutung und großartige Darstellung.

Als Gründgens im Herbst 1938 das Stück der *Der Sieben-jährige Krieg* inszenierte und gleichzeitig die Rolle Friedrichs des Großen übernahm, da ließ er alles vergessen, was er in Hermann von Boettichers Friedrich-Stück vor Jahren am Gendarmenmarkt angerichtet hatte. Damals ein Galan auf historischem Parkett, postkartengetreu, denkmalswürdig, diesmal visionär, echt und zwingend ohne Beispiel, wie ich es noch besonders in einer Szene in Erinnerung habe:

Prinz Heinrich:»Mein Dienst versagt.«

Ein Versuch des königlichen Bruders, sich zu verabschieden. Friedrich soll Schlesien aufgeben. Er ist ohne Freunde, ohne Soldaten, ohne Mittel. Es gibt keinen Ausweg. Der Zwang erstarrt zur Hilflosigkeit.

Heinrich tritt mit leeren Händen vor den König. Er glaubt an nichts, da er alles schwinden sieht. Auch den König erfüllt nur der Fluch an alles, was ihnen beiden einst teuer gewesen ist.

Friedrich sieht den Bruder – gefaßte Opposition, strenge Haltung, verschlossen, eine Energie für sich, aber eine Energie... oft widersätzlich. Ein Gegenpartner, doch ein Partner, kein verlorener, wohl ein wankelmütiger. Kein Verräter und kein Schicksalsloser, wenn er auch manchmal ohne Konsequenz ist und damit sich und die anderen, vorerst seinen Bruder, quält.

Friedrich:»Es ist möglich, Sie dem Henker zu übergeben.«

Das ist die Antwort des Bruders als König. Wer keinen Ausweg kennt und sich deshalb beiseite drücken will, anstatt sich selbst zu liefern, um damit die Möglichkeiten des Auswegs zu schaffen, der muß geliefert werden... Wenn's sein muß, an den Henker. Nach diesem unnachsichtigen Befehl des königlichen Amtes jenseits alles Menschlichen ein schriller Ruf an den Bruder, gedämpft, etwas störrisch darüber, das erst sagen zu müssen:»Hoheit! Es ist unmöglich, Sie zu entlassen! Wenn Sie fliehen –«, das Wort enthält alle Räume Europas, so bedeutsam wird es gesprochen,»so werde ich Sie fangen.« Das letzte Wort schlägt zu.

Dichter an ihn heran:»Wenn Sie sich umbringen, werden Sie nicht schlafen.« Auch vor dem Tod macht das Amt des Staatsmannes keinen Halt. Jede Flucht wird geahndet, auch gedankliche Desertation, mein Bruder. Und wer lebensmüde ist, bleibt ohne Ruhe, für immer, weil er nicht gerufen wird, sondern sich selbst ein Zeichen gibt. Das darf nicht sein, mein Bruder. Für niemanden, auch nicht für dich. Wer wäre sonst der König?

Friedrich reißt ein Fahnenstück an sich und hält es vor den Prinzen Heinrich:»Schwören Sie. Fassen Sie die Fahne an!« Die gekrümmte Gestalt wird zur friderizianischen Erscheinung im geistigen Bild, auch wenn man nur Text hört.

»Schwören Sie: Ich diene –« Ein Befehl an sich selbst, an den Bruder, an alle.

Heinrich – Bernhard Minetti – wiederholt mit erzwungener Konsequenz.

Friedrich:». . . über den Tod hinaus –«

Fluch und Gnade eines Auserwählten: Allen voran zu stehen, selbst zu dienen, der erste, vielleicht in manchen ernsten, tragischen Augenblicken der einzige Diener des Staates zu sein.

Heinrich nickt. Friedrich:». . . meinem Bruder, dem König von Preußen –«

Da steht wie ein gemeißeltes Spruchband über Friedrichs Gesicht: Wache zu halten. . . für jeden Preis, um jeden Preis, auch wenn er nicht von dieser Welt ist, besser: *weil* er nicht von dieser Welt ist.

Heinrich wiederholt verstockt und ergriffen das Losungswort Preußens.

Friedrich:». . . weil er mich liebt.«

Das ist eine hohe menschliche Kundgebung, die Friedrich ausspricht. Er ist genauso verwundbar und schmerzlich ergriffen... wie alle anderen. Auch er hat ein Herz, er fühlt es in sich klopfen und muß sich stets dem Sturz der Einfälle und Entscheidungen ausliefern. Friedrichs Stern leuchtet über Land und Schicksal, nur selten und karg über sein Leben zwischen märkischen Föhren, den Gemüsebeeten und Fruchtstauden auf dem Weinberg und den Windspielen in der Sonne von Sanssouci.

Friedrich schweigt nach diesem zärtlichen Wort innerster Verbundenheit – der Bruder nickt. Friedrich setzt nur ein kleines Wort danach ein, das vom Bruder wiederholt wird, und ergänzt es zu der Losung seines Gesetzes, das er auf der Welt zu erfüllen hat: »Über... mein Begreifen.«

Eines Königs, eines Staatsmannes, eines Feldherrn Weg geht über alles Begreifen. So gibt Hans Rehberg der menschlichen Genialität des preußischen Königs die erschütterndste Aussage.

Der König hält das Fahnentuch, der Bruder hält es – Sinnbild und Wirklichkeit einer preußischen Aussprache.

Aus Gustaf Gründgens' Königsdarstellung sprach das Gesetz der geistigen Form. Nicht die Porträtähnlichkeit, sondern die geistige Ähnlichkeit, nicht die historische Illusion, sondern die geistige Schöpfung erfüllte diesen Friedrich. Hier äußerte sich eine künstlerische Leidenschaft in der tragischen Konsequenz seines öffentlichen Schicksals – demonstriert und zum schauspielerischen Antlitz erhoben durch die friderizianische Vision. Hier erschöpfte sich ein Mensch... vor allem und für alle anderen, die seine Mitspieler, Partner und Helfer am Werk waren, denn Gründgens inszenierte auch das europäische Gesamtbild des Siebenjährigen Krieges zwischen England und Rußland, in dessen Herzen das kleine Land Preußen aufstand.

In dieser Szene brüderlichen Appells stand ein König an

einem Kreuzweg seiner Sendung und parierte sich selbst, damit schlossen sich ihm die Mitarbeiter an, auch das Gewissen seines brüderlichen Gegenpols, Prinz Heinrich.

Diese Inszenierung von Hans Rehbergs *Siebenjährigem Krieg* war eine Pyramide der Leidenschaften, gipfelnd in der Einsamkeit des verwaisten Siegers, Königs und – des Schauspielers Gustaf Gründgens.

Und wieder die Darstellung eines Monarchen, magisch und irrlichternd. Diesmal eine Inszenierung von Jürgen Fehling.

Richard II.: Wie ein Pfeil flirrt diese Gründgenssche Shakespeare-Gestalt durch den Himmel königlichen Gottesgnadentums.

Der gelbe Ledermantel: Unnahbarkeit und Kostbarkeit der majestätischen Würde, die, ererbt und begnadet empfangen, bis zur ketzerischen Überheblichkeit mißbraucht wird.

Im geschmeidigen Schnitt und fleckenlosen Farbton des gewählten Anzuges liegen Anspruch und Selbstgefälligkeit eines Phantasten, der sein Land über der Herrlichkeit des Thrones vergißt und beides verliert.

Phaeton, der Sohn des Sonnengottes, vermag die feurigen Rosse des Vaters nicht zu lenken und steckt die Erde abstürzend mit in Brand.

Das von Gründgens getragene Kostüm wird zum Gleichnis: die tizianrote Pagenfrisur, von den Schläfen niederfallend, das Gesicht asketisch einrahmend und die Ohren freilassend, zeigt das eitle Spiel bewußter Formgebung.

Aus dem tiefen Blick steigt nervöse Selbstbespiegelung und zugleich die Ahnung um ein königliches Golgatha. Weichlich ist dieses runenlose Antlitz und fanatisch. Modisch die Wirkung der herabfallenden Schläfenhaare und erregend. Der Schmuck der Krone wird zum legendären Glanz.

Und der blutrote Umhang über dem stählernen Panzerhemd faßt die kostbare Gestalt und schneidet die Umrisse des empfindlichen Schwärmers grell fordernd von der grauen Tatwelt ab. Der blindlings für sein übersteigertes Königtum Opfernde wird selbst geopfert. Der in die Idee der Majestät Vernarrte vermißt sich jeder Rechte und kennt keine Pflichten.

Auf den Höhen seines begnadeten Bewußtseins wandelnd, glaubt er, unfehlbar zu sein, und steht wie ein Kind voll Trauer vor der Erkenntnis, daß man ihm die Würde wie ein Spielzeug aus der Hand nehmen kann.

Der Entthronte hüllt sich in das Schwarz der Trauer genauso glühend wie in die Sonnenfarbe seines längst verlorenen königlichen Glücks.

Noch beim Verzicht nimmt er, sich spiegelnd, Abschied von den eigenen königlichen Zügen.

Wie Phaeton stürzt er in den Abgrund der Wirklichkeit und löscht in den Fluten der Erde aus.

Mit dieser *Richard II.*-Aufführung 1939 gab es eine Unstimmigkeit. Das Stück war bereits für die Reichstheaterwoche in Wien angemeldet. Doch das Propagandaministerium lehnte ab. Diese Fehling-Inszenierung paßte denen drüben nicht. Göring schaltete sich ein, sicherlich veranlaßt durch seine Frau. Es ging um die Vorstellung, um die Titelrolle mit Gründgens, um den Intendanten.

An einem Abend saßen Göring und seine Frau sogar in der ehemaligen Kaiserloge und sahen sich diesen Shakespeare an. Während der kurzen Umbauten tuschelte Frau Göring mit ihrem Mann. Sie erklärte ihm wohl das Stück und die Absichten der Inszenierung. In der Pause ließ sich der Reichsmarschall den gleichfalls anwesenden Staatssekretär Hanke in die gegenüberliegenden Gesellschaftsräume für prominente Gäste des Schauspielhauses kommen. Wenige, aber kräftige Worte zur Entscheidung: *Richard II.* geht nach

Wien. Daran änderte sich nichts. Das Propagandaministerium fügte sich.

Vielleicht griff Göring so energisch ein, weil er sich einmal als Zensor wichtig gemacht hatte. Es war die erste »Bombe«, die man uns seinerzeit ins Haus gebracht hatte: Befehl des Preußischen Ministerpräsidenten in seiner Rolle als »Oberster Chef der Preußischen Staatstheater«, das in den ersten Proben befindliche Stück *Rausch* von August Strindberg nicht weiter zu probieren und abzusetzen.

Das Verbot hätte man eigentlich voraussehen können. Strindberg, von dem Ibsen gesagt hatte, er sei größer als er selbst, Strindberg, dieser merkwürdige, lebenslange Frauenhasser und Empörer gegen die vermeintliche Tyrannei des weiblichen Geschlechts, war natürlich bei den Nationalsozialisten unerwünscht. Solche Probleme verstand kein SA- und kein SS-Mann.

»Kinder, ich nehme meinen Abschied« – mit diesen Worten empfing uns Gründgens im Intendantenzimmer. Er warf das Rollenbuch beiseite, es flog über den ganzen Tisch, so sehr hatte ihn die Botschaft erregt.

»Ich werde mit ihm reden«, sagte er ruhiger und gab Müthel, der den Strindberg inszenieren sollte, die Hand. Das Spiel um die Macht begann aufs neue.

Es sollte das einzige Mal sein, daß Göring als Zensor auftrat.

Nun, wenn auch nach zwei Spielzeiten, warf Göring sich für *Richard II.* in die Bresche. Wiedergutmachung? Nein. Vor Gründgens standen Görings Ansehen und der Ruf seiner Staatstheater auf dem Spiel. Das durfte nicht sein.

»Kennst du meine Stimme?«

Eine einfache Frage. Mehr ein Anschlag als eine Melodie in den Worten. Der Ton gehört einem sehr persönlichen

Menschen, der ihn auch in der leisesten Schwingung einfließen läßt und erwartet, daß man ihn abhört.

Du kennst ihn doch, meinen Ton? fragt es in der Gründgensschen Lautgebung als St. Just in Büchners Drama *Dantons Tod* 1939. So klar, so kühl, so spitz, nicht scharf, erst kratzend, nicht stechend ist die Klangfarbe dieser Frage. Du weißt, wer ich bin. Also kennst du meine Stimme.

Mit der Frage verlockt er den Partner zu einem Geständnis.

Du wirst meine Stimme immer hören, wenn sie erklingt, nicht wahr?

Ein kurzer, heftiger, kühler Wind schlägt mit der Frage durch das Zimmer Robespierres, der sachlich antwortet:

«Ah, du, St. Just.»

Während eine Dienerin das Licht auf den Tisch stellt, tönt erneut die erste Stimme.

»Warst du allein?«

Wieder eine Frage, tastend, näherrückend. Fast nebenbei fällt sie in den Raum der abendlichen Begegnung.

Weiß St. Just, wer bei Robespierre gewesen ist? Warum fragt er dann? Warum stellt er ihn? Oder ahnt er es nur und will Robespierre zur Auskunft zwingen? Oder soll Robespierre selbst in das Netz der Frage hineingehen?

Warum diese leisen Töne? Das macht die Frage so dringlich, das macht sie so gefährlich.

»Eben ging Danton weg.«

Da ist die Tatsache, ich wußte es, wer bei dir gewesen ist. Wer sonst als Danton? Du hältst ja die Verbindung nach allen Seiten der Revolution.

Ein Sturzbach von Beobachtungen über Danton löst sich, Berichte, Feststellungen, Hinweise und die Schlußfolgerung, daß sie, die anderen von der revolutionären Front, den Vorteil des Angriffs verlieren werden.

Als Ergebnis die neue Fragestellung:

»Willst du noch länger zaudern?«

Scharf und unnachsichtig, wie ein Messer durchschneidet der Tonfall ein Problem. Ganz schnell, es ist fast eine meisterhafte Operation.

Was Robespierre vielleicht nicht erwartet, das erfolgt von seiten St. Justs:

»Wir werden ohne dich handeln.«

Getroffen. Da sitzt der Anschuß, dicht am Herzen vorbei. Die Augen glühen... selbst auf der Probe im Schauspielhaus, wo Bewegungen improvisiert werden, Übergänge, Ansätze gefunden, das Duett von Bernhard Minetti als Robespierre und Gustaf Gründgens als St. Just sich allmählich zusammenfindet. Fast unbeweglich sitzt dieser St. Just am Tisch. Kaum eine Gebärde. Die Hand umkrallt ein Papier.

Die Frage schießt aus dem Mund, der mimisch unerregt bleibt wie der Körper. Zur Bekräftigung ein böses Signal: »Wir sind entschlossen.«

Da zeigt St. Just nicht mehr auf den Weg der Trennung, da zeigt er auf die Guillotine. Wenn du nicht mehr mitmachst, Robespierre, wirst du fallen, heißt das mit anderen Worten. Da gibt es kein Mißverständnis, da gibt es nur Anschluß oder Aussprache. Denn diese Klarsicht ist gefährlich und mörderisch in der Konsequenz. Wie kann man diese rücksichtslose Beurteilung abfangen? Kann man diesen kalten Antreiber überhaupt mäßigen? Man wird ihn abhorchen.

Minettis Robespierre wendet den Kopf ein wenig: »Was wollt ihr tun?«

Robespierre erscheint ebenfalls unbeweglich im Brand des inneren Feuers. Er hält sich in der Waberlohe seines fanatischen Traumes aufrecht, und er verzehrt sich – dünne Lippen, ein verschlossenes Gesicht –, dahinter geistert es von dämonischer Zurückhaltung, die äußerlich zu unheimlicher Sachlichkeit führt.

Beide, Robespierre und St. Just, sind Revolutionäre. St. Just kennt den Zwiespalt in Robespierres Natur. Er treibt ihn durch Tatsachen zur Entscheidung. Seine Vorschläge sind Realitäten, wenn auch meist verbrämt, in blutige Bilder gefaßt, so daß ihn Robespierre zur deutlicheren Sprache auffordert.

Es fallen Namen, deren Träger sterben müssen. Robespierre zögert. Einer tut ihm sogar leid, auch ein zweiter – er charakterisiert sie entsprechend. St. Just läßt bei den Urteilen, die er von ihnen abgibt, bereits die Köpfe rollen. Er richtet in Geist und Blut und gibt sein Wort dafür.

Es ist ein kurzes schnelles Wort bei Gründgens. Es ist fast ohne Atem, es schneidet wieder, scharf und unerbittlich. Auch unersättlich?

Wer tut das? Wer sagt das? Der Revolutionär? Der Literat? Der Politiker? Der Ideologe? Und wer ist sein Gegenspieler? Was sagt der? Was sind das überhaupt für Existenzen? Menschen sind es.

Ein Mensch wie St. Just. Ein Mensch wie Robespierre. Ein Mensch wie Danton. Ein Mensch... wie alle anderen, die in dem vulkanischen Schauspiel des 23jährigen Georg Büchner auftreten und sich in der Entfesselung der Urtriebe und Urkräfte zwischen den Barrikaden der Französischen Revolution verbluten, weil das Gesetz aufhört zu wirken und der Schrecken wütet. Dann ist die Revolution »wie Saturn, sie frißt ihre eigenen Kinder«. An ihrem Ende droht ein Nichts, das ein furioses Dichtertemperament aus dem menschlichen Verlöschen und dem kosmischen Verströmen zwischen erratischen Blöcken und Firnhöhen verzweifelt umkreist. Immer wieder aber, aus dem Sturm in Stuben, Straßen und Parlamenten, aus dem Brand der Ideen erscheint der Mensch in seiner Hoheit und in seinem Irrtum, in dem Idyll und den Problemen, in der Lust und der Tragik und dem Abschied von der alten Erde.

Die Profile der Französischen Revolution ragen aus dem Rund der politischen Arena, die sich auf der Bühne in Einzelbildern nach zeitgenössischen Stichen zwischen Barrikaden, Rednertribünen und Guillotinen entfaltet. Aus der politischen Szene wurde ein menschliches Tribunal, das der Regisseur Gründgens am Gendarmenmarkt inszenierte und in dem er selbst in der Rolle des St. Just Beispiel gab für einen geschichtlich objektivierten Inszenierungswillen und für die Möglichkeit gestaltsicherer Prägung fanatisierter Geschöpfe.

Ein Bacchanal von Farben war dieser *Fiesco* von Schiller, 1940. Hallende Feste und festliche Hallen. Ein Maskentanz von romanischer Sinnenfreude, ein Spiel der Glieder und knisternder Seiden. Musik von betäubendem Schmelz bis zum wetterwendischen Donnerschlag, und Harmonie der Leidenschaften, fessellos bis zur Ekstase gesteigert... das ist das Gemälde des Hintergrundes, wie von Paolo Veronese, dem Festmaler der Renaissance, geschaffen. Ein Fresko mit dem Pathos der großen Linien.

Eine Kette kostbar ziselierter Gestalten vom Botticellischen Engelkopf der Leonore Marianne Hoppes bis zur Rembrandtschen Dämonie des Verrina von Werner Krauß. Davor – ein Tiziansches Porträt halbdunkler Männlichkeit – Gustaf Gründgens als Fiesco, der Anführer der Verschwörung gegen die Tyrannen Genuas.

Der Kopf eines Italieners, zurückfliegend in kühnem Haarbusch. Das Kinn cäsarisch, eckig vorgeschoben. Die Lippen in begierlichem Schwung halb geöffnet. Aus den Schatten der Augen lauernd die Verwegenheit herrschwütiger und zum Herrschen geborener Gedanken. Der halbver-

149

deckte Blick, der sich in die Schläfenwinkel zurückzieht, prüft und verurteilt in einem Aufblinken.

Aus dem weißen Schaum der Halskrause steigen bleich, doch südlich getönt, die Züge eines königlichen Komödianten, der seinen eigenen Aufstieg zum Freiheitshelden Genuas genial in Szene setzt. Eine Gestalt von Rasse. Die grazile Tracht meißelt die Glieder mit antiker Offenheit und unterstützt den elastischen Gang des Revolutionärs, der eine Stadt befreit und eine Krone stiehlt. Das glänzende Versteckspiel eines großen Seelenverkäufers, der sich selbst zum gefährlichen Mittel für ein gefährliches Ziel macht. Aber keineswegs ist dieser Fiesco von Gründgens nur von skrupelloser Habgier gezeichnet. Er ist klüger als die Klugen, weil er weiß, daß große Vorhaben niemals von vielen geschmiedet und vor allem nicht von vielen schweigsam vorbereitet werden können.

Er ist eine Herrennatur, die auf die Stunde der politischen Zuspitzung warten kann und die Zeit des Wartens benutzt, um sich in das Nest des Gegners einzuschleichen. Er bestäubt sich mit der Wolke eines Casanovaschen Parfüms, er umgibt sich mit den Sensatiönchen eines Liebesromans, um seine Pläne einzunebeln und von seiner Spur hinwegzulenken.

Im weißen Mantel – ein Adonis der Verführungskunst – schwirrt Gründgens um die gekrönte Begierlichkeit der Imperiali, wispert, stammelt Liebesschwüre und täuscht den blinden Schwärmer und erotisch Vernarrten vor, der sich selbst aus dem Spiel der Politik ausgeschaltet hat.

Im Brokatwams tänzelt Gründgens vor der hockenden Dürftigkeit genuesischer Handwerker. Zum erstenmal wird Fiesco seine souveräne Wirkung bewußt. Wie leicht vermag er diese kleinen Gemüter am Gängelband zu führen. Die Straße will Revolution machen und erstarrt vor dem eleganten Schweifschlagen des Salonlöwen. Die führerlose Dummheit verdient nur, beherrscht zu werden. Aufgeschreckt vor der Majestät der eigenen Träume steht der Gründgenssche Fiesco in der Morgendämmerung der Tat. Das weichfallende weiße Hemd über den dunklen Beinkleidern mildert die heroische Haltung. Noch einmal Mensch sein – abwägen, was zu gewinnen und was zu verlieren ist. Schon wirft sich der weite Mantel in füllige Falten unter der Wucht neuer Bewegungen. Eine atemberaubende Geste: Diese majestätische Stadt! Mein wird sie! Nur die Größe gibt den Mut zur großen Gebärde. Die eine Faust der Wirklichkeit entgegengeballt, greift Gründgens mit der anderen Hand weit emporgereckt in das Rad des Schicksals: Ich bin entschlossen. Die wollüstige Erkenntnis, Monarchenkräfte zu besitzen, gebiert den Herrscher. Und wie die Kräfte mit der Aufgabe wachsen, so wächst dieser Fiesco von Szene zu Szene. Die Perspektive vom Gipfel des Thrones herab ist eine andere als die des aufstrebenden anonymen Schicksals.

Wir können diesen Fiesco nicht verurteilen, weil er sich die Alleinherrschaft anmaßt. Er hat die Maße dafür. Die Überlegenheit seines Geistes, auch wenn sie diplomatische Tricks von zweifelhafter Moral benutzt, gibt ihm das Recht.

Schiller hat eine zweite Bearbeitung herausgegeben, in der er Fiesco mit Selbstüberwindung die Krone wegwerfen läßt, um Genuas glücklichster Bürger zu werden. Gründgens ging mit seinem Fiesco einen anderen Weg. Die Ermordung Fiescos durch den Richter des Vaterlandes Verrina ist nicht mehr die gerechte Bestrafung eines Verbrechens, sondern ein tragischer Irrtum. Das furchtbare Erlebnis, das vorausgeht – Fiesco hat unwissentlich seine geliebte Leonore getötet –, wird zum Fegefeuer, in dem er seine letzte menschliche Prüfung erhält. Was an ihm Scharlatan und Vermessenheit war, wird ausgebrannt, verfliegt mit dem Aufschrei des verwundeten Tieres.

Der Trauernde hat seinen persönlichen Besitz geopfert und wäre bereit – nicht zum Verzicht auf den Purpur, sondern zu einem harten, souverän geführten Herrscheramt.

Der verräterische Stoß in den Ozean läßt ein irrlichterndes Genie untergehen und die Gesetze triumphieren.

Filmarbeit – ein Tanz auf dem Vulkan

Ein Sprung zu den Mächtigen der damaligen Zeit. Mußten Gründgens nicht auch im Film große Staatsmänner liegen? Eines Tages kam jemand auf diesen Gedanken. Jemand außerhalb des Gendarmenmarktes.

An der Fensterseite eines kleinen Saales im Propagandaministerium am Wilhelmplatz standen im Spätsommer 1938 die Vertreter der deutschen Filmproduktion, Regisseure, Schauspieler und Autoren. Sie waren auf Einladung von Dr. Goebbels gekommen, der sich, wie man weiß, aus persönlichem Interesse und privater Neigung um den Film kümmerte. Parteibeamte mischten sich unter die Filmpraktiker internationalen Namens.

Pünktlich um siebzehn Uhr betrat der Minister den Saal. Er trat an den langen, dunkelgebeizten Tisch, um den herum zahlreiche Lederstühle standen. Zwanglos setzten sich die Anwesenden.

Der Minister sprach sich kritisch über den deutschen Film aus. Sein Sorgenkind war seit langem zum Schmerzenskind geworden. Er fand die Filme langweilig, deshalb hoffte er auf Rat. Es war ein anderer Dr. Goebbels als der entfesselte

Redner auf den Parteiversammlungen. Er ließ seinen Geist in vielen Maskierungen umherstreifen.

Auf seine Aufforderung zur Aussprache meldeten sich die beamteten Sprecher. Und man sah es dem fast gelangweilten, unbeeindruckten Gesichtsausdruck des Ministers an, daß er die »offiziellen« Äußerungen als fades, überflüssiges Geschwätz abtat.

Der bekannte Regisseur von Bergfilmen, Luis Trenker, machte auf den Unterschied von Inlands- und Auslandsgeschäft aufmerksam. Das wollte Dr. Goebbels nicht gelten lassen. Wenn man einen echten Stoff mit echten filmischen Mitteln bewältigte, meinte er, würde er auch im Ausland gefallen.

»Ohne oder mit Tendenz?« fragte Trenker zurück.

»Tendenz ist dann am besten, wenn man sie erst schmeckt, nachdem man sie geschluckt hat«, antwortete Goebbels. Dann redete er von drei Filmen, die er in nächster Zeit zu produzieren beabsichtigte, von denen jedoch nicht ein einziger verwirklicht worden ist.

Zunächst wurde ein Lustspielstoff nach französischer oder amerikanischer Art vorgeschlagen. Sodann ein moderner Großstadt- und Arbeitsfilm, der die Technik in den Mittelpunkt stellen sollte. Schließlich wollte Goebbels einen Cromwell-Film drehen lassen. Er entwickelte in einer auf die Intelligenz der Zuhörer abgestimmten Weise die Bedeutung der historischen Figur mit ihren Schlagschatten auf die Gegenwart. Es sollte ein Großfilm werden mit reichen Mitteln, unauffälliger politischer Absicht und den besten deutschen Filmdarstellern.

»Nun, Herr Gründgens, was sagen Sie?« wandte sich der Minister an den Leiter des Staatsschauspiels.

Gründgens sah auf das weiße Blatt Papier, das vor ihm auf dem Tisch lag. Der Blick des Intendanten blieb hinter den Gläsern der Hornbrille. Er sprach fast mechanisch, leise und deutlich, ohne abzusetzen. Er spürte die Nähe und Neugier aller Anwesenden fast körperlich. Noch schmaler, noch gedrängter erschien seine Gestalt. Nur die Hände drückten etwas von der inneren Beteiligung aus.

Über das Problem des Kostümfilms im allgemeinen sprach Gründgens. Es hörte sich wie ein Seminarreferat im theater- oder in einem filmwissenschaftlichen Institut an, doch es war ergiebiger. Auf die falsche Abhängigkeit der Kostümfilme vom Theater, besonders von Klassikervorstellungen verwies er. Filme mit historischen Stoffen würden meist zu fotografiertem Hellebardentheater. Das Filmatelier würde zum Zeughaus.

Als Gründgens eine Pause machte und die Augen in Richtung auf den Minister hob, begegnete er dessen Blick. Wie die Zustimmung einer Maske kam es Gründgens vor. Da vernahm er bereits die neue Aufforderung, seine Gedanken weiter zu entwickeln. Alle Blicke trafen wieder GG, alle hörten ihm zu.

Über dramaturgische und stilistische Voraussetzungen des Historienfilms sprach sich Gründgens aus. Er sah das zur Diskussion gestellte Cromwell-Thema als zeitlosen Stoff. Die Vision der Geschichte erschien ihm wichtiger als die Reportage über Geschichtsdaten in lebenden Bildern.

Goebbels schien unersättlich. Mit unverhülltem Schalk saß er da, der alle Dinge mit einem Lächeln aufzuhellen oder zu beschatten gedachte, je nachdem, wie es ihm paßte. Seine Unruhe zähmte sich nur dort, wo er fühlte, daß man ihm in seiner eigenen Art begegnete. Da hörte er zu, ohne zu unterbrechen.

Man konnte beobachten, wie er es leicht ironisch bedauerte, daß er diesem Gründgens an seinen Berliner Reichstheatern keinen ähnlich begabten Bühnenleiter gegenüberstellen konnte. Zwar hatte er durch die Schaffung des Kultursenates, dessen Präsidialrat der Intendant der Staatlichen

Schauspiele automatisch angehörte, versucht, Gründgens in seine Nähe zu bringen. Aber die Chance, nach dem »Anschluß« Österreichs die Leitung des Wiener Burgtheaters zu übernehmen – wohlweislich von Goebbels an Göring zur Besprechung mit Gründgens weitergeleitet –, hatte Gründgens abgelehnt. Merkwürdig, man konnte diesen ehrgeizigen Mann nicht zum Verlassen seines preußischen Arbeitskreises veranlassen! Um so erfreuter war Goebbels von der Begegnung dieser Stunde. Ob man Gründgens nicht über eine große Filmarbeit verlocken konnte? Das Propagandaministerium hatte schon ähnliche, für Gründgens bestimmte Projekte über die Produktionsfirmen an ihn heranbringen lassen. Der Herr vom Gendarmenmarkt hatte bisher mit Ausflüchten reagiert.

Wie lange würde es dauern, und Gründgens saß doch in der Falle! Seine Entschlossenheit und seine taktische Sicherheit gefielen Goebbels. Deshalb bemühte er sich immer wieder, ihn doch einmal einzufangen – oder mattzusetzen. Darin bestand das große Spiel zwischen Goebbels und Gründgens über ein Jahrzehnt lang.

Allmählich stoppte Gründgens seinen Kurzvortrag über das Cromwell-Thema. Er sah das Ergebnis voraus und wollte der Notwendigkeit einer Ablehnung aus dem Wege gehen.

Das Angebot sollte tatsächlich nicht lange auf sich warten lassen. Der Propagandaminister bat den Intendanten Gründgens, sich mit dem Cromwell-Film zu beschäftigen. Er schloß die persönliche Bitte an, zu gegebener Zeit die praktischen Vorschläge an ihn direkt zu übermitteln.

Aus dem Projekt des Cromwell-Films ist nie etwas geworden. Ein Beispiel, wie man mit der NS-Macht umgehen konnte, ohne sich ihr zu verpflichten oder ihr zu verfallen. Im tiefsten Grunde lockte Gründgens die Aufgabe eines historischen »Schinkens« nicht.

Seinen Gegenspieler traf Gründgens höchst selten bei dekorativen Empfängen. Als Dr. Goebbels nach langen Jahren wieder das Schauspielhaus am Gendarmenmarkt betrat, um sich nach seiner Erklärung des totalen Krieges und der damit angekündigten Schließung aller deutschen Theater die letzte Fehling-Inszenierung, Shaws *Die heilige Johanna*, anzusehen, wurde er nicht vom Generalintendanten empfangen. Gründgens war schon Soldat und tat Dienst bei der Flak in Holland.

»Soll ich den Film verbieten lassen?«

Diese ultimative Frage stellte Gustaf Gründgens in seiner Garderobe des Kleinen Hauses in der Nürnberger Straße im November 1938. Es war kurz nach der Hauptprobe von Sardous *Madame Sans-Gêne*, die er soeben abgenommen, natürlich in Einzelheiten verbessert und manche komödiantische Struktur verdeutlicht hatte.

»Ich könnte es tun«, betonte er, und sein Blick hinter der Brille ging musternd von Gustl Mayer zu mir. Gemeinsam hatten wir uns gestern seinen neuesten Film *Der Tanz auf dem Vulkan* angesehen. Nachher war es im Studio zu einer verdeckten, unergiebigen Aussprache gekommen.

Der Regisseur Hans Steinhoff hatte einen Massen-Kostümfilm gedreht. Ein starkes Aufgebot von erstklassigen Schauspielern wie Ralph Arthur Roberts, Theo Lingen, Hans Leibelt, Walter Werner, Franz Nicklisch und Sybille Schmitz, Gisela Uhlen.

Kein Geringerer als Theo Mackeben hatte die Musik geschrieben. Dabei fand er die Melodie für den bis heute lebendigen Song »Die Nacht ist nicht allein zum Schlafen da«. Gründgens sang den Hauptschlager förmlich aus einer Pyramide von Pariser Volk emporgehoben, mit weit ausgebreiteten Armen, blendend in Stimme und Ausdruck, verlockend und nicht ohne politische Blitzlichter auf Tag und

Stunde der dräuenden Revolution in Frankreich. Immer wieder tauchte er als Protestsänger auf, obwohl dieser rebellische Galan eher eigentlich ein Bruder des Kavaliers Bolingbroke in Scribes *Glas Wasser* war.

Sein Parkett war nun die Straße, sein Umgang das Volk statt der Hofdamen und Hofintriganten. Auch er ein Artist des Schicksals, ein Galan und Virtuos aus heiß gelebten Zeiten. Stets aber ein demonstrativer Protestsänger.

Es schien alles Absicht an diesem Film. Man durchschaute das Netz der Regieeinfälle, jeden Auftritt von Gründgens, jedes Zusammenspiel mit seinen Partnern. Vorder- und Hintergrund schwammen ineinander. Bewegungsregie fehlte, deshalb dieser Massensturm, der verblüffte, aber nicht faszinierte. Es flog förmlich alles vorüber, dahin, weg.

Dazwischen Gustaf Gründgens, oftmals statuarisch, als wenn die Figur aus einem historischen Museum herauskam, aber nicht Fleisch und Blut wurde. Seine Substanz drängte näher, doch sie übertrug sich nicht. Er entbehrte manchmal der Körperlichkeit. Nur bei den Liedern, da kam der erprobte singende Kabarettist zum Vorschein. Sein Atem füllte die Melodie und seine Zunge beherrschte den Text. Trotzdem... es war wie ein schlechter Ufa-Film, Aufwand ohne Inhalt.

»Vielleicht könnte man ihn etwas kürzen«, meinte Gustl Mayer.

Gründgens horchte und sah mich an.

»Verbieten?« wiederholte ich das Kernwort seiner Eingangsphase und dachte an die Folgen innerhalb der Filmfirma.

»Ein Wort zu Göring«, sagte der Mann, der seit 1934 tatsächlich politisch auf dem Vulkan der Zeit tanzte und nun darüber sang. Kaum einen Menschen hätte die mangelnde Qualität des Films aufgeregt, wenn nicht jener von Stumm-Zeiten des Films populäre Darsteller nun als Intendant der

Berliner Staatlichen Schauspiele wirkte, zudem als Mephisto und Hamlet und im turbulenten Gegensatz dazu als Sonnenstößer im ersten deutschen Musical so hervorragend und beifallsnachhaltig aufgetreten wäre. Ein Künstler, der unter eines mächtigen Schirmherrn Schutz stand, wie man wußte, dem man vieles nachsah, weil er schon mit seinem ersten Mephisto am Gendarmenmarkt dreißig ausverkaufte Vorstellungen erbracht hatte...

Als mir Probeaufnahmen vorgelegt wurden, wußte ich, wie sich der Film entwickeln würde. Als ich ihn in seiner Garderobe im Filmatelier vor Aufnahmebeginn besuchte, überhörte ich bei ihm nicht ein leichtes Seufzen. Nach der Tagesbesprechung griff er eiligst zur Bild- und Textunterlage und überflog sie. Nicht etwa eine Orientierung für den heutigen Ablauf der Filmarbeit – die kannte er auswendig –, sondern es schickte sich für ihn, den Text, seinen Text mehrmals durchzugehen. Hier wurden Ansätze einer vorübergehenden Apathie und Abneigung, aber auch eines Verbesserungswillens spürbar.

Und heute: »Soll ich den Film verbieten lassen?« Nahm er ihn so wichtig, weil die Qualität der Bilder auf dem Zelluloid-Streifen nicht der Qualität der Szenen auf den beiden Bühnen der Staatsschauspiele entsprach? Das hätte er sich schon bei der Anlage des Sujets denken können, trotz des hohen Niveaus der Mitspieler.

Zweifellos, Schnitte konnten dem Film nützen, wie es Gustl Mayer meinte. Aber wer sah den Film so kurz vor der Premiere durch, die Ende November in Stuttgart stattfinden sollte? Gründgens' Ausruf »Soll ich den Film verbieten lassen?« war ein rhetorischer Effekt. Viele haben solche emphatischen Aussprüche bei ihm zu ernst genommen und nicht abgewartet, bis sich das Ärgernis oder der Zorn – denn er wußte genau, daß dieser Film nicht zur ersten Klasse gehörte – legten.

Auch hing er irgendwie an dem Titel, der seinen Weg für viele verdeutlichte. Tanz auf dem Vulkan – das war die Kunst im Dritten Reich. Bis zum Phönix aus der Asche, wie wir sehen werden, sollte Gründgens die Passion im doppelten Sinne durchstehen.

Obwohl wir beide, Gründgens und ich, Spätsommer 1938, im Empfangssaal des Propagandaministeriums nebeneinander saßen, konnten wir uns nicht wie zwei aufhorchende sich jäckende Schüler in derselben Bank mit den Ellbogen anstoßen. Das wäre ein Zeichen dafür gewesen, daß das, was dort von Dr. Goebbels über den deutschen Film vorgetragen, für uns nicht nur selbstverständlich, sondern längst praktisch vorbereitet wurde. GG hatte unauffällig gehandelt, um sich der politischen, geistigen und künstlerischen Gleichschaltung des Films und der großen Konzerne zu entziehen. Der Generalintendant der drei Berliner Staatsschauspiele drängte darauf, seine Unabhängigkeit auch als »Filmschaffender« zu dokumentieren. Weder von der Hauptabteilung V-Film des Propagandaministeriums und der Reichsfilmdramaturgie noch von der gefügigen Ufa-Direktion, dem Besetzungsbüro, auch nicht von den zufällig placierten Filmregisseuren bevormundet zu werden, das war die Hauptsache.

Daß Gründgens immer um sein Gesicht auf der Bühne und Leinwand gekämpft hat, ist selbst in modischen Erzeugnissen aus den Jahren 1929–1935 spürbar gewesen, die, den Stand seiner Entwicklung mißachtend, ihm nichtssagende Rollen übertrugen. Immer wieder mittlere und ältere Kavaliere auf der Nachtseite des Lebens, brillierende Hochstapler, Aus- und Einbrecher der Gesellschaft auf der Flucht vor den Verfolgern und vor sich selbst. GG brachte es auf 3–4 solcher Filme pro Jahr, neben seinen Berliner Theaterengagements.

Einzelne Filme wie *Hokus-Pokus* 1930, der berühmte *M*-Film 1932 mit Peter Lorre und Gründgens, seine Inszenierung *Die*

Finanzen des Großherzogs 1934 mit Viktor de Kowa, Heinz Rühmann, Hilde Weissner, auch *So endet eine Liebe* 1934 mit Paula Wessely, GG, Willi Forst, Maria Koppenhöfer fielen auf. Sie brachten jedoch keine Änderung. Seine Verwendung in Theater und Film war erschwert, aber nicht verhindert worden.

In diesen Jahren der Krise um 1932 hat sich GG zur Wehr gesetzt, als er die natürliche Entwicklung des Schauspielers durch die Prominenz einer isolierten Beschäftigung in Gefahr kommen sah. Vor fünfzig Jahren appellierte er bereits an die Herren und den Geist für die systematische Gemeinschaftsarbeit am Theater, löste einen Vertrag, »dessen Erfolge mich diskreditierten«, und rief nach den Praktikern, denen sich die Schauspieler anvertrauen. Ein Talent sollte niemals an den »Verhältnissen« scheitern. Es gewinnt auch nicht bei Überbeschäftigung und planlosen Gastspielen von Ort zu Ort. Der Durchbruch der Begabung geschieht meist durch die leidenschaftliche Klarsicht und den Weitblick, über den auch der Schauspieler verfügt, wenn er in sich hineinhorcht und nach dem Ursprung seiner künstlerischen Darstellungsphantasie lotet. Jede Rolle ist fast immer eine Stufe zu sich selbst.

Allmählich kamen dem Intendanten und Spitzenschauspieler im Ensemble des eigenen Institutes die Bühnenerfolge seiner Filmarbeit zugute. Die Stoffe wurden nicht mehr wahllos angeboten. Er konnte ablehnen, indem er auf seine »ausgelastete Arbeit« als Theaterleiter verwies. Es waren Vorspiele für noch verdeckte Planungen eines eigenen Unternehmens. Wie Henny Porten und Willi Forst aus künstlerischen und finanziellen Motiven ihre eigene Filmproduktion unterhielten, so tat es GG eines Tages aus politischen und künstlerischen Gründen. Um die Wende 1938/39 gab er die Schaffung einer Gustaf-Gründgens-Film-Produktion bekannt. Sein Name war Programm, Titelversprechen wurden nicht gegeben. Es kam ihm auf den Gegenstoß zur gesteuerten Filmarbeit des Dritten Reiches an.

Den ersten Auftrag erhielt unser Chefdramaturg Dr. Eckart von Naso für die filmische Komposition und Drehbuchbearbeitung von Theodor Fontanes Meisterroman »Effi Briest«. Das Exposé dazu hatte GG bekanntlich als Hochzeitsgeschenk für Marianne Hoppe ausgewählt. Nun sollte 1939 aus dem filmliterarischen Präsent ein filmpraktisches Werk werden.

Dieser Fontane-Film unter dem Titel *Der Schritt vom Wege* erhielt Aroma und Geschmack, Heiterkeit und Wärme im Stile Fontaneschen Menschentums. Weit angelegt, genrehaft, voll Haltung und poetischem Fluidum, erschütternd ausklingend: ein filmisches Meisterwerk zum Thema Jugend ohne Glück.

Gustaf Gründgens' Regie des ersten Films seiner eigenen Produktion war eine Regie der Feinheiten und Kostbarkeiten. Sie galt den Menschen wie den Dialogen, den Leidenschaften wie den Stimmungen in den Landschaften und in den Räumen. Da war der Zauber märkischen Landlebens genauso eingefangen wie die junkerliche Enge und Repräsentation und das berlinische Bürgertum der siebziger Jahre der Jahrhundertwende. Da öffnete sich unter dem Regisseur wirklich Großmutters Welt, eine saubere, gelüftete, im Idyll eingefangene, von Jubel und Weh erfüllte, bei aller Deutlichkeit und Profilierung in rätselhaften Schimmer getauchte Welt. Eine Welt, die vor dem Ausklang des Jahrhunderts noch einmal aufleuchtete, in aller Schönheit und Tradition, die schon Reaktion war, eine Welt, die die Menschen in ihren Schicksalen wie die Zeit in ihrem Wechsel und in ihrer Mode enthüllte und sie wie durch eine schon angegilbte Girlande umschloß.

Effi Briest – selten vereinigten sich Natur und Temperament der Schauspielerin Marianne Hoppe auf so eindringliche wie erschütternde Weise. Wie dieses anmutige und fröhliche Mädchen allmählich in den großen weiten Zimmern der Wohnung ihres konventionell unantastbaren, neigungslosen

Ehemannes sich verliert und verlassen fühlt, wie die Schwingen der Munterkeit erlahmen und wie bei den immer seltener werdenden Begegnungen mit dem Kinde nur ein schmerzlich hilfloses Lächeln übrigbleibt, das gehört zu Gustaf Gründgens' großen Leistungen der Schauspielerführung im Film.

Wie wir den Spielplan auf Jahre voraus planten – anfangs die Preußen-Dramen von Hans Schwarz bis Hans Rehberg auf mehrere Spielzeiten verteilten, Klassiker im rechten Maß und Gewicht bei bestmöglicher Besetzung, Rollenwünsche der ersten Schauspieler einsetzten, Ausschreibungen eines Dramatikerpreises, vor allem Komödien fürs Kleine Haus in der Nürnberger Straße –, so disponierte Gustaf Gründgens auch für seine Filmproduktionen im voraus. Lustspielideen wie historische Beispiele wurden entworfen.

Ich bekam den Auftrag, ein Exposé für die Verfilmung von Selma Lagerlöfs »Gösta Berlings Saga« zu schreiben. Vor einiger Zeit hatte ich den Roman des von Dämonen gejagten Pastors Berling mitten unter wilden Kavalieren als Theaterstück bearbeitet. Das hatte die große skandinavische Autorin selbst einmal vorgehabt. Gründgens als Gösta Berling, Hermine Körner oder Maria Koppenhöfer als Majorin... Der Krieg, die nationalsozialistische Besetzung im Norden verhinderten die Ausführung.

Die persönliche Handschrift des Regisseurs GG in der ersten Arbeit seiner Produktion steigerten sich in dem zweiten Film *Friedemann Bach*, dessen Titelrolle er spielte. Unter der Regie unseres Bühnenbildners Traugott Müller, der für die Bauten im Atelier genauso verantwortlich war wie für die optische und künstlerische Wirkung der Mitwirkenden, entfaltete sich GG im Traum und Triumph eines Kavaliers wie in der zur Melodie gewordenen Trauer eines vereinsamten Violinspielers auf der Zigeunerbühne.

Das Gesicht dieses Friedemann löste sich hinter Schleiern jener Räume auf, die wir beim Anblick des Himmels in der

Unendlichkeit des Wolkenzuges ahnen und beim Sonnenuntergang auf die Welt herniederfallen fühlen. So wird aus dem Antlitz eine Vision, aus dem Kavalier Friedemann Bach ein erwachender Mensch, ein fröhlich bewegter Tonschöpfer und ein gequälter Wanderer zum maskenlosen Ende seines Daseins.

In diesem Film zeigte Gründgens eine Reihe schauspielerischer Porträts. Der Galan Friedemann Bach löste den stürmischen Genius ab. Der Liebhaber wechselte mit dem Orgelspieler. Der Künstler unter dem Baldachin der Throne wurde zum zigeunernden Musiker. Das Herz eines Menschen drang in sein letztes Gesicht, das in der Hoheit eines Wissenden von unsichtbarem Lorbeer umgeben war.

Friedemann Bach war Ekstase und Träumerei, wilde Werbung und jähes Erliegen, Jagd nach dem Glück und Heimkehr in die Stille, Ballade eines Menschen und Elegie des Künstlers – alles an und in einer Gestalt, an einem Gesicht, im Rausch der Kostüme und in der Armseligkeit trostleeren Daseins mitten auf dem Parkett und im Glanz der Höhe und mitten im Trübsinn und der Dunkelheit schwer lastenden Abschieds. GG war selten so in den Höhen und Niederungen, so dicht an eine Rolle geschmiedet. Er ließ es sich nicht nehmen, Friedemanns großes Klavierkonzert vor der Kamera selbst zu spielen. So wechselvoll und doch immer das gleiche menschliche Material mit der Phantasie belebend, erschreckend und erschütternd und dann hemmungslos aufjauchzend in der Wandlung eines Geschöpfes, das auf seinem Gang über die Erde seinen Stern verlor. Gerade am Beispiel dieser Filmrolle erwies Gründgens, mit welcher Macht der Phantasie er seinen Typus darzustellen vermochte.

Die zweite Immunität:
Ernennung zum Generalintendanten

Als es auf der anderen Seite erneut zu rumoren anfing, weil der »Kulturkreis« der SS Gründgens offen und heimlich befehdete, vermittelte Göring 1938, daß Adolf Hitler den Leiter der ersten deutschen Staatsbühne empfing. Das Gespräch erbrachte die zweite Immunität: die Ernennung zum Generalintendanten.

Wenige Tage darauf gab Gründgens die dienstliche Anordnung: Im Hause sei er als Generalintendant anzureden, außer dem Hause jedoch und dritten gegenüber als Staatsrat. Wenn er schon Titel annehmen mußte, wußte er sie auch zu gebrauchen. Um von dem drohenden Zusammenbruch der deutschen Kultur etwas zu retten, selbst unter der Gefahr, von Außenstehenden mißverstanden zu werden – so hat er sein Verhalten erklärt.

Ein Bannkreis legte sich allmählich um den Gendarmenmarkt. Ohne Anleitung oder Absprache wurde aus dem Ensemble eine Gemeinschaft. Das brachten die Leistungen ebenso mit sich wie die exterritoriale Situation. Unter hundert Mitgliedern des künstlerischen Personals befanden sich allenfalls vier bis fünf Parteigenossen. Amtswalter, Parteifunktionäre innerhalb des Hauses gliederten sich ein oder wurden diskret gemieden. Da sie in untergeordneten Positionen arbeiteten, fielen sie nicht auf.

Trotzdem wurde der Bannkreis unablässig durchlöchert und durchbrochen. Und dabei sollte es um Leben und Tod von Gründgens gehen.

Mit wachsender persönlicher Macht sicherte Gründgens – bis auf ein, zwei Male innerhalb von zwölf Jahren – die uneingeschränkte Freiheit der zwei, später der drei Staatlichen Schauspielhäuser. Er sicherte sich und ließ andere dieser Sicherung teilhaftig werden. Nur aus seiner Macht als erfolgreichster Theaterleiter der ersten Bühne Deutschlands vermochte er andere Verfolgte zu schützen. Den Schauspielern, die Halbjuden oder mit jüdischen Frauen verheiratet waren, wollte er Schutzbriefe, von Göring unterzeichnet, beschaffen. Diese sollten vor plötzlichen SS-Aktionen, Abtransport und Zwangsarbeit bewahren.

Als ich an einem Novembertag 1938 nach dem Unterricht in der Schauspielschule den Schinkelbau verließ, steckte mich draußen eine gewisse Unruhe an, die über dem Platz lag. Dummes Zeug! dachte ich. Als ich um die Ecke der Französischen Straße bog, hörte ich Scheibenklirren und Schreie! Ich sah eine Menge Menschen, die zu den Häusern hinaufschauten, aus deren Fenstern im ersten Stock SA-Männer Stühle, Schränke und Tische eines Teppichgeschäftes auf die Straße warfen: der Anfang der »Kristallnacht«.

Schnell zurück zur Intendanz! Gründgens' Wagen stand in der Oberwallstraße. Der Fahrer Max saß in der Anmeldung und wies nach oben. Gründgens telefonierte, winkte mir aber, im Zimmer zu bleiben. Er führte ein Gespräch mit Paul Henckels. Dieser sollte heute abend seine jüdische Frau, Thea Grodtczinski, ins Theater mitbringen.

Gründgens wußte um die Sonderaktion gegen die Juden und war dabei, über eine eigene Leitung sämtliche Schauspieler anzurufen, die mit jüdischen Frauen verheiratet waren. Sie sollten abends gemeinsam ins Schauspielhaus kommen. Auch diejenigen, die in der Vorstellung nichts zu tun hatten.

Gründgens ordnete an, daß keiner dieser Schauspieler einer Aufforderung des Propagandaministeriums Folge leisten sollte. Statt dessen empfahl er, verbindliche Ausflüchte zu machen, um Zeit zu gewinnen. Vor allem: man sollte ihn sofort benachrichtigen. Bei Razzien würde er Vorwarnung geben. Unauffällig geschah das, auf den Proben, während der Vorstellung im Vorbeigehen, ohne Mitwisser, ohne Nebengeräusche.

Es war nicht leicht, die einzelnen unter dem lebhaften, redseligen Volk der Komödianten von drohenden innerpolitischen Ereignissen zu unterrichten und zum Schweigen zu veranlassen. Erich Ziegel, mit der Jüdin Mirjam Horwitz verheiratet, jetzt bei uns als Schauspieler und Regisseur abgeschirmt, Paul Bildt oder Paul Henckels wurden Vertrauensmänner für Gründgens. In der allmählich unheimlicher werdenden Gefahr lernten alle, sich unauffällig zu verhalten.

Mit den länger dauernden Kriegszeiten wurde eine Spannung auffällig, die während der Vorstellung das ganze Haus in Atem hielt. Es bedurfte nur eines Satzes, um beim Publikum eine Reaktion auszulösen, gleichgültig, ob Minister, Arbeitsdienstführer oder höhere Funktionäre im ersten Rang, erste Reihe, saßen. Wie im Vormärz des sich allmählich durch politische Publizisten, Schriftsteller und dramatische Autoren formierenden Umsturzes von 1848 bemächtigte sich das Publikum auch diesmal der Parallelen in Text und Handlung. Erst vorsichtig und vereinzelt, dann nachdrücklicher und verbreiteter. Schließlich so, daß es »für Schauspieler und Publikum gleich erschreckend« war, meinte Gründgens.

Dantons Tod, Büchners einzigartiger Weckruf, jene Inszenierung von Gründgens mit Gustav Knuth als Danton und Bernhard Minetti als Robespierre, war in der ersten Kriegsspielzeit 1939/40 kein bloßer dramaturgischer Einfall, sondern ein politisches Zeugnis. »Mit dieser Aufführung stehe ich mit einem Fuß im KZ«, sagte Gründgens. Als ihn Paul Henckels auf die politisch gefährliche und aufreizende Wirkung von *Dantons Tod* ansprach, antwortete Gründgens: »Büchner ist doch ein Klassiker. Soll ich da streichen? Ich denke nicht daran – nur wenn ich muß!« Gründgens setzte Aufführung für Aufführung an.

»Die Meinung, acht' sie im andern auch« – diese harmlose Stelle in Grillparzers *Bruderzwist im Hause Habsburg,* mit Werner Krauß als Kaiser Rudolf, wurde während der Spielzeit 1941/42 immer wieder mit Beifall bedacht. In der Pause einer Vorstellung beklagten sich drei Generalarbeitsführer, hohe Funktionäre des Reichsarbeitsdienstes, laut und deutlich über das Drama. Sie empfanden diesen Grillparzer als lähmend und die Figur Rudolfs nicht genügend aktiv und kriegerisch entschieden. Wenige Tage später erreichte die Generalintendanz eine diesbezügliche Mißbilligung.

Im ersten und zweiten *Faust* konnten die Mitwirkenden oftmals nicht weiterspielen, weil Goethes Text zu aktuellen Ausdeutungen Anlaß gab und beklatscht wurde. Im Kleinen Haus des Staatstheaters benutzte man Hömbergs *Kirschen für Rom* durch den Auftritt des musischen Generals Lukull mit seinen durchaus unmilitanten Liebhabereien zu einer Folge ähnlicher zeitgemäßer Anspielungen durch das Parkett.

Das Theater wurde zur Tribüne, weil das Publikum das Stück nicht mehr einfach hinnahm, sondern Stellung bezog. Es wollte nicht länger stumm bleiben.

Stumm blieben vierundzwanzig Stunden lang sieben Menschen, die sich über Stöße von Büchern, Literaturgeschichten, Schauspielführern und Theaterverzeichnissen beugten, lasen und verglichen. Traf man sich in den Fluren der Generalintendanz, dann schreckte man sich gegenseitig auf, so fern waren die Gedanken und klein die Augen. Ein Stück wurde dringend gesucht! Ein Stück für Karlheinz Stroux. Ein Stück mit nur einer Dekoration und wenigen Schauspielern. Jedes Theater braucht so etwas, um dem Apparat und den Werkstätten eine Atempause zu gönnen.

Wie immer suchte ich mit, pirschte durch Klassik und nahe Vergangenheit, rieb mir ebenfalls die Augen und die

Stirn und fand am Abend den Hinweis auf ein von Schiller aus dem Französischen übersetztes Lustspiel *Der Parasit oder Die Kunst, sein Glück zu machen* nach Louis Benoit Picard. Der Verfasser von zahlreichen Sittenkomödien hatte es um 1800 sogar bis zu einem Platz in der Académie Française und zum Direktor der Großen Oper in Paris gebracht.

Der Titel *Der Parasit* war nicht ungefährlich, doch im Schutz eines deutschen Klassikers sozusagen desinfiziert. Bei der Lektüre am nächsten Morgen fand ich alles, was wir suchten. Und das Thema? Es stach mitten hinein in die Gegenwart: Ungetreue und korrupte Minister mußten sich vor der Gerechtigkeit verantworten. Ein bißchen Molière, nicht gerade hohe Komödie, doch recht spritzig in den Gleichnissen, Konversation mit Widerhaken, die allein das kleine Drama schon verlockend machten. Zu seiner Entstehungszeit war *Der Parasit* ein Publikumserfolg in Frankreich wie in Deutschland.

Am gleichen Vormittag saß Stroux in einem abgelegenen Zimmer und las den *Parasiten*. Gründgens war meiner Meinung, das Stück war gefunden. Stroux gefiel es so gut, daß er es sofort mit Aribert Wäscher in der Titelrolle und Paul Bildt als Gegenspieler besetzte. Nach zwei Tagen konnte die Arrangierprobe stattfinden.

Der Parasit enthielt so viel Zündstoff, wie man kaum erwartet hatte. Schon der Titel und dann die Fabel, zudem ein Amüsement mit heiteren Geißelhieben. Kein Abend verging ohne Sonderbeifall und polemische Zwischenrufe. Nach kurzer Zeit nahm die Provinz unseren Fund auf, weil das Stück leicht zu spielen war. Überall *Parasiten* – ob das lange gut ging?

Als sich *Der Parasit* herumsprach, ertönte ein schriller Gong. Man hatte es bemerkt. Es ging nicht so sehr auf das Stück im Schatten Schillers als auf die Reaktionen, die man nicht wünschte. Auf eine offizielle Beschwerde hin erklärten wir das Lustspiel für ein Stiefkind Molières, was gerade von der Wehrmacht für Verwundete und junge Offiziere verlangt würde. Ich konnte Korrespondenz darüber vorlegen, Dienststellen im Wehrkreiskommando und Offiziersschulen nennen. Das Stück blieb auf dem Spielplan und wurde als einziges aus dem künstlerischen Nachlaß des Schauspielhauses sofort nach dem Zusammenbruch in den Spielplan des Deutschen Theaters und einiger Provinzbühnen aufgenommen.

In einer stillen Seitenstraße, weit hinter dem S-Bahnhof Kaiserdamm, lag ein Landhaus, das Marianne Hoppe gehörte und von ihrem Ehemann Gründgens ab und zu mitbewohnt wurde. Am Abend eines Frühlingstages 1940 trafen eiligst drei Herren nacheinander ein. In den kleinen, behaglich ausgestatteten Räumen empfing sie der Generalintendant, der plötzlich zu einer Besprechung gebeten hatte.

Vom Büro des Preußischen Ministerpräsidenten war die Weisung gekommen, Mussolini/Forzanos Drama *Cavour* sei innerhalb der nächsten drei Wochen aufzuführen. Das genaue Datum werde man noch ansagen.

Eine der wenigen Anordnungen für den Spielplan der Staatsschauspiele, die uns jemals erreichte. Nur einmal waren, wie erwähnt, die Proben zu Strindbergs *Rausch* mit einem schlichten Verweis betroffen worden. Nun wurde das andere Mal die Anweisung gegeben, das *Cavour*-Stück zu spielen. Es war uns längst bekannt. Aus politischer Repräsentation wäre die Aufführung nicht zu umgehen gewesen, doch wir hatten es auf Eis gelegt. Das plötzliche Datum verlangte allerdings eine künstlerische und organisatorische Schnellentscheidung.

Wer sollte die Hauptrolle des ersten Ministerpräsidenten des Königreiches und Schöpfers des national geeinten Italien spielen? Diese Frage von Gründgens war ungewöhnlich.

Wäre sie aber nicht gestellt worden, die Zusammenkunft hätte sich erübrigt. Da das Treffen stattfand, konnte die Frage nur mit einem Gründgensschen Einfall in Zusammenhang stehen. Der Einfall war die Absicht, den Cavour selber zu spielen. Chefdramaturg Dr. von Naso, zwischen preußischer Tradition und poetischem Fluidum, stellte sich dem Problem eher abwartend. Klaus Jedzek, Dramaturg und später Spielleiter, war aktiver, ohne das eigene Maß zu überanstrengen. Für mich stand eines fest: Man mußte GG davor bewahren. War Gründgens der ideale, der wesensähnliche, der beste Vertreter der Rolle? fragte ich mich und sprach zu ihm wie zu den Dramaturgen. In Gründgens' Gesicht stand die Entschlossenheit, die Aufgabe zu übernehmen. Er würde das Stück auch inszenieren. Ein erweitertes Arbeitspensum, aber doch eine gewisse Erleichterung durch die Konzentration der künstlerischen Kräfte.

Gründgens war ein ausgezeichneter Fouché im ersten Mussolini/Forzano-Drama der napoleonischen *Hundert Tage* gewesen. Ein Marinelli in *Emilia Galotti* wäre er gewesen, doch er wählte den arroganten, verdorbenen Prinzen, um sich als Galan beim Publikum in Erinnerung zu halten. Zweifellos hatte Gründgens die Smoking-Schufterles mit Einglas im Kriminalformat aufgegeben. Statt dessen begeisterte er sich an den zwiespältigen Genietypen wie Friedemann Bach im Film. Steife Kostümpracht vor Parkettliebchen und Fürstinnen mit zuckendem Herzen, Protestschreie eines musikalischen Weltenwanderers und Melancholie mitten in Schicksalsstößen kamen immer an. Aber viel lieber hielt es Gründgens mit den großartigen Bösewichtern, den Boten des Jüngsten Gerichtes, den Enterbten mit jähen Ausstößen und ihrer unentrinnbaren Macht – sie alle hatten, trotz der Infamie, das Menschliche nicht ganz verloren. Deshalb »lag« ihm auch ein König wie Richard II. In modernen Stücken wie *Himmel auf Erden* oder in historischen Sujets, wo er den römischen General Lukull spielte – jung- oder altmännlicher Charme in einem Kavaliersgesicht fesselten ihn, pointierte Dialoge ohne Zwang, stiller kurzer Schmerz, Trost im Spott. Das alles bekam Ansehen und enthielt Reize und Wirkung. In dieser Reihe sei, meinte ich, kein Platz für einen Mann von der differenzierten Würde, der komplizierten Standfestigkeit und der seriösen Hintergründigkeit Cavours. Wie sollte Gründgens in der Rolle dieses italienischen Staatsmannes aussehen? Sein Wesen, sein Maß, allein seine Stimme waren anders. Hätte er ein mit ruhiger Kraft ins Volle drängender Cavour sein können?

Von dem politischen Aspekt der Aufführung war keine Rede. Das Stück erschien wie eine Festgirlande im Ballsaal, die man anbrachte, auf die aber die Gäste später kaum mehr achteten. Es ging um die beste Leistung. Für den Cavour waren komödiantisches Gewicht und naturgetreue Einfachheit notwendig, schien mir.

Werner Krauß ging wie ein Spaziergänger durch die geschichtlichen Bilderbögen solcher Stücke. Er paßte sich ihren Vorlagen auf unheimlich echte Weise an. Gründgens dagegen startete wie ein effektvoller Fechter und beherrschte erst allmählich die Szene aus seiner funkelnden Intelligenz, die er nur zu oft selbst konterfeite und die ihn oftmals in Distanz zum Menschlichen geraten ließ. Cavour dagegen konnte, so meinte ich, nur als begabter Volksmann, nicht als interessanter Fall gespielt werden. Bei Cavour waren Strahlungen nötig, die bei Gründgens nur auf einer anderen Ebene sichtbar und gültig wurden. Bei ihm war immer ein verzehrendes Feuer in den Rollen. Anders war es bei Krauß' Strahlungen. Sie verbanden das Menschliche mit dem Künstlerischen zu einem nahen Schicksalsporträt. Ich konnte mir nicht helfen: Cavour war im Wesen und in der Erscheinung anders als der Schauspieler Gründgens.

Der Generalintendant saß in seinem Sessel. Wir umstanden ihn. Fast ausgestreckt lag er, mit einem dunklen Schlafmantel bedeckt, der die nackten Beine frei ließ. Es war eine seiner Bequemlichkeiten. GG hörte die ihm vorgetragenen Gründe an und schwieg. Wenn er bei solchen Diskussionen schwieg, dann war er selber unsicher. Ihn reizte die Aufgabe. Vielleicht auch der Anlaß? Ein Staatsparkett würde er haben... Jeder Schauspieler verlangt nach besonderen Anlässen, bei denen er sein Können zeigen kann.

Aus der Aussprache wurde ein Turnier, dessen hauptsächlicher Partner stumm, doch nicht ohne Ausdruck blieb. Hinter Gründgens' Brille sammelten sich Gedanken, die jeder einzelne von uns herausfühlen konnte: Enttäuschung, Widerstand, Unwillen, auch Ärger.

Immer deutlicher und werbender wurde die Opposition gegen seinen Einfall, die Rolle des Cavour selber zu spielen. Es galt nicht, ein künstlerisches Wagnis zu besprechen – das lag für den Schauspieler Gründgens ganz woanders. Man mußte an ihn denken, nicht an den Auftrag, ein Stück aus tagespolitischem Anlaß möglichst bald aufzuführen. Man mußte Gründgens auch davor bewahren, in einem Zwischenspiel des NS-Hoftheaters eine Repräsentationsrolle zu übernehmen. Regie – bitte, Titelrolle nein!

Nach Stunden mit Argumenten und Gegenargumenten gelang es, diese Gedanken klar herauszustellen. Gründgens protestierte immer weniger. Es war der Protest eines Erretteten, der manchmal sogar bei Lebensmüden vorkommt.

Als der Generalintendant uns die Hand reichte, da sprach er mit verfrostetem Schmerz davon, daß man ihm weder Siege noch glückliche Zeiten gönne. Wir standen um ihn herum und schwiegen. Er tat mir leid, aber es war besser so. Wahrscheinlich hatte Gründgens selber nicht im Ernst daran geglaubt, den Cavour zu spielen. Dann hätte er sich nämlich sofort entschieden und nicht erst nach einer Aussprache

verlangt. Er hatte den Versuch gemacht, von einer Rolle zu
träumen.

Nach drei Wochen, als die Aufführung am Vorabend des
Eintritts von Italien in den Zweiten Weltkrieg, Mai 1940,
unter Anwesenheit aller großmächtigen Vertreter des nationalsozialistischen und faschistischen Regimes im Schauspielhaus am Gendarmenmarkt stattfand, zeigte Werner Krauß
als Cavour Porträt- und Wesensähnlichkeit, vor allem Glaub-
würdigkeit, Gustaf Gründgens bewies seine Regiehand an
diesem historischen Bilderbogen. Ein erstklassiger Ufa-Film
lief auf der Bühne, kein Drama.

Im riesigen Arbeitszimmer in Karinhall in der Schorfheide
saß Hermann Göring am rohen Eichenholztisch und schrieb
seinen Namen unter Schauspielerverträge, die Generalintendant Gründgens ihm reichte. Vertrag auf Vertrag, Unterschrift auf Unterschrift. Göring unterschrieb nicht nur die
Verträge der Staatsschauspieler und ersten Schauspieler,
sondern auch die Verträge der Chargenspieler, der Inspizienten und Souffleusen. Der »Schirmherr der Preußischen
Staatstheater« nahm sich im ersten Kriegsjahr noch die Zeit,
diese Verträge abzuzeichnen.

Während Gründgens dem Ministerpräsidenten den ergän-
zenden Vortrag hielt, war eine Schar von Schauspielern in
Karinhall eingetroffen. Meist waren es die gleichen. Frau
Göring liebte es besonders, die einstigen Partner ihrer Rollen
am Gendarmenmarkt um sich zu sehen. Daß auch Jugend
hier draußen vertreten war, erklärte sich aus dem Entschluß
von Emmy Görings Nichte, Ellen Sagell, und Hanna Kerrl,
der Tochter des damaligen Preußischen Kirchenministers,
zum Theater zu gehen.

Während sich die Eingeladenen auf dem weiten Gelände
vor dem imposanten Waldhof bewegten, sprachen Göring
und Gründgens weiter. Der Ministerpräsident fühlte sich

bemüßigt, nach dem Krieg gegen Polen und gegen Frankreich politische Phantasien über einen nahen Frieden zu entwerfen. In seine Einbildung schloß er den Aufbau der Staatstheater ein. Von den Reparationen der Alliierten sollte das geschehen – Göring sprach sogar von Kontributionen, die der Führer und er in großen Summen für die Kunst abzuzweigen gedachten. Es gehe nicht, erklärte Göring, daß die Garderoben der Schauspieler so dürftig blieben. Er wollte die Unterkünfte besser möbliert sehen. Seiner Ansicht nach gehöre zu jeder Garderobe ein Bad. Der Schauspieler, der während der Vorstellung vielfach die Kostüme wechsele, in Hitze und Schweiß gerate, müsse die Möglichkeit haben, sich nach der Aufführung zu säubern.

An seinem Schreibtisch inmitten der großen schweren Möbel sitzend, verlangte Göring von Gründgens zu wissen, welches Stück er am Tage des Friedens zu geben gedenke. Gründgens kam die Frage so plötzlich und irrlichternd vor, daß er eine Antwort schuldig blieb. Er legte den Band mit den Verträgen in die Aktenmappe und erschrak. Er hörte Göring *Die Nibelungen* vorschlagen.

Die Nibelungen ... Gründgens sah langsam auf. Der Blick hinter den Brillengläsern drang an dem Bild von Karin Göring vorbei, das an den rohen, eingelassenen Balken hing, die auf nordische Art die Wände bildeten. Er vernahm, wie Göring seinen Vorschlag ausweitete. *Die Nibelungen* ... wo Schuld an Schuld gekettet war, so daß sich das allgemeine Verderben mit tragischer Notwendigkeit ergab: Not, Tod und Untergang. Dieses »elfaktige *Nibelungen*-Ungeheuer«, wie Hebbel selber sein dramatisches Riesenwerk genannt hatte, als Festspiel? Oder als Warnung und Abgesang?

Görings Vorschlag wirkte auf Gründgens wie ein Menetekel. *Die Nibelungen* ... Brand und Katastrophe. Für einen Augenblick stand die Zeit still, als der zweite Mann des

Staates 1940 von Frieden sprach und schon über die Aufführung anläßlich der Siegesfeier disponierte. Die Gegenwart kehrte zurück, als Göring zusammen mit Gründgens die wartenden Gäste begrüßte, die nun an kleinen Tischen den Tee einnehmen durften. Bald ging der Ministerpräsident von Tisch zu Tisch. Als er zu Werner Krauß trat, hörte sich der Preußische Ministerpräsident angesprochen.

»Herr Marschall, wenn Sie mal Bier brauchen... Da ist ein Lokal im Berliner Westen. Sie kennen den Besitzer, er war Koch Ihres Geschwaders. Er schenkt elf lebende Biere aus. Er heißt...« Krauß unterbrach, denn der Reichsmarschall rief seinen Adjutanten, der den Namen des Gastwirts aufschreiben sollte. Krauß hatte bereits eine kleine Geschäftskarte hervorgeholt, auf der der Name des ehemaligen Kochs des Richthofengeschwaders stand. Solche Hinweise gehörten ebenfalls zur Dämonie der Zeit, zur Narretei, die schon am Tisch des Regenten hockte.

Reichspropagandaminister Dr. Goebbels ließ nicht locker, immer wieder Gründgens zu umgarnen, vielleicht fing er sich doch eines Tages im Netz. Um die Wende 1940/41 erhielt der Schauspieler ein filmkünstlerisches Angebot mit kriegspolitischen Vorzeichen. Er sollte in dem anti-englischen, anti-alliierten Film *Ohm Krüger* den englischen Kolonialminister Joe Chamberlain spielen. Die Gesamtbesetzung enthielt erste Qualität, in der Titelrolle Emil Jannings, sodann Lucie Höflich, Hedwig Wangel, Elisabeth Flickenschildt, Gisela Uhlen und Werner Hinz, Ernst Schröder, Eduard von Winterstein, Paul Bildt.

Das Honorar für Gründgens war mit 80 000 Mark ziemlich hoch dotiert. Ein weiteres Lockmittel, das auf überraschende Weise versagen sollte.

Göring, darüber befragt, ob er eingreifen könnte, weil sein

Schützling in dem Propaganda-Film nicht mitzuwirken beabsichtigte, verhielt sich zunächst unschlüssig, dann völlig passiv. Trotzdem ergab sich ein Dreh, der Aufsehen erregte. Gründgens wollte um keinen Preis spielen, erst recht nicht für 80000 Mark vom Propagandaministerium. Ein sensationeller Einspruch half weiter.

Nicht der Staatsschauspieler, sondern der Preußische Staatsrat Gustaf Gründgens erschien im Filmatelier. Zum ersten und einzigen Male gebrauchte er diesen Titel, der ihm bekanntlich die Immunität sicherte. Staatsrat Gründgens trat als Chamberlain vor die Filmkamera. Niemand durfte ihn anders titulieren, vom Regisseur bis zum Kameramann.

Morgens fuhr ihn ein Dienstwagen zu den Aufnahmen, an seiner Seite ein Major als Adjutant. Der blieb während der ganzen Drehzeit an seiner Seite und brachte ihn auch nach Schloß Bellevue zurück, dem einstigen Sitz von Max Reinhardt, den Göring seinem Intendanten zur Verfügung gestellt hatte.

Während der Aufnahmen zu *Ohm Krüger* kam es zu spannungsvollen Effekten, als von Staatsrat Gründgens die Rede war. Gleichgültig, ob ihn sein begleitender Major anredete, der Schauspieler zu den Bildszenen gebeten wurde oder mitten in den Proben und Aufnahmen der preußische Ehrentitel im Filmatelier erklang.

Gründgens hatte sein Ziel erreicht. Nicht engagiertes Mitglied eines Filmensembles, sondern ein Darsteller unter abgesteckten Bedingungen und ohne Gage zu sein. Und auf jeden Fall einen Protest abgegeben zu haben, mit welchen Mitteln auch immer.

Festung Gendarmenmarkt

Gründgens hatte den Mantelkragen hochgeschlagen, so daß der Kopf mit dem blauen Käppi kaum sichtbar wurde. Ein blasses Gesicht mit Hornbrille, eine Gestalt, die der grau-grüne Wettermantel weit umhüllte. Langsame, mehr schwere als bedächtige Schritte. Die Hand strich über die Stirn, eine unwillkürliche Bewegung, die wohl Nerven-schmerzen besänftigen sollte.

»Wir wünschen schnelle Besserung«, sagte eine kleine zierliche Frau im grausträhnigen Pagenkopf. Ihre Begleiterin versuchte, ein paar Blumen auszuhändigen. Gründgens nahm sie widerstrebend mit einem matten Lächeln, während der alte Riese, der als Pförtner Dienst tat und den Namen Mau trug, schon die Tür des Bühneneingangs weit aufhielt.

Als Gründgens sich der kleinen Treppe näherte, griff er neben das Geländer und hob den Fuß unsicher. Es fiel ihm heute alles sehr schwer. Das alte Leiden, die Kopfneuralgie, die vom Hals aufstieg und sich im Hinterkopf festsetzte, plagte ihn.

»Tag, Gustaf«, grüßte ein Kollege, Staatsschauspieler Walter Franck, der gerade von der Kantine heraufkam.

»Tag, Walter«, erwiderte Gründgens sehr leise und hielt sich am Geländer fest. Als Franck, immer stattlich und von geradezu südländischer Frische, die kraftlose Hand des Chefs spürte, da wurde ihm das Gerücht bestätigt, Gründ-gens gehe es nicht gut. Man hatte sogar von der Möglichkeit der Absetzung der *Faust*-Vorstellung gesprochen. Gründ-gens lehnte sich an die Wand und schloß die Augen.

»Gustaf, wärst du doch zu Haus geblieben«, bemerkte der Schauspieler teilnehmend. »Was sagt dein Arzt?«

Aus Gründgens' erloschenem Antlitz drang ein müder Blick, der den zwei Stufen unter ihm stehenden Kollegen nur streifte. Die Blumen in seiner Hand hingen wie welk.

»Es drohen wieder Razzien«, flüsterte Franck. »Ich dachte nur, ob du nicht doch einmal . . .«

Gründgens richtete sich auf. Seine blasse, mit Sommer-sprossen gepunktete Hand legte sich auf den Arm des Kolle-

177

gen. »Ich habe schon, Walter«, sagte er leise und doch bestimmt, »seit Tagen sind sie unterrichtet.«

»Und wie werden sie sich benehmen, wenn die Razzien...« erregte sich der Kollege für die anderen. Teilnahme und Neugier, die manchmal das gleiche sind, standen in seinem Antlitz.

Gründgens ließ Francks Arm los, wandte sich endgültig den letzten Stufen zu. Fast heiser, aber deutlich sprach er: »Sie brauchen sich nicht zu wehren, Walter.«

»Wenn aber die Gewalt –«

»Unsere Macht ist größer – noch ist sie es, Walter. Wir spielen Theater, Walter – jeden Abend. Das ist nicht mehr das reine Glück wie im Frieden oder früher. Das ist unsere Notwehr heute.« Beide dachten an die anderen, an Henckels, Bildt, Ziegel...

»Wie lange, Gustaf?«

»Es wird sie bewahren«, sagte der Chef. Er legte die Hand nochmals wie ein sanftes Schlußzeichen auf den Arm Walter Francks. Mit kurzem Gruß, die Blumen in der Hand, verschwand Gründgens hinter der schmalen Korridortür, wo seine Garderobe lag.

Leise trat der Garderobier Preuß an Gründgens heran, der vor dem Schminktisch saß. Er war dabei, sein privates Antlitz in das Gesicht seines mephistophelischen Doppelgängers zu verwandeln. Paul Bildt bat, den Generalintendanten vor der Vorstellung sprechen zu dürfen. Es sei tatsächlich nur ein Augenblick, ließ Bildt durch den Garderobier übermitteln. Gründgens schaute kurz auf, als er den Namen hörte, und fragte, ob der Arzt schon eingetroffen sei. Als Preuß verneinte, schminkte sich Gründgens weiter.

»Entschuldige, lieber Gustaf.« Paul Bildt drängte im Frisiermantel herein. Er sprach im »Prolog im Himmel« den

Herrgott. »Ich weiß, es geht dir nicht gut. Ist es wenigstens heute abend etwas besser?«

Als Gründgens die Achsel zuckte und im Schminken einhielt, schwieg auch Bildt. Er trat näher. »Ich wollte dir nur sagen, Gustaf – meine Frau ist im Haus.«

So? Wollte sie seinen »Herrgott« noch einmal sehen? Das kam im ganz leichten Plauderton.

Bildt suchte nach Worten, die nicht erschrecken und nicht weh tun sollten. Vor ihm saß ja ein Hauptdarsteller des Abends, der zudem noch litt. Er eilte mit den Worten, um sie nicht zu ernst werden zu lassen. »Meine Frau ist in meiner Garderobe, nicht in der Vorstellung. Sie geht nicht ins Parkett. Du hast wohl davon gehört, daß wieder etwas los ist. Da ist sie unruhig geworden, den ganzen Tag schon. Ich habe mir gedacht, ich nehme sie mit ins Theater. Für alle Fälle, habe ich mir gedacht.«

Für alle Fälle... Gründgens zog die Augenbrauen seines Teufels mit heftigem Schwung nach. Es war eine Demonstration, es war Widerstand.

»Meine Frau ist ruhiger, wenn sie bei mir ist«, sprach Paul Bildt schon fast an der Tür. Er zog die Schultern hoch, ließ sie fallen und wandte sich um. »Es fällt nicht weiter auf. Ich wollte es dir nur gesagt haben.«

Gründgens nickte im Seitenspiegel dem Kollegen zu und zog die andere Augenbraue nach. Er nickte mit viel Nähe und gutem Gefühl für Paul Bildt, der selbst in einer so drangvollen Situation die Disziplin des Hauses, ohne Wissen der Intendanz niemanden mitzubringen, beachtete.

25 Jahre Mephisto

Beide Teile des *Faust* in einer Spielzeit zu inszenieren, entsprach einer dramaturgischen Planmäßigkeit vorbildlicher Art.

Beide Teile während des Krieges in der Spielzeit 1941/42 zu inszenieren, allen zeitbedingten Schwierigkeiten zum Trotz, entsprach dem planmäßigen Aufbau der Berliner Staatsschauspiele. Im Herbst 1941 erschien der erste Teil, im Sommer 1942 folgte der zweite Teil als ein aufsehenerregendes Ereignis.

Im Aufbau einer fünfstündigen Aufführung wurde das dramatische Riesenwerk, Goethes lebensumspannende Weltanschauung, in fünfundzwanzig Bildern mit hundertsechzehn Rollen bezwungen. Alle Bedenken gegenüber diesem Monument schwiegen vor Gründgens' dramaturgisch sicherer Behandlung und vor Rochus Glieses szenisch großartig einfacher Übertragung. Eigentlich war es selbstverständlich, daß *Faust* I. und II. Teil nur aus der Zusammenarbeit eines und desselben Regisseurs und eines und desselben Bühnenbildners gedeihen konnten, wie es im Schauspielhaus geschah.

Neben der Regie hatte GG auch den Mephistopheles übernommen. Er ist seine Lebensrolle geworden. Beim ersten Einsatz 1932 blendete der dämonische Spiegelfechter und bravouröse Teufel mit sprühenden Einfällen. Zehn Jahre später war sein Mephisto nicht nur vertieft, sondern auch erhöht. Die Spannung zwischen Gott und dem Alb entsprang einem gegengottähnlichen Bewußtsein in Gründgens' Mephisto. Er wußte um die Trennung der Verliebten genauso wie um die Dissonanzen der Welt oberhalb und unterhalb der alten Erde. War Gründgens im ersten Teil der verhängnisvolle Begleiter von Fausts irrefahrender Seele und der triumphierende Gegenpartner Gottes, so agierte er im zweiten Teil durch seinen diabolischen Herrschaftswillen. Dieser verlor sich erst während der Grablegung, bei der das letzte Turnier zwischen Gott und dem Teufel stattfand. Der Herrgott erschien nicht selber, sondern bot nur seine himmlischen Heerscharen auf, um den »Rebellen wider alles

Gleichgewicht der Welt« zu schlagen und den Ausgang der Wette für sich zu bestimmen.

Gründgens setzte im Anlauf des zweiten Teils, in den Bildern der Kaiserpfalz, zunächst den schneidend scharfen, vor Spannung begehrlichen, in immer neuen Einfällen kreisenden Mephistopheles ein. Als Phorkyas gewann er die rhetorische Wucht und Größe seines verführerischen Auftrages. In strähniger, verzerrter Maske, in fahlem Gewand, stabbewehrt, schritt er dahin, um bei Fausts Grablegung sein erstes und letztes Gesicht luziferischer Prägung zu enthüllen. Ein großartiges Spiel und eine tänzerische Darstellung im vorletzten Bild: Ruhend in der Mitte der Szene, aufkreisend in den gesamten Bühnenraum, nahm er seinen letzten Standort wieder drohend in der Mitte ein.

Manche Rollen wie Hamlet oder Richard II. oder Orest stießen ebenfalls in die äußersten Bezirke der seelischen und geistigen Bereitschaft dieses Schauspielers vor. Sein Mephisto der beiden Teile der *Faust*-Tragödie aber überspannte alles Lebendige bis zu den geheimnisvollen Außenrändern. Mephisto war Gustaf Gründgens selber, als Element und Schatten, Bild und Spiegel seiner künstlerischen Natur. Der Horizont der Rolle zog sich über das Leben eines Schauspielers.

Mit dreiunddreißig Jahren hatte sich Gründgens zum erstenmal des Mephisto auf der Bühne des Gendarmenmarktes bemächtigt. »Dieser verachtet, persifliert alles Geistige im Menschen, alle Empfindungen, weil ihm anschaulich ist, daß alles das sich in der Materie, in den Sinnen verliert... Jedes andere platonische, geistige Bedürfnis im Faust sieht er als markierte Sinnlichkeit...« So besprach ein Zeitgenosse Goethes und Freund des Vaters Körners den Mephisto nach der ersten *Faust*-Lektüre 1790. Genauso spielte ihn nach mehr als hundertfünfzig Jahren Gründgens, brillant und verwegen, ein gewitzter Kommentator für Hüben und Drüben. Mit zweiundvierzig Jahren stattete Gründgens den Mephisto mit dem höheren Blick des bösen Geistes aus. Er sah die Obszönität der Menschen, und was er darüber sagte, war konsequente, unbestechliche Faun-Weisheit... Wiederum ganz im Sinne jenes Lesers des ersten *Faust*-Teils, der ein kursächsischer Resident in Mainz, später Landesdirektionsrat der neuen bayerischen Provinz Schwaben war. Er hieß Ludwig Ferdinand Huber und betätigte sich als gewandter Publizist und Schriftsteller. »Mephisto blieb dem Faust durch einen Vorrat an Ideen, an Erfahrungen, an Gewandtheit überlegen«, meinte der Freund Schillers, Körner, in seiner Antwort – und das tat Gründgens in seiner Darstellung. Er blieb die Hauptrolle des Dramas, auch wenn die Gewichte sich verteilten. Er konnte alle Register ziehen. Er stieß in sämtliche komödiantischen Bezirke vor und beherrschte die Szene und das Stück mühelos. Jeder im Parkett war gespannt darauf, was und wie er es weiter trieb. Ein unverbesserlicher Störenfried auf allen Ebenen und in allen Regionen.

Mit dreiundvierzig Jahren blieb Gründgens als Mephisto des zweiten Teils auf der Fährte der sehnsüchtigen Seelen und verwirrte sie mit habgierigen Gaukelspielen, wobei er allen Saft seines gezeichneten Lebens restlos verbrauchte. Als gefallener Engel ließ dieser Mephisto alle Trauer um das verlorene Paradies fühlen.

Mit fünfzig Jahren, fast im gleichen Alter, in dem Goethe sein *Faust*-Manuskript zusammenschnürte, um es erst mit sechsundsiebzig Jahren wieder aufzuknoten – sodann mit achtundfünfzig, mit neunundfünfzig Jahren führte Gründgens die *Faust*-Inszenierung und seinen Mephisto in Düsseldorf und Hamburg weiter als in Berlin, näher an die Zeit heran.

Den Mephisto spielte er jetzt über fünfundzwanzig Jahre auf der Bühne, überall, im Rundfunk und im Film. Das Gesicht eines Vierteljahrhunderts mit dem Gesicht eines Mannes, der wie ein Phönix aus der Asche aufstieg. War sein Mephisto so modelliert? Ja und nein. Die Gründgens zum ersten Male sahen, waren fasziniert. Die ihn kannten, sahen, wie er Erinnerung und Gegenwart, Start, Bewährung und Erfolg mischte. Er hielt sich an das Gestern und wäre glücklich gewesen, es zu vergessen: »Dann wird der Schauspieler zu neuer Ordnung, das heißt, zu neuem künstlerischen Erleben vordringen.« Was er anderen riet, wünschte er sich selbst.

Der Königliche Schauspieler Ludwig Devrient hatte es sich inbrünstig – und vergeblich – gewünscht, den Mephisto am Gendarmenmarkt zu spielen. Nur am Stammtisch bei Lutter und Wegner durfte er ihn geistern lassen.

Der erste Mephisto im Schauspielhaus, Karl Seydelmann, machte Furore unter den richtig Empfindenden und erregte höfische Sittlichkeitsbedenken unter den Glatten und Geschniegelten. Dieser Schauspieler, der Gründgensschen Intelligenz ähnlich, wußte, daß Goethes Mephisto keine harmlose Erscheinung für junge Mädchen war. Er nahm den Vorwurf hin, den Teufel nicht zahm, nicht gemäßigt und gesittet genug dargestellt zu haben. Warum? Nun: »... im Namen des Urbildes, das in der Tat weder als zahm noch als gesittet gelten kann.« Für Kenner und Genießer »deckte Seydelmanns Darstellung den Dichter so sehr, daß wir diese Szenen zu den höchsten Triumphen des Schauspielers zählen«.

Auf einer Probe sagte Seydelmann: »Hier machen wir eine kleine Pause, denn hier wird zuverlässig gelacht.« Das war genau die natürliche Einstellung zum *Faust* und seinem Mephisto. Humor, Satire, spritzige Heiterkeit waren angebracht, während zur gleichen Zeit und auch später von mittelmäßigen Darstellern der Ernst übertrieben wurde: Sie glaubten, etwas Besonderes getan zu haben, wenn beim Mephisto nicht gelacht wurde.

Seydelmann konnte den Mephisto nicht besser sprechen als »mit dieser bleischweren Zunge, die er von Natur erhielt«. An dieser Schilderung erkennt man die Spannweite der Ausdrucksmöglichkeit. Bei Seydelmann in dieser Rolle war es förmlich »als hätt er den Pferdefuß in der Kehle« – bei Gründgens, als würde die Rasanz des Denkens und Beobachtens zu einem Furioso des Redens geführt. Der Teufel als ungehemmter Wettermacher auf der Erde. Beide, Seydelmann und Gründgens, spielten den Teufel nicht zum Spaß, sondern sie waren Spieler und Gegenspieler des Höchsten. Vergleicht man historische Aussagen über Seydelmann, zeitgenössische Berichterstattungen mit zahllosen persönlichen Erlebnissen bei Gründgens, so waren beide: groß, befremdend, wild höhnisch, alles verzehrend. Man kann wohl mit einem Parkettbesucher aus Seydelmanns Zeiten für beide Schauspieler sagen: Zwei Mephistos, wie sich die glühendste Phantasie sie nur auszumalen verstand.

Theodor Döring, Nachfolger im Fach Seydelmanns, brachte »den baronisierten Teufel des modernen Zeitalters mit dem alten Satan in Übereinstimmung«. Das beobachtete jedenfalls der Theaterkritiker Gustav Kühne im Schauspielhaus. Döring war listiger, spielerischer, ein humoristischer Gnom, während Seydelmann die diabolische Macht und Majestät der Hölle spüren ließ.

Um was ging es beim Mephisto? Um den Geist des großen Weltverstandes, um das Salz des Lebens, um den größten Kritiker der Weltgeschichte – von diesem hatte Kainz' Mephisto auffallend wenig, was an seiner Darstellung fast sämtliche Zeitstimmen beklagen. Gründgens besaß es auf eine fast selbstverständliche, überlegene Art. Es war ihm für diese Rolle förmlich angeboren: der elegante Weltmann, der großartige Zyniker, der Phantasie und Geist aufbot, um sich niemals zum Satan des Volksbuches oder zum Teufel des Mysterienspiels zu degradieren. Er erhob sich zum Elementargeist und zum Dämon. Gründgens als Mephisto, das war unser aller Widerspruchs-, Zweifel- und Angriffsgeist zwischen Himmel und Hölle. Seine unheimliche Kunstfertigkeit in Auftreten, Rede und Handlung machte schaudern. Dieser Teufel beherrschte alle Punkte der Welt, selbst sein Verlierertum und seine Verlassenheit unter den Feuern des Himmels.

Insel für Heimkehrer und Gejagte

Der telefonische Anruf war ebenso mysteriös wie selbstverständlich. Fehling lud im Spätherbst 1940 zu einem Abendtreffen in seine Wohnung ein, »um nach langer Zeit ein paar vernünftige Worte zu sprechen«. Als er bei Beginn der Spielzeit 1939 vom Staatstheater zum Schillertheater hinübergewechselt war, hatte sich zwischen uns nichts verändert. Wir respektierten die verschiedenen Arbeitskreise. Sollte ich seiner Einladung folgen? Für mich war das keine Frage. Was würde Gründgens sagen? Immerhin konnten sich offizielle Folgen daraus ergeben. War noch jemand eingeladen? Der Klatsch trieb in Berlin mehr auseinander als zueinander.

Das hatte ich gerade an Heinrich George erlebt, von dem wüste Aussprüche gegen Gründgens kolportiert wurden. Als ich George in einer Pilsener Bierstube traf, war das erste, was er sagte: »Ihr glaubt doch nicht, was da erzählt wird? Alles Suppenkasper!« Ein unwirscher Blick zu den im Zigarrenrauch aufsteigenden Gespenstern der Quertreibereien, und dann: »Sag doch Gründgens, ich habe nichts gegen ihn. Das soll er nicht vergessen. Ich möchte ihn mal sehen...«

Die Folgen eines Besuches bei Fehling konnten meiner Meinung nach nur Gewinn bringen, selbst wenn im Augenblick nichts dabei herauskam, was für mich aber noch nicht feststand.

Ich erschien als erster am Abend und erfuhr, daß noch andere eingeladen waren. Wir sprachen wie alte Partner.

Gründgens hatte bei einer heftigen Auseinandersetzung mit Fehling nicht die Balance behalten, die nötig gewesen wäre, um den großen Regisseur dem Staatstheater zu erhalten. Da war dieser an das von Heinrich George geleitete Schillertheater hinübergewechselt. Mit der Zeit mußte Fehling erkennen, daß seine Zuneigung zu dem Schauspieler George nicht den Intendanten George einschloß. Ziemlich bald war er zum Heimweg nach dem Gendarmenmarkt entschlossen.

Fehlings Wohnung hatte drei große Räume, die aus einer seiner Inszenierungen hätten stammen können: ein Zimmer mit dem Flügel und alten Polstermöbeln und vielen Erinnerungsstücken. Fehlings Arbeits- und Schlafzimmer hatte einen langen Tisch bäuerlicher Herkunft, einen riesigen romanischen Holzchristus an der Wand. Hinter einem Vorhang war die Lagerstätte. Das dritte Zimmer, ein sogenanntes Berliner Zimmer, enthielt den Eßplatz, eine langgestreckte, schmale Anrichte und eine intime Gesprächsecke mit einem Tischchen am Ofen.

Nach mir fand sich an jenem Abend Elisabeth Flickenschildt ein, die noch nicht zum Ensemble des Schauspielhauses gehörte und von Fehling sehr geschätzt wurde. Dann kamen der Verleger Peter Suhrkamp, im besten Sinne des Wortes Treuhänder des S.-Fischer-Verlages während der unholden Zeiten, der später verhaftete und wenige Tage vor dem Zusammenbruch umgekommene Lyriker Albrecht Haushofer, dazu Komponisten, Künstler und Ärzte. Fehlings Gefährtin, Joana Maria Gorvin, empfing an der Seite des Hausherrn die Gäste.

Für Stunden eröffnete sich hier ein Treffen auf menschlich gelöster und vorurteilsfreier Basis. Wie eine moderne Ophelia ging eine Schauspielerin, Halbjüdin, wie sie gestand, suchend durch die Räume. Sie sah alles, begriff wenig, und doch stand in ihrem blassen Antlitz ein Leuchten über diesen seltenen Abend, an dem sie sich frei und ebenbürtig bewegen konnte.

Von Zeit zu Zeit spielte Fehling Bach, wie einer, der sich vorübergehend in dessen Welt begeben und dort aussprechen wollte. Man setzte sich zu zweien hin und sprach sich über heikle politische Fragen aus. Oder man tummelte sich in Späßen, weil der gute Burgunder nicht aufhörte, aus immer neu geöffneten Flaschen zu fließen.

Spät nach Mitternacht saßen wir drei – Fehling, Joana Maria Gorvin und ich – in der Fensterecke des Eßzimmers zusammen. Wir fühlten die Probleme mehr, als daß wir darüber sprachen. Fehling setzte einen Fuß auf die Schwelle des alten Hauses. Er suchte nach einem Stück Papier und fand einen Knubbel von Bleistift. Was braucht ein Regisseur Papier und Feder? Sein Material sind Menschen. Fehling dichtete an seinen Intendanten. Er dichtete Wirtin-Verse am laufenden Band. Die Weinlaune trieb zu deftigen Blüten mitternächtlicher Poesie. Joana und ich milderten sie unauffällig, so daß sie zu lyrischen Geständnissen in heiterer Form wurden. Auf diese saloppe Weise klopfte Fehling an die Tür des Staatstheaters. Der Burgunder spiegelte seine poetischen Mühen, die von uns beiden anderen mit dem letzten Rest des Bewußtseins begleitet wurden, weil Wirtin-Verse nicht jedermanns Sache sind.

Als am nächsten Tag ein zwar mitgenommener, aber fröhlich gestimmter Schauspieldirektor seinem Generalintendanten die merkwürdige Botschaft des ehemaligen Oberregisseurs auf winzigen Papierstücken überreichte, da hatte Gründgens einen seiner größten Augenblicke. Nie hat er die Partnerschaft Fehlings geleugnet, auch wenn er schwer an ihr trug. Er wußte um die Spannung und unerläßliche polare Auseinandersetzung zwischen ihnen beiden. Auf die poetisch ausgelassene Visitenkarte Jürgen Fehlings reagierte er spontan. Er setzte sich sofort in den Wagen, fuhr zur Von-der-Heydt-Straße am Lützowplatz und suchte Fehling in seiner Wohnung auf. Ein Gespräch unter vier Augen; am Abend und in der folgenden Nacht führten wir bei Gründgens im Schloß Bellevue ein Gespräch unter sechs Augen, schließlich unter acht Augen, als Frau Hoppe aus dem Theater kam.

Ein Abend, an dem nicht *ein* Spielplan und die dazugehörige Besetzung von Fehling erstellt wurde, sondern zwei, drei Spielpläne, mit Aufgaben nicht nur für sich, sondern auch für Gründgens. Als würde ein Stausee abgelassen, so ergossen sich Fehlings Einfälle, genau und kontinuierlich. Der Heimkehrer wollte zeigen, wie gut es ihm tat, wieder aufgenommen zu sein, und was er alles zu bieten hatte. Dazu kamen Bekenntnisse aus Fehlings Herzen, wie ich sie noch nie gehört hatte. Über sein Schicksal sprach er, das sich nach Geborgenheit sehnte und trotzdem umhergetrieben wurde. Deshalb seine Sorge, er würde das Pensum seiner Theaterkunst nicht mehr schaffen, bevor das große Unwetter über Deutschland hereinbrach.

Er sah es so, wie es nachher gekommen ist. Wie Tausende von Berlinern griff er nach ein paar Sachen und floh über die flammende Straße, über die feurige Lützowbrücke, irgendwohin... genau wie Gründgens, als der Seitentrakt von Schloß Bellevue, in dem wir an jenem Abend saßen, in Schutt und Asche versank. Wie alle Kollegen, die trotz ihres Verlustes an Wohnung und Habe abends im Schauspielhaus auftraten, Kostüm und Maske trugen, lachten und weinten und für den Alltag gerade noch ein Kleid besaßen...

Als nach zwei Tagen die Heimkehr Jürgen Fehlings an das Staatstheater geregelt war, trompetete er seine Lust wie ein Elefant aus, der den alten Stall wittert, das bekannte Futter und die bekannten Wärter. Endlich stand der große Regisseur wieder auf der Plattform, die seiner Begabung entsprach. Seine Freude spiegelte sich in zeitlosen Burgundergelagen. Der Strom der Wirtin-Verse hörte nicht auf.

Die erste Gabe Jürgen Fehlings an das Staatstheater war das Zigeunerschauspiel *Preciosa*. Er inszenierte es als Volkskomödie und großes Theater mit Musik, Gesang, Tanz und Chor. Wieder stand der erste Regisseur an der Spitze der großen Koalition am Gendarmenmarkt, während Gründgens verreiste, als wollte er um jeden Preis vermeiden, wie ein intendanzlicher Zensor in Fehlings Blickfeld zu kommen. Fürchtete er Krach? Oder erwartete er Krach unter den Zurückgebliebenen? Fehling hat selten so sicher und vergnügt gearbeitet wie bei *Preciosa*. Er beherrschte den Apparat und hielt trotz des immensen Aufgebotes die Termine ein, ohne daß man ihn daran zu erinnern brauchte. Weit spannte er die Schwingen, um allen Auftrieb zu sammeln. Da ihm jedermann half, verbreitete sich ein seltenes Behagen im Theater.

Fehling fragte mit keinem Wort nach Gründgens, auch als dieser merkwürdigerweise nicht zur Premiere erschien. Zu Fehlings bester Zeit am Gendarmenmarkt gehörten jene Perioden, in denen man ihn laufen ließ und er sich durch Partner betreut und abgesichert fühlte.

Gemeinsam stiegen die zwei Fahrgäste an der U-Bahn-Haltestelle aus, wo die Treppen hinauf zum Gendarmenmarkt führten. Die beiden schlenderten den gleichen Weg zum Schauspielhaus. Die eine Frau war freudig überrascht, als sie am Bühneneingang schon von der Garderobiere erwartet wurde, die ihr die Taschen abnahm, die andere freute sich mit. Die Unscheinbaren im Alltag waren die Staatsschauspielerinnen Käthe Gold und Maria Koppenhöfer.

Sie kamen zur Generalprobe der *Preciosa* des alten Pius Alexander Wolff, dieses von Goethe sehr geschätzten Schauspielers, der zu Brühls Zeit nach Berlin ans Schauspielhaus übergesiedelt war. Hier beriet er seinen Intendanten im Spielplan und in den Engagements und schrieb Stücke. Eines davon war *Preciosa* mit der Musik von Carl Maria von Weber.

Die Neuaufführung war ein Riesenunternehmen mitten im Krieg. Großes Orchester unter Mark Lothar, Chor von der Hedwigskirche, Tanzeinlagen mit Solotänzern und Ballett der Staatsoper, ein beträchtliches Statistenaufgebot. Das Ganze eine prachtvolle Romanze mit saftigen Auftritten dörflicher Kumpane, mit barocken Illustrationen, Rittern und Bauern und mit tänzerischen Lustbarkeiten der Zigeuner, gleichgültig, ob als Hauptdarsteller oder als Chargen.

In diesem derb-fröhlichen Gemisch an Volksstimmung erschien Käthe Gold als ein Geschöpf zwischen Kind und Mädchen, mit einem Gesicht, in dem Ahnung und erstes Wissen, Unschuld und Angst standen.

Nicht wie das Gretchen dieser großen Schauspielerin, das dem Kreuzweg des Schicksals ahnungsvoll verzaubert entgegenstrebte – nicht wie ihre Rosalinde in Shakespeares *Wie es euch gefällt*, die als Renaissance-Prinzessin von Alltag und Traum naschte – nicht wie ihr Käthchen in Kleists Schauspiel, wieder ein Kind, das sich trotz aller Verzauberung hellsichtig zurechtfand – – hier in *Preciosa* erschien Käthe Gold wie eine Fee, vom Geheimnis umstrahlt. Eine Fee, die über die Erde schwebt und alles, was ihr begegnet, zum

Guten wendet. Ein gläsernes Persönchen von magischen Reizen mit ihren vierunddreißig Jahren.

Ihre Kollegin Maria Koppenhöfer spielte die Zigeunermutter, nicht alt und verhext, sondern frisch und gefährlich, von jener prangenden Weiblichkeit, die zu der Unverwüstlichkeit des alten Wandervolkes gehört. Eine irrlichternde Schönheit. Sie war eine der wandlungsreichsten Darstellerinnen am Schauspielhaus. Privat von betonter Eindeutigkeit und Zuverlässigkeit, benutzte sie die künstlerischen Aufgaben wie einen Ausbruch und eine Bestätigung ihrer Natur. Sie konnte privat ebenso hochelegant wie einfach angezogen erscheinen, wobei es vorkam, daß graue Strümpfe mit roter Wolle gestopft waren. Das machte ihr nichts aus und anderen erst recht nicht, wenn sie ihren Blick aus der Tiefe auf jene richtete und mit den Resten ihres schwäbischen Dialektes scharf betonte, unerschrockene Reden führte. Die Würde der Frau Staatsschauspielerin war ihr angemessen. Sie ließ sie nicht erstarren, sondern durchblutete sie. Ihre Gesichter waren so vielfältig wie die Masken von Werner Krauß. »Ich kann mit meinem Gesicht die tollsten Veränderungen vornehmen, weil es Bläschen hat.« Manchmal erschien sie sich selber vollkommen fremd.

Ihre Marthe Schwerdtlein war kein abgeschabter Rest einer Frau ohne Mann, sondern eine immer noch zügige Partnerin für Mephistos Anspielungen. Als Königin Elisabeth in *Maria Stuart* zeigte sie die heimliche und offene Energie einer Königin. Sie wußte, was es für sie hieß, den Thron mit freiem, stolzem Kopf, eiskalt und unberechenbar und dabei trotzdem verwundbar, mit festgehaltenem Herzen zu verteidigen. Bei Fehling verwandelte sie sich in gespenstische Frauen im Dickicht von Natur und Geschlecht, die ebenso klagten wie bannten. Bei Gründgens trug sie Schleppen. Allein in ihrem Gang und in ihrer Bewegung konnte sie sich als Intrigantin auf dem Parkett ausweisen, als Barbarin und Mater gloriosa, als Mutter und Fürstin, Frau und Palastdame, Witwe und Landesstiefmutter, Mädchen und Magd. An solchen Rollen zeigte Maria Koppenhöfer ihre »wirkliche Vitalität ohne Schauspiel, wirkliches Dasein, ohne Theater«, wie ein Berliner Kritiker vermerkte.

Sie war eine geheimnisvolle Schauspielerin, die mit ihrer Kunst herrschaftlich umging: »Ich diente immer einer geistigen Übertragung meiner Rolle, und es gab schwere Kämpfe..., da ich darin ja kein Nachgeben kenne.« Maria Koppenhöfer wußte, daß die Quellen von dort kamen, wo sie niemand sucht und ahnt.

»Ich halte es nicht mehr aus«, stieß Frau Koppenhöfer nach der Generalprobe von *Preciosa* hervor, warf die Röcke und schüttelte sie. Hysterische Anfälle gab es bei ihr ganz selten; sie fing sie durch exakte, praktische Vorschläge ab.

Jürgen Fehling, etwas mitgenommen von der Probe, keineswegs erschöpft, wulstete die Lippen. Er sah sie nur an. Die Koppenhöfer fühlte sich elend. Sie war plötzlich indisponiert, der Kopf, der Rücken, der Leib, alles schmerzte, obwohl man es ihr auf der Probe nicht angemerkt hatte. Deshalb mußte sie es jetzt loswerden, auch wenn sie sich von Fehlings behutsamer Intensität beeindrucken ließ. Sie horchte, brach aber sofort wieder aus. Wie eine echte Repräsentantin jenes Wandervolkes aus *Preciosa* schimpfte sie auf alles. Nicht einmal Leberheilmittel, die ihr so halfen, waren in den Apotheken zu bekommen. Dann wäre alles besser. Natürlich nicht alles.

Das Wichtigste: ihr Kind war wieder krank. Das quälte sie vor allem. Gerade heute morgen war die Nachricht eingetroffen.

Die Tochter der »Koppi«, wie sie zärtlich angesprochen wurde, hatte einen jüdischen Vater, der emigriert war. Um das Kind vor Nachstellungen und vor der Unruhe des Krieges zu behüten, war es auf einem Bauernhof in Oberbayern untergebracht. Ob das Mädchen, tausend Kilometer von Berlin entfernt, es bei den fremden Leuten gut hatte? Die Mutter bekannte ihre große Sorge. Die Vierzigjährige war allein und fühlte sich ausgeliefert. Maria Koppenhöfer brauchte Hilfe, aber darum bitten...? Sie bekam jeden Beistand, für alles, was sie bedrängte. Am nächsten Tag spielte sie die Premiere, wie Karl Heinz Ruppel konstatierte, »hinreißend... gesteigert zur wogenden Monumentalität einer Göttin des fahrenden Volkes«.

Als Hans Baumanns lyrisches Drama vom Sieg und Sturz des mazedonischen Königs *Alexander* im Manuskript vorlag, las es Gründgens sofort, ehe seine Dramaturgen überhaupt davon wußten. Nach einer Nachtlektüre gab er das Drama weiter und veranlaßte eine offene Aussprache, obwohl er das Schauspiel längst angenommen hatte.

Im Kreise seiner Mitarbeiter gab es Stimmen, die von dem Talent des aus HJ-Kreisen stammenden Verfassers überrascht waren. Es gab ferner einen Kritiker, der die natürliche Anstrengung in der Sprache charakterisierte und auf den architektonischen Aufriß der Handlung, die Spannung und die Kennzeichnung der Personen verwies. Diese Aufrisse waren für mich nicht ausgefüllt und nicht erfüllt. So machte ich den Hinweis auf die Reliefs des Luftfahrtministeriums und auf die plastischen Arbeiten am Neubau der Reichsbank.

In der Leipziger Straße hingen Köpfe aus der militärischen Vergangenheit, eher modellierte Schattenbilder, riesig, aber flächig und leer, nicht herausgearbeitet. Ähnlich waren die Steinmetzarbeiten des Reichsbankneubaus am alten Spreearm. Voluminöse Flächen, die des Ausdrucks entbehrten. Das Handwerkliche erschien ebensowenig gelungen wie das Künstlerische.

Einen ähnlichen Eindruck hinterließ Baumanns Drama bei

mir. Die Melodie seiner Sprache war einfach, mitunter primitiv, doch sie war um Aussagen bemüht. Diese hatten Gründgens angesprochen. Die Wirkung der Personen blieb im Statuarischen des Themas und der Handlung befangen. Gründgens hörte sich die Entgegnungen an. Er glaubte aber, eine gewisse Lauterkeit des Gefühls bei Baumann zu beobachten, die ihm da und dort im Kreise bestätigt wurde. Er bewertete die dargestellte Kurve des Alexander-Schicksals und einige Antworten des Stückes, die über den historischen Rahmen ins allgemein Menschliche vorstießen, zu hoch.

Da das Stück indes jungen Atem trug und einfaches Bemühen kundtat, wählte Gründgens viele junge Schauspieler. Sogar das Bühnenbild wurde einem Außenseiter anvertraut. Als das Stück Ende der Spielzeit 1941, Mitte Juni, uraufgeführt wurde, verstand man die Anstrengung der Gründgensschen Regie, ein stilisiertes Bild dieses Dramas zu geben. Auch seine Darstellung des Alexander nahm man an, ebenso Einzelleistungen von Friedrich Kayßler und Mathias Wieman.

Gründgens' Darstellung des Mazedoniers glich einem antikisierten Standbild. Er erschien hoch und schlank, mit leicht gepolsterten Schultern, geharnischt und entblößt zugleich. Er trug farbige Überwürfe und einen langen dunklen Umhang. An dem großflächigen Kopf hingen gedrehte Lokken, die fast die Ohren bedeckten. Aus großen, etwas starr blickenden Augen sollte Wagemut blitzen. Unter einer etwas breiten Nase war der Mund nachgezogen. Schminkstriche, die das Kinn teilten, ließen ihn energisch wirken. Dieser Alexander war ein Denkmal imitierten Griechentums.

Gründgens war es nicht wohl bei diesem Drama. Inmitten der damaligen dramaturgischen Wüstenei, die schon Mitte der dreißiger Jahre anbrach, glaubte er einen der seltenen

Autoren gefunden zu haben. Dieser war jedoch ein Tastender und ungenügend Strahlender. Gründgens war ebenfalls kein Darsteller strahlender Tatmenschen, wie sich der Autor seinen Alexander vorgestellt hatte. Allmählich wurden Inszenierung und Rolle für Gründgens immer mehr zum Mißvergnügen.

Sein Leben hindurch befand er sich mitunter auf der falschen Fährte der Strahlenden, Sieghaften, nach dem vergeblich angestrebten Kainz-Typ. Mit nervöser Intelligenz wollte er jene darstellen, die für ihn Götter waren. Deshalb bestand sein Fiesco am Gendarmenmarkt aus blitzendem Theatergestein, nicht aus Fleisch und Blut. Deshalb umwarb er jahrzehntelang den Tasso. Mehr als ein Jahrzehnt suchten wir nach dem strahlenden jungen Helden und mußten Egmont mit dem fünfzigjährigen Paul Hartmann besetzen, der glaubwürdiger war als der strapazierte Propaganda-Mythos.

Der große Gestalter des Zwielichts starrte gebannt auf die schimmernden Rollen und betrachtete sich im Spiegel. Wie lange würde er noch einen Jüngling spielen können? fragte er sich. Er dachte dabei an Romeo. Besaß er das Jauchzen der Jugend, ohne heiser zu werden? Besaß er eine Stimme, die die Musik des Lebensanfangs barg und diese freiwillig kraftvoll und vor allem uneitel in die Welt hinausschmetterte?

Wie ein Hilfesuchender fragte er die Freunde und engsten Mitarbeiter, zugleich mißtrauisch, um Orientierung bemüht, aber doch voller Widerstand gegen den Rat. Die Besten warnten ihn.

Ob Fehling an diesem Traum und Plan einer Neueinstudierung von Shakespeares *Romeo und Julia* Gefallen fände? Fehling war Gründgens' künstlerischer Antipode und deshalb der wachsamste und unerbittlichste Begleiter in der Rollenführung. Als ihm Gründgens seinen Wunsch, Romeo zu spielen, anvertraute, da blinzelte Fehling kurz mit den Augen. Meinte er die zweiundvierzig Jahre des Chefs, der den Frühling auf der Bühne spielen wollte?

Fehling sagte es lapidar: »Da wird es aber Zeit, sonst setzt der Staatsrat Moos an.«

Mit diesem einen Satz zerschlug der große Regisseur den Traum des ersten Schauspielers am Institut. Nie wieder hörte man etwas darüber, aber Tasso rumorte weiter.

Gründgens' Stärke waren die problematischen, hell-dunklen, zwiespältigen Naturen. Seine Eigenart stammte aus dem Doppelbödigen seines komödiantischen und menschlichen Daseins. Er konnte sich spielen sehen. Deshalb besaß er keine Eigenschaft, »auf die ich mich notfalls zurückziehen könnte, wenn mir meine Rolle sozusagen mal abhanden käme«, meinte er. Gründgens bewies es an Kollegen: »Heinrich George spielte dann seine Gicht, Eugen Klöpfer seinen Suff, und Werner Krauß mimte den Verrückten.«

»Sie haben gestern mit Meinhard gesprochen?« Gründgens überraschte mich mit seiner halb rhetorischen Frage, weil ich nicht ahnte, woher er von meiner Unterredung wissen konnte. Er überlas eine Reihe von Notizen aus der Tagespraxis, die ihm vorgelegt worden waren. Tatsächlich hatte ich mich mit dem in Berlin geschätzten Theaterdirektor Carl Meinhard, von den ehemaligen Meinhard-Bernauer-Bühnen, über einige seiner Schüler unterhalten, die mir auf der Probebühne vorgesprochen hatten. Er unterrichtete nur noch Schauspieler, weil er nicht mehr Theaterleiter sein und Regie führen durfte.

»Können wir was für ihn tun?« fragte Gründgens weiter, ohne aufzusehen. Er hatte nie bei Meinhard gespielt.

Ich entschloß mich, Meinhard abends aufzusuchen. Das fürchterliche Menschentreiben war erneut ausgebrochen. Man mußte sich der Gefährdeten annehmen. Meinhard war erstaunt, als ich seine Wohnung im Berliner Westen betrat, ein beweglicher Mann mit klarem Gesicht.

»Auch wenn sie mich heute abholen – irgendwie und irgendwo wird man mich schon Theater spielen lassen, ob in Ungarn oder in der Ukraine oder sonstwo«, antwortete er mit imponierender Standfestigkeit.

»Schön«, sagte Gründgens, als ich davon erzählte, doch er kniff die Lippen zusammen. »Ob er weiß...«

Natürlich wußte er nichts über den Endgang des jüdischen Schicksals. Wir anderen wußten es lange auch nicht. Gründgens schwieg.

»Ich werde ihn einladen«, sagte ich, »solange er will. Auf dem Lande fällt es nicht auf.«

Gründgens nickte langsam: »Wollen Sie das?« Kein Wort mehr darüber. Nur ein herzlicher Blick und ein Kopfnicken, als wir uns an diesem Vormittag trennten.

Abends ging ich zu Meinhard, etwas schneller, doch nicht lauter als gestern die Treppe hinauf. Er sollte alles stehen und liegen lassen und sofort mitkommen. Abends fiel das nicht auf. Auf mein Klopfen meldete sich niemand. Noch einmal, dann Klingeln. Die Glocke funktionierte nicht. Sollte Meinhard abends weggegangen sein? Noch einmal klopfte ich. Ich entschloß mich, in der Nähe des Hauses zu warten, und ging langsam die Treppe hinunter.

Eine Tür öffnete sich. Ich fragte die Frau, ob sie zufällig wisse, wo Herr Meinhard sei. Die Frau sah auf ihren Schlüssel und verschloß bedächtig die Tür, trat zur Treppe, faßte das Geländer, drehte sich kopfschüttelnd um. Ich stand hinter ihr auf der Treppe.

»Abgeholt«, flüsterte sie und ging schnell hinunter.

Zu spät, zu spät, klopfte es in meinem Hirn.

Gründgens versteinerte, als ich es ihm mitteilte. »Man soll nie zu spät kommen«, sagte er vor sich hin.

Es dräute nicht nur ums Staatstheater, sondern überall. Eines Nachmittags in den letzten Kriegsjahren holte sich Frau Suhrkamp bei Gründgens Rat. Ihr Mann war eingesperrt worden. Der Schriftsteller Fred von Zollikofer war verhaftet, ein Freund bat um Hilfe. Diese kam zu spät, denn Zollikofer war im Lazarett verstorben. Man sagte an Lungenentzündung. Anzeichen sprachen dafür, daß er zu Tode geprügelt worden war. Der Vater einer Schauspielschülerin fiel einer Denunziation zum Opfer – wir bekamen ihn frei. Auf jeden Schritt mußte man achten, aber man durfte niemanden etwas davon merken lassen.

Politische Fälle, künstlerische Fälle, private Fälle sammelten sich in der Oberwallstraße. Es sprach sich herum, daß hier ein Schutzpatron residierte, der um die Not der Verfolgung wußte.

»Machen Sie, wie wir es immer machen«, sagte der Generalintendant, »es darf nur nicht auffallen. Wir müssen alle sichern.«

Bei der Übernahme der Komischen Oper an der Weidendammer Brücke als »Lustspielhaus des Staatstheaters« hatten wir uns verpflichtet, das künstlerische und technische Personal mit zu übernehmen. Darunter befand sich der Schauspieler und Hilfsregisseur Wolfgang Kühne, der mit seiner Familie unter die Nürnberger Judengesetzgebung fiel. Ein schmaler, bescheidener, in Charakterrollen und Chargen zu verwendender Schauspieler, besonders von Jürgen Fehling gern eingesetzt.

Wodurch er eine Garantie bekomme, daß er sich in einem festen Engagement befinde, fragte er mich. Ich hatte ihm einen Dreimonatsvertrag angeboten, um nach außen hin der Anweisung der Reichstheaterkammer zu entsprechen. Ich versprach Kühne gleichzeitig eine feste, fortlaufende Verpflichtung, lediglich in Etappen der dreimonatigen Erneuerung. Dadurch befand sich Wolfgang Kühne unter demselben Schutz wie unsere Schauspieler in ähnlichen »Fällen«.

Kühne zögerte aus der Ungewißheit. Ich konnte dem Neuling nicht alles sagen. Er mußte es selber erfahren. Tatsächlich bestand die Verpflichtung in einem Vertrauensverhältnis, das sich über Jahre bis zum Ende des Dritten Reiches hinstreckte und Kühne künstlerisch und menschlich beglückte.

»Nicht siegen, sondern überstehen ist alles.«

So empfing mich Gustaf Gründgens eines Kriegsmorgens im Frühjahr 1942. Sieg und Niederlage wechselten an allen Fronten. Rommels Panzerarmee zog sich auf die Grenze der Cyreneika zurück, was die ausländische Presse nach Stalingrad als zweite Wende der Lage für die Alliierten kommentierte.

Gestern nacht hatte ein Freund Gründgens Rilkes Text vorgelegt, den er jetzt wiederholte.

»Überstehen«, sinnierte er und überflog Besprechungen seines *Faust* aus Zeitungen der neutralen Schweiz.

»Es gibt nichts Glücklicheres als Arbeit – habe ich auch gestern bei Rilke gelesen«, sagte er so nebenbei. Es klang wie eine Bestätigung seines Auftretens an Werk- und Sonntagen.

Ich wußte, daß der österreichische Lyriker sein »Buch vom lieben Gott« in sieben aufeinanderfolgenden Nächten geschrieben hatte. Daran schlossen sich allerdings die zehn stummen Jahre, ein Jahrzehnt lang Schweigen bei Rilke. Kein Vers, keine poetische Zeile, aber Briefe. Vierzehn Briefe an einem einzigen Tag in dieser von der Außenwelt zunächst mißverstandenen Periode. Man befürchtete nämlich, sein lyrisches Herz hätte aufgehört zu schlagen.

»Was sagen Sie da?« Gründgens sah mich beinahe erschrocken und streng an. Rilke hatte zehn Jahre geschwiegen? Was machte Gründgens, wenn er eine Woche nicht spielte oder nichts für das Theater vorzubereiten hatte? Rilke wollte den innersten Kern seines Lebens erkunden. Wo lag das Wesentliche für ihn? Was gab ihm sein Ruf, sein Ruhm? Er nannte ihn den »öffentlichen Abbruch eines Werdenden, in dessen Bauplatz die Menge einbricht...«

»Kann uns eigentlich nicht passieren in unserem mimischen Dasein, auch wenn wir alles Äußere verlieren sollten...«

Gründgens ahnte es bei anderen und bestätigte wohl, daß Pausen notwendig seien. Er selbst wich ihnen aber aus oder unterbrach sie plötzlich. Er schonte sich nicht, er mußte schauspielern, darin dem Maler Max Beckmann ähnlich, der während der Verfolgung im Dritten Reich und während seiner Emigration in Holland um seine Kunst bangte. Beckmann war entschlossen, an den Abzugskanälen zu wohnen und durch die Gullys zu kriechen, nur um seine Kunst zu retten...

»So tief brauchen wir nicht hinunter«, murmelte Gründgens, »uns genügt ein Häuflein Menschen.«

Ja, das hatten manche arbeitslosen Schauspieler vor 1933 getan. Improvisiertes Theater vor Nachbarn, Spiel im Zimmer bei der Wirtin im dritten Stock. Abends saßen viele Mitbewohner in Festtagskleidung dichtgedrängt auf mitgebrachten Stühlen und hörten zu.

»Publikum«, sagte Gründgens in meine Gedanken hinein, »finden wir. Wenigstens ein Buch wäre noch nötig bei solchem grimmigen Anfang. Wissen Sie, früher Reclam mit seinen Zwanzig-Pfennig-Heften. So etwas müßte ich noch dabei haben. Wenn möglich eine Biographie. Gab's so etwas schon bei Reclam?«

Bücher, Menschen, die sich auf persönliche Weise auszusprechen vermögen, die Tagebücher André Gides und Ernst Jüngers, die Schriften des Wüstenobersten Lawrence, die

Romane von Hans Henny Jahnn, vor allem Memoiren-Literatur. Alles, was den Menschen in Bildern die Wahrheit zeigt. Wahrheit, die immer schwermütig macht, aber auch den verborgenen Stern über einem Schicksal erforschen hilft – das las Gründgens, danach fahndete er und das fand er. Gründgens war ohne Buch undenkbar.

Das war vielleicht das hervorragendste Kennzeichen seines persönlichen Umgangs. Die Bücher waren die Gefährten seines Alleinseins, das er wie alle großen Menschen durchstehen mußte. Bücher sind die Brücken von Seele zu Seele, wenn Gegenwart und Umwelt schweigen. Bücher gehören zu den wahren Gewinnen, die über den Tag hinaus dauern. Ein Autor wie Lawrence war es, der GG's Leben durch Jahrzehnte begleitete.

Was Gründgens umgeworfen hat, das waren weniger Krankheiten oder Leiden, die zu ertragen sind und überstanden werden müssen – was ihn umwarf und zu den Büchern wie zu einem Notanker greifen ließ, das war jene geistige Pestilenz, wie er sich ausdrückte, und menschliche Unverfrorenheit, die um einer Chance willen die Seele verkauft und dies mit brutaler Nacktheit demonstriert. Davon sind in den letzten vierzig Jahren Menschen der Politik so wenig auszunehmen wie Menschen der Kunst und des Theaters. Menschen, die sich Schriftsteller nennen, genauso wie überdurchschnittliche musische Begabungen oder komödiantische Saisonstars als Reklameschlager. Bei solchen Begegnungen immer wieder das Maß zu finden und das Maß zurechtzurücken, für sich und den anderen, der sich so aufführt, ist eine fast verzweifelte Aufgabe. Besonders wenn die Gesprächspartner in Amt und Würden sind und alles aufbieten, sich zu unterbieten.

Gründgens war für Konsequenz. Er war sogar imstande, sie für den andern zu übernehmen, damit sich jener nicht verlor...

Ein Beispiel dafür: Als Frau Weber, die Gattin des Schauspielers Franz Weber, bei uns in der Generalintendanz erschien, wußten wir, was das zu bedeuten hatte. Ihr Mann war plötzlich von uns zur Volksbühne gegangen, weil er gehofft hatte, dort mehr Beschäftigung in größeren Rollen zu finden. Fehling hielt Franz Weber »nächst Werner Krauß für den merkwürdigsten Mimen Deutschlands; er ist so tragisch wie amüsant«. Sein Ausflug zum ehemaligen Theater am Bülowplatz rentierte sich schon nach kurzer Zeit nicht. Frau Weber erschien nun als Vermittlerin bei Gründgens. Sie war nicht immer Franzens guter Geist, sondern beflügelte ihn illusionär. Sie sprach von der bevorstehenden Rückkehr an den angestammten Theaterplatz am Gendarmenmarkt und stellte eine Bedingung dafür. Wenn Franz Weber endgültig wieder heimkäme, sollte und wollte er den Hamlet spielen, teilte die Frau ahnungslos und beinahe angeberisch mit.

Vor ihr, in seinem Zimmer, mit Kupferstichen August Wilhelm Ifflands an den Wänden, dem allerersten Generaldirektor, der achtzehn Jahre den Königlichen Schauspielern vorgestanden hatte, vor ihr saß der gültige Hamlet seiner Zeit.

Nannte Frau Weber ihren persönlichen oder den Traum ihres Mannes, wenn sie für diesen die Rolle des Hamlet forderte? Da sie sich sogar ereiferte, ließ Gründgens sie ausreden. Er schätzte die seltene Begabung Franz Webers ebenfalls, auch wenn dessen irrlichterndes Wesen nicht immer in die Rollenklaviatur seiner eigenen Inszenierungen paßte. Fehling dagegen schätzte an Webers Palette die »volle Wunderkraft«. Kein Instrument im Orchester ist zweitrangig, so auch kein Schauspielertyp im Ensemble.

Für Weber, damit auch für Gründgens, war nur die Chance wichtig, wieder unter den Kollegen im Schinkelbau zu sein. Hier fand seine Begabung den verschiedenartigsten

Auslauf, im Großen wie im Kleinen. So mäßigte Gründgens die Überdrehung von Webers Einfall, den Hamlet auf seine Weise zu kreieren. Er durfte sich nicht im Unmaß verlieren. Deshalb erhöhte der Generalintendant die frühere Gage Franz Webers, was seine Frau als wohltuend empfand. Vom Hamlet Franz Webers war keine Rede mehr.

Nicht daß GG nur für sich selbst an Konsequenz appellierte – er war für unbedingte Hingabe und Echtheit in der Schauspielkunst. Daraus setzten sich seine Entscheidungen zusammen, auch wenn sie manchmal zu bitteren Enttäuschungen führten.

Diese konnten ihn persönlich treffen – durch eine mißverstandene Spielplangestaltung, den Durchfall einer Uraufführung, die von allen Beteiligten so ernst vertreten wurde und doch nicht angekommen war. Seine Selbstkritik ließ ihn Fehler und Mängel schnell beseitigen. Auch durch eine Lieblingsrolle, die Publikum und Kritik ablehnten, wurde er enttäuscht, auch wenn das selten jemand beobachtete. Das war in Berlin der Fall gewesen wie später in Düsseldorf und auch in Hamburg. Man wartet auf neue Rollen von Ihnen, versuchten Bekannte ihn aufzustacheln. »Was«, schrie er, »wer wartet darauf? Dreißig oder dreihundert versnobte Theatergänger, die mich doch nicht leiden können und denen eine neue Rolle im Grunde ganz egal ist.«

Darin äußerte sich völlig der rheinische Kaufmannssohn, der Qualität bietet, dies genau weiß und sogar bereit ist, sie zu steigern und zu verbessern, sich aber keineswegs anbiedert. Von einem bestimmten Grad an darf man nicht heruntergehen – nicht nur um zu überstehen, sondern um auch für den Absprung neue Kraft einsetzen zu können. Das sollte er in den folgenden zwei Perioden seines Theaterleiter- und Schauspielerlebens beweisen. Noch aber hielt sich das Berliner Schauspielhaus wie eine Festung.

An der Sperre des Bahnhofs Berchtesgaden stand Gustaf Gründgens und erwartete mich wie einen ersten Kurgast des Vorfrühlings 1943. Er war seit Wochen in den Bergen, die sich mitten im Krieg als eine unwahrscheinlich friedliche Landschaft ausnahmen, besonders wenn man aus der Bombengefahr in Berlin kam. Langsam gingen wir die ansteigende Straße zum Kurheim Zabel hinauf. Dort wohnte er. Er hatte mich zu dieser Sonderbesprechung gebeten.

Am 26. April 1943 schrieb er:»Sie wissen, wie sehr wir konform gehen, wenn wir von der menschlichen Nähe zwischen uns – entstanden aus dem freien Entschluß zweier Männer, die erst nicht füreinander gemacht schienen – in Worten wenig Gebrauch machen.«Jetzt aber sollten wir uns in Ruhe treffen. Seine Situation schien ein entscheidendes Stadium erreicht zu haben. Am Telefon war von einem »Schlachtplan«, den wir zu erörtern hätten, zeitgemäß die Rede gewesen.»Eine innere Beziehung muß ja auch ihren äußeren Ausdruck finden«, setzte er brieflich hinzu. Auffallend persönlich bekannte er:» Vielleicht sind wir beide im erbarmungslosen Zuge unserer Arbeit diesen Dingen zu gleichgültig gegenüber, und wir sollten uns doch einmal ohne Störung durch den Betrieb sprechen.«

Gründgens sah ausgeruht, keineswegs gesund aus. Er war labil, überraschend anfällig und leidend, aber ebenso schnell regenerierte er sich. Manche sagten daher, er spiele solche Zustände, um sich interessant zu machen.

Was sollte werden, wenn er zur Luftwaffe einrückte? Alles sprach dafür, daß er zu den Soldaten gehen würde. Wieder eine Flucht nach vorn wie so oft? Was trieb ihn vom Theater fort?

Im Februar 1943 hatte Dr. Goebbels auf jener Kundgebung im Sportpalast seine entfesselte Parole vom totalen

Krieg in die Welt hinausgeschrien. Mehr als zweihundert »Kulturschaffende«, tausend hohe NS-Funktionäre brüllten Beifall. Ja zum totalen Krieg. Ja zur totalen Barbarei!

Gründgens war außerordentlich erregt gewesen. Er schrieb an den Reichsmarschall einen Brief mit der ersten Ankündigung seiner Distanzierung. Nunmehr könne er es mit seinem Gewissen nicht mehr vereinbaren, aktiv am deutschen Theaterleben mitzuwirken. Er wolle zum Militär gehen.

»Dieser Schritt zum Militär, mir der verhaßteste und schwerste, war der einzige Ausweg aus dem Dilemma«, gestand er im Rückblick auf diese aufregenden Wochen und Monate. »Ich mußte, um die absolute Freiwilligkeit meines Handelns später belegen zu können, im Amt bleiben oder jederzeit dahin zurückkehren können. Ich mußte mir so viel Einfluß bewahren, daß nicht, trotz meines Wegganges, das Theater in propagandistischer Form in den Krieg einbezogen wurde oder meine Schauspieler zur Wehrmacht eingezogen würden. Ich konnte aber aus reinen Vernunftgründen nicht zurücktreten, dann hätten mich Himmler und Goebbels sofort verhaften lassen.«

Göring verweigerte seine Zustimmung. Er durchschaute dieses kühle und kühne Spiel nicht. Gründgens könne doch filmen oder im Rundfunk sprechen. Der Generalintendant lehnte ab. Es kam zum ersten Krach. Die Freiwilligen-Meldung hielt Göring für die Folge nervlicher Zerrüttung. Schließlich setzte Gründgens seinen Entschluß durch. Zunächst aber quartierte ihn der Reichsmarschall als Zwangspatienten im Kurheim Zabel ein. Dort sollte sich Gründgens alles in Ruhe überlegen. Schonfrist für diesen Kriegsfreiwilligen von 1943.

Vor der Abreise nach Berchtesgaden bestellte Gründgens sein Haus wie ein abschiednehmender Vater. Sein Platz blieb zunächst leer, obwohl er es nicht wünschte. Er hielt einen Repräsentanten für nötig. So hatte er mit Paul Wegener verhandelt, ob er bereit wäre, als Patriarch den Mitgliedern des Theaters zur Verfügung zu stehen – ich würde die Arbeit machen. Wegener, der vor Jahren sein Engagement von der Beantwortung der Frage »Muß ich mit Heil Hitler grüßen?« abhängig gemacht hatte, sagte nein. Keinen Zentimeter beabsichtigte er, sich den Fängen des NS-Regimes zu nähern, mit dem er ja zu tun haben würde, erklärte er unabänderlich. Gründgens versuchte es bei Paul Hartmann, der bei den Kollegen in bestem Ruf stand und zudem – nicht zuletzt auf Gründgens' Rat – die Ernennung zum Präsidenten der Reichstheaterkammer angenommen hatte. Hartmann lehnte ebenfalls ab. Er sprach von Überbelastung, von Filmengagements und wich dem drohenden Sperrfeuer zwischen den beiden Fronten – dem Staatsschauspiel und dem Propagandaministerium – geschickt aus.

Was sollte werden? Wie lange blieb Gründgens in Berchtesgaden? Machte er eine Kur zur Rückkehr für einen neuen Auftrag in Berlin oder eine Kur zur körperlichen Stärkung für den Kriegsdienst?

An jenem 12. Mai 1943 stiegen wir zu seinem geräumigen Zimmer im Kurheim Zabel hinauf. Holzgetäfelte Wände, mit einem erkerartigen Vorbau und dem üblichen schmalen Sonnenbalkon oberbayerischer Wohnart. Gründgens erzählte von dem Tages- und Stundenplan seiner Diät. Er wußte ihn auswendig und genoß es, so wie er früher von den Leckerbissen des Schweineschlachtens in Zeesen reichlich wählte oder sich am frischen Spargel mit Schinken gütlich tat. Doch das waren Ausnahmen im kleinsten, privaten Kreis gewesen.

Am frühen Nachmittag dieses schönen Maitages hatte er laut Diätplan ein halbes Glas Orangensaft zu trinken, was er, wie verschrieben, schluckweise tat. Er lag im Faulenzer auf der Veranda, blinzelte in die Sonne und ließ sich wie ein naschsüchtiger Zaungast von Berlin erzählen. Von seinen Schauspielern, von den gutwilligen wie von den unmutigen, von Regisseuren mit »passiver Resistenz«, die diese erst aufgaben, wenn es ihnen zu langweilig wurde. Von seinen Theatern berichtete ich, von denen das Kleine Haus in der Nürnberger Straße durch Bombentreffer total ausgebrannt war.

Wir gingen in den Frühling hinaus auf lange, leere, von Tannenwäldern umrandete Straßen. Es war der laut Kurprogramm fällige Spaziergang. Gründgens mußte längere Strecken laufen lernen, seinen Körper in Schwung bringen, wenn er tatsächlich auf dem Kasernenhof das Links-zwei-drei-vier, Links-zwei-drei-vier durchstehen wollte. Er zeigte in Richtung auf den Obersalzberg, sprach von Frau Emmy Göring, die ihn wiederholt angerufen hatte, um sich nach seinem Befinden zu erkundigen, erzählte Anekdoten aus Politik und Krieg.

Mitten auf der Straße blieb er plötzlich stehen. Vor einigen Tagen habe ihn Tietjen angerufen, der federführende Generalintendant für die gesamten Preußischen Staatstheater. Dieser habe es satt mit der Suche nach dem Strohmann. Wir hätten doch einen richtigen Mann im Hause. Er würde in den nächsten Tagen Göring den Vorschlag machen, ich, Mühr, solle die gesamte Stellvertretung übernehmen.

Zwischen Göring und mir bestand immer noch das alte Konto. Es wurde gelegentlich dem Manne aufgerechnet, den er einmal unter Aufsicht der Geheimen Staatspolizei gestellt hatte. Das Konto bauten die Jahre der Arbeit kaum ab. Das Amt des stellvertretenden Generalintendanten und Schauspieldirektors besaß ich seit Jahren, auf einen Titel legte ich keinen Wert. Im übrigen: keine leichte Aufgabe stand mir in den letzten Runden des Krieges bevor. Das Ensemble war unruhig. Manche waren verstört durch die nervliche Überbelastung – vermißte, gefallene Söhne, Ausbombung, getrennte Familien durch Evakuierung – und die Überbeschäftigung in den drei Häusern. Es kam vor, daß für einige Schauspieler ein Doppelauftritt an einem Abend in zwei Häusern nötig war, so daß sie innerhalb eines auf Minuten ausgeklügelten Fahrplans hin und her gefahren werden mußten. Dem Film wurde reichlich zugesprochen, zumal seine Honorare üblicherweise Schwarzmarktpreise decken mußten. Über diese Spielzeit 1943/44 sollte mir Generalintendant Tietjen am 17. Mai 1944 schreiben: »Wie schwer der vergangene Winter nun wirklich war (!), das wissen nur wir beide...«

Gründgens machte also ernst mit seinem Entschluß, zur Wehrmacht zu gehen. Auf dem Rückweg nach Berchtesgaden zeigte er sich von besonders guter Laune, zitierte aber keine Morgenstern-Verse, sondern sagte die Einzelteile des Karabiners 98 her: »Er besteht aus Lauf, Visiereinrichtung, Verschluß, Schaft, Handschutz, Beschlag und Stock.« Das freute ihn so, als hätte er einen großartigen Einfall für das Repertoire.

Zum letztenmal für längere Zeit sah ich Gründgens in Zivil. Ich konnte nicht mehr mit ihm innerhalb des Hauses, nach Zeesen oder nach Berchtesgaden telefonieren. Der Gefreite Gründgens verschwand unter einer Feldpostnummer nach Holland.

»So geht es nicht mehr lange, und alles andere ist besser; jede Wendung, auch die zum Schlechteren, kann diese halbgare Situation nur verbessern«, schrieb der Flakkanonier Gründgens Oktober 1943.

Bei der Wehrmacht beging er den nachdenklichsten Tag seines Lebens. Es war die fünfundzwanzigste Wiederkehr des Tages, an dem er zum Theater gegangen war. Auch damals war er freiwillig Soldat geworden, auch damals flogen ihm Granatsplitter um die Ohren. So hatte er diesmal bei einer äußerlich sehr ähnlichen Situation Gelegenheit, über die Zwischenzeit voller Ereignisse und voller Aufstiege nachzudenken. Es gab für Gründgens wenig zu bereuen. Das sagte er sich damals und wiederholte das Bekenntnis nach der Niederlage, nach der Haft.

Im Drillichanzug lernte der ehemalige Staatsrat »Griffe kloppen«, Heben und Senken des Gewehrs in der Kniebeuge. Er nahm pünktlich und genau am Dienstunterricht des Heeres teil.

Aus seinen Briefen klang, daß es ihm gutging, und »gerade die Dinge, von denen man immer hört, sie seien schlimm, lassen sich ertragen«. Daran änderte auch nichts, daß der Flakkanonier bald die »Feuertaufe« hinter sich hatte und Geschützführer einer 8,8-cm-Flak geworden war. »Es knallt unverschämt, ist aber eine eindeutige Beschäftigung.«

Stippvisiten nach Berlin, in Extrauniform, angefertigt von der Garderobenoberinspektion des Staatstheaters, folgten. Er nahm auf seinem Sessel Platz und sprach über seine Ausbilder und die neue Flak. Es schien ihm ein grimmiger Spaß zu sein. Mit Männergeruch leben, half ihm allerdings über manche Härte des Dienstes hinweg. Er telefonierte mit seinen Schützlingen und verschwand. Sein Kopf und das »Schiffchen« bildeten einen unversöhnlichen Gegensatz, auch wenn er braungebrannt, frischer als früher, aussah.

In dem Augenblick, in dem Gründgens zur Wehrmacht ging und mittelbar regierte, blühte die Begabung des vom Schillertheater wieder zu uns heimgekehrten großen Regisseurs Jürgen Fehling auf. Endlich fühlte er sich in seinen Elementen fessellosen Schaffens. Seine drei Inszenierungen – *Preciosa* von Pius Alexander Wolff, *Die heilige Johanna* von George Bernard Shaw und *Johannisfeuer* von Hermann Sudermann – waren Weltklasse.

An der Spitze stand Shaws dramatische Chronik – der größte Kassenerfolg im Deutschland der zwanziger Jahre.

Nun in den vierziger Jahren wurde er es wieder. Käthe Gold spielte das Findelkind der Historie wie eine Inkarnation Shawschen Geistes. Es gab eine künstlerische Überraschung mit dem Charakterkomiker Viktor de Kowa, der, fast unkenntlich, eine unheimliche Farce des Dauphins brachte. Jede künstlerische Generation vom Senior Friedrich Kayßler über Otto Wernicke bis Alfred Schieske verschmolz im Guß dieser einzigartigen Vorstellung.

Bei der Premiere im April 1943 saß ein sonderbarer Besucher auf dem Eckplatz im ersten Rang des Schauspielhauses. Immer hatte er bei Premieren diesen gleichen Platz. Jeder Ausdruck auf der Bühne spiegelte sich in seinem Antlitz, während die Lippen den Text des Schauspielers lautlos mitzusprechen schienen.

Dieser merkwürdig anmutende Nachbar der Premierengäste war der Regisseur der Vorstellung, selbst der erste, beste Genießer und Beurteiler der Aufführung. Bei dieser Premiere, bei der Geburt seiner Inszenierung litt Fehling wie ein Gebärender alle Qualen, aber auch alle Seligkeiten des Schöpfers mit. Immer wieder eine Qual für den Regisseur, daß die Schauspieler nun ohne seine leibliche Anwesenheit und Kontrolle, doch mit seinem Geist und seiner Kraft spielten und das zum Leben brachten, was er aus den Visionen des Stückes für zwei bis drei Stunden in die Aufführung gebannt hatte.

Wenn es gültig bleibt, daß wir die Kunst besitzen, damit wir nicht an der Wahrheit zugrunde gehen, dann hat Jürgen Fehling mit dieser Inszenierung und auch mit seinen anderen nach der Mitte gestrebt: nämlich die Welt des Menschen zu enthüllen, seinen Zustand, sein Glühen und Verglühen, seine Intensität in Glauben und Irrtum, in der Leidenschaft und im Untergang. Dazu wählte er in dieser *Heilige Johanna*-Inszenierung die beste Auslese an Schauspielern. Ihnen brannte er das Feuermal seiner Phantasie förmlich ein.

»Es war meine schönste Zeit, als wir zusammen arbeite-
ten«, erinnerte der fünfundsiebzigjährige Fehling an die
Wachstumszeiten dieser letzten Großinszenierung. In jener
Zeit schrieb er mir beschwörende Briefe: »... Wer weiß, wie
lange wir noch in unserem Sinne Kunst machen können.«
Über den vierundvierzigjährigen Flakkanonier und Generalintendanten des Schauspielhauses sprach sich Fehling aus:
»Er übersteht es nicht, weder physisch noch psychisch.«
Dabei wetterleuchtete es in seinem Gesicht. Da jeder Erfolg
ihn reizte, ihn rebellisch und unberechenbar machte, entwik-
kelte er einen Plan zur Eroberung des Staatstheaters, während Gründgens in Holland die Kanone bediente. Fehling
konspirierte gern und auf Verdacht. Das entsprach seiner
dämonischen Natur. Das steigerte auch seinen Ideenreich-
tum und ließ ihn gefährlich erscheinen. Er wuchs so in
seiner Lebenskraft, bis er innehielt – falls er sich nicht über-
schlug.

Wo die Welt aus den Fugen ginge, dürfte man nicht
wegtreten, meinte er. Gründgens' Verhalten hielt er für
Verrat. »Lüge ist diese Uniform«, meinte er scharf. Irrlich-
ter zeigten keinen Weg. Nach Licht verlange die Welt.
Fanale müsse man installieren. Deshalb war für Fehling die
Stunde der *Nibelungen* gekommen – ganz anders als für
Göring, der vor Jahren von dem Drama als von seinem
Sieger-Festspiel phantasierte. Fehling wollte diese Ballade
von der deutschen Hybris als nächstes Stück inszenieren.
Oder als erstes Stück nach der Niederlage? Anklage und
Klage der Zeit sollte es sein...

Wie im Rausch besetzte er sofort das Drama und spielte
meiner Frau und mir im Garten unseres Hauses in Zeuthen
in der Mark ganze Szenen vor. Eindrucksvoll, ungestüm,
doch präzise entwarf er, wie das Nibelungenthema künstlerisch zu bewältigen sei. Ganz anders auch, als er es schon
einmal während der Intendanz Leopold Jeßners am Gendar-

menmarkt in einer überstilisiert wirkenden Inszenierung oder in Hamburg bei Wüstenhagen getan hatte.

Jetzt wollte er den ganzen Horizont des Unwetters aus Blut, Leidenschaft und Tränen ableuchten...

Auf Gründgens' Rückkehr setzte er nicht. Die elementare Gegnerschaft, besser: die Verschiedenartigkeit beider Charaktere in Kunst und Leben wurde erneut sichtbar. Er beschwor mich, ebenso zärtlich wie wütig, die Kommandobrücke des Staatsschauspiels nicht mehr zu verlassen. Meine Stunde sei gekommen wie seine Stunde.

Ein Abend und eine Nacht, ein Morgen und ein Mittag wurde es in unserem Quartett mit Joana Maria Gorvin. Es waren Stunden voller Blitze, gesalzener Späße, behaglichen Humors und auch voller Lebensweisheiten, vor allem voll unbändiger Lust am Theater.

Fehling sprach sich in diesen wenigen Stunden mit mir einmal radikal aus, wie er es wohl lange nicht getan hatte. Ein Unsichtbarer saß mit am Tisch: Gründgens. Er hielt diese Schläge aus, wie die Schläge der anderen. Vulkanen kann man nicht Einhalt gebieten, man muß abwarten, bis ihre Lava erkaltet ist.

Daß Fehling nach diesem Besuch niemals mehr mit einem Wort auf den Gedanken-Putsch und die *Nibelungen*-Inszenierung am Gendarmenmarkt zurückkam, bewies, daß bereits Aussprechen, Anhören und Zuhören einen stürmisch entflammten Menschen beruhigen können, ohne daß es zu Verwirrungen und Komplikationen zu kommen braucht.

Mit diesem Ausbruch seines Oberregisseurs beschwerte ich den auf dem Kasernenhof in Holland in Kniebeuge mit dem Gewehr als Übungsstab geschliffenen Generalintendanten Gründgens nicht.

Ein schöner Tag im Frühling 1943. Wie im tiefsten Frieden, doch seltsam still war es in den Seitenflügeln des ehemaligen

Kronprinzenpalais, wo die Generalintendanz der Preußischen Staatstheater residierte.

Vor mir lag die Akte unseres ehemaligen zweiten Inspizienten, nennen wir ihn Kurt Renner, der im Krieg war. Seine Frau hatte sich für heute vormittag angemeldet. Ihr Mann, ein tüchtiger, umsichtiger Mitarbeiter, lange Jahre bei uns, war in einen kriminal-pathologischen Zwischenfall verwickelt gewesen. Während er bei den Proben und Vorstellungen stets nüchtern blieb, trank er sich nach gelungenen Premieren einen Rausch an, Bier und Korn gemischt, ganz allein in einer Berliner Kneipe. Meistens fuhr er mit der letzten Straßenbahn durch das verdunkelte Berlin nach Hause. Dabei war es geschehen.

Während der Rückfahrt saß er einer Frau gegenüber, die er anstarrte. Er begann, mit den Händen, dann mit den Fäusten auf seine Schenkel zu schlagen. Nach einer Weile öffnete er den Hosenschlitz und zeigte sein Geschlecht. Als die Frau das sah, schüttelte sie zuerst energisch den Kopf und blickte weg. Dann empörte sie sich und rief nach dem Schaffner. Dieser nötigte den Fahrgast, die Hose zu schließen und aufzustehen. Der angetrunkene Inspizient brachte sich in Ordnung, blieb aber sitzen und fing erneut an, das Geschlecht zu entblößen und zu onanieren. Bei der dritten Haltestelle – die Frau war inzwischen ausgestiegen, nachdem sie dem Schaffner ihre Anschrift übergeben hatte – erschien ein Polizist. Er schrieb die Namen der anderen Zeugen auf und nötigte den Inspizienten mitzukommen.

Vom Gericht erhielt das Staatstheater die Mitteilung seiner Verurteilung. Spontan wurden im Ensemble Stimmen zusammengetragen, schriftliche Urteile über Renner, die insgesamt ihn und seine Arbeit lobten. Das führte jedoch zu keiner Entlastung.

Nicht Gustaf Gründgens, der als Generalintendant des Schauspiels keine Entscheidungen über den Militärdienst künstlerischer oder technischer Mitarbeiter traf, sondern der federführende Generalintendant der Preußischen Staatstheater, Heinz Tietjen, machte dem Gericht den Vorschlag: Ob man nicht dem Inspizienten die Wahl zwischen Haft und Freiwilligenmeldung überlassen könne. Das Gericht war einverstanden, auch unser Inspizient. Der überführte Exhibitionist befand sich nun seit Monaten in Uniform. Als ausgebildeter Soldat war er bereits im Felde, wie er mir geschrieben hatte.

Als Frau Renner in mein Zimmer trat, erschrak ich, ohne es mir anmerken zu lassen. Sobald sie Platz genommen hatte, blickten mich ihre verweinten Augen an. Ihre Hände umschlossen krampfhaft die Handtasche. Es zuckte um ihren Mund. Dann fielen die ersten Worte:

»Mußte es sein?«

Ich wußte Bescheid: Unser Inspizient war gefallen. »Was bitte?« fragte ich mit etwas heiserer Stimme zurück.

Vor drei Tagen wäre die traurige Nachricht eingetroffen. Mit anerkennenden Worten des Kompaniechefs. »Was nutzt das? Wo ist mein Mann? Wo liegt er?« drängte sie. Ehe ich antworten konnte, fragte Frau Renner nochmals: »Mußte das sein? Mußten Sie so entscheiden? Mein Mann könnte heute noch leben!«

Als Gefängnisinsasse ohne Zweifel. Vielleicht hätte man ihn nach geraumer Zeit entlassen. Das gehörte neuerdings zur Methode mancher Gerichte, wenn der Fall nicht extrem oder kompliziert lag. So war unser Inspizient förmlich zur Buße in den Krieg gezogen. Der Freiwillige entlastete den Täter in der gleichen Person, so hoch stand der Soldat, stand der Krieg im Kurs. Generalintendant Tietjen und das Gericht hatten ihm die Entscheidung überlassen. Der Inspizient wählte die Freiheit und fand den Tod, wie er jeden Soldaten treffen kann.

»Und wenn Sie anders entschieden hätten, Herr Direktor

Mühr?« fragte die Witwe. »Dann hätte ich ihn in wenigen Monaten wieder bei mir gehabt.«

»Es war Ihres Mannes freie Wahl.«

Ich dachte an mein Abschiedstreffen mit den Panzeroffizieren vor Monaten in Wünsdorf. Wenn ich deren Kommandeur gewesen wäre und in den nächsten Tagen Befehle gegeben hätte – Vorwärts-Befehle für die Panzer, Befehle um jeden Preis, ob Sieg oder in den Tod.

»Jaja, vor den Großen, vor den Chefs steht man stramm. Niemand denkt an die Familie.«

»Verzeihen Sie.« Ich mußte etwas richtigstellen, auch wenn es schmerzte. Das Gesicht der Frau nahm wieder ruhige Züge an. »Sie wissen, Ihr Mann war als UK zurückgestellt worden. Unabkömmlich... Diese Anerkennung hätte er bedenken müssen. Ich tue es jeden Tag, solange wir hier noch arbeiten dürfen.«

Die Besucherin holte erneut tief Luft. »Als ich meinen Mann im Gefängnis besuchte, hat er mir vesprochen, nie wieder im Leben so etwas zu tun. Ich wollte mich sonst scheiden lassen. Er hätte sein Versprechen gehalten. Dazu war unsere Ehe zu gut. Ich frage Sie: Hat sich mein Mann im Dienst je etwas zuschulden kommen lassen?... ›Geh zu unserem Direktor Mühr‹, hat er mir im Gefängnis zugeflüstert, ›der hilft bestimmt.‹ Ich kam dann nicht mehr dazu. Ich war zu aufgeregt, denn inzwischen traf ja das Gerichtsurteil ein... Warum haben Sie nicht nein gesagt, Herr Direktor?«

Nein sagen, eine Entscheidung treffen... wie ein Kompanieführer: Freiwillige vor! Und wenn sich keiner meldet, dann trifft *er* die Wahl für eine Streife ins Niemandsland. Oder wie ein General? Der mit seiner Armee standhaft aushält, auch im Kessel, bis sie diesen durchbrechen und sich freikämpfen kann... Und wenn nicht? Wer verantwortet die Opfer an Verwundeten und Toten eines völlig sinnlosen Krieges?

»Ich konnte leider nichts verhindern, Frau Renner, auch nicht die Unachtsamkeit Ihres Mannes. Das Nachfolgende sollte eine Hilfestellung sein. Eine Möglichkeit für sein zukünftiges bürgerliches Leben. Es war seine persönliche Entscheidung.«

»Ein toter Mann. Mein toter Mann!« Die Frau stieß die Worte hervor, obwohl sie weinte und schluchzte. Sie wischte sich die Tränen ab und sah mich verwirrt an.

Im Felde gaben jeder Hauptmann, jeder General, auch jeder der jungen Panzeroffiziere aus Wünsdorf Befehle, die für ihre Soldaten, ihre Kameraden, Gefahr auf Leben oder Tod bedeuteten. Tod für sie selbst oder für den Gegner drüben. Gründgens hat es von Anfang des Krieges an radikal abgelehnt, auch nur einen einzigen Menschen des Betriebes zur Wehrmacht abzustellen und in den Krieg ziehen zu lassen, dafür waren die Wehrmacht, der Staat verantwortlich. Generalintendant Tietjen hatte für Renner gedacht. Wiederherstellung der sogenannten bürgerlichen Ehre, persönliche Freiheit und die Chance des Neubeginns, gleichsam eines zweiten Lebens... Statt dessen lag er jetzt in Rußland unterm Kreuz.

Auf meinem nicht ganz leichten Weg zur Staatsschauspielerin Käthe Dorsch ging ich im Frühherbst 1943 vom Bahnhof Zoo zu unserem Kleinen Haus in der Nürnberger Straße.

Nach unaufhörlichen Terrorangriffen während der Nacht bis in den frühen Morgen überall Trümmer, eingestürzte Häuser, aufgerissenes Pflaster, die Mauer des Zoologischen Gartens eingestürzt. Ein weher Blick zu den zerbombten, zermalmten Käfigen, keine Tiere, nur aufräumendes Hilfspersonal.

Von dort waren die Löwen vor einigen Stunden auf die Straße gejagt. Sogar in der Nürnberger Straße hatte sie unser Nachtportier gesehen. Statt Mimen waren es durch Detonationen und Feuer aufgescheuchte Wildtiere, die hier auf-tauchten.

Ein völliger Gegensatz in der Wohnung von Frau Dorsch. Eine noch nicht abgeräumte Kaffeetafel mit damals mitten im Krieg märchenhaften Delikatessen, Reste von Schlag-sahne, Stücken von Torte und Gebäck und gebrauchtem Nachmittagsgeschirr – Requisiten für eine sicherlich soeben verabschiedete kleine Gesellschaft.

Während sie mich begrüßte, räumte sie das Porzellan beiseite, fragte nach Wünschen für Cognac und goß sich und mir ein.

»Lieber Herr Mühr, was wollen wir noch sprechen?« fragte sie und hob ihr Glas. Das war liebenswürdig und sachlich gesagt. Ihr immer noch reizend fraulicher Typ – sie war immerhin bereits 53 Jahre – erschloß sich sofort. Sie taktierte nicht, sie sprach ganz frei und sah mich an, der neben ihr an der verlassenen Kaffeetafel saß.

»Ich bin ebenso erschrocken wie betrübt«, gestand ich ihr und nahm ihren Blick voll auf.

»Daß Sie gekommen sind, ehrt Sie und mich – daß Gustaf, der zufällig mal Urlaub hat von seinen Flak-Soldaten –, daß er nicht kommt, verstimmt mich etwas. Wenn jemand in einem Betrieb kündigt, wird er nicht gleich zum Fremdling, meinen Sie nicht auch, nach soviel Jahren?«

Als mich GG beauftragte, eine Vermittlerrolle bei Frau Dorsch zu übernehmen, weil sie plötzlich, mitten im Kriege, mitten in der Spielzeit um Lösung ihres Vertrages ersucht hatte, ohne besondere Gründe, ohne Vorwürfe, ohne Zwi-schenfälle, da habe ich mich gewundert, daß er nicht selbst bei seiner alten Freundin als Parlamentär auftrat.

Was war das immer für eine prächtige Zusammenarbeit zwischen GG und Käthe Dorsch gewesen, gleichgültig ob im Theater oder Film. Gründgens feierte sie als Maria Stuart im Großen Haus, die sie abwechselnd mit einer Gesangsrolle im

Kleinen Haus spielte, er feierte sie als exzellente Kameliendame. Als sie auch bei uns in dem musikalischen Lustspiel *Das kleine Hofkonzert* von Edmund Nick und Paul Verhoeven sang und spielte, erinnerte sie –»bildschön« – an ihre Herkunft von der Operette, bis ihr vor Jahrzehnten der Absprung zum Schauspiel gelungen war. Sie behielt allerdings den Austausch zwischen beiden Spielgattungen bei, die eine belebte und ergänzte die andere. In der Künneke-Operette *Liselott* sang und tanzte sie mit Gründgens. Sie war sogar mit Richard Tauber als jungem Goethe in Lehárs Erfolgsoperette *Friederike* in der Titelrolle aufgetreten und hatte Triumphe gefeiert. Danach war sie wieder für längere Zeit Nur-Schauspielerin am Burgtheater und bei uns gewesen. Dann ihre Partnerschaft mit Gründgens in dem Film *Die Frau ohne Bedeutung* 1936, wo sie als Idol der Jugend diesem Kavalier im weißen Haar gegenübertrat, den GG schicksalhaft ausstattete: in einem Bogen vom Volkslied bis zur Ballade vom Heimkehrer...

»Ist der Gendarmenmarkt für Sie, verehrte Frau, nicht ein angestammter Platz?« fragte ich behutsam.

»In jedem Berliner Theater, wo ich gespielt habe, habe ich Wurzeln geschlagen. Anders können Sie sich als Schauspieler nicht entfalten. Wir finden in unserem Leben viele Plätze mit heimatlichem Charakter...« Das war ganz ernst gesagt.

Ich fuhr fort: »Ihre letzten Rollen – «

»Lieber Herr Mühr, darum geht es nicht«, klang es hell und durchtönend. »Jetzt nicht mehr«, betonte sie und griff zum Glas, ohne zu trinken.

»Ich habe bereits mit Hermann gesprochen...«

»Was sagte er?« fragte ich leise, beinahe vor mich hin.

»Er war wie Gustaf perplex«, antwortete sie mit schrillem Unterton. Nach einer Weile: »Sehen denn diese Männer nicht, daß es in Deutschland mit den Musen zu Ende geht?«

Ich erzählte ihr von den Unentwegten, die sich zwischen

Unwetter und Fliegeralarm für den Rest unseres Spielplans noch am Sonnabend anstellten, um bei Kasseneröffnung am Sonntag preiswerte Eintrittskarten zu bekommen. Von einer Neuinszenierung der *Räuber* mit GG als Franz sprach ich ihr.

»Kriegt der Gefreite Gründgens so viel Urlaub?« schepperte ihre Frage.

Sicherlich das letzte Stück am Gendarmenmarkt für viele Mitglieder, meinte ich zu ihr, sicherlich auch die letzten Rollen am Gendarmenmarkt. »Ein Epilog der deutschen Schauspielkunst.«

»Lieber Herr Mühr, ich habe durch die Jahre geholfen, wo ich konnte...«

Das war mir bekannt. Ob es sich um politisch Verfolgte handelte, für die sie bei höchsten Stellen vorsprach – genauso tat es der große alte Schauspieler Friedrich Kayßler bei Emmy Göring –, oder um jüdische Kolleginnen, die sie in Not und Angst wußte und denen sie selbst oder durch private Sammlungen half. Käthe Dorsch scheute vor keiner Hilfsaktion zurück, selbst wenn sie manchmal ihren Freund Hermann direkt angehen mußte.

Diese Frau besaß nicht nur das Lachen und die »wunderbare Silberstimme« auf der Bühne, sondern auch die strömende Herzlichkeit im Alltag. Sie schenkte so gütig, heiter und unauffällig, wie ihr Spiel eine jubelnde Kaskade sein konnte. Niemals hat Käthe Dorsch mehr gewollt, als im Dritten Reich das Leiden eines Betroffenen zu mildern oder ihn sogar zu retten...

»Jetzt denkt jeder nur an sich«, fuhr sie fort. »Wenn dieser Jeder nicht mehr anzusprechen und umzustimmen, ich wage zu sagen: nicht mehr zu erreichen, ja, nicht mehr zu läutern ist, dann muß es jeder für sich tun. Das muß ich jetzt für mich tun. Gustaf tat es als erster, als er zum Militär ging.«

War Lösung und Distanz in ihrem Benehmen? Sie kam

doch als Besetzung einer Rolle gar nicht mehr in Frage. Genügte ihr das Stillsein nicht? Oder drängte es sie in ihre eigentliche Heimat nach Österreich?

»Ich kann das nicht mehr mit ansehen, verstehen Sie«, erklärte sie mir. Wie beruhigend legte sie ihre Hand kurz auf meine. »Ich muß weg, ich will nicht diesem blutigen Hexentanzplatz ausgeliefert bleiben, wo ich nichts ändern kann. Vor allem: jeder Blick auf die Trümmer, auf die ausgebombten Menschen, auf die Flüchtlinge – ich kann es nicht mehr. Ich will es aber auch nicht. Es ist beinahe schon zu lange.«

Das sprach eine Frau, eine Schauspielerin, die für sich einen dicken Strich unter einen Schicksalsabsatz zog. Sie wollte auch in den letzten Tagen und Monaten nicht mitschuldig werden. Sie sprach es nicht aus, aber der Inhalt ihrer Worte enthielt diese Abkehr, diesen Widerstand.

Gab es da noch Vermittlung, Aufforderung zum Bleiben, zur Zusammengehörigkeit? Jeder von uns litt an diesem Opfergang unseres Volkes, und nur wenige zogen die Konsequenz. Sie war die einzige Entschlossene, die ich kannte. Ein lieber und tapferer Mensch, der abtreten wollte, ehe die große Bedrängung und Aussichtslosigkeit, Hunger und Elend uns alle umstellten.

Auf der Straße suchte ich eine Fernsprechzelle, um mit dem Generalintendanten in der Uniform eines Gefreiten zu telefonieren. Ich versuchte es drei-, viermal und es klappte überhaupt nicht. Auch die Leitungen waren tot. So telefonierte ich von zu Hause auf der mir zugewiesenen Sonderleitung und erreichte Gründgens in Zeesen. Er hatte wohl damit gerechnet, daß Käthe Dorsch nicht mehr umzustimmen war. Das Minus wollte er sich selbst nicht abholen.

Berlin würde lange nicht mehr ihre Stimme hören und sich von ihrer Anmut bezaubern lassen können. Abschied von einer Frau mit hohem künstlerischen und menschlichen Flair.

Die Staatlichen Schauspiele
fünf Minuten vor zwölf

Der erste schwere Schlag auf das Schauspielhaus erfolgte 1943, mitten in den Proben zu *Othello*. Die Inszenierungsarbeit von Karlheinz Stroux mußte für fast acht Tage unterbrochen werden. Das Haus hatte einen Seitentreffer mit Brandbomben erhalten. Tagelang glühte der Schutt, tagelang standen die Brandwachen in den historischen Räumen des Apollosaales und des Konzertsaales, die ihrer fast hundertfünfundzwanzigjährigen Schönheit und Weihe beraubt waren.

Zweimal riß es Gründgens während seiner Soldatenzeit zum Theater zurück. Er zog die Uniform aus, inszenierte die *Räuber* und spielte den Franz Moor. Es war seine letzte von zweiundzwanzig Inszenierungen und überhaupt die Abschiedsinszenierung im Schauspielhaus. Er sah besser aus, braun und straff im Gesicht. Er konnte schlafen und war ohne Kopfschmerzen.

Fliegeralarm! Ein schöner Frühlingsmorgen in Preußisch-Blau. Die Probe wurde durch Sirenen unterbrochen. Das Ensemble hockte im ungenügend abgesicherten Kantinenraum, der als Luftschutzkeller diente. Während die Flak über den Gendarmenmarkt bellte, verbreitete sich unter den Anwesenden eine gewisse Verzagtheit.

Gründgens:»Na, dann wolln wir mal.« Er ging zu den Bühnenarbeitern, deren Skat-Qualitäten er kannte. Unter den Bombeneinschlägen spielte der Generalintendant mit den Bühnenarbeitern einen intelligenten Grand. Sie spielten um Geld, Gründgens gewann. Entwarnung, Erleichterung und Aufbruch. Gründgens nahm das gewonnene Geld mit.

Einige Tage vor der Premiere, an einem Vormittag im Juni 1944, zerschlugen die Bomben eine Ecke des Schauspielhauses, nahe dem Dach. Auch die Überführung zwischen Theater und Magazin in der Französischen Straße wurde angeschlagen.

Gründgens und seine Schauspieler, von der unterbrochenen Probe in die Luftschutzkeller des alten Schlosses vertrieben, standen wenige Augenblicke nach der Entwarnung in der Eimerkette, weil die Feuerwehr nicht zur Stelle war. Wir schafften Wasser in die Höhe, dorthin, wo es brannte.

Die Bühne war nach dem Zuschauerraum hin abgeriegelt, die Hinterbühne ebenfalls. Auf der Hauptbühne schwelten Teile der schon aus den Werkstätten gelieferten Dekorationen. Die Flammen züngelten durch die Ränder des eisernen Vorhanges, konnten jedoch durch den Einsatz des gesamten technischen Personals bekämpft und eingedämmt werden.

Wochenlang roch es im Theater nach Rauch. Trotz angekohlter, teilweise unbrauchbarer Dekorationsstücke wurde der Premierentermin gehalten.

Gründgens war als Franz Moor eine pompöse Studie der Unberechenbarkeit mit einem übermenschlichen Angesicht von Lüge und bösem Charme. Ein monumentaler Alb, nicht zwanzigjährig, sondern wie sein historischer Vorgänger Iffland angejahrt. Er war seines Wirkens so lange sicher, bis sich ihm selbst der Abgrund öffnete. Dann stürzte und floh Gründgens durch die leeren, feuerumschwelten Gemächer der Dekoration wie ein Besiegter seines höllischen Schicksals.

Dieser Franz Moor, Paul Wegener als alter Moor, Hannsgeorg Laubenthal als Karl Moor, sie alle mußten tagelang, wochenlang im Brandgeruch sprechen und spielen. Die Inszenierung war der Schwanengesang der Schauspielkunst am Gendarmenmarkt.

Der eiserne Vorhang blieb unten, als sich am 6. September 1944 alle künstlerischen und technischen Mitglieder, die Mitarbeiter der künstlerischen Leitung und der Dramaturgie des Staatstheaters auf der Bühne versammelten. Kaum eine Unterhaltung, nur geflüsterte Bemerkungen: Was wird es geben? Was hat er uns zu sagen?

Durch die eiserne Bühnentür kam Gründgens in Feldgrau und trat zum Pult. Leiser Beginn, in dem die Frage aufgenommen wurde, die alle in diesen Wochen bewegt hatte: Kommen wir denn gar nicht mehr zusammen? Werden wir uns nicht einmal voneinander verabschieden, nachdem wir fast ein ganzes Leben miteinander verbracht haben?

Bei den letzten Vorstellungen im Lustspielhaus war Gründgens erschienen. Abend für Abend machte er in Zivil die Runde. Von Garderobe zu Garderobe, vom Bühnenarbeiter zum Beleuchter. Nicht beschäftigte Kollegen gesellten sich dazu. Geschah am letzten Abend etwas Besonderes? Verweinte Gesichter auf den Gängen und in den Garderoben, ein nervöses Publikum im Parkett.

Die Augen vieler Schauspieler richteten sich auf Gründgens. Wußte er, was nach der Schließung der Theater geschah? Durften wir vielleicht mit einer Ausnahmeerlaubnis weiterspielen? Gründgens schwieg, denn er wußte selber nichts. Nun konnte er zum letzten Male vor der gesamten Belegschaft reden.

Offizieller Appell des »Sachwalters des künstlerischen Begriffs ›Schauspielhaus am Gendarmenmarkt‹«, wie Gründgens sich nannte, um die Folgen der durch die am 1. September 1944 angeordneten Schließung aller Theater in Deutschland zu besprechen. Zunächst ein Rechenschaftsbericht: Von den 1450 Mitarbeitern der gesamten Preußischen Staatstheater waren nur 225 zur Wehrmacht eingezogen, weitere 375 standen ebenfalls der Wehrmacht zur Verfügung. Diesen 600 folgten weitere 600 in der Rüstungsindustrie. Sodann hieß es: »Auf höheren Befehl wird die Preußische Staatskapelle von hundert Mann für den Funk verpflichtet.« Für alle Künstler, Arbeiter und Angestellten blieb der Vertrag mit den Staatlichen Schauspielen »in vollem Umfange aufrecht erhalten und wird, was das Finanzielle angeht, in vollem Umfange erfüllt«. Alle Mitglieder, ob zur Wehrmacht eingezogen oder zur Rüstung abgestellt, erhielten ihr Staatstheater-Gehalt.

Die graue Gestalt am Pult lockerte sich etwas, der Blick hinter den Gläsern hob sich, der Ton wurde persönlicher:

»Wir waren zusammen... und wir werden zusammenbleiben. Die auf diesen Brettern geschmiedete Einheit, deren einzige Lust und Qual der Dienst an der Kunst war, wird auch in die neuen Arbeitsbereiche mit dem Gefühl gehen: Hier im Staatstheater bin ich zu Hause.

Und wenn ich sage, es gibt wenige Theater, die eine solche zusammengeschweißte Schauspielerschaft haben, so sage ich auch: Es gibt kaum ein Theater, das eine solche zusammengeschweißte, kunstfreudige und fachmännisch geschulte Arbeiterschaft gehabt hat.«

Da standen sie noch einmal vor und um ihren Chef. Sie hatten fünfzehn, zwanzig, fünfundzwanzig, dreißig Jahre die Vorhänge aufgezogen, die Bühne umgebaut, die Türen zum Zuschauerraum aufgeschlossen, die Garderobenmarken abgenommen... sie hatten die Kostüme geschneidert, die Bärte gestutzt und geklebt. Das war viel, nicht alles.

»Sie wußten, warum sie es taten«, fuhr Gründgens fort, »Sie waren in ihrem Urteil so sicher, daß wir Regisseure mehr als einmal einen dieser alten Theaterhasen gefragt haben: Was hältst du von der Sache, die ich da gerade mache?«

Sollte, konnte Gründgens über Gefühl sprechen, das ihn in diesem Augenblick bewegte? Er wünschte, allen möglichst lange ein sorgender Begleiter zu sein. Pause, ein tiefes Atemholen. Es war, als wenn es alle Versammelten taten.

56-58   Neuanfang nach dem Krieg an historischer Stätte, Max Reinhardts Deutschem
Theater (heute Ostberlin): GG in den Titelrollen des »König Ödipus« von Sophokles mit
Paul Bildt als Teiresias (22.12.1946, links) und in der eigenen Inszenierung des »Marquis
von Keith« von Wedekind mit Werner Hinz als Ernst Scholz (10.6.1947, rechts)
Seit 1925 spielte GG fast periodisch die Titelrolle des Christian Maske in Sternheims
»Der Snob«. So auch in seiner ersten Nachkriegspremiere am 3.5.1946 im Deutschen Thea-
ter. Partner in den Rollen der bürgerlichen Eltern Luise und Theobald Maske waren Elsa
Wagner und Paul Bildt.

59-61   Herbst 1947 kehrte Gründgens in seine Heimatstadt Düsseldorf zurück, wo er bis 1951 als Generalintendant die Städtischen Bühnen (oben das Opernhaus)
mit Oper, Schauspiel, Operette, Ballett leitete. Und danach bis 1955 stand er der von ihm gegründeten Düsseldorfer Schauspielhaus GmbH vor, die sich im ehemaligen Operettenhaus (unten) etablierte.
Auch in der rheinischen Metropole spielte GG den Christian Maske. Premiere seiner Inszenierung des »Snob«
war am 19. 10. 1948. (Mitte)

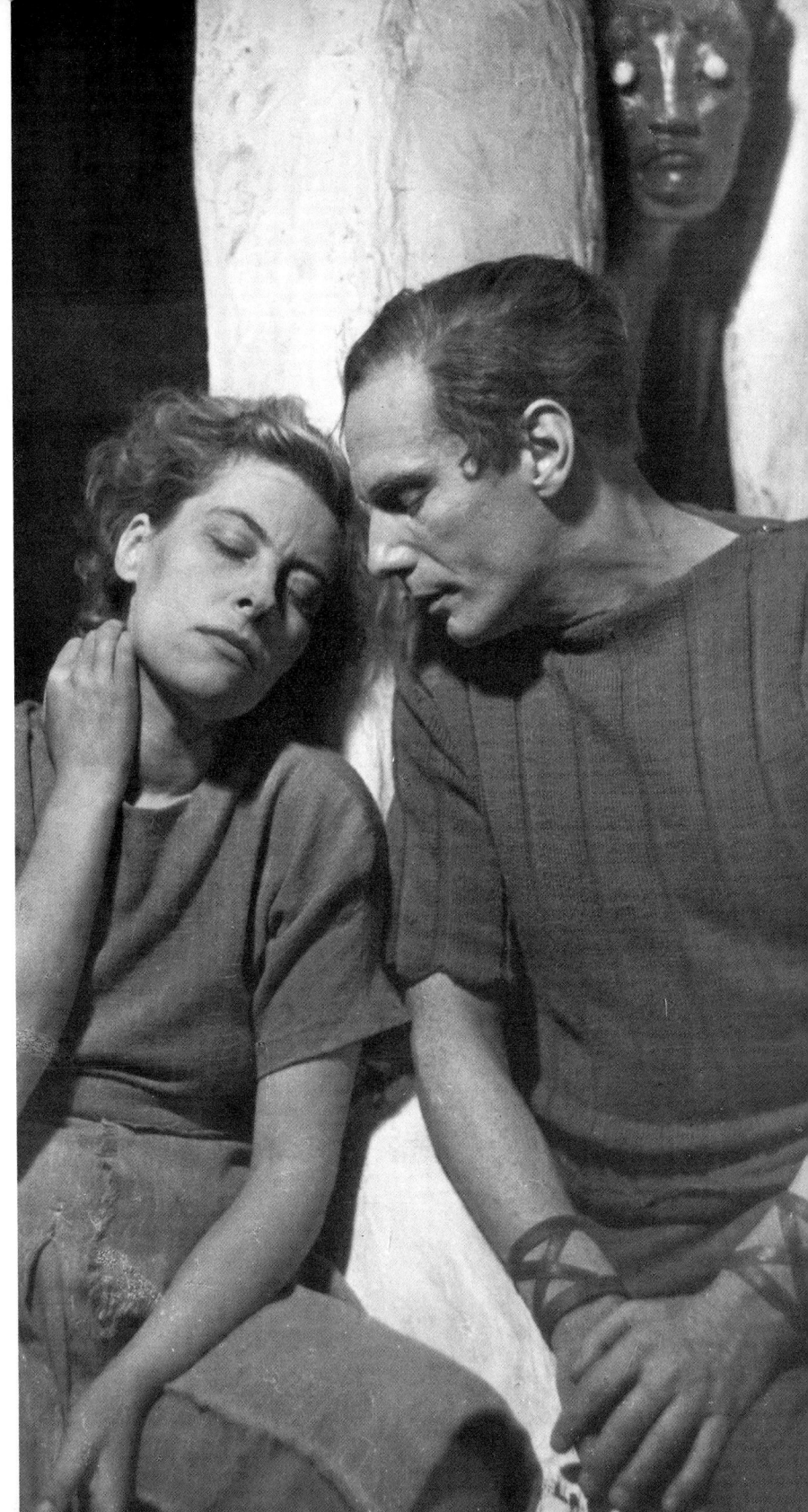

63 Spruchkammerver-
handlung gegen Emmy
Göring im Internierungs-
lager für ehemalige Nationalsozialisten in Gar-
misch-Partenkirchen am
20. 7. 1948. Gründgens
war als Entlastungszeuge
für Frau Göring geladen.
Er erklärte, sie habe »am
Staatstheater keine Son-
derrechte« gehabt und
ihren persönlichen Einfluß
eingesetzt, um bedrohte
Kollegen zu schützen.

◁ 62 Gründgens stellte den
französischen Begründer
des Existentialismus und
Dramatiker Jean Paul
Sartre in Deutschland
vor: Er inszenierte die
deutsche Erstaufführung
seines Dramas »Die Flie-
gen« (7. 11. 1947) und spielte den Orest neben Ma-
rianne Hoppe als Elektra.

64 Gründgens-Gastins-
zenierung von Offen-
bachs »Banditen« am
Münchner Gärtnerplatz-
theater (6. 7. 1949). Neben
Ludwig Linkmann als
Pietro spielte er selbst den
Antonio.

66   In Düsseldorf wiederholte Gründgens den Franz Moor in Schillers »Die Räuber«. Partnerin war die von ihm noch in Berlin entdeckte und geförderte Antje Weisgerber. Regie: GG (13.9.1951)

65   GG als Josef K. in seiner Inszenierung von André Gides und Jean-Louis Barraults Dramatisierung von Kafkas »Prozeß« (19.9.1950). Hans Müller-Westernhagen spielte den Richter.

67 Eine typische Gründ-
gens-Rolle bot dem Düssel-
dorfer Generalintendanten
Terence Rattigans »Der Fall
Winslow«. Er stand als Sir
Robert Morton auf der Büh-
ne, Adelheid Seeck war die
Catherine (25.10.1949).

69 Ein Phantast hält sich ▷
für den salischen Kaiser
»Heinrich VI.«: in Pirandel-
los gleichnamiger Tragödie
spielte und inszenierte Gustaf
Gründgens zwischen Gauke-
lei und Psychopathologie
(20.4.1952).

68 Als erstes von drei Stük-
ken des englichen Dramati-
kers T. S. Eliot inszenierte
GG die deutsche Erstaufführung von »Der Familientag«.
V. l. n. r.: Sybille Binder,
Paul Henckels, Adolf Dell,
Thea Grodtczinski
(10.2.1950)

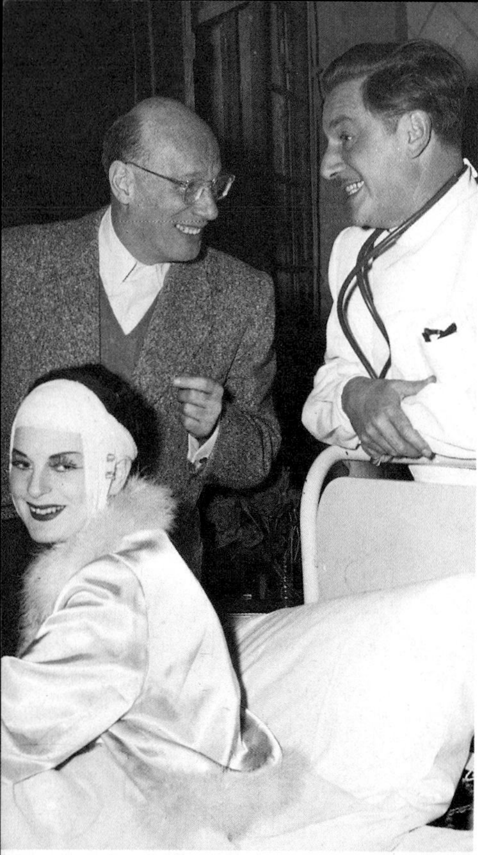
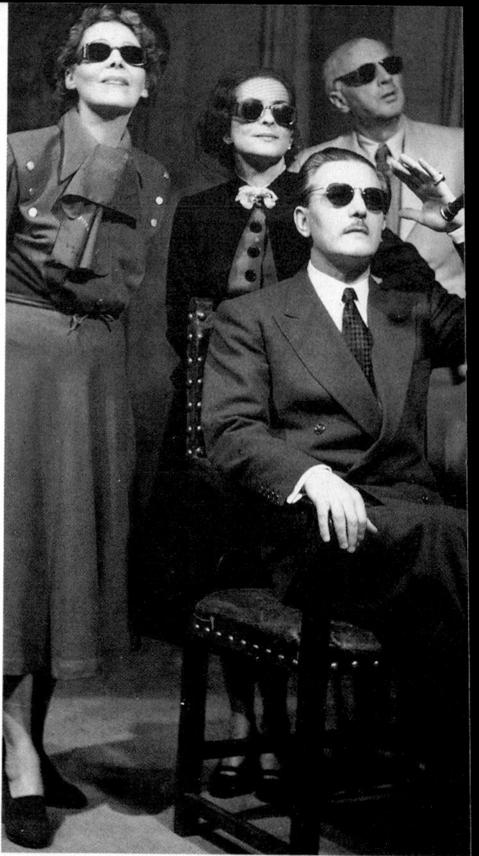
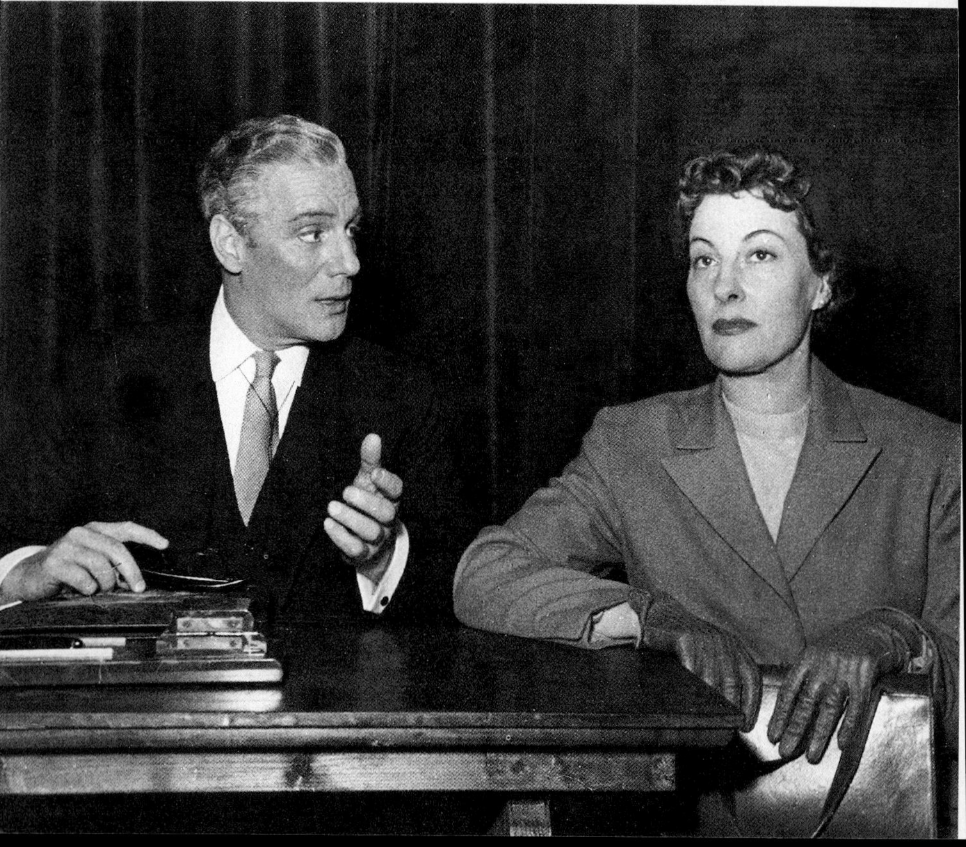

70   *Nach einer Pause von 17 Jahren kehrte Adolf Wohlbrück bei Gründgens in der Titelrolle von Curt Goetz' »Dr. med. Hiob Prätorius« auf die deutsche Bühne zurück (22.9.1951, Regie: Charles Regnier). Hier ein Probenfoto mit seiner Partnerin Elisabeth Wiedemann und dem Düsseldorfer Hausherrn GG. (linke Seite links oben)*

71   *Auch am Düsseldorfer Schauspielhaus ging Christopher Frys in den fünfziger Jahren vielgespielte »Venus im Licht« über die Bühne (1.12.1951). Gründgens inszenierte das Stück mit Gerda Maurus, Sybille Binder, Adolf Dell und Adolf Wohlbrück. (v. l. n. r., linke Seite rechts oben)*

◁ 72   *Deutsche Erstaufführung von T. S. Eliots »Cocktail-Party« in der Inszenierung von GG am 9.12.1950. Partnerin von Gründgens wieder Marianne Hoppe*

73-75   *1949 war das Jahr der drei großen Klassikerrollen für Gründgens in Düsseldorf: Shakespeares Hamlet am 22.12. (links oben), Goethes Torquato Tasso am 14.1. (rechts oben) und wieder einmal der Mephisto in der eigenen »Faust I«-Inszenierung am 13.4. (mit Elisabeth Flickenschildt als Marthe).*

76 Der Tausendsassa der Bühne, des Films, der bildenden Kunst und der Literatur, Jean Cocteau, überließ GG sein Stück »Bacchus« zur deutschen Erstaufführung (18.10.1952). Gründgens inszenierte und brillierte als Kardinal Zampi.

77 Im Anschluß an die 25. »Wallenstein«-Aufführung im Düsseldorfer Schauspielhaus verlieh Bundespräsident Theodor Heuß GG im Jahr 1954 das Große Verdienstkreuz mit dem Stern des Verdienstordens der BRD. V. l. n. r.: Heuß, Sybille Binder, Gründgens, Elisabeth Flickenschildt

78 Mit der Rolle des Rupert Foster in der von ihm inszenierten deutschen Erstaufführung von John Whitings »Marschlied« (15.1.1955) nahm Gründgens Abschied von Düsseldorf. Seine Partnerin war Solveig Thomas.

79 und 81   Die erste große Altersrolle: Wallenstein   ▷
Eröffnungsvorstellung von Gustaf Gründgens' Hamburger Intendanz am Deutschen
Schauspielhaus mit Schillers »Wallensteins Tod« (1.9.1955). Unter der Regie von Ulrich
Erfurth betonte Gründgens den kranken Generalissimus. Sebastian Fischer debütierte in
Hamburg als Max Piccolomini, Antje Weisgerber spielte die Thekla.

80   Als erste Uraufführung in Hamburg inszenierte G G Carl Zuckmayers »Das kalte
Licht« (3.9.1955). V. l. n. r. bei einer Regiebesprechung mit Gründgens: Antje Weisgerber,
Ulrich Erfurth und der Autor

»Sehen wir uns noch einmal um in diesen heiligen Hallen, denen wir unser Leben geweiht haben...«

Die Gesichter wurden schmaler. Sie blickten zu ihm hinauf oder gradeaus, irgendwohin, vielleicht dem Gegenüber ins Antlitz, damit die Rührung nicht sogleich aufstieg.

Gründgens' Stimme umfaßte sie: »Halten wir zusammen in dem Gedanken, diesen Raum belebt und ihn zum Zentrum deutscher Bühnenkunst gemacht zu haben.«

Ja, wir mußten alle den Kelch gemeinsam leeren. Bis auf einen Rest, bis auf das Beste, das Schönste, das Einzige.

Gründgens sagte: »Bleiben wir, was wir sind: Mitglieder der Staatlichen Schauspiele.«

Der Mann in Grau verließ das Pult und trat zu den Männern und Frauen seines Theaters. Er gab jedem die Hand, der Kreis schloß sich zum letztenmal. Abschied vom gemeinsamen Lebenswerk. Abschied vom Gendarmenmarkt.

Noch ein paarmal agierte Gründgens zusammen mit Kollegen auf dem hinteren Teil der zweistufig hergerichteten Bühne. Sie hatten auf sechs, acht Stühlen vor dem Abschlußvorhang der sonst leeren Bühne gesessen und kamen einige Schritte nach vorn herunter.

Infolge des »totalen Krieges« und der Schließung sämtlicher Theater war ein Rest der Schauspieler, nicht mehr das ganze Ensemble, verfügbar. Es durfte in Deutschland nicht mehr Theater gespielt werden. Trotzdem ging der Vorhang im Schauspielhaus auf.

Eine besondere Veranstaltungsreihe begann. Erster Teil des Programms: Gedichte in Vers und Prosa, vermittelt von den besten Sprechern wie Hermine Körner, Käthe Gold, Marianne Hoppe, Friedrich Kayßler, Paul Wegener, Walter Franck, Paul Henckels. Zweiter Teil: Konzentrierte Klassikdramen, gesprochen, doch in eine surrealistische Spielform gebracht.

Hamlet bewegte sich wie auf einem großen Brett. Gründgens trug stilisierte schwarze Kleidung, ein eng anliegendes Wams, Kniehosen, lange Strümpfe, halbe Schuhe. Die Kollegen waren genauso angezogen, die Damen in fließenden schwarzen Gewändern. Sie brachten selbst alle Requisiten für die Szene mit, Tisch, Stühle, wenige Hocker, die sie an Ort und Stelle niedersetzten und später wieder abräumten. Für die nächste Szene brachten die anderen Schauspieler neue Requisiten mit. Es gab ja keine Bühnenarbeiter mehr. Sie waren ebenfalls zur Wehrmacht oder zum Einsatz in der Rüstung eingezogen.

Gong – Gründgens betrat gewissermaßen das leere Spielfeld. Er blieb stehen, als memorierte er. Pause. Den ersten Satz sprach er noch mit starrem Körper. Beim folgenden lösten sich die Glieder wie beim richtigen Theater. Gründgens wie die übrigen Darsteller schöpften hauptsächlich aus dem Text, waren jedoch untereinander verbunden wie jede Spielgemeinschaft.

Dieses Podiumtheater war Gründgens' Einfall. Keine Maskierung, kein Perückenaufgebot – der private Kopf des Schauspielers genügte zum Porträt der Rolle. Was sonst im großen Rausch des Theaters mit Dekorationen, Licht, Farbe, Kostüm die Phantasie des Zuschauers erregte, das erreichte jetzt die fast zeremonielle Strenge und Kargheit dieser Veranstaltungen. Es war der Notbehelf einer politisch und geistig abgründigen Zeit, aber auch eine künstlerische Demonstration ersten Ranges. Das erkannte man überall.

Auf Wochen hinaus war das Theater ausverkauft, zumal wir nur dreimal innerhalb von sieben Tagen spielten. *Hamlet* und *Die Räuber* – Gründgens' erste Rolle und seine letzte, der Franz Moor – standen auf diesem Notprogramm. Oftmals traf das Publikum schon gegen Mittag ein, um während der Bombenangriffe in nahegelegenen Bunkern die Zeit bis zum

Anfang abzuwarten. Häufig war es eher im Theater als die Schauspieler, die wegen der Alarme umständlich herbeigeholt werden mußten.

Als dem NS-Regime in seiner konsequenten, völligen Selbstverstümmelung Deutschlands die Absicht dieser Veranstaltungsreihe aufging, verbot es sie. Verwaist war der historische Theaterbau Schinkels. Der eiserne Vorhang wurde heruntergelassen. Er sollte sich nie mehr heben. Der Bannkreis um den Gendarmenmarkt war gebrochen.

»Sehen Sie mal, was mir Göring da geschickt hat«, sagte Gründgens wenige Wochen vor seinem fünfundvierzigsten Geburtstag und machte den Deckel eines kleinen Etuis auf. Darin befanden sich zwei Gift-Dragees, wie sie die oberste Garnitur der nationalsozialistischen Führung für alle Fälle mit sich zu führen pflegte. Man brauchte die Dragees nur zu zerbeißen, und der Tod kam schnell. »Es ist ein Griff«, sagte Gründgens, »wie häufig im Leben.«

Von Schauspielern anderer Theater erfuhr ich, daß sie sich ebenfalls Gift-Ampullen besorgt hatten. Nicht, um unbedingt das Jenseits aufzusuchen – dazu lagen in diesen Fällen weder politische noch panikartige Gründe vor. Manche Prominente befürchteten gebrochene Glieder und schwere Verwundungen bei Bombenangriffen, Verschüttungen, Erstickungsgefahr. Vor solcher Hoffnungslosigkeit wollten sie sich bewahren. Andere beschafften sich Pistolen zum gleichen Zweck. Die makabre Endphase des Krieges eilte ihrem Höhepunkt zu.

»Brauchen Sie einen Omnibus?« fragte mich Gründgens in einem kleinen, sorgfältig ausgestatteten Appartement am Kaiserdamm, das ihm ein Freund zur Verfügung gestellt hatte. In den ersten Monaten des Jahres 1945 war er häufig in Berlin. Nicht mehr in Uniform. Nur vorübergehend hielt er

227

sich in Zeesen auf, wo er ja ausgebombte Kollegen wie Paul Bildt und Wolf Trutz mit ihren Familien aufgenommen hatte. Schloß Bellevue als Unterkunft in der Stadt kam nicht mehr in Frage. Der Seitenflügel war am gleichen Tag wie das Kleine Haus in der Nürnberger Straße durch Bombentreffer zerstört worden.

In der letzten Zeit trafen wir uns an verschiedenen Orten wie in Schlupfwinkeln, selbstverständlich auch in der Generalintendanz, im Schauspielhaus, wo nur noch alte Portiers und die Brandwache Dienst taten. Wir bestiegen die Straßenbahn und fuhren zu Gründgens' Hausarzt, Professor Siebert, nach Moabit. Er war mit Teilen seiner Inneren Abteilung des Robert-Koch-Krankenhauses, auf das Bomben gefallen waren, in eine Schule in der Turmstraße verlegt worden. Auf der Fahrt hin und zurück besprachen wir das Notwendige.

Auf der einen Seite hochoffiziell in einem Dienstwagen der Luftwaffe, auf der anderen Seite anonym als Straßengänger, als Fahrgast der Elektrischen oder der Eisenbahn – zwischen diesen Extremen spannte sich Gründgens' beunruhigtes Leben. Manchmal schlief er jeden zweiten Tag woanders.

Neue Fallen, neue Nachstellungen bedrängten ihn, nachdem er im Herbst 1944 einer Aufforderung des Propagandaministeriums, als hervorragender Kulturschaffender ein Bekenntnis zu Hitler abzulegen, nicht gefolgt war. Gründgens war der einzige Schauspieler, der sich diesem Zwang entzog. Mehr als dreihundert Künstler äußerten sich in dem amtlich gewünschten Sinne. Durch den raschen Ortswechsel hoffte Gründgens die Späher abzulenken.

»Damit aus Ihrem Brief kein Testament wird, brauchen Sie vielleicht den Omnibus«, wiederholte Gründgens ein wenig grinsend. Er spielte auf einen Brief von mir an, den ich ihm vor einigen Tagen gegeben hatte. Gemeinsame

Erinnerungen an Spitzenerfolge, persönliche Danksagung, vor allem Perspektiven für einen neuen Anfang standen darin.

Tatsächlich war ihm ein ganzer Omnibus angeboten worden. Er sollte dem Absetzen aus der Reichshauptstadt nach dem Westen dienen, als die Russen immer näher kamen. Vermutlich versprach sich der Besitzer des großen Fahrzeuges von Gründgens' Ausweisen viel, so daß er damit alle Kontrollen und Sperren zu überwinden und sein kostbares Fahrzeug zu retten hoffte.

Gründgens aber wollte nicht fliehen. »Eine Zeitlang untertauchen«, sagte er. Zweifel, ob das gelingen würde, waren in seiner Stimme enthalten.

Das Propagandaministerium hatte ihn erneut gestellt. Gründgens sollte Durchhalte-Texte im Rundfunk »Aus der Festung Berlin« sprechen. Um keine Antwort zu geben, war er wiederum verschwunden.

Eines Tages trat er unverhofft ein und fand auch Otto Kurth bei mir. Es war Januar 1945.

»Ach, richtig, Kurth. Wir müssen uns ja voneinander verabschieden. Wir sehen uns ja nicht wieder, bevor du fällst.«

Das war eine Wachsamkeitsspritze für den jungen Regisseur. Eine Warnung, leicht hingesagt, fast im Hemingway-Stil.

Man wußte jetzt wirklich nicht mehr genau, ob man sich vor der großen Schlacht um Berlin noch einmal sehen würde. Deshalb wollte ich bei nächster Gelegenheit etwas sagen. Aber ich spürte die Richtigkeit seiner Briefstelle: »Je zungengewandter das Leben uns zu sein zwingt, desto herzungewandter werden wir.«

»Haben wir noch was?« hörte ich ihn fragen.

Er horchte nach draußen, als wollte er sich vergewissern, ob neue Sirenen die nächste Bomberstaffel ankündigten. Mit einer verlegenen Gebärde, die er sofort abfing, wandte er sich um.

Sollten wir Gefühle aufkratzen? Findet man nicht vieles im Schweigen? Die rechte Wahrheit sogar, meint Picasso. Wir gaben uns die Hände fester, nicht länger als sonst. Sein Gruß klang leiser als sonst und rauh.

Seine Spur sollte ich erst nach der Niederlage wiederfinden, ihn aber nicht. Gründgens befand sich auf einer Wanderung mit dem Tod als Begleiter. Vorher hatte aber meine Frau noch eine Begegnung mit ihm.

»Gründgens.«

Die schwingende Stimme am anderen Ende des Telefons kam aus Gut Zeesen. Es war bald Mitternacht. Der Generalintendant wollte seinen Schauspieldirektor sprechen.

Als er die Antwort erhielt, Mühr sei nicht da, er bliebe in Berlin, bei Otto Kurth, dem jungen Regisseur und Schauspieler, fragte die Stimme belustigt zurück: »Was tut er dort?«

»Er schläft bei Otto Kurth«, war die sachliche Antwort meiner Frau. Sie erhielt ein kicherndes Echo, das ohne Entschuldigung entschwand.

Das war eincs der wenigen kurzen Gespräche, die Anne Mühr mit Gründgens geführt hatte. Man befand sich ja in einem schrecklichen Krieg.

Ich war am Abend noch einmal zu einer Umbesetzung ins Schauspielhaus gefahren. Um auf der nächtlichen Heimfahrt nicht im Vorortzug in einen Bombenangriff zu geraten, blieb ich bei Kurth.

Heute schlief ich in einem ausgeräumten Laden, auf dem Fußboden, kaum einen Kilometer von unserem Haus entfernt. Der Volkssturm, dieses letzte Aufgebot an Kindern, Krüppeln, Greisen und UK-Gestellten, der mit zusammengezogenen SS-Truppen die Reichshauptstadt verteidigen sollte, hatte auch mich höchst unnötigerweise einkassiert, nachdem meine Frau durch eine Fehlgeburt im Luftschutzkeller der Munitionsarbeit entgangen war.

Unser Häuflein eiligst gesammelter Männer wurde am Tage an der Panzerfaust ausgebildet und wartete des Nachts auf den bereits angekündigten Abmarsch zur Front, die sich wie ein Ring um Berlin zu schließen begann. Meine Frau hatte vor wenigen Tagen, auf der Fahrt zu einem Schwarzhändler, der ihr eine Tüte mit Trockenerbsen übergab, an einer U-Bahn-Haltestelle unter dem Potsdamer Platz das Inferno eines solchen Bombensturzes über Berlin erlebt. Fremde Menschen fielen sich betend in die Arme und klammerten sich an dem Nächsten fest. Sie dachte nur: Wie gut, Mühr ist in seinem Volkssturmladen, der Generalintendant in Zeesen.

Als sie aus der Unterwelt hervorkroch, lagen die niedergebrochenen Häuserkolosse in schwarzem, schwelendem Rauch. Nahe war die Oberwallstraße mit der Generalintendanz, dem Arbeitszimmer ihres Mannes und der Etage, in der Gründgens residierte. Als sie unwillkürlich dorthin strebte, hielt sie ein Kordon von Feuerwehrautos zurück. Die ganze Innenstadt um den Gendarmenmarkt und das Kronprinzenpalais brenne, hieß es.

Ein Traum war ausgeträumt. Nicht einmal mehr die Reliquie eines Programmheftes vorhanden.

Also hinaus aus der Stadt! Aber wie? Kein Zug mehr. Der Bahnhof wie tot. Mit anderen auf einem Lastwagen zusammengepreßt, erreichte sie die Ausfahrtstraße. Militärwagen fuhren vorüber, in Richtung Königswusterhausen. Ein Auto hielt. Den Wagenschlag öffnete ein SS-Mann. Neben dem Steuer saß ein hoher Offizier in der gleichen schwarzen Uniform. Man fahre auf einem Umweg nach Zeuthen und wohl auch weiter über Zeesen hinaus, teilte er mit. Meine Frau folgte der Einladung und stieg zu ihm. Der Umweg

führte am Zeuthener See vorbei. Halt an einer Kommando-
stelle im Wald, worauf der Posten und der Stacheldraht
deuteten. Als der Offizier wieder eingestiegen war, sagte er,
rückwärts gewandt, ohne daß meine Frau ihn etwas gefragt
hatte: »Sie brauchen keine Angst zu haben. Die Russen
kommen nicht bis Berlin.«

Sie hatte Angst. Wenn in der Nacht der Bombenhagel
über dem Kern der Reichshauptstadt niedergegangen war,
türmte sich noch am nächsten Tag ein schwarzes Wolkenge-
birge hoch in den Himmel. Der Gestank von Rauch und
Leichen war noch draußen bei uns, fünfundzwanzig Kilometer vom Stadtrand entfernt, zu spüren.

Ohne mit mir Kontakt aufzunehmen, entschloß sich meine
Frau, mit dem Fahrrad nach Gut Zeesen zu fahren. Sie war
noch niemals dort gewesen. Der Generalintendant und sein
Schauspieldirektor hielten nichts von Familienauftritten in
und um das Theater. Es gab keine sogenannte Geselligkeit.
Das hatte nichts mit dem Krieg zu tun. Gründgens lebte,
genau wie wir, zurückgezogen. Der Tag bis in die späten
Abendstunden war so randvoll mit Begegnungen und Aufgaben angefüllt, daß beide Männer die letzten Stunden nur für
sich haben wollten, um abzuschalten und aufzutanken an
Nervenkraft.

Ob sie ihn wohl in Zeesen antraf? Es war ein warmer
Frühlingstag, bis Wildau die Straße leer gefegt. Der große
freie Platz vor dem Wiener Burgtheater fiel meiner Frau ein,
auch so leer, bis auf einen Menschen und sie selbst natürlich
als Beobachterin. Es war 1939, und der Mensch war Gustaf
Gründgens gewesen. Wie seltsam. Drinnen im Hause feierte
man den brillanten Regisseur der Gastspiel-Vorstellung,
während er hier draußen, einsam hin und hergehend, auf
seinen Wagen wartete. Manchmal streifte sie ein erstaunter
Blick seiner Augen unter der tief in die Stirne gezogenen
Hutkrempe. Er wußte wohl nichts mit ihr anzufangen.

Keine Verehrerin, die sich ihm näherte, keine Pressedame. Sie war ihm noch nicht als zweite Ehefrau seines engsten Mitarbeiters vorgestellt worden, wartete auf ihren Mann und hielt es nicht für richtig, GG daraufhin anzusprechen.

Eine respektheischende Aura umgab ja stets diesen Künstler. Gewiß, diese Aura wurde in Berlin nach seinen Premieren stets von einer Menschentraube durchbrochen. Zum größten Teil bestand diese aus Frauen, meist jüngeren und mittleren Alters, die Abend für Abend am Bühnenausgang ausharrten. Wenn Gründgens zu dem wartenden Auto trat, schien er hilflos und war doch entzückt, was ein Blitzen hinter den Augengläsern verriet. Ein paar freundliche Worte zu bekannten Damen. Darunter in der ersten Reihe stets Rita J. Manchmal allein, manchmal in Begleitung ihrer Freundin, hatte sie immer ein Geschenk nach einer neuen Inszenierung bereit, mitunter eine kostbare bibliophile Ausgabe eines Klassikers. Sie lebte von einer bescheidenen Pressekorrespondenz, kaufte sich stets die Karten an der Theaterkasse wie alle anderen Verehrerinnen von GG. Seine Kunst und wohl auch sein Wesen beherrschten sie derart, daß sie mitunter eine Kappe trug, die seiner berühmten Kopfbedeckung des Mephisto aus der ersten *Faust*-Inszenierung glich. Dabei hatte diese Frau eher männliche Züge. Sie muß ihn, über seinen Tod hinaus, geliebt haben, denn sie sandte mir ein bescheidenes Andenken aus Manila, seiner Lebensendstation, sie hielt lange Kontakt mit uns, nur um über ihr Idol sprechen und schreiben zu können. Sicher hinterließ sie ein ganzes Archiv von Gründgens-Erinnerungsstücken.

Während der Fahrt nach Zeesen überlegte sich die Radlerin, warum sie als Frau dieser Faszination des privaten Gründgens nicht erlegen war. Als ich ihn einmal gebeten hatte, seine Fahrt hinaus zum Danckelmannschen Schlößchen bei uns zu unterbrechen, frischer Spargel und Schinken stünden bereit, da war Anne etwas bange geworden, wie auch jetzt wieder als Bittstellerin für die Beurlaubung ihres Mannes. Wir hatten wenig Gäste in unserem Heim, ein paar Schauspieler höchstens, die mir menschlich etwas näher gerückt waren. Doch einen so in der Gebärde und Sprache gezierten Menschen wie Gründgens, voller innerer Spannung und ständiger Selbstbeobachtung, hatte meine Frau, wie sie bekannte, noch nicht als Gast empfangen. Lag es an ihrer Jugend oder an der mangelnden Menschenerfahrung, lag es an dem Bemühen dieses genialischen Theatermannes, auf ein so mädchenhaftes Geschöpf, wie sie es noch war, Eindruck zu machen? Eine ähnliche Manie oder besser Manieriertheit störte sie auch, zu meinem Erstaunen, an mancher seiner Rollen. Er schien sich dann in sich selbst zu verhaspeln. Oder war es körperliches Unwohlsein, das ihn hetzte und verhexte? Inzwischen wußte sie ja um diese eigenartigen Situationen.

Etwas Gejagtes verbarg er auch später bei einem plötzlichen Besuch in unserem Haus. Hinter seinem souveränen Lächeln zeigte sich Mißtrauen.

Lothar Müthel war zu jener Zeit Direktor am Wiener Burgtheater geworden. Bei der freundschaftlichen Nähe zu mir bestand die Gefahr, daß Müthel mich ans Burgtheater nachholen könnte.

Direkt darauf zu sprechen zu kommen, lag nicht in der diplomatischen Haltung von Gründgens. Also kehrte er ein bei dem von Müthel tatsächlich Umworbenen. Sicher hatten ihm seine Späher davon berichtet. Er spielte leichte Erschöpfung und legte sich auf eine Ruhestatt nieder. Dabei griff er von ungefähr nach der Lektüre seines Mitarbeiters. In die Hände fiel ihm »Lady Chatterley« von D. H. Lawrence. Damals ein ungewöhnliches Buch, das sich Kenner weiterreichten. Gründgens quittierte den Fund mit gespielter Überraschung. Während er den Band lächelnd zurücklegte, hob er ein kleines Buch, das sich darunter befunden hatte, hoch und ließ es sogleich wie achtlos fallen. Das war die Geschichte des Wiener Burgtheaters. Dieses kleine Zeichen des Wohlunterrichtetseins hatte er geben wollen. Mehr nicht.

Und nun also Annes erster Besuch in Zeesen. Kein Preußisches Staatstheater mehr und wohl auch kein Spiel am Burgtheater. Nur noch die Militärs mit ihrer grausigen Dramaturgie. In Königswusterhausen schien die letzte Bastion von Himmlers Sturmtruppen aufgebaut zu werden. Es gelang ihr, das Gewimmel von Uniformen zu passieren. Niemand hielt die Radlerin auf, die Gut Zeesen zustrebte. Rechts von der Straße mußte der kleine Dorffriedhof liegen, wo Mutter und Vater von Gründgens ihre letzte Ruhestatt gefunden hatten.

In Sicht des Friedhofs das Gutshaus oder besser umgekehrt. Ich hatte es ihr oft beschrieben. Nicht Max, der Dienerchauffeur, empfing sie, sondern Frau Marianne Hoppe. Ja, Gründgens sei anwesend. Erleichterung bei dem Gast, Freundlichkeit, fast Herzlichkeit bei der Frau des Hauses. In einer Fensternische nahmen sie Platz, bis man Gründgens die Besucherin gemeldet hatte.

Es dauerte nur wenige Minuten. Gerade genug Zeit, um das Herzklopfen zu beruhigen. Meine Frau wurde von einem jungen Mann in die privaten Schlaf- und Wohnräume von GG gebeten.

Täuschte sie sich oder sah es nach Abreise aus? Auf den Sesseln geöffnete Schatullen und Ordner, Papiere auf den Tischen. Dazwischen der Herr des Hauses im dunkelroten Morgenmantel. Ausgebreitete Arme wie auf der Bühne. Ein von Freude, keineswegs von Überraschung, geleiteter Händedruck.

Noch ehe sie ihren Überfall erklären konnte, deutete Gründgens auf die Unordnung rings, hob einige Dokumente hoch, legte sie auf dem Fenstersims nieder. Sie erkannte die olympischen Ringe auf einem Blatt, preußische Hoheitszeichen auf einem anderen.

»Ist das nicht jammerschade, daß man das alles vernichten muß!« hörte sie seinen Ausruf. Gespieltes Entsetzen oder echtes Bedauern? Als sein Blick die schönen alten Möbel, das wundervolle Porzellan streifte, trat Wehmut in seine Augen. Wieder ein Abschied. Er zerriß den Vorhang des Gefühls schnell und kam zur Sache: Mühr beim Volkssturm. Hatte er es gewußt, damit gerechnet? Da die Theater nicht mehr spielten, waren die Mitarbeiter und Schauspieler Freiwild für die politischen Jäger.

Doch er schien nachzudenken. Abgekehrt sah er in den Zeesener Park hinaus. Sie wagte kaum zu atmen. Plötzlich drehte er sich kurz um und fragte, ob sie die Schreibmaschine bedienen könne. Als sie bejahte, nahm er aus einer Mappe einige Blätter Schreibpapier mit dem ihr bekannten Briefkopf des Generalintendanten. Sie mußte am Fenster Platz nehmen und den Bogen einspannen.

Ehe Gründgens die Stimme zum Diktat erhob, sagte er lächelnd: »*Kabale und Liebe*, dritter Akt. Ich komme mir vor wie der ränkesüchtige Sekretär Wurm, der der ›schönen Supplikantin‹ Luise den Liebesbrief an Hofmarschall von Kalb diktiert. Ein Billetdoux, um die Freiheit ihrer Eltern zu erkaufen. Nur daß Sie, liebe Frau Mühr, nicht das Sakrament darauf zu nehmen haben, sondern Stillschweigen bewahren sollten.«

Sie dachte: Er hat den geckenhaften Hofmarschall hinreißend gespielt, und ich werde nicht wie Luise Miller durch eine vergiftete Limonade sterben.

Das Diktat enthielt die Aufforderung an den Kommandanten des Volkssturmabschnittes, ihren Mann freizustellen, da der Generalintendant der Preußischen Staatsschauspiele – wie schon berichtet – Vortragsabende einzelner Künstler

236

plane, für die er die Mitarbeit seines Schauspieldirektors benötige.

Eine Panne bei der Niederschrift. Sie vertippte sich an einem einzigen Buchstaben. Gründgens entdeckte den Fehler sogleich und forderte sie auf, den Brief nochmals zu schreiben. »Es ist in Ihrem Interesse«, sagte er, »schließlich geht es um Ihren Mann.« Jetzt war doch etwas vom »Federfuchser« Wurm in seinem Ton. Was tat's! Sie schrieb. Auch in unordentlichen Zeiten hatte unter dem preußischen Siegel ein ordentlicher Brief zu stehen.

Danke, Gustaf Gründgens. Am Tage nach meiner Freistellung wurde das Volkssturmbataillon sinnloserweise im letzten Kampf um Berlin aufgerieben.

Der Phönix
aus der Asche

Odyssee gen Osten – 155 Schlager für die Freiheit –
Der neue Anfang in Berlin und Düsseldorf

Professor Rudolf Siebert, Ärztlicher Direktor des Robert-Koch-Krankenhauses in Berlin-Moabit, lebte in einer Kammer des Krankenhausbunkers, dreimal zweieinhalb Meter groß. Hier nächtigte er mit seiner Frau in zwei übereinanderstehenden Luftschutzbetten, von denen das untere als Sitzbank benutzt, das obere am Tage hochgeklappt wurde. Hier empfing er dringende Fälle von Privatpatienten, denen das Bett oder der einzige Stuhl im Raum als Platz angeboten wurde. An der weißgekalkten Mauer hing ein kleiner Medizinschrank für die wichtigsten Medikamente und Instrumente. Sauber aufgeschichtet reihten sich einige Aktenkästen an der Wand, der Rest einer Krankenhausregistratur. Ein Ventilator sorgte für spärliche Luftzufuhr.

Der Arzt sah noch blasser als früher aus, weil er wenig ans Tageslicht kam. Bunkerräume für die Kranken schlossen sich an. Ein wahres Höhlenleben, seitdem zahlreiche Stationen der Klinik durch letzte Kriegseinwirkungen in einer einzigen Nacht bis auf den letzten Mauerstein ausgebrannt waren.

Es war beinahe bequem, hier unten die Patienten beisammen zu haben. Frau Dr. Siebert, schon immer Assistenz und Hilfe, blieb Tag und Nacht neben ihrem Mann. Ein Luftschutzkoffer enthielt den ganzen Besitz des Ärztepaares. Am Tage verschwanden die wenigen persönlichen Utensilien unter der Bettstatt.

Die Lampe mit der weißen Glasglocke beleuchtete den Besucher des Professors. Es war der einstige Generalintendant der drei Berliner Staatsschauspielhäuser, Gustaf Gründgens. Er fand die Luft in dem kleinen Bunkerraum drückend. Er hätte gern ein Glas Wasser erbeten oder ein Schlückchen Wodka haben wollen. Nur daran riechen...

»Bitte, Herr Professor?« Ja, es war um Gründgens etwas ruhiger geworden, nachdem er beinahe in Rußland gelandet war.

»Was folgt aus einer solchen Odyssee?«

»Nichts, gar nichts«, antwortete Gründgens schnell. »Ich fange wieder an. Ob es richtig ist, weiß ich nicht. Ich bin gestoßen worden. Bis hierher. Ich habe keinen freien Willen. Ich kann nicht einmal eine Null werden. Verstehen Sie, Professor? Es ist ja lächerlich, daß uns achthundert Theaterplätze zur Verfügung stehen, und die sollen schnell wieder besetzt werden.« Gründgens spielte auf sein erstes Engagement nach der Kapitulation am Deutschen Theater an.

Hier lagen die Kranken im Bunker. Nebeneinander, mal zu Fünfen, oder auf Notbetten, mal zu Zwölfen. Die kleine zierliche Frau Dr. Siebert hatte Gründgens durch unterirdische Gänge geführt, an denen sich die Kanalisationsrohre wie dicke Schlangen wanden. Die Wände schwitzten. Ventilatoren surrten wie Schwingen von gefangenen Vögeln. Ein Gefühl, daß hier unten bereits alles mit Ätzkalk begossen sei, ließ Gründgens nicht los. Ein riesiges Grab für Verschüttete, die noch lebten.

»Seien Sie froh, daß Sie aus allem raus sind«, sagte Siebert langsam, der den Schauspieler seit über zehn Jahren ärztlich betreute. »Sie haben es überstanden, Herr Gründgens.«

Der Arzt sah in die Augen des Sechsundvierzigjährigen. Die Unruhe des hin und her flirrenden Blickes kam nicht aus der Tiefe, sondern von außen. Die Jagd auf ihn, drei-, viermal verhaftet und wieder entlassen, dann das fünfte Mal festgehalten, hatte ihn übernervös gemacht. In den Verhören war er sicherer gewesen, wie er sagte. Er schrak immer erst zusammen, um sich schnell zu erholen und seinen Mann zu stehen. Jetzt wirkte er verhalten, melancholisch und traurig. Doch Gründgens würde immer wieder wie ein Phönix aus der Asche steigen. Das lag in seiner zähen Natur und in seiner Neugier auf morgen.

»Möchten Sie dieses Erlebnis missen?«

Das Erlebnis missen?... Stundenlang, tagelang das Stolpern und Marschieren gen Osten, am Morgen dann den toten Nachbarn auf dem Acker. Gründgens suchte den russischen Posten. Dieser stieß mit seinem Stiefel an die Schuhe des Leblosen und befahl, ihn auszuziehen und zu begraben. Die Kleidung war abzuliefern. Gründgens und ein Mitgefangener trugen den Alten, der sich ganz leicht anfaßte, an den Rand des Ackers. Hier aber gab es keinen Spaten, nicht mal ein Stück Holz. Nur Hände und nur Erde und einen nackten Leichnam gab es für ein »christliches Begräbnis«.

»Ich weiß nicht einmal den Namen des schweigsamen Herrn«, überlegte damals Gründgens, als der arme kleine Körper gebettet wurde. Nicht einmal die Frau erfuhr sogleich, daß sie Witwe geworden war, oder die Kinder und Enkel, daß der Vater und Großvater nicht mehr heimkam.

Sammeln. Antreten in Dreierreihen. Wo fehlte ein Mann? Warum? – Tot. Tot? Er lebte, denn keiner fehlte. Die Rotarmisten griffen einen Bauern auf einem Acker und stellten ihn in die Reihe. Der marschierte nun in der Kolonne mit, damit keiner fehlte. Laufen, Stolpern und wieder die Hitze. Alle kamen in ein Lager.

Neue Verhöre, neue Zweifel an Gründgens' wahrer Herkunft und an seinem künstlerischen Beruf. Das Leben in den Baracken ohne Fenster und ohne Dielen war nicht idyllisch, doch besser als die Lager im Freien. Man hatte ein Dach über dem Kopf. Vor allem bekam das Warten für Gründgens eine Aufgabe.

Die Russen mußten überzeugt werden, daß er ein Schauspieler war. Kein PG, wohl ein Staatsrat ehrenhalber, ein Intendant, kein General, obwohl er den Titel Generalintendant geführt hatte. Sie sollten erkennen, daß er wirklich ein Artist war, wie sie es in ihrer Sprache nannten, wenn einer zu den Komödianten zählte.

So erinnerte sich Gründgens der alten und neuen Schlager aus der seligen Zeit des Tingeltangels, der Tanzreunion in seinem sogenannten ersten Engagement am Harzer Soldatentheater nach dem Ersten Weltkrieg wie der Lieder und Tanzweisen aus den Operetten und Filmen, in denen er gespielt hatte.

Nach den Melodien stellte er die Texte zusammen. Nach den Texten fand er die Melodien, mochten sie Jahre oder Jahrzehnte zurückliegen. Wenn die Arbeit stockte, dann halfen die Internierten aus dem eigenen Lager oder aus dem angrenzenden Frauenlager. Gründgens spazierte harmlos am Stacheldraht vorbei und rief seine Wünsche nach Schlagertexten hinüber. Das erinnerte die Frauen an glückliche Zeiten. Nach einigen Tagen kamen die fehlenden Texte durch den Stacheldraht. Und die Melodien? Wo sich Gründgens an eine schlecht oder nicht erinnerte, da trällerte sie eine Frau auf der anderen Seite des Stacheldrahtes. Oftmals bellten Alarmschüsse dazwischen, doch das Unternehmen glückte.

Einhundertundfünfzig Schlager hatte Gründgens zusammengetragen, geordnet, gelernt und immer wiederholt. Einhundertundfünfzig Schlager wurden von ihm geprobt und gesungen. Vor den Russen und vor den Deutschen im Lager auf einem notdürftigen Podium vorgetragen. Es war der tollkühne Versuch eines Gefangenen, sich mit seinem Beruf vorzustellen und damit seine Freiheit wiederzuerlangen. Zudem wurde es ein bunter Abend, der Triumph eines entfesselten Überbrettls hinter Stacheldraht.

Gründgens sang und steppte. Er konferierte und trug vor,

er flüsterte Songs und schmolz in Laune, nicht im Abendanzug oder Frack wie früher, sondern in einer echten Militärhose und schilfleinenen Jacke wie die anderen Gefangenen. Er warf mit Pointen um sich und atmete die große und kleine Liebe im Schlager aus. Einhundertundfünfzig Lieder sang ein Mensch für seine Freiheit...

»Nein, nicht das Erlebnis missen, Herr Professor«, sagte Gründgens. Aber es quälte ihn.

Er saß ganz schmal auf dem Bett neben Siebert und drückte die Arme fest an den Körper. Er dachte an die schrecklichen Wochen und Monate seiner unfreiwilligen Wanderung von Lager zu Lager. Er dachte jetzt an seine Vergeßlichkeit auf der Bühne, und es fror ihn.

»Wir können heute noch soviel erleiden – morgen ist es wie weggeblasen«, sagte Gründgens leise und etwas rauh. »Vielleicht, weil man zu schnell vergißt. Die Gnade des Vergessens ist zugleich unsere Schuld. Wer weiß das? Ich frage mich, wodurch die Menschen geändert werden. Wahrscheinlich nur durch ein amputiertes Bein, durch das, was wir täglich und in jedem Augenblick vermissen, weil wir es früher einmal gehabt haben.«

Gründgens' Stimme verlor die melancholische Beschattung und wurde hell: »Ich vermisse mein gut funktionierendes Gehirn, Professor.« Das war die Tatsache, die er besprechen wollte.

Siebert nannte Nachwirkungen der Haft, die Furcht, verschleppt zu werden, die dauernden Anstrengungen, denen Gründgens körperlich nicht gewachsen war.

Was war mit den Migräneanfällen, die ihn jahrelang geplagt hatten? Kaum noch eine Spur vorhanden. Welche Überraschung für den Arzt. Aber Gründgens erinnerte an seine geringe Merkfähigkeit, diese Gedächtnislücke... für einen Schauspieler doppelt fühlbar und belastend.

Wahrscheinlich hatten die Gehirnzellen gelitten, ihnen

mangelte gute Ernährung und reichliche Durchblutung. Eine allgemeine Nervenerschöpfung bestand. Viel Schlaf brauchte der Patient. Regelmäßig trockne Abreibung des Körpers, kühle Waschungen der Brust und des Rückens morgens in der Frühe, empfahl Professor Siebert. Ohne sich abzutrocknen sollte der Patient dann noch eine halbe Stunde im Bett liegenbleiben. Etwas auf die Ernährung achten, betonte Siebert, soweit es möglich war in dieser Zeit, an Obst oder Fruchtsäfte denken.

»Sie haben nach den einhundertundfünfzig Schlagern – übrigens eine Gedächtnisleistung ersten Ranges – mit dem russischen Oberst über Literatur gesprochen?« fragte Siebert lächelnd und bezog sich auf Gründgens' Bericht...

Der Schauspieler im Konsultations-Bunker nickte vor sich hin. Man hatte ihm damals noch immer nicht geglaubt, daß er ein Schauspieler und Theaterleiter war, Generalintendant hieß für die Russen vor allem General. Da deutsche Zwischenträger auf Gründgens' Verbindung mit Göring verwiesen hatten, mußte Gründgens ein Luftwaffengeneral sein. Sehr komisch, aber auch sehr peinlich.

Die sanfte Stimme des Professors beruhigte Gründgens. Er wußte, wie schwierig es war, die Stimme so zu füllen, wenn man innerlich nicht dazu gestimmt war. Er selbst tarnte sich oft mit Sanftheit, um interessant zu erscheinen oder den Partner erst anzuvisieren. Er hielt die Stimme bedeckt, um abzuwarten. Aber er war Schauspieler. Er spielte, gleichgültig wie ihm zumute war, auch manchmal außerhalb des Theaters.

Welche Ruhe dagegen strahlte Siebert aus, obwohl er angegriffen schien. Ruhig wirkte er immer. Auch früher schon, wenn er nach Klinik und Privatpraxis am Abend überraschend ins Schauspielhaus gerufen wurde, weil Gründgens mitten in der Vorstellung, im *Fiesco* oder *Faust*, eine seiner Kopfkoliken erlitt.

Diese ruhige Selbstverständlichkeit an Siebert, eine förmlich ansteckende Beruhigung für Gründgens, der lange Zeit nach einem komplementären Arzt gesucht hatte. Er fand ihn in Professor Siebert mit dessen sparsamer Rede und dem herzlichen Unterton, mit den sparsamen, aber hilfreichen Medikamenten. Mit Siebert kam Gründgens in Kontakt, er sprach sich aus, ohne zu dosieren und ohne zu taktieren, jedenfalls so wenig wie möglich.

Der Professor wählte heute ein Kalkpräparat und sagte: »Sie brauchen nicht in Sorge zu sein.« Dann gab er dem Besucher eine Injektion von Traubenzucker mit einem Wirkstoffkomplex aus Procain und Coffein zusammen.

Gemeinsam verließen sie den Arztbunker. Siebert wollte ein paar Schritte an die Luft gehen. »Machen Sie ebenfalls Spaziergänge. Sie brauchen Sauerstoff. Gehen Sie zu Fuß ins Theater.«

Die Trümmer des ehemaligen Pavillons im Terrain des Moabiter Krankenhauses waren aufgeräumt. Im Schatten stand der Wagen des Professors mit dem großen Roten Kreuz auf dem Kühler. Es nützte nicht viel, das Auto des Arztes war gestern nacht beschossen worden.

Zwischen dem Flieder hatte man neue Bänke aufgestellt, aus rohem Holz, ungestrichen. Drahtzäune deckten die Schutthalden ab. Ein schmaler Rasenstreifen zog sich zwischen den Ruinen hin.

»Was bleibt uns übrig?« fragte Gründgens wie vor sich hin.

Siebert zählte die Narzissen. Hatte er nicht Doppelreihen anpflanzen lassen? Waren die andern eingegangen oder schon abgewelkt? Was übrigblieb? dachte er über die Frage nach.

»Das richtige Maß, Herr Gründgens«, antwortete der Professor. »Sie sagten, Vergessen sei Gnade und Schuld. Wir können gar nicht vergessen. Wir können etwas überwinden. Wenn wir es vergessen, dann seien Sie gewiß, es hebt ein anderer für uns auf. Wie Sie niemals Ihren Text restlos verlieren können. Der Fahrstuhl funktioniert manchmal nur nicht, der uns heraufholt. Er muß ständig geölt werden, wozu wir Mediziner auf unsere Weise etwas beitragen.«

»Vielleicht versöhnen uns die Talente mit jeder Zeit«, sagte Gründgens etwas stockend und dachte wieder an die ungewöhnlichen Monate seiner Bewährung im Lager. Er fügte hinzu:»Doch dazu muß man allerdings in jeder Minute leben, um sich selbst neu zu entdecken. Tut man das? Kann man das? Behält man die Kraft und die ruhigen Atemzüge?«

Natürlich waren es schlimme Wochen in der Gefangenschaft gewesen. Was hatte man mit ihm vor? Verschleppung, Zwangsarbeit oder Prozeß, Haft ohne Gerichtsurteil? Gründgens beobachtete die Abtransporte nach dem Osten. Später träumte er davon und erwachte von dem Alpdruck mit einem entsetzensvollen Schrei. Wer konnte helfen?

Er erfuhr nichts davon, daß sich die deutschen Kultur- und Kunstschaffenden zu einer Front für Gustaf Gründgens zusammenschlossen. Zuerst das künstlerische und technische Personal der drei staatlichen Schauspielhäuser im Juni 1945. Als ihr ehemaliger Generalintendant zum siebenten Male in Haft genommen worden war, wagten sie zu protestieren. Sie fürchteten für sein Leben: Paul Wegener, Paul Henckels, Aribert Wäscher, Horst Caspar, Walter Werner, Elsa Wagner und für das technische Personal Zettier.

Dieser Kundgebung folgten zwei weitere Gesuche um die Freiheit Gustaf Gründgens'. Kaum je formierte sich unter Künstlern, Dichtern, Komponisten, Musikern, Schauspielern, Sängern, Regisseuren, Kabarettisten und Publizisten eine solche Einheit, mit der sie für einen inhaftierten Kollegen eintraten. Sie bekannten ausdrücklich, daß Gründgens in »zahlreichen Fällen« jüdische Frauen der Unterzeichner vor dem sicheren Tod zu retten versucht hatte. Diese Treuhandliste erschien Anfang 1946 und enthielt folgende Namen:

Axel von Ambesser, Peter Anders, Rolf Badenhausen, F. Bischoff, Will Dohm, Bert Dohn, Friedrich Domin, Eva Maria Duhan, Erich Engel, Liselotte Erler, Elisabeth Flikkenschildt, Jacob Geis, Werner Finck, Walter Fromm, Wilhelm Gebhardt, Wilhelm Hager, Bettina Moissi-Hambach, Karl Hanft, Rolf Hansen, Ernst Hardt, Emil Hasler, Heidemarie Hatheyer, Trude Hesterberg, Annemarie Holtz, Felicie Hüni-Mihaczek, Erich Kästner, Gert Keller, Walther Kiaulehn, Maria Koppenhöfer, Mark Lothar, Senta Maria, Friedrich A. Mainz, Gerda Maurus, Gerhard Metzner, Ruth Michaelis, Corry Nera-Lothar, Edmund Nick, Maria Nicklisch, Franz Novotny, Wolfgang Petzet, Hans Rehberg, Fritz Reitt, Charles Regnier, Helmut Renar, Günther Rennert, Lovis Révy, Hans Ruths, Rudolf Schulz-Dornburg, Erhard Seidel, Alfred Erich Sistig, R. A. Stemmle, Paul Verhoeven, Pamela Wedekind, Otto Wernicke, Bertil Wetzelsberger.

So sah das Ensemble der über 40 Unerschrockenen, sich für Recht und Wahrheit einsetzenden Musenkämpfer aus. Eine stolze Reihe, die die Freiheit unbedingt vertrat für einen, der sich für seine Freiheit und die des Nächsten stets eingesetzt hatte.

»Wann spielen wir wieder?«

Unselige, trotzdem beseligende Frage des alten Theaterdieners Mau, als ich das Schauspielhaus nach dem Zusammenbruch betrat. Als wenn die erste Bühne des Landes morgen oder demnächst wieder hätte beginnen können... Ertragen, sacht beiseiteschieben das Furchtbare, Lähmende und Ungewisse, hinnehmen alles das, was an Feuer und Blut dem Gendarmenmarkt Wunden brachte. Dafür aber alles zurückgewinnen und festhalten, was hier an unabhängiger, ungenügsamer, selbstverantwortlicher Schauspielkunst demonstriert worden war.

Ja, wann würden wir wieder spielen? Gleich einem Phantom aus entschwundenen Zeiten stand Mau im Eingang. Den ehemaligen kaiserlichen Diener hatte die erste Republik als Theaterdiener und Logenschließer übernommen. Daran änderte sich nichts in der zweiten Republik. Wie ein jovialer Herr verbeugte er sich mit treuherziger Miene oder mit einem Lächeln und empfing Intendanten, Regisseure und Bühnenbildner, Schauspieler, Choristen, Angestellte, Beamte, Angehörige, Pressefotografen... Sie alle mußten bei ihm vorbei oder im Vorraum warten.

Mau stand noch immer neben seiner Pförtnerloge. Zitterten ihm die Lippen, als er mir seinen freundlichen Gruß entbot? Es gab keine Anweisungen mehr, aber er tat noch Dienst. Dienst in einem Schauspielhaus, das fünf Minuten nach zwölf von der SS angezündet worden war, aber nicht abbrannte.

Das Schauspielhaus war eine angekohlte, kahle Brandstätte. Der Innenraum branstig, die Architektur angeschwärzt, doch erhalten. Schinkels Mauern hatten dem schlimmsten Angriff standgehalten. So war der Bau nach hundertvierundzwanzig Jahren zum Vermächtnis seiner Größe, das Menschenhaus zum Denkmal geworden. Steine ohne Stimme, Wände ohne Klang und ohne Echo. Die Bühne ohne Leben und ohne Verwandlung. Ein stattlicher Torso. Er kam mir bedrückend nahe, doch vergeblich. Er war Ruine auf dem leeren Gendarmenmarkt, wie die verwüstete Stadt und das ganze arme Land.

Versprengt der Kreis der Schauspieler, der Künstler und Arbeiter. Niemals würden sie sich hier wieder zusammenfinden. Man fühlt das, wenn man einen solchen Platz betritt. Vereinzelt und in kleinen Gruppen hielten sich die Schauspieler beisammen. Man traf sie in der Stadt und in den Vororten. In ihren Augen las man die unausgesprochene Frage: Wann spielen wir wieder?

Vertrieben und getrieben Aribert Wäscher, der nach seiner völligen Ausbombung verschwunden und in der märkischen Landschaft untergetaucht war. Versunken für ihn die Welt des Theaters, aufgelöst Ensemble und Kollegenschaft – was gab es da noch? Wäscher streunte umher und genoß den Frühling nach dem Kriege wie der erste Mensch im Paradies, mochten sich die Einwohner, Passanten oder Flüchtlinge auf Dorf- oder Landstraßen nach ihm umsehen und ihn für närrisch halten.

Marianne Hoppe, verschreckt und scheu, traf man mit einem schmalen, festverschnürten Handköfferchen. Dieses Gepäck trug sie stets bei sich. Ihr letzter Schmuck befand sich darin. Jede erste oder zweite Frage war: Wer hatte Gustaf gesehen? Wer hatte etwas von ihm gehört?

In der Apotheke am Gendarmenmarkt, in der Jägerstraße, traf ich Paul Bildt, der sich ein paar Arzneimittel kaufen wollte. Er sah blaß, schmal und spitz aus. Seine jüdische Frau, mit der er durch zwölf Jahre viel Aufregung und Sorgen durchgestanden hatte, war kurz vor dem Einzug russischer Truppen gestorben. Während sich Bildt mit einigen Rotarmisten unterhielt, wurde seine Tochter Eva im gleichen Raum bedrängt, wie es in den ersten Tagen zum »Recht« der Sieger gehörte. Nach dem Verlust der Frau und Mutter fiel Vater und Tochter Bildt der selbstgewählte Abschied von dieser Welt nicht schwer. Als man die Tür gewaltsam öffnete, war Eva Bildt tot, der Vater atmete noch. Während bei ihm Wiederbelebungsversuche gelangen, wurde die Tochter beigesetzt.

Nun stand Paul Bildt in der Apotheke am Gendarmenmarkt und sah auf einen dunklen Weg zurück. Er hatte die Tochter überlebt, anders als sein Polonius in *Hamlet*, den er unzählige Male gespielt hatte. Jetzt spielte man aber nicht, jetzt mußte man es selber austragen.

Durch die Straßen war Maria Koppenhöfer gezogen, im groben Kleid, mit einem Rucksack auf dem Rücken, wie eine Marktfrau aussehend, die ihren Stand verloren hatte. Manchmal drehte sie sich schnell um, als folgte ihr jemand oder hätte nach ihr gerufen. Vielleicht eine der achtzig Rollen, die sie innerhalb von zwanzig Jahren am Gendarmenmarkt gespielt hatte? Oder hörte sie die Stimme ihres Kindes, das in der Morgenröte eines neuen Lebens, in dem man sich nicht mehr zu verstecken brauchte, plötzlich gestorben war...?

In München machte die Frau Staatsschauspielerin Quartier in einer ausgebombten alten Werkstatt. Statt des Rucksacks trug sie schon zwei Einkaufstaschen. Nach der Premiere von Jean Giraudoux' *Die Irre von Chaillot* im Mai 1948 in den Kammerspielen wurde Maria Koppenhöfer von Hermine Körner und Marianne Hoppe in herzlicher Freundschaft beglückwünscht. Sie stand auf einer Treppe, kniete hin und sagte zu den beiden:»Ich bin euch so dankbar, daß ihr gekommen seid.« Die beiden Freundinnen waren ihr das Wenige, was vom Gendarmenmarkt übriggeblieben war.

Die Irre von Chaillot war Frau Koppenhöfers letzte Rolle. Sie fiel ihr sehr schwer. Während der Premiere hatte sie eine Krise. Sie schloß sich in der Pause in ihre Garderobe ein und wollte nicht auftreten, konnte aber dann doch dazu überredet werden. Erst in der zweiten, dritten Wiederholung des Stückes beherrschte sie ihre »grandiose Leistung«. Wenige Wochen später starb sie nach einer Krebsoperation.

Nach dreiviertel Jahren Haftzeit begann für Gründgens das neue Märchen von der Freiheit am Deutschen Theater. Das hatte er neben der »bedingungslosen und ihre eigenen

Interessen außer acht lassenden Liebe meiner Frau in erster Linie dem selbstlosen, tapferen und einmütigen Einsatz aller Menschen« zu verdanken, mit denen er in den vergangenen zwölf Jahren zusammengearbeitet hatte oder die an anderen Berliner Bühnen tätig waren.

»Tag Chef«, sagte ein Beleuchter des Deutschen Theaters, der früher am Staatstheater gewesen war, als er Gründgens zur Generalprobe seiner zweiten Rolle als Marquis von Keith holen wollte. Er grinste: »Wir sind soweit, Chef.«

»Karl, flunkere nicht. Ich komme auch so«, sagte Gründgens, drückte dem Arbeiter die Hand und tänzelte fast über den Flur. Er tänzelte nicht auf der Bühne, genausowenig wie bei seiner ersten Hauptrolle, dem Snob von Sternheim. Was ließ ihn unsicher und enttäuschend wirken?

»Man läutert sich nicht«, wiederholte er rückblickend auf die Zeit der Internierung. Er befand sich schon mit einem Fuß in der Stadt seiner Eltern und seines allerersten künstlerischen Anfangs, in Düsseldorf. Drängte es ihn nach dem Berliner Stechschritt in die gemütlichere Gangart am heimischen Rhein zurück.

Berlin schien vergessen. Hatte man es ihm dort nach 1945 schwerer gemacht als vorher? Man weine ihm keine Träne nach, lauteten die harten unverdienten Worte, die man ihm nachrief. Der unbestrittene Ruhm schien in den Trümmern des Gendarmenmarktes begraben. Von einem Neubeginn im Schauspielhaus sprach er mit keiner Silbe, obwohl sich Chancen boten, als die Stadt noch eine Einheit war. Chancen, an anderen Theatern der alten Reichshauptstadt die Leitung zu übernehmen, waren gering. Es gab noch zu wenige bespielbare oder schon besetzte Plätze. Da rückte niemand beiseite. Jedenfalls paßte ihm die Rolle nicht: ».. . auf Intendantenmord sinnend, Gründgens, den Dolch im Gewande.«

Er stand am Fenster seiner Düsseldorfer Wohnung und sah zur anderen Rheinseite hinüber, zu den Wiesen, auf denen er als siebzehnjähriger Schüler mit einem Klassenkameraden geschwänzt hatte. Gründgens überlegte: Was hat mir damals vorgeschwebt und was ist daraus geworden? Konnte er damit zufrieden sein? Eine ernste Schicksalsfrage mit bedeutendem Hintergrund.

Düsseldorf fand er trotz zweier verlorener Kriege wenig verändert. Er beobachtete, wie »die Gesellschaftsklasse, der ich angehöre, zu den Gewohnheiten zurückkehrt«, unter denen er schon als junger Mann gelitten hatte. »Genau dieselbe Bigotterie und eine ebenso unechte Freizügigkeit«, unter der dieselbe Jugend wie zu seiner Zeit zu einer »unwahren Stellung im Leben einen Weg sucht«.

Er wunderte sich beinahe über die Chance, Düsseldorf durch ihn zu einem neuen Theatermittelpunkt zu verhelfen. »Wie sehr sind wir alle überfordert«, monologisierte er in einer entsagenden Stimmung. »Wieviel mehr das Leben von uns verlangt hat, als wir zu geben imstande waren«, überlegte er. Es waren beinahe kasteiende Gedanken, abweisend, untertreibend.

Vom Staatstheater zum Stadttheater... Er dachte es ganz ruhig und ohne Bewertung. Natürlich würde der Hamlet in Düsseldorf anders sein als in Berlin. Jeder Hamlet kam aus verschiedenen Lebensräumen, wo er sich gerade aufhielt. Wechsel der Orte und des Publikums und Wechsel der Zeiten kamen hinzu. Nun war er in seiner Heimatstadt, wo vor neunundzwanzig Jahren die komödiantischen Geh- und Spielversuche des aus dem Ersten Weltkrieg Heimgekehrten begonnen hatten, an dem Platz, der durch Louise Dumonts Vermächtnis ihrer geistigen und künstlerischen Begnadung geweiht worden war – in Düsseldorf begann im Herbst 1947 Gustaf Gründgens' neue theatralische Sendung. Der Mann der Weltstadt kehrte in die reichste Stadt des Niederrheins

ein. Der einstige Regent der drei Berliner Staatsschauspiel-
bühnen übernahm drei Städtische Bühnen, die auf Oper und
Schauspiel ausgerichtet waren. Der ehemalige Berliner
Generalintendant mit dem phantastischen 1½-Millionenetat
wählte sich als Generalintendant in Düsseldorf die Aufgabe,
für drei Häuser mit einem Zuschuß von einer Million DM
auszukommen – was ihm bereits im ersten Jahr seiner Büh-
nenführung gelang, ein ebenso finanzielles wie künstlerisches Ereignis, das im gesamten Theaterleben Westdeutsch-
lands seinesgleichen suchte.

Aus der Fülle einer reichen, teils aufgelösten, teils dem
letzten Seniorenalter verhafteten Schauspielertradition am
Berliner Gendarmenmarkt rief er wenige herbei, die den
Düsseldorfer Grundstock in seinem Geiste durchdringen
sollten. Er hielt sich an kühne Einzelbegabungen, an die
zuverlässige Elite und an ein vorhandenes Material, das es zu
erneuern und zu erfüllen galt. Vorsichtig und unablässig war
und blieb sein Planen. Gründgens wußte, daß er in die
Provinz gegangen war. Nur an seinen Maßstäben, seinem
Fleiß, seiner Ungenügsamkeit und seiner Gabe, sich auf alle
Möglichkeiten einzustellen, wurde das Problem der deutschen Stadttheater in diesem Fall gelöst.

Die Probleme der deutschen Stadttheater... Zunächst das
Problem der Genügsamkeit, die Gründgens in kürzester Zeit
durch eine aktuelle und klassische Dramaturgie, durch
eigene und ihm zugewandte schauspielerische Höchstleistungen und unaufhaltsame Vorstöße beseitigte. Er riß das
Niveau in die Höhe und gewann, allen Währungskomplika-
tionen zum Trotz, stabile Verhältnisse... als Herr der Düsseldorfer Häuser und als erster Schauspieler seiner Institute.
Sodann das Problem geistiger Unverbindlichkeit, allzugern
im Unterhaltungsbedürfnis des Publikums der Stadttheater
beruhend, das er ebenfalls anstach. Seinen Spielplan legte er
so weit und aufgeschlossen wie nur möglich an, ohne deshalb

allzu eilige und ehrgeizige Uraufführungen anzusetzen. Er stellte Stücke zur Diskussion, er stellte verschiedene Begabungen ein und derselben Literaturepoche gegenüber. Er löste Versprechen der Wiedergutmachung an den verbannten Geistern Deutschlands ein. Er wagte es, selbst entlegene Werke aufzuführen, um sich von der Zensur der guten Stube von gestern, heute und morgen zu befreien. Aber er mußte in allem Qualität vertreten. Unentwegt kämpfte er um die Erhöhung des Niveaus. Er kämpfte nicht um leichtgeschürzte Schwänke, die vor allem der Kasse dienen. Auch dieses Genre erhob er mit durchgearbeiteter Regie und guter Besetzung.

Schließlich das Problem der vielen Inszenierungen, an Stadttheatern durch den verhältnismäßig kurzen Turnus im Abonnement begründet. Dieses Problem löste er für seine städtischen Bühnen, indem er vor keinem Pensum zurückscheute, auch nicht vor persönlich anstrengenden Leistungen. Von seinem Düsseldorfer Antritt ab Herbst 1947 bis Mai 1949 hat er dreizehn Stücke inszeniert und ist in neun Rollen hundertdreißigmal aufgetreten. Der Umfang dieser Arbeit wird deutlich, wenn man sie mit Gründgens' Tätigkeit in Berlin vergleicht, wo er in zwölf Jahren fünfundzwanzig Stücke inszenierte und in zwanzig Rollen aufgetreten ist. Die anderthalb Jahre in Düsseldorf verlangten fast die Hälfte von der zehnjährigen Arbeit des Regisseurs und Schauspielers in Berlin – ein Beispiel für die verzehrende Arbeit der Provinz.

Schon die erste Spielzeit begann er mit einer ganzen Woche von Premieren. Sechsmal hintereinander sah jeder Tag eine Erstaufführung oder Neuinszenierung, Oper und Schauspiel erstrahlten in neuem Glanz, Gründgens' Debüt als Schauspieler und Regisseur in der Heimatstadt war darin eingeschlossen.

Einem Problem der Stadttheater wird stets in der zähen Beharrlichkeit, die sich genauso zur plötzlichen Neugier eines Publikums umstellen kann, zu begegnen sein. Es geht ein stillerer Wind in der Provinz; auch nach dem Zweiten Weltkrieg hatte sich daran wenig geändert. Ein modischer Kleideraufwand wird eher und leichter betrieben als eine Auseinandersetzung mit neuen Autoren und dem künstlerischen Geist von morgen. Das kann zu Mißverständnissen führen – nicht in aufregenden Streitgesprächen über Stile und Zukunftsfragen des Dramas, sondern durch falsche Perspektiven auf die Ursachen und Wirkungen der darstellenden Kunst. Fand Gründgens ein Stück, das ihm besonders geeignet erschien, und trat er darin auf, dann meinte eine Art genäschiges Publikum, Gründgens spiele das Stück nur, weil ihm die Rolle auf den Leib geschrieben sei, während Absicht und Angriff des Stückes gerade denen galten, die ahnungslos eine Rollenparade erwarteten und nicht die Parodie ihrer selbst bemerkten. Alle diese Probleme der Stadttheater begann Gründgens durch die Qualität seiner Vorstellungen, durch die Fülle des Spielplans und seine persönliche Leistung zu lösen.

Gustaf Gründgens hat als Generalintendant der drei Berliner Schauspielhäuser oder als Leiter der drei Düsseldorfer Städtischen Bühnen stets eine eindeutige Partnerschaft mit den staatlichen oder städtischen Vertretern angestrebt. Bei ihm gab es keine finanziellen Abenteuer und keine materiellen Schwierigkeiten. Er wußte, was er brauchte, und er wußte, was er wieder herausarbeitete. Gründgens ist es gewesen, der seit der Neuordnung der deutschen Währung im Juni 1948 bis März 1949 die Summe von 1½ Millionen DM Einnahmen an seinen Düsseldorfer Bühnen zu verzeichnen hatte. Gründgens vermochte nicht nur Werte zu installieren, indem er erlesene Kräfte engagierte, er suchte vor allem, den Spielplan auszubalancieren. Was nützt eine Folge von großen Klassikern, wenn das Publikum meistens für gemischte Kost plädiert? Was nützt eine Folge von Experimenten, wenn das Publikum mit Recht auch nach dem gültigen Bestand des Repertoires verlangt? – war seine Meinung.

Als Gründgens den Währungsumsturz drohen fühlte, da ging er heran – auch aus sommerlichen Spielplangründen –, die Offenbach-Operette *Die Banditen* auf eine ebenso frische, zeitnahe wie ironische Weise vorzubereiten, so daß nach der Premiere in Düsseldorf ein Sturm des Publikums einsetzte, der bis zum Beginn der Theaterferien das Ausverkauft-Schild an der Kasse veranlaßte. Mitten im Wirbel von Politik und Geld, mitten in der Nervosität und Niedergeschlagenheit der Bevölkerung entfesselte Gründgens mit Offenbach eine so delikate und pointierte, eine so komödiantische und durchkomponierte Lust von Einfällen, von Grandezza, Stil und Spiel, daß die stets lebhaft gestimmten Rheinländer alle Mühsal und alle durch den Währungssturz verjagte Laune vergaßen und sich der Freude an der dargestellten Musik hingaben. Sie waren entzückt von Gründgens' Wiederbelebung der »musiquette«, wie die Franzosen Offenbachs Art, kleinere und größere Werke zu komponieren, zu nennen pflegen. Eine Bezeichnung, die damit der Musik Miniatur und zugleich etwas Karikatur zubilligt und sie auch kritisch wertet. Als fröhliche Romanze und lustiges Spiegelbild dieser zigeunernden Wegelagerer waren die *Banditen* eine Operette im übertragenen, leicht distanzierten Stil. Das alles wurde nicht mehr so ernst in der Handlung genommen, wie es Offenbach in seiner Operette gemeint hatte. Das Werkzeug, mit dem sie entstanden, war blank geputzt und schimmerte auf schelmische Weise. Die Banditen sprangen nicht mehr aus dem Hinterhalt mit Schrecken und Büchsengeknall – ach, was waren diese kriminellen Herrschaften für zünftige Edelgenossen gegenüber unserer organisierten Mordwaffen-Menschheit –, die Banditen wurden nur ernst genommen, wenn sie sich selbst als verkleidete Phantasten bedrohten oder als kecke Erfinder von nächtlichen Streifen und Beutezügen durchs Gelände schmuggelten. Offenbach wurde in dieser Gründgens-Inszenierung in Daumiers Geist erneuert. Da traten aus dem Kreis der unterirdischen Zunftgenossen des Waldes und der Höhle Banditen mit Bärten auf, die einer Schleppe glichen und die sie beiseite räumen mußten, wenn sie ihr abenteuerliches Geschäft begannen. Oder ein Räuber trug ein Pincenez und einen steifen Hut, die ihn ganz bieder und deshalb nicht weniger abgründig zeigten. Oder ein Hauptbandit, der eifrigste von allen, jonglierte mit seinem Körper auf artistische Weise. Wie ein Gummiball sprang er, wie ein Akrobat bewegte, wie ein Clown gebärdete er sich. Mitten im Trubel eines komischen Behagens schlug sein Benehmen in Ernst oder in Melancholie um. Man kann auch sagen: Das tragische Antlitz des Narren kam zum Vorschein, und er sang ein Lied von Schwermut und so viel Sinn, daß es schon doppel- und vieldeutig wurde. Ludwig Linkmann spielte ihn.

Die Bühnenbilder waren von jener in Strich und Farbe komischen Realistik, die der Musik und dem Geist der Inszenierung entsprach. Wenn die Operette im abendlichen Räuberwald begann, einem Wald von freischützartiger Dichte und Düsternis, fast ein Urwald für Gnomen, Feen und Hexen, dann leuchteten auf dem vom Mond angeschienenen Platz zwei, drei Totenschädel auf, um die guten Gespenster zu warnen und die bösen zu erschrecken. Wenn im zweiten Bild der Gasthof an der Grenze gezeigt wurde, dann gehörte der Platz dem Schlagbaum, einer unwirklich hellen und schönen Landschaft auf beiden Seiten und dem weiten Feld diesseits und jenseits, auf dem der Brautzug in einem hervorragenden Gruppenballett, ebenso tänzerisch wie komödiantisch, bis in die Fingerspitzen stilisiert und der Musik in dargestellter Komik verwandt, näherrückte. Jede Handhaltung, jede Spitzenkrause, jede Schnallenspange spielte mit, akzentuierte die Szene und extemporierte die Offenbachsche Welt. Wenn es zu dem rüpeligen Überfall auf die Leibwache des Brautwerbers, später zur Gefangennahme des Brautzuges kam, dann war Shakespeare in die Operette eingezogen. Ein blühender Spaß mit draufgängerischen Narren, holden und übertriebenen Ängsten und einem Segen von Humor auf der ganzen Szene.

Erst im letzten Akt trat GG auf. Er spielte den Finanzminister an dem Hof, der sich durch die Hochzeit mit der spanischen Braut sanieren wollte. Erst hielt sich der Herr Minister im Kranz von Hofdamen auf, die er wie Gänse wegscheuchte. Dann empfing er die Banditen, die inkognito Staatsbesuch mimten, und sah sich später einen Oberräuber besonders an. Aus Situation und Komik stieg die erste Begegnung, der Dialog blinkte wie im Degengefecht, Blitz und Donner entwickelten sich, um ein Charakterduett zu steigern.

Dann stand Gründgens allein auf der Bühne, in Gala, gepudert und geschminkt, ein wenig schief, etwas unzeremoniell, mit jener halbnoblen Gelassenheit, die manches Publikum als locker empfindet und die vom Schauspieler nur mit Mut, mit Energie vertreten werden kann. Es wird nichts geschenkt in der Welt, auch auf der Bühne nicht. Gründgens sang – er sang ein Chanson und sprach danach. Er sang mit jener unabsichtlichen Treffsicherheit, die man in seligen Zeiten am Überbrettl zu rühmen wußte. Er füllte den Ton mit einer nebenher explodierenden geistigen Geladenheit und verschleuderte die Pointen wie Konfetti, ohne ihrer zu achten. Dann sprach er. Er erläuterte den Schlager und variierte seinen Inhalt. Er memorierte für sich und die Zuschauer. Er machte Pausen – ganz still war es in dem großen Haus. Kein Geräusch, keine Bewegung unter den achthundert Menschen. Weiter sprach er, fragte, pausierte. Was diese Pausen an Intensität erforderten, um den Bogen der Spannung zu tragen und achthundert Zuschauer festzuhalten... im Atem, in der Erwartung, im Denken! Und dann sang Gründgens wieder, genauso schnell und sicher pointiert wie vorher.

Wenn er den Anfang fand oder den Refrain nahm, dann hob er eine Hand, als wollte er Musik, Klänge, Welten, auch die eigene Stimme aus dem Äther holen, um sich auf eine der Wolken aufzuschwingen und mittragen zu lassen, hoch hinauf in jene Regionen, von denen vielleicht Himmel und Erde und auch die Unterwelt zu durchleuchten sind. Wenn sein Einsatz erfolgte, dann sprang er in die Melodie und den Text, um plötzlich wieder innezuhalten. An die Rampe trat er, er sprach wieder, leise, ganz deutlich, doch nur so nebenbei. Wie ein Selbstgespräch hörte es sich an.

Gründgens fragte. Die Zuschauer wurden befragt, sie erhielten förmlich Redeerlaubnis, so groß waren die Pausen. Niemand rührte sich. Alle beobachteten, alle erwarteten etwas. Alle sahen und fühlten mit dem Mann dort oben auf der Bühne, der mit dem Geist die Menge bannte, um plötzlich einzufallen in die dritte Strophe seines Schlagers, in den Gesang zusammen mit der Musik. Noch eine Strophe des Couplets und dann aus und ab – hinter ihm her der knatternde Beifall, der zur Wiederholung aufforderte.

Diese Offenbach-Operette, wiederholt als Gründgens-Inszenierung am Gärtnerplatztheater in München, behielt ihre Effekte, ihre Laune und Spielfreude, als sie mit drei Düsseldorfer Gästen und natürlich mit Gustaf Gründgens im sommerlichen Süddeutschland 1949 aufgeführt wurde. Jeder Witz behielt seinen Glanz und seine Spitze, jede Rüpelei wurde ein Komödienelement, und dahinter stand die Laune eines mit Geist und Bravour die Nöte der Zeit an- und fortspielenden Ensembles, das von der Hexergewalt eines Spielmeisters elektrisiert war.

Solche Beispiele einer weitsichtigen, der Gegenwart angepaßten Spielplangestaltung, die dem Publikum gibt, was ihm bestens zukommt, es anspricht und erhebt, solche Beispiele stimmen auch jene kommunalen und staatlichen Partner vertrauensvoll, mit denen ein Intendant zusammenzuarbeiten hat. Bei Gründgens überzeugte die Eindeutigkeit und Gewissenhaftigkeit seines kommerziellen Kunstverstandes genauso wie die Zuverlässigkeit der Betriebsführung. Als Intendant stand er dem Institut vor, wie er mit den Schauspielern und Bühnenarbeitern innerhalb der Arbeit des Tages und der Aufführungen zusammenwuchs.

In kurzer Zeit bildete Gründgens in Düsseldorf ein Ensemble, das sich schon nach zwei Jahren einem internationalen Publikum vorstellen konnte. Im Sommer 1949 spielte Düsseldorf den *Faust I* bei den Festspielen in Edinburgh und wurde von der englischen Presse mit umfassender Anerkennung begrüßt.

Gründgens wußte, daß es nirgends so wichtig ist wie in der Provinz, einen reibungslos funktionierenden Apparat zu bedienen. Es geht niemals allein um die technische Apparatur der Bühne, es geht vor allem um die Mitarbeiter, um die menschliche Organisation. Von dem alten Pförtner Fritz Lohkamp bis zum Senior der Düsseldorfer Schauspielergarde Peter Esser fand er die letzten Getreuen aus der Zeit Louise Dumonts wieder. Damit waren beglückende, unentbehrliche Umrisse gegeben. Die Praxis ist ungestüm und lebt nicht von Erinnerungen, auch wenn sie noch so kostbar sind. Die Tage verlangten stündliche Bewährung auf allen Gebieten, bei der technischen Mannschaft der Bühne wie bei der Belegschaft der Werkstätten, beim Chor der Oper, bei der Tanzgruppe wie beim Lehrerkollegium der Schauspielschule und bei den Solisten prominenter Herkunft und des Nachwuchses. Alle diese verschiedenen Abteilungen, die verschiedenen Besetzungen, Schichten, Begabungen und Charaktere mußten sich zusammenfügen. Das konnte nur allmählich geschehen; das mußte mitten im Pensum der Arbeit wachsen.

Und Gründgens baute in Düsseldorf auf – er schlug Brücken von der Tradition Louise Dumonts und Gustav Lindemanns bis zur Gegenwart. Er bekehrte genügsame Begabungen durch neue Aufgaben und Vorbilder, die ihnen zur Seite traten. Wie sich Gründgens selbst antrieb, so trieb er die Arbeit der Kollegen, der Arbeiter, der Angestellten voran. Mit einigen Stützen aus vergangener Berliner Zeit stand das künstlerische und technische Grundgefüge seiner Düsseldorfer Bühnen fest. Nun konnte sie wieder beginnen, die eigene Arbeit als Spielleiter, die eigene Arbeit als Schauspieler, die Kunst der Bühne.

Mit dem Ödipus, in der bleichen Maske, schwarz umsträhnt, gehetzt, begann Gründgens sein Repertoire als Schauspieler fortzusetzen. Mit dem Tasso, in merkwürdiger, unheimlicher Aktivität, verwirklichte er einen langgehegten Rollenwunsch. Den Mephisto, noch federnder, noch kühner, noch herrischer als vor acht Jahren in Berlin, erneuerte er im Goethejahr 1949 in seiner *Faust*-Arbeit. Ein seltsamer Kreislauf: 1932 kam Gustav Lindemann, der Gefährte und Partner Louise Dumonts, nach Berlin, um den zweiten Teil am Staatstheater zu inszenieren. Nach siebzehn Jahren kehrte der ehemalige Schüler nach Düsseldorf zurück und zeigte seine Deutung des Goetheschen Weltdramas. Am Tage des 50. Geburtstages, am 22. Dezember 1949, spielte Gustaf Gründgens den Hamlet in Düsseldorf – der Bogen eines Schauspielerlebens schloß sich. Hamlet war die erste klassische Rolle des Intendanten in Berlin. Der Fünfunddreißigjährige griff nach den Sternen seiner schauspielerischen Sehnsucht. Der Fünfzigjährige ließ nicht ab, immer tiefer in das menschliche Gewebe einzudringen und immer entschlossener, kühner und bewußter daran zu arbeiten, sein Selbst in erhöhter Übertragung auf der Bühne sichtbar werden zu lassen.

Hamlet in Berlin, Hamlet in Düsseldorf... Hamlet im Schauspielhaus am Gendarmenmarkt in der Spielzeit 1935/36, Hamlet im Düsseldorfer Opernhaus in der Spielzeit 1949/50. Vierzehn Jahre lagen dazwischen, vierzehn Jahre menschlichen und künstlerischen Fortschreitens. Doch man darf den *Hamlet* auf der Podiumbühne der Preußischen Staatsschauspiele Herbst 1944, in diesem letzten Bezirk des deutschen Theaters vor der Niederlage, nicht vergessen. Dort war der Versuch der geistigen Unmittelbarkeit und menschlichen Einfachheit spontan gelungen, weil auf den Bühnenapparat völlig verzichtet werden mußte.

In Düsseldorf war wohl die gesamte technische Mannschaft am Werke; doch was sie tat, das vollzog sie an einem halben Dutzend Torbogen, massiv aussehenden, aber leicht zu bewegenden Portalen, je nachdem, ob sie einen inneren Raum abdecken oder einen äußeren Raum freigeben sollten. Alle Umbauten geschahen vor den Augen der Zuschauer, nichts wurde verheimlicht oder durch Zwischenvorhang distanziert. Bild auf Bild veränderte sich ohne Pause. In stilisierter Arbeitskleidung werkelten die Bühnenmaschinisten eilig, doch ohne Hast, wie gespenstische Zwischenträger der Handlung. Zum großen Mitspieler wurde das Licht wie die Farbe der Kostüme. Nicht Einzelheiten gewannen, sondern die Perspektiven auf die Inhalte der Szenen und die Vorgänge auf der Bühne, die Herta Böhm, langjährige Mitarbeiterin unseres Traugott Müller, gestaltete.

Der Raum der Bühne, zu Beginn durch einen Schleiervorhang getrennt, wurde durch eine Vorbühne erweitert. Es war, als wenn die Lava der Ereignisse über den Orchesterraum bis zum Parkett vordringen sollte. Hier vorn, dicht vor den Zuschauern, nur wenig erhoben im Blickfeld des Theaters, sprach Gustaf Gründgens die Monologe des Hamlet.

Er sprach sie wie die Ansage eines Menschen über sich selbst und vor sich selbst. Es war wie ein Ausbruch Hamlets aus dem Gefängnis seines Schicksals in die Freiheit des Denkens und Nachdenkens. Es war wie ein Vorstoß auf eine Insel, auf ein Eiland, wo Hamlets Seele sich äußerte und orientierte, um zurückgetrieben zu werden in das Dunkel und die Fährnisse des Daseins.

Hier vorn auf dem Plateau dieser Inszenierung wurden die großen Selbstgespräche des ringenden Geistes weder serviert noch herausgestellt, auch nicht überbetont. In Hamlets Mienen spiegelte sich Entschlossenheit. Überall bewahrte er die Begier nach den Dingen, die er schon ahnte. So schritt er voran mit den Wunden seines Herzens; nur manchmal durfte er tief Luft holen, in der Einsamkeit – hier vorn, dicht vor den Zuschauern, die mit ihm das Unanfechtbare und das Verdorbene, die Hoheit und das Vergängliche spürten und sahen. Hier vorn durfte sich Hamlet vertrauend aussprechen... vor den Zuschauern, zu ihnen und mit ihnen.

Wie auf eines Degens Spitze setzte Gründgens die Worte zum Gedanken. Jeden Zuschauer traf dieser Degen – das Wort war es, der Gedanke, die Überlegung, die Konsequenz. Hier sprengte ein Schauspieler die vierte Wand, ohne sie aufzuheben. Er befand sich auf jener Brücke zwischen Bühne und Parkett, wie der Hamlet auf der Podiumbühne des Berliner Staatstheaters, der plötzlich aus sich selbst zu reden begann und damit die Zuhörer ansprach.

Dieser Hamlet in Düsseldorf sprach mit sich und mit dem Publikum. Er dachte für sich und dachte für das Publikum. Unheimlich, daß Gründgens von diesem Hamlet erzählt hat, wie er manchmal während des Textes erschrecke über das, was er auszusagen hätte, obwohl er genau wüßte, wo der betreffende Satz, das betreffende Wort auf der Seite des Buches stünde. Man konnte bei diesem Hamlet förmlich das

Entstehen seiner Gedanken beobachten, so klar war Gründgens' Stirn, und so leuchtend wurde sie, wenn das Bild eines Gedankens erschien und den Weg zum Sinn, zum Laut, zur Melodie suchte und fand. So wurden auch die Mienen und die wenigen Bewegungen zum Spiegel des inneren Vorgangs. Hier stand ein Mensch und rang mit sich selbst... vor den anderen, vor dem Publikum, diesen Mitspielern auf der anderen Seite des Stückes, die es zur unmittelbaren Teilnahme aufzurufen galt.

Wie manchmal der Gang zum Monolog, voran auf den Vorplatz der Bühne, gleich einem Sprung vom Spielfeld des Schicksals zum Raum der Besinnung geschah, so nach dem Monolog die Rückkehr in das Dickicht der Tragödie, als wenn Hamlet nichts versäumen wollte, was ihm noch zugedacht war. Diesen Düsseldorfer Hamlet trieb es förmlich zu den Gestaden, wo Blut, Opfer und Tod warteten. Hin und her gerissen wurde er zwischen beiden Ufern, zwischen dem Leben und der Erkenntnis, wie der Schauspieler zwischen der Bühne und dem Vorplatz dicht am Publikum.

Wer dem Furchtbaren begegnet in seiner Ohnmacht, sein vergebliches Bemühen als tiefe Narben eingeritzt bekommt, nur der kann schließlich den erlösenden Seufzer für diese Welt zurücklassen: »Der Rest ist Schweigen.« Wer aber war dieser Hamlet, der wie ein studentischer Geist aussah, entschlossen, elastisch, schwarz gekleidet, ohne Schmuck und ohne Putz, nicht einmal eine Kopfbedeckung trug er – wer war dieser Geist, der durch dieses Shakespearesche Szenarium wanderte, das wohl selten deutlicher, rankenloser, geschlossener gegeben worden war als hier? Szene fügte sich an Szene, wie Erkenntnis an Erkenntnis. Ein Kriminalfall am dänischen Königsthron stand zur Diskussion, und Hamlet war ihm auf der Fährte. Dafür galt ihm ein kurzer Redehieb genauso wie ein närrisches Lächeln, ein abgründiges Wort oder ein gewitternder Ausbruch vor Ophelia oder ein plötzlicher Ansturm auf die Mutter, deren medusische Würde geplündert wurde.

Dieser Düsseldorfer Hamlet von Gründgens war weder verzärtelt noch schwach wie in einigen Szenen in Berlin. Seine Kühnheit war die geistige Ironie, aus der ein unberechenbares Temperament durch die Szenen sprang. Seine Größe war das Wahrheitssuchen und das Dulden, wenn die Fassungslosigkeit ihn zu übermannen schien und er der Fratze der Lüge und Verworfenheit und dem Antlitz der geschändeten Redlichkeit begegnete. Er erduldete, indem er weiterkämpfte. Dieser neue Hamlet von Gustaf Gründgens reflektierte nicht, er stieß immer wieder vor, er stellte sich Menschen und Problemen, bis er selbst verging. Ständig umwehte ihn ein Hauch geistigen Heldentums, eines Menschentums, das überlegen ist und trotzdem unterliegen muß.

Die Schauspielszene im *Hamlet*, die für einen Augenblick die Düsseldorfer Bühne mit einem Thron füllt – wenige kolossalische Aufbauten, wenige prächtig glossierende Farben – spielt vom Hintergrund bis zur Vorbühne in dauernder Spannung. Langsam, wie das Puppenspiel eines feierlichen, festlich aufgeräumten Staatsaktes beginnend, breitet sich ein komödiantisches Idyll durch die vorgespielte Handlung aus, bis der Schrecken dieses Gleichnisses aufsteigt. Vom Thron herunter durch die Halle, vom Königspaar auf die Hofleute überspringend, den ganzen Raum der Bühne mit Angst, Unruhe, Lärm, mit Schreien, Getöse und Getümmel, mit jähem Farbenwechsel füllend, dazwischen geistern Lichter, neben dem Thron, in den Gängen, an den Seiten, überall Lichter, aufgeschreckte Lichter wie die flakkernde Unruhe einer angestoßenen Welt – ein eindrucksvolles, szenisch großartig gebändigtes Bild.

Mühelos, Schritt für Schritt in Gedanken, die die Auflösung des Problems bringen, vollendete sich der Abend dieser

Hamlet-Aufführung in Düsseldorf. Es gab nichts, was ihn dramaturgisch, technisch oder schauspielerisch beschwerlich machte. Der atemberaubende Kreisel des geistigen Temperamentes dieses Hamlet drang in die Fragen, drang durch die Menschen, bestimmte ihr Schicksal und das eigene – und damit auch das der Zuschauer, sofern sie wach und begierig waren, Klassik nicht mit Mode, hohe Schauspielkunst nicht mit Saisonerfolgen zu verwechseln.

Eine seltene, fast nie gespielte Szene im vierten Akt wurde zu einem Beispiel, mit wie wenigen Mitteln eine Sinndeutung dieses ganzen Shakespearemotivs übermittelt werden kann. Fortinbras' Truppen befinden sich in Marsch. Landsknechte ziehen über die leeren, nachtdunklen Straßen. Hamlet erfährt, daß Norwegens Truppen gegen Polen vorrücken; es geht nicht um das ganze Polen, es geht um einen Grenzort.

Die Truppen marschieren, in Gruppen, einzeln, spähend, sichernd, in sporenklirrender, bewaffneter Langeweile, quer über die Bühne. Hamlet löst sich von dem Zug, dessen Hauptmann er befragt hat, und tritt an seinen Platz vor der Bühne.

Dort sprach Gründgens seinen Monolog über das Glück, die Gefahr und den Tod, für eine Nußschale in Harnisch zu gehen. Hamlets Geist philosophierte... hinter ihm die eiserne Wehr, in grauen, schwarzen Schatten. Vorn dachte ein Mensch darüber nach, wie leicht zwanzigtausend Menschen für eine Grille ausziehen, hinter ihm scheuchten Soldaten, schimmerten Waffen, wie ein düsterer, versprengter Zug im Nebel. Vorn spürte ein Mensch dem Sinn des Ruhms nach. Hinter ihm zog das Phantom dieses Ruhms vorüber. Vorn klagte ein Mensch über die kriegerische Unvernunft, hinter ihm wallfahrteten Tausende zum Grabe.

Selten war eine Szene von solcher unheimlichen inneren und äußeren Aktualität erfüllt wie diese. Selten wurde die

Polarität vom Aufstand des einsamen Gewissens dem Kollektivwahn so deutlich gegenübergestellt. Hier predigte ein heroischer Geist in der Distanz, die aber nicht genügt, um das Unglück dieser Welt zu bannen. So werden sie weiterziehen, die Geharnischten, die Armen, die Verlorenen, die für ein Idol ausziehen, sich wehren und bluten und nicht einmal die letzte Schlafstätte sicher haben.

Diese *Hamlet*-Aufführung in Düsseldorf lag an der Wende des Jahres 1949/50. Die Rolle der Königin war mit Elisabeth Flickenschildt besetzt, ein Format von antiker Furchtbarkeit und tragischer Unnahbarkeit – sonst war diese Aufführung ganz mit Düsseldorfer Kräften verwirklicht worden, besorgt von dem antreibenden Temperament Ulrich Erfurths. Im Grunde beständig und elementar, nicht überall Leistungen, die die Qualität erfüllten, doch im Ganzen befand sich diese Aufführung in einer Spannung, in einer Intensität, künstlerischen Sicherheit, Ausgefeiltheit und Gültigkeit, die dem Düsseldorfer Ensemble bedeutende Entwicklung zusprach. Gründgens stieß in Bezirke vor, die die Hamlettradition von Ludwig Schröder bis Josef Kainz erneuerte. Nicht die Apparatur, sondern die Vision des Shakespeareschen Dramas und ihre geistige Durchdringung aus der Gegenwart brachte die künstlerische Entscheidung.

Neben dem klassischen Repertoire waren es die modernen Rollen, die in Düsseldorf zur Aufgabe wurden – Aufgaben, die schon in entschwundener Zeit gestellt worden waren. Immer wieder hatte Gründgens versucht, Wedekind für das deutsche Theater in der Zeit der geschundenen, vertriebenen Wahrheit und des ausgelieferten, blutigen Lebens frei zu bekommen. In Berlin war es eine seiner ersten Aufgaben nach der Niederlage geworden, Wedekinds Schauspiel *Der Marquis von Keith* zu inszenieren und die Titelrolle zu spielen. In Düsseldorf gab er anschließend Wedekinds Kindertragödie *Frühlings Erwachen*, in der er selbst den Vermummten Herrn geistern ließ. Ein alter Gedanke für das Berliner Staatsschauspiel war, Tschechows *Möwe* aufzuführen; in Düsseldorf verwirklichte er sich schon nach einem halben Jahr Gründgensscher Theaterleitung und erbrachte den ersten Beweis einer gültigen Spielgemeinschaft. Sternheims *Snob*, immer gültig in der Kampfansage gegen ein innerlich leeres, arrogantes, ehrgeiziges, den Erfolg und damit das Geld um jeden Preis anbetendes Emporkömmlings-Kleinbürgertum, dieser Sternheim triumphierte in Düsseldorf in neuer polemischer Stärke, inszeniert und dargestellt von Gustaf Gründgens, der dem rebellierenden Sohn alle doppelbödige Intelligenz und makabre Kritik verlieh.

Der moderne Spielplan zeitgenössischer Autoren enthielt unter anderem Wolfgang Borchert genauso wie Julius Maria Becker, Carl Zuckmayer und T. S. Eliot. Zum erstenmal in Deutschland erschienen Jean Paul Sartres *Fliegen* auf der Düsseldorfer Bühne. Die Aufführung bedeutete einen der vielen Höhepunkte. Sie brachte die Erweckung eines Publikums zum unvoreingenommenen Theaterbesuch und gab Gründgens recht, jegliche Problematik der Stücke durch hohe Schauspielkunst zu mildern oder sogar auszuscheiden. Gründgens' Inszenierung der *Fliegen* und seine Darstellung des Orest, die Hauptbesetzung mit Marianne Hoppe und Elisabeth Flickenschildt, Peter Esser und Heinrich Fürst, wurde vom Düsseldorfer Publikum einzigartig aufgenommen und stürmisch gefeiert.

Es gehörte zur Kennzeichnung des Phänomens Gründgens, daß er seine Herrschaft über die Menschen wie über die Kunst, zu der er die Menschen zu gewinnen unternahm, ob es die Mitarbeiter auf der Bühne waren oder das Publikum vor der Bühne – es gehörte zu seiner Wirkung, daß der Anschluß an den »Chef« genauso freiwillig erfolgte wie die Begeisterung der Zuschauer. Sein Dasein war sein öffentliches Auftreten mit den für die Arbeit ausgewählten geistigen Mitteln. Seine Regie verlockte die neue Kollegenschar, auf die ihnen angetragene Weise sich darzustellen, niemals allein, stets im Bunde mit den Partnern. Vielleicht enträtselte die Selbstdisziplin, die Gründgens an sich erfüllte, in jeder Rolle, bei jedem Auftritt, als Theaterleiter wie als Regisseur und Schauspieler, das Geheimnis, daß er stets einer Gemeinschaft vorstand, die ihm aufgeschlossen, hellhörig, innerlich zugetan folgte.

Einen guten Zuruf enthielt ein Brief seines alten Kollegen Werner Krauß – nun auch dreiundsechzig –, der ihm jetzt, im Juni 1947, huldigte, daß er das Erbe der Dumont/Lindemann übernommen hatte und sicherlich »etwas Wunderbares daraus« machen würde.

Natürlich äußerte Krauß den Wunsch, noch einmal mit GG zusammen zu spielen. Danach fällt ein merkwürdiger Hinweis auf: »Denk manchnal an mich und trag manchmal die Knöpfe...« Was hatte das zu bedeuten?

Krauß war nach einer *Hamlet*-Vorstellung am Gendarmenmarkt zu GG in die Garderobe gegangen und hatte ihn beglückwünscht. Dabei überreichte er dem Hauptdarsteller des Abends, seinem Kollegen, dem Regisseur und Leiter des Instituts, ein kleines Etui mit einem Knopf.

Diesen und einen zweiten sollte sich Goethe von seinem Rock abgerissen haben. So begeistert war er von dem Weimarer Gastspiel des Schauspielers August Wilhelm Iffland, dem ersten Generaldirektor der Königlichen Schauspiele in Berlin, daß er ihm das Paar Knöpfe als ein symbolisches Geschenk darbrachte. Durch die Zeiten und Hände mancher großer Bühnenkünstler waren die Kleiderknöpfe nun bei Krauß gelandet. Einen davon übergab er GG zur Partnerschaft.

Gründgens ließ zwei Doppel von den Goethe-Knöpfen

anfertigen, einen für Werner Krauß und einen für sich. So besaßen sie jeder ein Paar der Goethe-Iffland-Knöpfe als sinnbildliche Anerkennung ihrer Ebenbürtigkeit.

Theater und Presse

Er wußte nicht, welcher Teufel ihn geritten hatte, einen Vortrag über »Theater und Presse« zum Abschluß der Düsseldorfer Presseausstellung im November 1947 zu halten. Allein das Thema erschien ihm unbequem und undankbar. Wenn er heute redete, würden die Journalisten und besonders die Theaterkritiker morgen in ihren Zeitungen für viele Hunderttausende Leser ihre Meinung oder Gegenmeinung äußern. Er würde nie die Zeit haben, darauf zu erwidern. War das nicht eine unglückliche Partie?

Trotzdem hielt er seine Zusage und begann den Vortrag:

Da Theater und Presse nun einmal zusammengehören, wenn auch nicht so eng zusammengehören, wie manche meinen, so will ich Ihnen vorlesen, was ich meinem armen überlasteten Kopf zwischen zwei *Ödipus*-Vorstellungen abgerungen habe.

Ich bitte Sie herzlich, nehmen Sie es nicht so wichtig, denn im Grunde bin ich etwas der Ansicht Peter de Mendelssohns, der neulich in der Hamburger Zeitung »Die Welt« seinen Unmut über die übertriebene Wichtigkeit, die seiner Meinung nach der Deutsche – besonders die deutsche kunstkritische Intelligenz – dem Theater beimißt, ausgedrückt hat...

Wie es unsere vordringliche Aufgabe ist, in einer aus den Fugen geratenen Zeit den Sinn für Maß und Gewicht der Dinge wiederherzustellen, so müssen wir auch dem Theater wieder den Platz geben, der ihm im natürlichen Leben des Volkes zukommt.

Und da will ich gleich anfangs sagen, daß bei uns das Theater überschätzt wird, oder, vielleicht besser ausgedrückt, in einer falschen Richtung überbewertet wird. Das liegt nach meiner Meinung daran, daß man sich über die Dinge des Theaters am ungefährdetsten äußern durfte und darf; und in eine Kritik über eine Theatervorstellung fließt manches Wörtchen mit ein, das in den letzten fünfzehn Jahren über dem Strich zu sagen nicht möglich war und auch heute noch nicht wieder möglich ist. Wir müssen erst alle wieder lernen, auf allen Gebieten die Dinge in ihrer Gesamtheit und ihrem gegenwärtigen Stadium zu betrachten, und sollten nie vergessen, wie sehr wir, mit allem, was wir tun, am Anfang stehen, so verständlich auch die Ungeduld des Herzens ist, dort schon Taten, gute oder schlechte, feststellen zu wollen, wo es sich bestenfalls um erste, zögernde Schritte handeln kann.

Wenn ich etwas aus den vergangenen zwölf Jahren zurückbehalten habe, dann ist es eine Idiosynkrasie gegen große Worte. Im Kriege flatterte in meinen Garten, von einem amerikanischen Flieger abgeworfen, ein Flugblatt mit einer Schrift von Thomas Mann. Er schrieb darin etwa: Im Altertum habe es einen König namens Midas gegeben, der alles, was er anfaßte, in Gold verwandelte; jetzt gäbe es in Deutschland einen, der alles, was er anfaßt, in Dreck verwandle. Alle Begriffe, die einem teuer gewesen waren, wie Vaterland, Ehre, Treue usw., seien einem nun durch den Mund dieses Mannes verleidet.

Daran mußte ich, als ich diese Zeilen schrieb, denken und muß Ihnen nun gestehen, daß für mich auch das Wort vom Theater als einer moralischen Anstalt darunter zu fallen beginnt; diskreditiert, genotzüchtigt durch die phrasendreschenden Trabanten dieses zweiten Midas. Sicher ist das Theater eine moralische Anstalt, oder gewiß sollte es eine sein, aber wir sollten uns hüten, dieses Wort immer im Munde zu führen.

Selbst die letzten zwölf Jahre haben die ewigen Werte des Theaters nicht anzutasten vermocht; und Lessing und Goethe, Schiller und Kleist haben allen Versuchen, sie zu fälschen oder durch eine unangemessene Ideologie zu brechen, widerstanden; die Tragödien der Griechen haben Jahrtausende überdauert, ohne daß ihr Stündlein geschlagen hätte. Im Augenblick scheint es mir wichtig, immer wieder auf die Zeitgebundenheit des Theaters hinzuweisen, das immer dann seine schönste Blütezeit erlebte, wenn die Bindung an die Zeit am stärksten war. Ich gehe aber auch noch weiter, und die Erfahrung der letzten Tage gibt mir recht: Wenn wir ehrlich sein wollen, ist das Theater nicht nur an die Zeit, sondern auch an den Ort gebunden...

Das Publikum des Kritikers ist seine Leserschaft. Ich habe nur Unwillen und Abneigung, wenn sich der Rezensent, der für eine der vielen wichtigen Zeitungen kleiner und kleinster Städte schreibt, in hochliterarischer Form auf Kosten seiner Leserschaft geistreich und interessant macht. Er nützt dem Theater nicht, und er erzeugt bei seiner Leserschaft entweder Unverständnis oder Minderwertigkeitskomplexe.

Ich würde es nicht für charakterlos halten, wenn ein Kritiker, der für verschiedene Blätter schreibt, auch seine Kritiken verschieden formuliert, je nach dem Leserkreis der Zeitung, für die er arbeitet. Das heißt natürlich nicht, daß er wie ein Chamäleon jeweils die Farbe des Blattes annehmen sollte, für das er schreibt, sondern seine Meinungsäußerungen dem Niveau dieser speziellen Leserschaft anpassen.

Ich halte es durchaus für möglich, daß meine *Fliegen*-Inszenierung in einer anderen Stadt, zu einem anderen

Zeitpunkt anders ausgesehen haben würde, aber ich würde nie sagen, das wäre eine Spekulation, sondern eben eine intuitive Anpassung an Ort und Zeit.

Ich habe neulich von einem Herrn der Presse, wenn auch nicht von einem Fachkritiker, die Meinung äußern hören, daß meine *Fliegen*-Inszenierung in manchen Punkten nicht kühn genug gewesen sei. Dazu habe ich zu sagen: Allein schon die Tatsache der *Fliegen*-Aufführung in Düsseldorf war tollkühn. Daß sie nicht ins Falsch-Sensationelle wuchs, sondern im Künstlerischen blieb, daß sie, mit der Aufnahmemöglichkeit eines deutschen Publikums im Jahre 1947 rechnend, kein Theaterskandal wurde, sondern ein Publikumserfolg, das allein rechne ich mir als Verdienst an...

Einen Theaterskandal zu inszenieren ist kinderleicht, kinderleicht für einen Regisseur und kinderleicht für ein Publikum oder gewisse Interessengruppen. Aus »nichts« etwas zu machen, ist ein billigeres Kunststück, als man allgemein glaubt, in der Politik wie in der Kunst. Aus »etwas« etwas zu machen, ist sehr viel schwerer.

Ich sagte, daß ich nur an ein Theater glaube, das aus den gegebenen Realitäten herauswächst. So glaube ich auch, daß nur eine Presse für das Theater fruchtbar sein wird, die von denselben Voraussetzungen ausgeht...

Ich bin meiner Überzeugung nach – die Überzeugung teilen die Menschen, die mich kennen und mit mir arbeiten – in meinem Schaffen völlig intuitiv; ich bilde mir ein, nichts zu errechnen und nichts auszuklügeln, ich habe als Schauspieler in meinen Büchern keine Bemerkungen wie »laut« oder »leise« oder »rechte Hand hoch und linke senken«. Ich habe als Regisseur nicht einmal ein Regiebuch, ich inszeniere am liebsten ein Werk nach dem ersten Duft, den ich von ihm habe. Es ist mir lästig, vorher ein Bühnenbild, eine Konstruktion zu entwerfen. Am liebsten würde ich auf eine leere Bühne kommen und Tisch, Stuhl, Tür und Tasse erst dann in Erscheinung treten lassen, wenn ich sie spielmäßig benötige. Man nennt mich aber einen intellektuellen Künstler. Man sagt mir, daß ich von meiner Art zu schaffen völlig losgelöst diese Wirkung habe. Ich bin nicht einmal klug – klug ist Einstein –, ich bin bestenfalls nicht dumm. Ich befinde mich in dem tragischen Zustand jener Halbbildung, die allgemein das Kennzeichen unserer europäischen Intelligenz ist. Ich habe immer zuviel zu tun gehabt, um mich von Grund auf zu bilden. (Und das ist auch der Grund, weswegen ich mich mehr auf meine Intuition verlasse als auf meinen Intellekt.) Aber ich bin sehr mißtrauisch und bis zur Feindseligkeit empfindlich gegen alles Unkontrollierbare, Dumpfe, Dunkle, das bei uns unter dem schönen Wort »Gefühl« mit durchgeht. Und ich bin es heute mehr denn je, denn immer wieder ist es diese deutsche Eigentümlichkeit gewesen, auf die spekuliert worden ist und mit der spekuliert wurde. Ich möchte geradezu meine Abneigung gegen das Vage und Unkontrollierbare auf mein Programm setzen, wenn es nicht mein Programm wäre, kein Programm zu haben.

Ich möchte vor allem unserer Jugend immer wieder zurufen: Seid auf der Hut! Ihr habt mit Mythos und Mystik, mit Urschlamm und Chaos so fürchterliche Erfahrungen gemacht, daß ich für mein Teil ganz bescheiden zur »Ordnung« rufen möchte...

Heute ist das Mißtrauen gegen alles Überlieferte, gegen das sogenannte Alt-Ehrwürdige und Hergebrachte in unserer Jugend so verbreitet, daß es – wie könnte es anders sein – ins Extreme überzuschlagen droht. Aus Bezirken, die ihr verdächtig wurden und denen sie deshalb skeptisch gegenübersteht, flüchtet die Jugend in jene nihilistischen, anarchischen, die einen Schwarzmarkt des Geistes zu konstituieren drohen. Aber ich glaube zu fest an das Göttliche im Menschen – ich kann auch sagen, an das Menschliche im Menschen –, so daß ich der Ansicht bin, dieser Zustand ist vorübergehend...

Um noch einmal direkt zum Thema zu sprechen: Auch der Theaterkritiker sollte mißtrauisch sein (allerdings habe ich bei ihm am wenigsten das Gefühl, ihn zum Mißtrauen aufrufen zu müssen), auch er sollte gerade heute mißtrauisch sein gegen alles Nebulöse, Verschwommene, Unklare, Zweideutige, gegen alles das in uns, womit in den letzten zehn Jahren so verbrecherische Geschäfte gemacht wurden.

Glauben Sie mir... der Feind ist genau da, wo weltanschaulich klar fundierte Werke durch eine unsachliche Interpretation in ihrem innersten Kern gefährdet, verfälscht, verwässert und veropert und damit dem echten Verständnis des Publikums, an das der Dichter appelliert, entzogen werden. Es kommt heute einzig darauf an, die Stimme des Dichters sprechen zu lassen, unverfälscht, ohne etwas zu verschweigen und ohne etwas hinzuzufügen.

Das Geheimnis der Kunst entschleiert sich leichter in der strengen Form. Und in der sachlichen Interpretation wird das Wunder des Geistes am ehesten transparent; die Wunder des Blutes aber sind es, die all das Angestrebte erst ermöglichen, so wie der Inhalt erst die Form notwendig macht.

Wie auf Gastspielreisen kam sich Gründgens vor, wenn er in Düsseldorf ab 1947 und in Hamburg ab 1955 die Standardrollen Mephisto, Hamlet und Franz Moor, den Don Juan in Grabbes *Don Juan und Faust*, dann Snob, den Lukull in *Kirschen für Rom* und den Heink in Bahrs *Konzert* spielte. Die »Gefahr einer Stagnation« erkannte er nach acht Jahren

Aufenthalt in Düsseldorf. Er tat künstlerische Erneuerungsvorschläge ab und wechselte den Platz. »Es ist nur ein Stadttheater, glaubt's mir.«

Als vom historischen Kreis des Gendarmenmarktes Eugen Klöpfer bei ihm auftauchte, empfing er ihn nicht und entwischte durch den Nebeneingang. Bei anderen, auch Jüngeren, Nahestehenden, legte er Distanz ein. Ein tragisch-resignierender Zug an ihm blieb unverkennbar. »Man merkt, daß man fünfzig ist«, sagte er mit nach innen gekehrtem Blick.

Während er in Düsseldorf den Hamlet erneuerte, gab er später in Hamburg seine Traumrolle an Maximilian Schell weiter. Mit seiner Lebensrolle Mephisto schuf er einen Großfilm, aber das Publikum in Hamburg sah gelegentlich Peter Lühr oder Ullrich Haupt als Zweitbesetzung.

Zum menschlichen und künstlerischen Schicksal von Gründgens gehörte es, durch Spannung zu Höchstleistungen zu kommen. Um solche Anreize wußte Jean Cocteau ebenfalls: »Jeder Zwang hält den Künstler aufrecht.« So konnte Gründgens in Berlin vor aller Welt zeigen, was es im Dritten Reich für großes, unabhängiges Theater gab, einen Betrieb, in dem man frei atmen, frei denken und frei schaffen konnte. Zu den politischen Spannungen kamen die persönlichen, über allem die künstlerischen.

Woher nahm er die Spannungen nach 1945? In acht Jahren Düsseldorfer Zeit schuf er fünfunddreißig Inszenierungen, spielte neunzehn Hauptrollen. In Hamburg dagegen schuf er innerhalb von acht Jahren achtundzwanzig Inszenierungen und spielte fünfzehn Hauptrollen. Eine Abnahme der Leistungskurve, konnte man das sagen?

Hatte er den Kampf um die Verwirklichung seiner Träume bereits eingestellt? September 1950 schrieb er von »schweren Kämpfen«, die er mit sich selbst durchgestanden und durchzustehen habe, und darüber, »ob ich mich nicht ganz zurückziehen soll«.

Abschied von Tasso –
Triumph mit Kardinal Zampi –
Gute Freunde und große Begabungen

Eine Erinnerung: Es war an der Parkettseite des Düsseldorfer Schauspielhauses, während einer Probenpause, wo es ihn packte. Nach der Lebensrolle Mephisto und der Traumrolle Hamlet sprach er das erste Mal von seiner Lieblingsrolle Tasso. Er verzehrte sich förmlich, sie Kainz nachzuspielen. Erst 1949 wagte er den Sprung übers Feuer. Er stellte Tasso als einen Bruder von Hamlet dar, nicht als »gesteigerten Werther«, von dem sich Goethe hatte freischreiben wollen.

Die erotische Krisis dieser Rolle wurde bei Gründgens von einer Krise des Denkens verdeckt und eingekühlt. Sein Tasso blieb ohne Strom, ohne Akustik, ohne Lockungen. Goethes Wunsch, im Tasso ausgedrückt, war: Wie *echt* er geliebt sein wollte zwischen Traum, Wahn und Erfüllung. Das alles wurde angespielt, nicht ausgespielt. Gründgens vermochte nicht in Tassos innerste Situation einzudringen. Er hatte sich nur Teile dieses Menschen Tasso angeeignet. Diese Rolle war nicht »ein neueres, besseres Ich«, das sich mit seinem Inneren verwob, wie es der Dichter wünschte. Wie sollte es anders sein? Mit den Jahren senkte sich der Schlagbaum vor dem Feld des Wünschens und Begehrens.

»Das ist nicht Goethe«, warf ihm die Kritik unnachsichtig vor. Gründgens erschrak, sprach von »Tiefschlägen« gegen ihn als Schauspieler. Als Intendant zog er die Konsequenzen. Er wechselte mit Horst Caspar die Rolle, der für viele als der beste Tasso galt.

In Berlin hatte Gründgens sie alle begeistert und dazu angeleitet, das Ideal-Mögliche in der Schauspielkunst zu verwirklichen, auch wenn er 1934 das Seil ergriff, das längst entglitten war. Jetzt hatte er sein höchstes Ideal, Goethes Tasso, ertrotzen wollen – und war abgelehnt worden. Man machte ihn darauf aufmerksam, daß man von ihm Maß und Entschiedenheit – oder Einsicht und Verzicht erwartete. Er befand sich immer noch am Gipfel. So durfte man den Fünfzigjährigen nicht mit Trostpflästerchen bedienen.

Seine Härte, sich selbst zu sehen, hatte nicht abgenommen: »Ich überlege mir immer, warum ich der beste Kassenschlager seit der Bergner bin, aber ich komme nicht darauf. Ich habe eine Glatze, trage eine Brille, habe keine Stimme und auch sonst nicht viel aufzuweisen.«

Vom Anfang seiner Intendantentätigkeit bis zum Schluß, auch wenn er aus Krankheitsgründen abwesend sein mußte, behielt er alle Fäden in der Hand. Keine Premiere, die er nicht auf der Haupt- oder Generalprobe abgenommen hat, mochte es eine Inszenierung von Jürgen Fehling oder Lothar Müthel, von Karlheinz Stroux, Wolfgang Liebeneiner oder Hans Leibelt sein. Er sprach nicht von Verbesserungen. Wie er stundenlang nach der abendlichen Generalprobe von *König Lear* bis nach Mitternacht mit Werner Krauß diskutierte, weil er plötzlich fremde, falsche Einflüsse in der Rolle beobachtet hatte und ihn umstimmen, zu neuen, letzten Deutungen veranlassen wollte, so begab er sich zu Hermine Körner, die die Titelrolle in *Frau Warrens Gewerbe* spielte. Da sie sich verwaist fühlte, weil der Regisseur Fehling plötzlich mit Krach die Probe verlassen und sich bis zur Premiere nicht mehr sehen lassen wollte, beabsichtigte sie ebenfalls, nicht mehr zu erscheinen. Sie litt an schweren Komplexen auf den Stationen der Rollen-Entwicklung. Gründgens überredete sie, sprach von großen Linien ihrer Darstellung und versprach, sich selbst um die Aufführung zu kümmern.

Der Intendantensessel oder der Regisseurplatz konnten leer bleiben, weil Gründgens eines seiner Leiden plagte – sein Geist herrschte unvermindert im Büro wie auf der Bühne. Auch wenn seine Ansichten und Entscheidungen von weit her kamen, wie 1952, wo er sich in einer Zürcher

Klinik auszukurieren hoffte. Er sah sich Skizzen und Figurinen zum *Othello* an, die ihm Ulrich Erfurth, der anfängliche Regieassistent und Regisseur mit ersten Aufgaben im Berliner Staatstheater, später Oberspielleiter und letztlich sogar Schauspieldirektor in Düsseldorf, geschickt hatte. Diese flinke Begabung war zunächst völlig im Schatten der Regisseure, deren Arbeiten er am Gendarmenmarkt mitbetreute, erwachsen. Er war zu vielem zuverlässig zu gebrauchen, bis er dann eigene künstlerische Wege ging. Wie ihn Gründgens schätzte, geht aus der Antwort auf Erfurths Vorlagen hervor. Sie enthält Hinweise, sachlich und diskret, vor allem in heiter gestimmter, dann um so förderlicherer Kritik. Das liest sich dann so, was der kranke Intendant seinem Mitarbeiter schreibt:

Der zweite Teil des Stückes spielt in Zypern und nicht in Kaktan. Eine gelegentliche Zypresse würde mir mehr schmeicheln als der Kakteen-Aufmarsch, den Du wohl eigens für Katharina Mayberg gebaut hast. Da aber die Bühne nun wohl hula-hula-rein ist, bitte ich Dich sehr, gemeinsam mit Herta Böhm Zahl und Form der Bäume noch einmal zu überlegen. Auch die Agave ist eine dekorative und nicht so brutale Pflanze. Als Du mir schriebst, die Bäume seien grün, hatte ich Angst, daß Herta etwas zugestoßen sein könnte. Nachdem ich gesehen habe, wie grün sie sind, bin ich wieder beruhigt. So grün ist mein Tal.
Das Grundschema finde ich ausgezeichnet, und mein einziger, schreiender, schallender, bis zum Verbot vorstoßender Protest richtet sich gegen das rote Kostüm von Haupt. Habt Ihr denn noch nicht die Nase voll von seiner Kostüm-Trage-Kunst! Er wird hinreißend sein müssen, um mich *Leben ein Traum* weniger quälend empfinden zu lassen.

Im Ernst: er kann es nicht tragen. Gebt ihm nicht zu eng Anliegendes. Er sollte, wenn auch militant, in Richtung Brabantio angezogen sein: breit, nicht zu kurz. Schaube drüber (es ist nämlich ein Irrtum, zu glauben, er könne mit Mänteln umgehen!). Eine Kopie meines Briefes an ihn lege ich Dir bei. Du siehst daraus, daß man, da man ihn ja nicht teeren kann, bei seinen prinzipiellen Schweißausbrüchen die Farbe des Kostüms berücksichtigen muß. Er ist nämlich dann vom 3. Akt an im Gesicht weiß und das Kostüm ist schwarz.

Ich hoffe nicht, daß die blaue Scheußlichkeit, die Desdemona in der Hand hält, das Taschentuch ist, um das sich das Stück dreht. Außerdem: wenn schon Niehaus, dann weiß, hellblau oder zartrosa.

Wird Macky [Max Eckard] soldatisch genug aussehen in grauer Wolle mit aparten schwarzen Applikationen?

Was werden Rodrigo und Bianca tragen, wenn schon Jago wie von Christian Dior angezogen ist?

Ich schließe, weil ich etwas vergnatscht bin. Nimm es als Zeichen meiner Besserung (gesundheitlich gesehen, Herr Oberspielleiter) und der Rohkost.

Viele herzliche Grüße

Gustaf Gründgens

Zu Unrecht warf man Gründgens vor, es fehlten dramaturgische Vorstöße, Uraufführungen deutscher und ausländischer Herkunft. Sieht man den Spielplan daraufhin durch, so zählt man in diesen Düsseldorfer Jahren 17 Uraufführungen, dazu noch 14 deutsche Erstaufführungen. So konnte er die Vorwürfe zurückweisen. Mit einigem Stolz brachte er Kafka/Gides *Der Prozeß*, Sartres *Fliegen* auf die deutschen Bühnen und setzte Eliot durch mit *Familientag*, der *Cocktail-Party* und dem *Privatsekretär*. Ein Trio an schöpferischen Dramatikern mit neuen Stücken. Gründgens glaubte nicht, jemals in seiner Intendantentätigkeit am Rhein ein »wesentliches Stück der Moderne ausgelassen zu haben«.

Eine besondere Delikatesse an Stück und Rolle bot er 1952 mit *Bacchus* von Jean Cocteau. Der Franzose, zur Düsseldorfer Zeit sechsundsechzig Jahre alt, war genauso ein gesuchter Filmregisseur und Bühnenbildner wie ein Schriftsteller, Maler und Zeichner von hohen Graden. Gefeiert in Paris und Berlin, in Basel, Hamburg und in den USA, sollte er in Düsseldorf einen Triumph erleben. Für seine eigene Begeisterung von Gründgens Spiel als Kardinal Zampi in *Bacchus* fand er im Vorwort der deutschen Buchausgabe die Worte:

Bacchus bei Gründgens wurde mir selbst zu einem Erlebnis. Ich bin der Ansicht, daß das Theater ein gewisses Zeremoniell erfordert, das in Frankreich vernachlässigt wird und das ich in Deutschland wiederfinde. Außerdem findet jeder Satz meines Stückes einen Widerhall in der deutschen Seele. Als ich zu einem Ihrer Journalisten sagte: *Bacchus* ist ein objektives Werk, erwiderte er, das Werk eines Dichters könne niemals objektiv sein. Der Dichter ist jedoch das Werkzeug von Kräften, die ihn bewohnen und von denen er selber nur wenig weiß. Es ist also leicht möglich, daß seine subjektive Arbeit ihm objektiv erscheint, da unsere Unternehmungen ja stets einem sehr geheimnisvollen Gleichgewicht zwischen dem Bewußten und dem Unbewußten entspringen, zwischen dem wahren Ich, das unfehlbar ist, und dem falschen Ich, das jenes irre macht.

Mir scheint, Deutschland gibt uns ein Beispiel des Metaphysischen als einer *Fortsetzung des Physischen*. Ist dies nicht die Geburt einer Vereinigung des Realismus mit der Lyrik, etwas Neues und Wunderbares, das ich zu meiner Methode gemacht habe?

Allen bin ich zu höchstem Dank verpflichtet: Ihrer

Jugend, Ihrem Publikum und diesem bewundernswürdigen Gründgens, um den mein Schauspiel sich dreht wie um eine rote Säule.

Jean Cocteau

Seine Dankbarkeit für Gründgens war groß, doch das Ensemble und das Düsseldorfer Publikum schloß er darin ein. Die »unsichtbaren Fäden«, die sich zwischen dem Franzosen und dem Deutschen, zwischen Cocteau und Gründgens, spannten, erklangen plötzlich wie Saiten eines Instrumentes. Gründgens litt erneut an einem Ischias-Anfall mit starken Muskel- und Nervenschmerzen. Als Cocteau davon erfuhr, schrieb er an seinen »lieben Kardinal« einige Zeilen des Mitgefühls. Der Erfolg des *Bacchus* bedeutete ihm »herzlich wenig im Verhältnis zu Ihrer Gesundheit«. Dann bekannte er in ebenso prägnantem wie in innerlich teilnehmendem Stil: »Ich habe stets mehr durch das Herz als durch den Kopf gelebt. Für mich ist von Bedeutung die Gesundheit derer, die mir teuer sind – und zu denen gehören Sie.«

Gründgens dachte nicht nur immer wieder an die Berliner Zeiten zurück, sondern hielt auch Kontakt mit den alten Kollegen und Freunden an der Spree. Noch in Berlin hatte er es schwer ausgehalten, so plötzlich allein, bekannt, aber doch fremd zu sein unter den anderen Schauspielern. Er schrieb im März 1946 an unseren pompösen Charakterdarsteller Aribert Wäscher, der trotz seiner Beleibtheit so gern den Hamlet bei uns gespielt hätte. Er besaß genaue historische Unterlagen über Hamlets wahres Äußere, das er seiner Ansicht nach richtiger zur Schau trug als die bisherigen schlanken, feinen, bleichen prinzlichen Gestalten. Darüber hatte es durch die Jahre viele Diskussionen und auch Distanzierungen gegeben, die sich jetzt unter der Auflösung des Staatstheaterensembles und mitten am ungewissen Neuanfang für jedes ehemalige Mitglied normalisierten. So philoso-

phierte Gründgens im März 1946 schweren, aber doch
erleichterten Herzens in einem Brief an Wäscher:

Lieber Aribert! Es zieht sich alles so lange hin, bis ich
Dich sehe oder wir telefonieren, und es drängt mich doch
wirklich, Dir meine herzlichsten Grüße zu senden und
Dir nicht so sehr meinen Dank zu sagen als meine Freude
und tiefe Rührung über Dich. Wenn ich mir vorstelle, was
es für Dich bedeuten muß, eidesstattliche Erklärungen
abzugeben und Dich zum Kadi schleifen zu lassen – nun
weiß ich eigentlich nicht, ob ich lachen oder weinen soll,
daß Du es tatest und daß Du es so klug tatest.
Ich habe eine ganze Menge mit mir geschehen lassen
müssen und mich zum Schluß in meiner passiven Rolle
beinahe wohl gefühlt. Es ist auch eine Art Sicherheit,
wenn man sich sagen kann: Viel tiefer geht's nicht mehr.
Mein *come back* war dann leider etwas zu theatralisch, aber
meine Freude, daß das einzige, was ich in den letzten
Jahren ernst genommen habe, nämlich meine Beziehungen zu den Menschen, gestimmt hat, hat mich sehr glücklich gemacht und mir sehr viel Sicherheit gegeben.
Nun bin ich schändlicherweise gar nicht so sehr daran
interessiert, wie es weitergeht. Es ist sehr behaglich, mit
Maßen dahin gehen zu können, wo es einem gerade Spaß
macht. Führt ein Weg dabei über die Bühne, so ist es gut,
führt er aber erst nach Zeesen, so ist es besser. Ich will an
nichts mehr drehen, aber ich möchte sehr gerne gelegentlich mit Dir Skat spielen und mich mit Dir unterhalten.
Da ich dabei mindestens ebenso verlegen sein würde wie
Du, verspreche ich Dir, Dich außer diesem Brief mit
meinem Dank und meiner Herzlichkeit zu verschonen.
Beides aber und die freundschaftlichsten Gefühle emp-
finde ich sehr und grüße Dich sehr herzlich.

Dein Gustaf Gründgens

282

Die Sehnsucht nach Berlin war keine heimliche Bedrük-
kung, sondern Gründgens äußerte sich offen darüber in den
Garderoben und auf den Proben. Zeesen ging ihm nicht aus
dem Sinn. »Ich wäre vielleicht drüben geblieben, wenn sie mir Zeesen gelassen hätten«, sagte er später einmal zu mir. So sehr
hing er an diesem märkischen Idyll.

Aus Düsseldorf schrieb er an Wolf Trutz, diesen wertvol-
len Charakter- und Chargenspieler vom Gendarmenmarkt,
den er ja damals nach der Ausbombung und auch aus
Krankheitsgründen eingeladen hatte, ähnlich wie Paul Bildt,
nach Zeesen zu kommen und dort Wohnung zu nehmen. Es
ist ein sehr rückhaltloser Brief vom April 1949:

Lieber Wolf Trutz!
Die Kopie Ihres Briefes ist vor einigen Tagen in meinen
Besitz gelangt. Ich antworte Ihnen heute am Morgen nach
meiner Düsseldorfer *Faust*-Premiere, weil ich vorher einfach nicht konnte. Es war eine ungeheure Strapaze für
mich, vor allen Dingen, bis ich das doch noch ziemlich auf
Oper eingestellte technische Personal zu der Schnelligkeit,
Exaktheit und Lautlosigkeit gebracht hatte, die für uns
eine schöne Selbstverständlichkeit war und die hier zu
erreichen für mich aber eine große Kraftanstrengung
bedeutete. Ich glaube aber, daß es gestern ganz schön war.
Sehr erstaunlich und von Ihnen sicher skeptisch beurteilt
war die Leistung von Antje Weisgerber als Gretchen, mit
der ich in vier Wochen intensivster Arbeit sehr schön
weitergekommen bin.
   Wenn ich den Beibrief Ihres Hauptschreibens richtig
verstanden habe, so sehen Sie im Augenblick noch in
Berlin eine Möglichkeit, ohne zuviel moralische Belastung
zu arbeiten. Ich würde es, ehrlich gesagt, im Augenblick
auch begrüßen, und zwar einzig und allein aus dem

Grunde, weil ich mir selbst noch nicht ganz schlüssig bin, ob ich diese Sisyphusarbeit hier noch weiter auf mich nehmen soll, oder ob ich nicht – endlich einmal an mich denkend – mich aus der engeren Bindung an ein Theater lösen soll, was vom finanziellen und – wichtiger – gesundheitlichen Standpunkt eindeutig das Richtige wäre. Und dabei wäre mir bei der Zuneigung, die ich für Sie beide hege, Ihr Herkommen eine große moralische Verpflichtung.

Daß ich es prinzipiell mit Freude begrüßen würde, brauche ich nicht zu sagen. Vielleicht können Sie sich eine gewisse Übergangszeit, ohne sich fest in Berlin zu binden, halten. Wir wollen, worum ich Sie herzlich bitten möchte, über diesen Punkt miteinander in Fühlung bleiben.

Ich habe große Sehnsucht nach Berlin und nach Euch allen. Ich bin aber von hier aus kaum in der Lage, die Situation richtig beurteilen zu können. Ich bekomme laufend Angebote sowohl vom Deutschen Theater, als vom Hebbel-Theater, als von Barlog usw. und würde sehr gern eins dieser Gastspiele wahrnehmen, wenn ich nicht fürchten müßte, durch dieses Gastspiel nicht als Künstler gewertet zu werden, sondern als Plus oder Minus für die eine oder andere Seite. Und das ist eine Situation, der ich mich im Augenblick überhaupt nicht gewachsen fühle.

Ich bin sehr unglücklich über das scheinbar unvermeidliche Getöse, das sich immer um jeden Schritt von mir tut, und habe richtige Fluchtkomplexe. Vor meinen Augen steht eine kleine alte Windmühle am Niederrhein oder in Franken, von wo aus ich für kurze Zeit zum Broterwerb in die Welt eilen will. Aber schon während ich das schreibe, weiß ich, daß mir das doch nicht beschieden sein wird.

Sie verstehen bitte recht: Sie finden mich zu allem und jedem Freundschaftsdienst immer bereit. Und wenn die Situation für Sie so sein sollte, daß Sie sie nicht mehr

tragbar finden, so dürfen Sie meiner freundschaftlichen Hilfe auch jetzt versichert sein. Nur bin ich selber im Augenblick, was meine Person angeht, etwas schwankend, ob ich diese Riesenarbeit weitermachen und vor mir verantworten kann.
Sehr herzliche Grüße für Sie und Ihre liebe Frau
immer Ihr Gustaf Gründgens

Natürlich riß der Kontakt mit seinem ersten wirklichen Theaterdirektor in Hamburg, Erich Ziegel, und dessen Frau Mirjam nicht ab. Diese Familie gehörte zu den wenigen Schutzgeistern, die GG vor seiner Berliner Berufung mit offenem Visier, ja radikal über die verschiedenen Gesichtspunkte befragen durfte. Auf ihren Rat hin vollzog sich ja jene überraschende Zustimmung für Berlin.

Hier zwei Briefe aus Düsseldorf 1949, die die unverändert inhaltsvolle Freundschaft erneut bezeugen, einer an beide Ziegels, der zweite nur an dessen Frau.

Der erste Brief:

Liebe Mirjam, lieber Erich!
Heute erhielt ich einen Brief von Gustl Mayer, der vier Tage von Wien bis hier brauchte, und ich merke plötzlich, man kann schreiben.
Ich überlege es immer so, wenn ich einen Brief schreiben soll, den der Adressat nach vier, sechs oder acht Wochen erhält, daß in der Zeit von allem, was man zu berichten wußte, nichts mehr stimmt. So geschah das Schändliche, daß Ihr so lange nichts von mir gehört habt, was aber Charlie in Hollywood, Zack in Chile und Bernoulli in Basel ebenso geht. Man nimmt sich immer vor zu schreiben, und steht dann vor einer Entscheidung, die man noch abwarten will. So kommt man nicht dazu, nicht zu den einfachsten Grüßen. Manchmal taucht eine Wiener Zei-

tung auf, und ich lese von Euch und bin glücklich, daß Ihr gesund seid und viel Arbeit habt.

Ich habe hier sehr viel auf die Schultern genommen mit Oper, Schauspiel, Operette und allem Drum und Dran. Ich arbeite manchmal mehr, als es gut für mich ist. Gerade habe ich mich für 6 Tage aus dem Betrieb herausgezogen und mich in eine Art Hotel am Niederrhein gesetzt. Am 14. Januar hatte ich Premiere von *Tasso* mit Marianne als Prinzessin, die ganz wunderbar war und alles um sich herum zart und pastellfarben an die Wand drückte – den Endesunterzeichneten nicht ausgeschlossen. Und trotzdem war es eine schöne Aufführung und vor allen Dingen wunderbare Proben. Wenn ich es auch zweifellos vor 10 Jahren müheloser gekonnt hätte, so war es doch noch möglich, und mir lag daran zu zeigen, daß der *Tasso* nichts mit dem *Carlos* zu tun hat und daß es eine Tragödie des Geistes ist, die in strengen Maßen und Formen vor sich geht.

Mitte Februar fangen nun die Proben zu *Faust* an, den Hartmann wieder spielt und wozu Käthe Gold 14 Tage nach Düsseldorf kommt. Im September soll dann Edinburgh sein, wovon Ihr sicherlich gelesen habt. Irgendwelche Greuel, daß es nicht stattfindet, stimmen bis heute nach offiziellen Erklärungen nicht. Aber was wissen wir, was bis September alles passiert ist! Ich kann mich schon nicht entschließen, Projekte für länger als vier Wochen zu machen.

Ich denke so oft und in herzlicher Verbundenheit an Euch und hätte große Sehnsucht, Euch wiederzusehen. Ich hatte einmal um Lucies Adresse gebeten und würde sie zu gern haben. Tilly Wedekind, die neulich zu *Frühlings Erwachen* hier war, erzählte mir von ihrer Begegnung in Zürich, und ich möchte ihr zu gern einen Gruß schicken. Was möchte man nicht alles! Das heißt, ich möchte im

Grunde nur eins: meine Ruhe haben und Kunst machen. Doch schon das ist zuviel gewünscht.

Ihr werdet gehört haben, daß ich inzwischen schon wieder was geworden bin, nämlich Präsident des Deutschen Bühnenvereins, aber ich habe für alle zukünftigen Fragebogen gleich festlegen lassen, daß ich, als ich es wurde, nicht dabei war und daß ich es übernommen habe, bevor auch das anstatt in die Hände der Künstler in die Hände der Verwaltungsbeamten kommt.

Ich habe eine ganz hübsche Wohnung hier und lebe ganz friedlich und zurückgezogen, soweit das möglich ist. Es haben sich eine Menge von uns hier zusammengefunden, von Ehle und Peppel angefangen bis zu Seeck, Eckard und Herta Böhm, aber im Grunde sitzt man immer noch mit eingezogenem Kopf da und wartet auf die nächste Bombe.

Wenn einer von Euch einmal Zeit für ein paar Zeilen hat, wäre ich sehr glücklich, denn ich würde dann auch wissen, daß Ihr mir mein langes Schweigen nicht übelnehmt. Aber es ist tatsächlich so, wie ich anfangs sagte: Ich kann einfach nicht schreiben, wenn ich das Gefühl habe, daß der Brief erst dann ankommt, wenn alles, was ich darin gesagt habe, durch neue Ereignisse überholt ist und nicht mehr stimmt.

Ich sende Euch in unveränderter Liebe und Freundschaft herzliche Grüße.

Euer Gustaf

Aus Bad Wörishofen, wo er 1950 einen Kuraufenthalt nahm, schrieb Gründgens an Mirjam Horwitz:

Nein, den Hymnus hatte ich nicht gelesen. Ich habe Deinen Brief 2 Tage nicht aufgemacht, weil ich dachte, daß Du mich endlich anpöbeln würdest, denn so hätte es sich gehört, weil ich so lange nicht geschrieben habe. Aber vielleicht hast Du instinktiv gefühlt, wie ich mit Arbeit und einigen Sorgen überhäuft bin. Von der Arbeit wirst Du einiges gehört haben. Ich war am glücklichsten mit Hamlet, den ich jetzt endlich richtig und mühelos habe und von dem ich Dir ein Bild beilege. Kafkas *Prozeß* hat mich schrecklich gequält, aber es war eine sehr aufregende Sache. Nun sind wir gleich bei meinen Fragen.

Barnay will absolut, daß ich das Stück in Wien spiele. Ich habe überhaupt keinen Überblick mehr, was jetzt da los ist und ob eine gute Aufführung dort möglich ist. (Das Stück stellt zwar nicht an die Schauspieler, aber an die Technik ungeheure Anforderungen, selbst Gustl Mayer konnte nicht zu- und nicht abraten.) Sollte ich vielleicht versuchen mit meinem Ensemble zu kommen und dafür das Volkstheater mit einem typischen Wiener Stück, Raimund am besten, nach Düsseldorf einladen, oder soll ich es riskieren, als Saupreuße unter die Wiener zu gehen? An sich habe ich eine hübsche Pointe für Wien, z.B. daß ich das Burgtheater abgelehnt habe in der Nazizeit etc.; aber ich weiß nicht, das Stück ist kein Stück für eine Premiere, andererseits müßte ich lügen, wenn ich nicht sagte, daß das Stück hier ein Erfolg war und ich selbst sehr anständig.

Leider wurden meine Migräne-Zustände in der letzten Zeit wieder sehr viel scheußlicher, und nachdem irgend jemand entdeckt hatte, daß ich noch meine Mandeln habe, waren plötzlich die Mandeln an allem schuld. Also wurden sie am Tage nach der letzten Aufführung vom *Prozeß* herausgenommen. Was kein reizendes Unternehmen war, und sie erwiesen sich auch als ziemlich verpestet, und nun bin ich beim Pfarrer Kneipp. In den ersten 14 Tagen ging es mir scheußlich, zumal gräßliche Zahnfleischsachen hinzukamen; seit 3 Tagen bin ich optimistischer, und man hat ja sowieso gesagt, daß die Migräne im Alter aufhört, und vielleicht ist das jetzt soweit, ich habe nichts dagegen.

288

82   *Gründgens' zweite Altersrolle in Hamburg: der General Ramsay in Thomas Wolfes »Herrenhaus« (26. 1. 1956). Auch für diese Inszenierung zeichnete er verantwortlich wie schon 1953 bei der Uraufführung dieses Stückes in Düsseldorf. Den Sohn Eugene spielte Will Quadflieg. (vorhergehende Seite)*

83   *Die letzte Station: Intendant des Deutschen Schauspielhauses Hamburg 1955-1963.   Vorverkaufsschlange   für »Faust I«*

84/85   *Gründgens' durch die Verfilmung weltberühmt gewordene »Faust I«-Inszenierung hatte am 21.4.1957 Premiere. (»Faust II« folgte am 9.5.1958.) Wieder spielte er den Mephisto, Will Quadflieg war, alternierend mit Werner Hinz, der Faust und Elisabeth Flickenschildt (sowie Ehmi Bessel) die Marthe.*

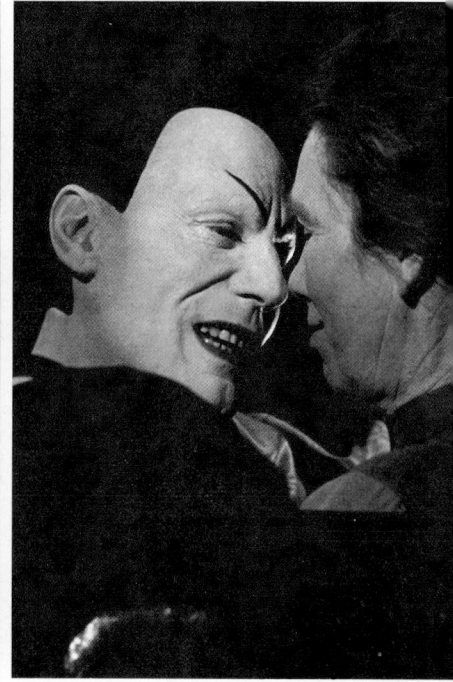

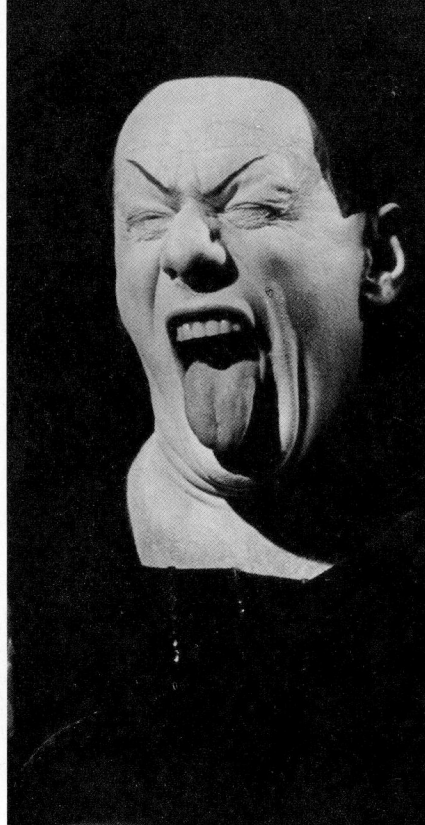

86–89 Ausdruckstudien von Gustaf Gründgens als Mephisto in »Faust«, 1. und 2. Teil,
Hamburg 1957/58 (diese und vorherige Seite)

90/91 Gründgens' Auftritt als Phorkyas in »Faust II« gab manchem Zuschauer wie ▷
auch dem Theaterkritiker Willy Haas Rätsel auf. Das Bühnenbild stammte von Teo Otto.
Ebenbürtige Partner: Gründgens und Quadflieg

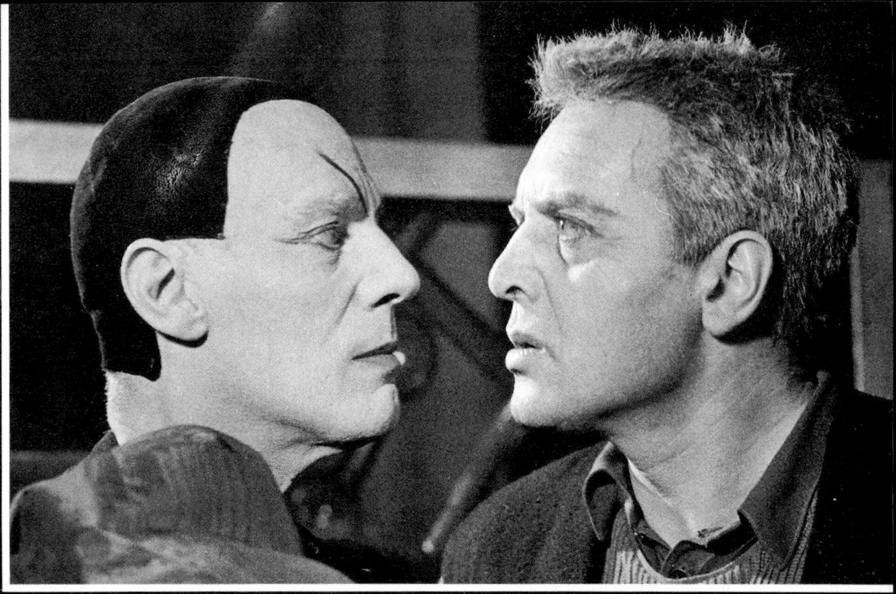

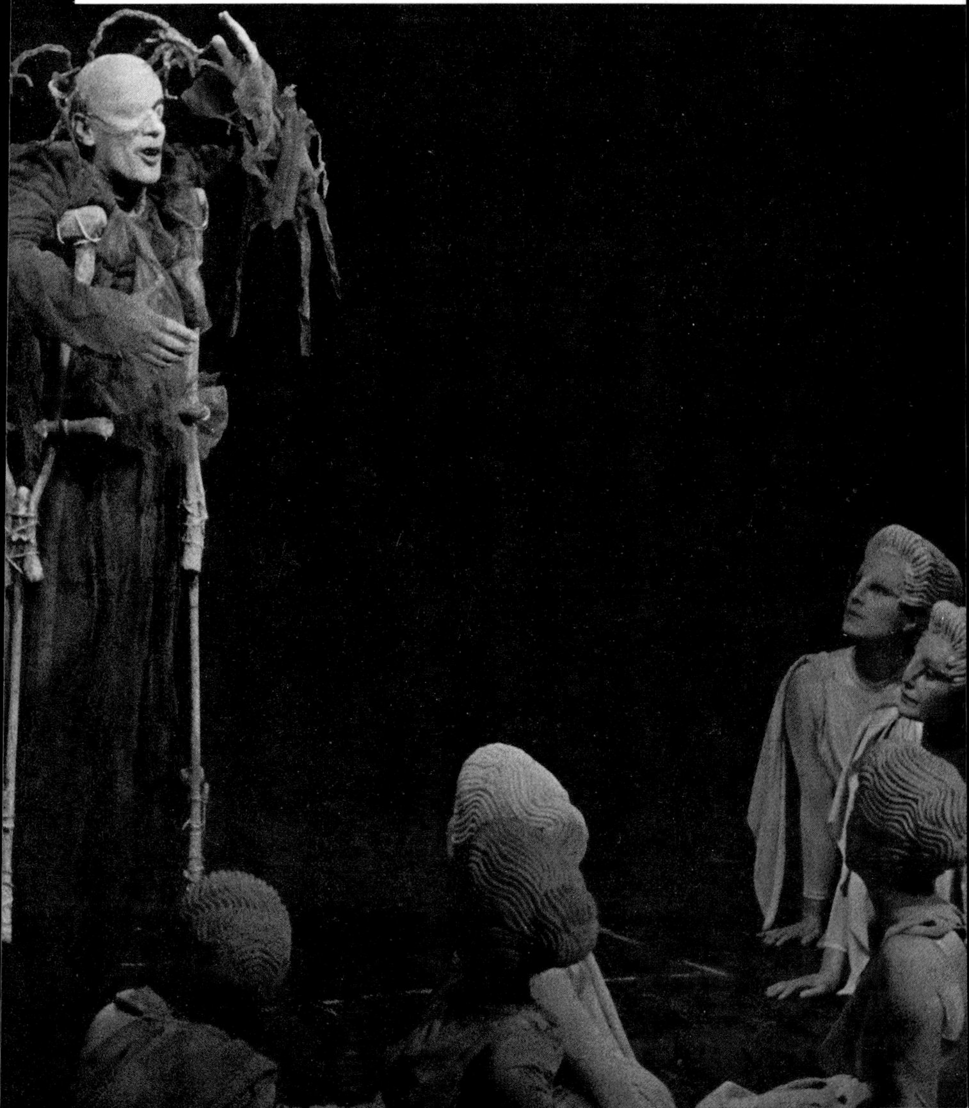

92 Ihre Wandlungsfähigkeit bewies Antje Weisgerber, als sie neben dem »Faust«-Gretchen in der Uraufführung von Curt Goetz' »Nichts Neues aus Hollywood« in einer modernen Konversationsrolle als Partnerin von Gründgens auftrat (12. 10. 1956, Regie: GG).

93 Eine ideale Besetzung ermöglichte Gründgens am 21. 11. 1959 die Uraufführung von Lawrence Durrells »Sappho«. Er inszenierte selbst mit Elisabeth Flickenschildt in der Titelrolle und Maximilian Schell als Phaon.

95 Unter Gustav Rudolf Sellner war Gründgens der Prospero in Shakespeares »Sturm« (21.10.1960).

97 Joana Maria Gorvin, von Fehling ▷ entdeckt, war Gründgens' Partnerin als Rhodope in seiner Inszenierung von Hebbels »Gyges und sein Ring«. Er spielte den König Kandaules (21.5.1960).

◁ 94 Archie Rice, der »Entertainer« von John Osborne: eine Bravourrolle des genialen Komödianten Gründgens. Für diese deutsche Erstaufführung holte sich GG den Regisseur Heinz Hilpert, seinen ehemaligen Berliner Intendanten-Kollegen (Deutsches Theater), aus Göttingen (29.9.1957).

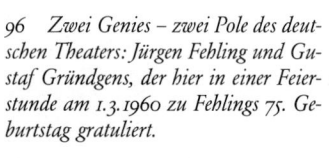

96 Zwei Genies – zwei Pole des deutschen Theaters: Jürgen Fehling und Gustaf Gründgens, der hier in einer Feierstunde am 1.3.1960 zu Fehlings 75. Geburtstag gratuliert.

98–100   *Zwei Filme drehte GG im Jahre 1960.*
Unter der Regie von Helmut Käutner spielte er eine seiner Lieblingsrollen, den Lord Boling-
broke, in der Verfilmung von Scribes »Glas Wasser«. Partner: Sabine Sinjen, Horst Janson
und Hilde Krahl. In seinem »Faust«-Film, der seine Bühneninterpretation des Mephisto
festgehalten hat, erschienen wieder Will Quadflieg als Faust und Elisabeth Flickenschildt als
Marthe. Ella Büchi war das Gretchen, Regie führte Peter Gorski.

101 Der Kreis schließt sich: In seiner viertletzten Inszenierung, die Hermann Bahrs »Konzert« galt (9.5.1962), gab Gründgens nun den alternden Pianisten-Star Albert Heink. Seine Partner: Marianne Hoppe als Frau Marie, Heinz Reincke als Dr. Jura – der Gründgens-Rolle von 1933 – und Sabine Hahn als Delfine

102 Gründgens mit seinem Adoptivsohn Peter Gorski bei den Dreharbeiten zum »Faust«-Film

*103 Die letzte Rolle: Philipp
II., König von Spanien, in
Schillers »Don Carlos« (Premie-
re: 20.11.1962, Regie: GG)*

Ich bin eigentlich nicht sehr froh und glücklich über Eure Situation. Das mit der Wohnung ist wirklich zu dumm, daß Ihr nicht ein paar Tage weg könnt, ist widerwärtig. Jedenfalls weiß ich es jetzt und werde nach einer Möglichkeit suchen, Euch für einige Zeit zu mir zu holen, wenn Ihr das wollt. Das kann ich allerdings erst in der 2. Hälfte der Spielzeit. Ich bin bis 19. in Wörishofen, Kuranstalt Sonnenbüchl, und vom 24. bis 31. gastiere ich in Hamburg mit *Hamlet* und ab September zunächst in Düsseldorf.

Laßt von Euch hören, auch was Ihr über das Wiener Gastspiel denkt. Natürlich kann ich kleine Wiener Passagen bringen, gegen Rheinländer haben sie auch nicht so viel, aber im Grund spreche ich hochdeutsch.

Grüße den lieben verehrten Erich und sei innig umarmt von

Deinem Gustaf

Aus den Schauspielschülern wurden Schauspieljünger, kommende, eigene Könner mit persönlicher Begabung und neuem Ausdruck.

Wie Lola Müthel war auch Antje Weisgerber bereits während der Schauspielschule in besonderen Rollen im Staatstheater aufgetreten. Ihre Verbindung mit Gustaf Gründgens riß nicht ab, zumal er sich ihrer sehr annahm. Nach kurzer Ehe hatte sie den verheißungsvollen Horst Caspar durch Tod verloren. Jürgen Fehling nannte ihn am Morgen des Tages, der dem Tod folgte, im Januar 1953 den »edelsten Schauspieler der Deutschen«. Er hatte nur ein kurzes Gastspiel auf Erden, als »Torhüter des Himmels und Freudenbringer«.

Gründgens verhalf Antje Weisgerber menschlich und künstlerisch zu einem neuen Anfang. Er formte und entwickelte sie. Aus diesen Bemühungen heraus ist der Brief zu verstehen, den GG im September 1958 schrieb:

Liebe Antje!
Zunächst einmal muß ich um Entschuldigung bitten, daß
ich unsere Salzburger Samstag-Verabredung nicht einhalten konnte. Es war so viel *trouble* und Umdisposition nötig
wegen der Verbeugungszicke, daß ich erst kurz vor der
Vorstellung nach Salzburg zurückfahren konnte und
trotzdem vier Tage meines Urlaubs deswegen verloren
habe...
Was die Notiz in der »Frankfurter Abendpost« angeht, so
ist sie nicht wahr und doch wahr. Nicht wahr, weil ich
weder mit H. K. gesprochen noch mit ihr korrespondiert
habe. Ich bin völlig inkognito für zwei Tage hier, habe sie
nicht gesehen und werde sie auch nicht sehen.
Wahr ist, daß ich nach der Arbeit an *Maria Stuart*, die ich
so kannte, wie man eben Klassiker kennt, große Bedenken
habe, ob es glücklich für Dich ist, jetzt schon die Maria
Stuart zu spielen. Über den letzten Akt brauchen wir gar
nicht zu reden. Aber sie ist historisch 45 Jahre alt gewesen, und ihre Reaktionen – sowohl die politischen im
ersten Akt als die dramatischen im dritten Akt – sind die
einer reifen, temperamentvollen Frau. Nun bist Du weder
unreif noch temperamentlos, aber wie sich das Stück
heute darstellt, ist es ein Geriß zweier alternder Frauen
um ein schönes Stück Fleisch. Alles andere ist heute nicht
mehr so interessant und müßte sehr zurückgedrängt werden... Wenn ich an die Schärfe und Präzision denke, mit
der Du beispielsweise *Venus im Licht* gespielt hast, oder an
Deine großen Ausbrüche in *Faust*, so sind das die Ausbrüche und Blankheiten eines jungen Mädchens, und nicht
die einer Frau, die den sechzehnten Liebhaber verspeist
hat und einen davon ermorden ließ...
Hier handelt es sich um eine rein künstlerische Frage, die
zwei alte Freunde, wie wir es sind, schon richtig lösen
werden. Ich fahre jetzt noch einmal weg, um mein Auge,

das einer Behandlung unterzogen werden soll, in Ruhe und ohne Ablenkung durch Bürokram zu kurieren...

Mir ist es (auch privat) diesmal in Madeira nicht gut gegangen, und den Brief, den ich mit der Hand hätte schreiben müssen, habe ich von Tag zu Tag verschoben, weil ich es nicht konnte. Auf jeden Fall werden wir uns spätestens in den ersten Oktobertagen sprechen. Bis dahin ist nichts Wesentliches geschehen.

Herzliche Grüße,
Dein Gustaf Gründgens

Wie Lola Müthel und Antje Weisgerber war auch Joana Maria Gorvin während ihrer Schülerinnenzeit im Spielplan des Schauspielhauses in größeren und großen Rollen eingesprungen und bereits selbständig aufgetreten. Schon als Elevin beherrschte sie in Billingers *Am hohen Meer* unter Fehlings Regie eine »liebliche Szene«, die zum Erfolg des zweiten Aktes wurde. Der große Spielleiter rühmte ihre Leuchtkraft als »herrlich«. Im ersten und im Todesakt der *Maria Stuart* fand er sie hervorragend. Für Fehling besaß sie ein »geheimnisvolles Etwas in ihrer hohen Kehle«. Für ihn war sie fernerhin »unendlich tänzerisch«. Vor Fehlings langer Nervenkrankheit und seinem Tod – im Schauspielhaus am Gendarmenmarkt inszenierte er von 1922 bis 1945 über hundert Dramen – folgte seine langjährige Gefährtin Gründgens' Ruf nach der letzten Intendantenresidenz in Hamburg. Aus einer diskussionsnötigen Situation im November 1960 ist ein Brief erhalten, der dem sorgsam redigierten, 1967 erschienenen Buch »Gründgens – Briefe, Aufsätze, Reden« von Professor Rolf Badenhausen, ehemals Chefdramaturg, Schauspieldirektor und Stellvertreter in der Leitung des Düsseldorfer Schauspielhauses, und Peter Gründgens-Gorski, dem Adoptivsohn, entnommen worden ist. Der Brief enthält ebenso dramaturgische Fragen wie Fragen des

Kostüms, auch persönlich Punkte wurden berührt. Dabei huldigt der Absender bei allem kritischen Ernst der Aussprache der »Einmaligkeit« von Joana Marie Gorvins Talent.

Der Text eines für Gründgens charakteristischen Briefes – aus der bevorstehenden dritten Periode, der Hamburger Generalintendanz – an Frau Gorvin lautet:

Liebe Joana!
Jeder Krach ist ungerecht, also auch der meine gestern. Zwei Operationen innerhalb einer Woche und der unerwartete Tod meines engsten Mitarbeiters mögen ihn etwas entschuldigen.

Ich gebe Ihnen in jeder Zeile Ihres Briefes bis auf einen Punkt recht. Ich kenne kaum eine Schauspielerin, die so ernsthaft probiert, die sich soviel Gedanken um alles, was mit ihrer Rolle zusammenhängt, macht, und deren Intuition und Intelligenz so harmonisch miteinander übereinstimmen. Und so ist die Arbeit mit Ihnen ein reines und hochkünstlerisches Vergnügen. Ich finde das Resultat unserer Proben ein absolut höchstrangiges und bin sehr beeindruckt, wie es Ihnen gelungen ist, Ihre und meine Auffassung zu verschmelzen.

Ein Wort Ihres Briefes hat mich stutzig gemacht, nämlich, wenn Sie schreiben »warum machen Sie mich mißtrauisch?« Was mag das sein, und welches Erlebnis ist es, das Sie mißtrauisch machte, denn Sie waren es auch schon vor diesem törichten Krach, nicht gegen mich, sondern gegen die Umwelt, Ihre Umwelt – und das verstehe ich nicht ganz; hier im Hause ist Ihre Position völlig unangefochten, und jedermann bringt Ihnen den Respekt entgegen, den Sie zu beanspruchen haben. Niemand verschließt sich der Einmaligkeit Ihres Talentes, und es bedurfte bisher keines Eingreifens von mir – in welcher Richtung auch immer –, um Ihre absolute Erstrangigkeit zu dokumentieren. Ich hätte dieses Thema von mir aus einmal angeschlagen.

Der einzige Punkt, worin wir nicht konform gehen, sind die Kostüme. Weder im *Seidenen Schuh* noch im *Gyges* noch gestern haben Sie mich überzeugt. Aber ich habe mir immer gesagt, was macht solch eine Geschmacksfrage angesichts der großen Gesamtleistung, die Sie jedesmal zu bieten haben. Ich möchte doch nur eines: daß das Kostüm Ihnen zusagt, daß Sie sich in dem Kostüm wohl fühlen und daß es Sie in Ihrer Darstellung unterstützt. Tut es das, dann stelle ich meine eigene Meinung gern zurück.

Ich habe von Munch und von der äußeren Erscheinung der halb als Mann, halb als Weib erzogenen Julie eine andere Vorstellung. Es machte mir nichts aus, Ihnen an jenem besonders hübschen und entspannten Sonntag-Vormittag entgegenzukommen. Gestern plötzlich schien mir die Diskrepanz unvertretbar. (So unvertretbar wie meine Reaktion darauf.)

Aber ich kann doch nur Reaktionen haben, die *für* Sie sind, nach meinem besten Wissen. Ich werde Ihnen heute nach der Probe ganz offen sagen, ob das Kostüm mich überzeugt hat oder nicht.

Was Ihre augenblickliche Beziehung zu Fräulein Julie angeht: nehmen Sie sie bitte als ein Probenstadium und nichts anderes. Sie gleicht ungefähr der meinen vor der Arrangierprobe. Noch nie hat jemand auf einer ersten Probe alle meine Bedenken so völlig zerstreut wie Sie mit dem, was Sie von sich aus auf die Probe mitbrachten. Heute teile ich Ihre Besorgnisse nicht mehr, denn Sie spielen mehr, als ich erwarten konnte, alle Voraussetzungen, die zum Verständnis dieser Rolle nötig sind; und so bleibt als Haupteindruck für mich merkwürdigerweise: Sie wirken rührend; anrührend. Also diese Bedenken sollten Sie nicht mehr haben.

Ich hoffe jedenfalls, daß wir noch oft zusammenarbeiten können, denn es gibt zu wenige Schauspieler, mit denen man sich so mühelos verständigen kann.

Ich grüße Sie herzlich und freue mich auf die kommenden Proben.

Ihr Gustaf G.

Die Kavaliersmaske von einst
wird zum tragischen Menschenantlitz

Wallenstein und Philipp II. in Hamburg,
der Todesengel und das letzte Paradies

Sie trafen sich irgendwo in einem Waldstück, mehrere Kilometer von Düsseldorf entfernt, der Künstler und der Kultursenator. Zunächst stieg der eine in den Wagen des anderen, und sie redeten miteinander, nach geraumer Zeit spazierten sie durch das erste Grün, ruhigen Schrittes, doch in bewegter Aussprache. Ein Duft von leise sprießender Natur in diesem Teil des Grafenberger Waldes nahe der Rennbahn. Es ging um GG's Abschied von seiner achtjährigen Tätigkeit in der rheinischen Hauptstadt. Eine wechselvolle, stürmische Zeit, aber auch eine Zeit des Gelingens und der erneuten Bestätigung seines genialischen Einsatzes – trotz mancher Leidensperioden, die ihn fast körperlich hinfällig erscheinen ließen. Sein Kopf blieb trotzdem in härtester Drangsal völlig klar, geistig gesund und von nicht erlahmender, geradezu erhöhter Leistungsfähigkeit, die einzelne Außenstehende und Klatschmäuler bezweifelten.

Seit Monaten fühlte sich Gründgens einigermaßen gesund. Keine Koliken, keine Kopfschmerzanfälle, kein Unwohlsein. Er sah besser aus und benahm sich aktiv und vielseitig. In dieser Zeit traf er die Entscheidung über den Abschied von Düsseldorf.

Schon im vorigen Jahr, 1954, hatte er offiziell verlauten lassen, daß er den ablaufenden Vertrag auf keinen Fall verlängern würde. Es erschien ihm »ein Gebot der Fairness«, das dem Regierungspräsidenten mitzuteilen, »wo die Dinge noch im Flusse sind und die Stadt Düsseldorf mein Ausscheiden in ihre Pläne einkalkulieren kann«.

Das letzte Vierteljahr seiner achtjährigen Tätigkeit in Düsseldorf hatte unter einem unglücklichen Stern gestanden. Die angekündigte *Phädra* mußte wegen Erkrankung von Elisabeth Flickenschildt und dann von Sybille Binder ausfallen. Presse-Vorwürfe über seinen Spielplan nannte er Beleidigungen, weil sie den Tatsachen nicht entsprachen. Von den Theaterkritikern genierten sich einzelne nicht, durch »gereizte, vielfach giftige« Besprechungen aufzufallen. Als eine Vorstellung wegen seines »labilen Zustandes« unterbrochen werden mußte, unterstellte man, daß Gründgens weitere Aufführungen nur »mit ärztlicher Unterstützung bewältigen« könnte.

Schließlich waren acht Jahre Düsseldorf eine schöne, aber auch lange, ausgedehnte Zeit. Er zitierte gern den bedeutenden Theaterleiter Heinrich Laube, Direktor des Wiener Burgtheaters vor hundert Jahren, der zu der Erkenntnis gekommen war: Nach zehn Jahren hat der Intendant eigentlich alle Stücke durchinszeniert und sollte abgehen... Bereitete sich jetzt im Wald bei Düsseldorf ein neuer, dritter Anfang vor?

Von Hamburg hatte er durch den Kultursenator Dr. Biermann-Ratjen einen sehr günstigen Antrag auf Übernahme der Leitung des Deutschen Schauspielhauses erhalten. Gründgens war darauf eingegangen, weil er glaubte, noch manches auszusagen zu haben. Das wichtigste: die Schauspieler zu überzeugen, daß Geldverdienen zwar eine schöne Sache sei, aber daß »sie ihr künstlerisches Kapital sehr schnell verwirtschaften, wenn sie nicht den Halt in einem Ensemble haben«.

Mit Ratjen blieben entscheidende, wenn auch restliche Fragen zu besprechen, die bei dem unauffälligen Besuch des Kultursenators möglichst vollständig geklärt werden sollten.

Gab sich Hamburg mit einer Anlaufzeit von einem halben

Jahr einverstanden? Dann erst wollte Gustaf Gründgens sein endgültiges Ja geben. Sein »Freiheitsbedürfnis« war durch die Erlebnisse in den letzten zwanzig Jahren »bis zur Raserei gesteigert«. Komplikationen sah er bereits in der Übernahme von Stücken seines Vorgängers in Hamburg, die ihm alle mißfielen. Hätte er das gleich gewußt, würde er die Verhandlungen sofort abgebrochen haben. Das sagte er sehr deutlich.

Hamburg war ja ein Platz, wo Überraschungen und Neuigkeiten am Theater möglich waren. Was hatte sein alter Freund Ziegel nicht alles an der Alster erprobt? Die gesamte moderne Dramatik von Wedekind bis Sternheim. Gründgens spielte damals schon Hamlet, Mephisto, Danton und Gessler. Es hört sich wie ein Vorprogramm für Berlin an. Ziegel entdeckte in dem 27jährigen die Begabung zu einem musikalischen Regisseur. Er ließ ihn Offenbachs *Schöne Helena* inszenieren, von heute aus gesehen mutet das wie ein Vorspiel zu dem Vertrag mit Heinz Tietjen über die *Figaro*-Regie in der Berliner Krolloper 1932 an. Er erneuerte den Text der *Schönen Helena* und besetzte die klassische Operette modern, was die Hamburger mit gutgelauntem Beifall aufnahmen. Das war vor dreißig Jahren möglich. Und jetzt sollte er bloße Unterhaltungsstücke oder abgelebte Dramen des Naturalismus aufführen? Durch eigene Erkundigungen hatte er das erfahren, ohne daß es sein Verhandlungspartner von sich aus genannt hatte. Vielleicht konnte sich dieser gar nicht vorstellen, was das für einen Nachfolger vom Range Gründgens' bedeutete. Dieser wehrte sich entschieden gegen diese dramaturgische Erbschaft. Das konnte ihm nicht zugemutet werden. Er wollte in der ersten Hamburger Pressekonferenz mit eigenem Spielplan erscheinen, auch mit selbständigen Ergänzungen des Ensembles. Sein neuer Geist sollte nicht nur materiell angesprochen, sondern auch künstlerisch ausgesprochen werden. Wichtig war vor allem, daß bei ihm richtiges Theater gespielt werden würde. Ob gut oder schlecht, das sollten jene beurteilen, die sich dafür zuständig hielten.

Dieses abgedeckte, gesicherte Gespräch im Wald bei Düsseldorf klärte nicht alle Fragen. Der Kultursenator, dem es sehr darauf ankam, Gründgens für den einstigen Platz seines jungen Ruhmes bei Ziegel zurückzugewinnen, würde schreiben. Kein Zweifel, daß man sich einigen würde, meinte er liebenswürdig.

Einige Monate vergingen, bis Gründgens August 1955 die Leitung des Deutschen Schauspielhauses als dritte Intendanz seines künstlerischen Lebens übernahm.

»Machen Sie in Ihrem Privatleben, was Sie wollen, aber bringen Sie mir den Alltag nicht auf die Bühne.«

Gleich am Tag seines Antritts rief der neue Generalintendant sämtliche Mitglieder des Hauses zusammen und begrüßte sie mit einer ausführlichen Rede, aus der wichtige Stellen hier angeführt werden:

Einem Mann, der mehr als 20 Jahre Theaterleiter ist, wird der Geist des Hauses und die Mentalität der einzelnen Mitglieder nicht lange verborgen bleiben, zumal ich gleich zu Anfang auf den Proben Gelegenheit haben werde, Sie kennenzulernen. Auch Sie werden mich und meine Art zu arbeiten bald erspüren.

Aber da ist etwas, was ich Ihnen gleich zu Beginn unserer gemeinsamen Arbeit sagen möchte, etwas, das Sie zum Verständnis vieler meiner Handlungen wissen sollten:

Wenn man, wie ich, an die dreißig Jahre in vorderster Front am Theater gewirkt hat, ist man unweigerlich einer Art Legendenbildung ausgesetzt, einer Legende, die sich immer mehr von einem selbst loslöst, besonders dann, wenn, wie in meinem Fall, diese Legendenbildung in einer entscheidenden Phase meines Lebens von außen bestimmt und gelenkt worden ist. Ich denke mir manchmal, wenn ich meiner Fama auf der Straße begegnen würde, ich würde mich selbst nicht erkennen. Und dieser ständige Spagat zwischen Fama und Realität verschlingt viele Kräfte.

Ich habe nie Intendant werden wollen und habe mich als Intendant immer als *primus inter pares* gefühlt, das heißt als ein Schauspieler, dem die Verhältnisse die Leitung von Theatern aufzwangen...

Es ist für jedermann leicht einzusehen, daß auch ich mich in den »Grünen Wagen« setzen, eine Tournee machen, einen Film drehen und mir dabei in viel weniger Zeit eine sehr glückliche finanzielle Basis schaffen könnte. Wenn ich wiederum den schwereren, arbeitsreicheren Weg der Leitung eines so bedeutenden Hauses, wie es das Deutsche Schauspielhaus ist, beschritten habe, so bitte ich Sie, darin nicht eine Frage des Ehrgeizes zu sehen. Die Wünsche und Erwartungen, die ich als junger Schauspieler hegte, haben sich, wenn auch anders, als ich es mir gedacht hatte, längst erfüllt. Es war einzig und allein eine Frage meines Verantwortungsgefühls vor dem deutschen Theater, das mich diesen Schritt tun ließ. Und nur, wenn Sie sich das vor Augen halten, werden Sie mich richtig verstehen können.

Das heißt nun nicht, daß ich dieses Theater mit jenem anspruchsvollen Ernst zu führen gedenke, der ein Feind jeder Kunstausübung ist. Aber ich zeige Ihnen ganz bewußt die Stelle auf, an der ich verletzlich bin. Wie immer ich mich geben mag, und wie entspannt und heiter und kameradschaftlich unsere Zusammenarbeit werden wird: Dieses Verantwortungsgefühl, das mir oft als eine Last erscheinen will, beherrscht mich völlig und sollte nicht angetastet werden. Ich zweifele keinen Augenblick daran, daß unsere Zusammenarbeit eine harmonischè sein wird, denn wir haben alle das gleiche Ziel: das Wohlergehen und die künstlerische Weiterentwicklung des Deutschen Schauspielhauses in Hamburg...

Ich habe mich, was mich persönlich angeht, bei der Gestaltung des Spielplans des ersten Jahres bis auf zwei Uraufführungen auf Werke zurückgezogen, die ich zwar für Standardwerke des Theaters halte, die mir aber nicht fremd sind. Ich habe das getan, um Kopf und Herz möglichst frei zu haben für den Gesamtbetrieb und mich der Mentalität der Stadt, die ich zwar aus meinen glücklichsten Theaterjahren kenne und im Gefühl zu haben glaube, aufmerksam anzuschmiegen. Das muß in diesem ersten Jahr meine Hauptaufgabe sein. Glauben Sie bitte nicht, daß ich hierher komme, um sozusagen mit der linken Hand das Deutsche Schauspielhaus zu leiten. Im Gegenteil! Die Übernahme eines so traditionsreichen Hauses ist für mich Gegenstand ernster Sorge und Selbstkritik gewesen. Ich habe auch – um es gleich zu sagen – nicht den Ehrgeiz, aus dem Deutschen Schauspielhaus in Hamburg das beste Theater in Deutschland zu machen. Nach dem vorläufigen Ausfall Berlins als dem gewachsenen und gegebenen Theaterzentrum sollte sich das beste deutsche Theater auf möglichst viele deutsche Städte verteilen. Aber ich habe die Ambition, eines der besten Theater zu leiten, eines, das der Hansestadt Hamburg würdig ist, das heißt, ich will nicht vergessen, was in diesem Hause seit seiner Gründung geleistet worden ist, und ich möchte an die beste Tradition des Deutschen Schauspielhauses anknüpfen...

Wir sollten ebenfalls getrost von den großen Theaterleitern, Regisseuren und Schauspielern unserer Vergangenheit lernen. Sie wissen, daß ich fünf unvergeßliche Jahre unter Erich Ziegel gearbeitet habe, dessen Theater mir jetzt noch moderner vorkommen will als manches, was sich heute als zeitgemäß gebärdet. Und wenn die schöpferische Ungeduld unserer Theaterjugend in ihrer produktiven Unzufriedenheit mit den Worten Baccalaureus' spricht: »Das ist der Jugend edelster Beruf, die Welt, sie war nicht, eh' ich sie erschuf!«, denke ich an die wildbewegten Zeiten bei Erich Ziegel und antworte mit Mephisto im stillen: »Wenn sich der Most auch ganz absurd gebärdet, es gibt zuletzt doch noch e' Wein.«

Es gibt keine Vorstellung, aus der sich nichts lernen läßt. Man hat neulich einmal gesagt, das neue Theater könne nur in den Katakomben entstehen. Ein Paradoxon in einer Zeit, wo die breite Masse das Theater für sich entdeckt. Ich habe nichts gegen Katakomben, aber ich bin sehr dagegen, deswegen beispielsweise das Deutsche Schauspielhaus in Hamburg zu schließen.

In allen Kunstgattungen, in der Architektur, in der Malerei, in der Musik, wird um die neue Form gerungen. Aber wenn ein Schauspieler, ein Regisseur oder ein Theater nach seiner Form strebt und sich ihr annähert, heißt das plötzlich nicht mehr »Form«, sondern »Formalismus«, »Manierismus«, wenn Sie wollen, und die Bahnhofsgespräche über das Theater wollen kein Ende nehmen.

Das alles ist letzten Endes nur ein Zeichen für die Lebendigkeit des Theaters und für das Interesse, das man dem Theater entgegenbringt.

Wenn ich Ihnen das hier heute erzähle, so darum, um Ihnen zu sagen: Genieren Sie sich bitte nicht, einen Satz richtig zu betonen. Es ist nicht Formalismus! Genieren Sie sich nicht, eine Rolle sicher in den Griff zu bekommen und zu beherrschen. Es ist nicht Manierismus! Genieren Sie sich nicht, geschickt, schnell und leise umzubauen. Es ist eine gesunde Perfektion! Erstreben Sie mit dem göttlichen Handwerk, das Ihnen gegeben ist, Ihrem Körper und Ihrem Geist, das denkbar Beste. *Sie werden immer noch von der Vollendung weit genug entfernt sein, um sich weiterentwickeln zu können.* Ich vermag nicht einzusehen, warum unser Beruf der einzige sein soll, in dem Können leicht verdrängt ist. Daß ich hier nicht leerer Routine das Worte rede, muß ich wohl nicht betonen. Aber ich würde wünschen, daß die drei Stunden, in denen wir abends unseren Beruf ausüben, festliche Stunden sind, besondere Stunden für jeden von uns. Nur dann werden sie besondere Stunden für den Zuschauer sein. So, wie ein Logenschließer, der seine Tür laut ins Schloß fallen läßt, ein schlechter Logenschließer ist, so, wie ein Beleuchter, der im entscheidenden Augenblick die Szene nicht richtig ausleuchtet, ein schlechter Beleuchter ist, so ist ein Schauspieler, der sein Handwerk nicht beherrscht, ein schlechter Schauspieler.

Helfen Sie mir, die Festlichkeit, die dann entsteht, wenn wir der Kunst mit ganzem Herzen dienen, auf *alle* Vorstellungen dieses Hauses auszudehnen. Ich halte wenig von festlichen Premieren. Ich bin sehr glücklich über eine festliche 20. Wiederholung einer Aufführung. Mein Bestreben wird sein, soweit es der Etat irgend zuläßt, die Unzahl der Vorstellungen einzuschränken.

Bei drei Vorstellungen am Tag will selbst der Bühnenboden nicht mehr mitspielen. Es ist einfach nicht möglich, diese Hochstimmung, von der ich spreche und die für mich die Existenzberechtigung des Theaters beinhaltet, am Sonntag um 12, am Sonntag um 3 und am Sonntag um 8 zu erzeugen. Das kann wohl einmal sein, im Prinzip läuft es auf eine würdelose Massenabfütterung hinaus.

Machen Sie in Ihrem Privatleben, was Sie wollen, aber bringen Sie mir den Alltag nicht auf die Bühne. Sehen Sie zu, daß diese Bretter, auf denen Sie agieren, *wirklich für Sie die Welt bedeuten!* Schließen wir uns fest zusammen, lassen wir alle Sonderwünsche beiseite, denken wir immer daran, daß die Bühne das Herz jedes Theaters ist. Nehmen Sie auch die neuen Mitglieder freundschaftlich in Ihren Kreis auf. Es sind gute Kameraden, die Ihnen zum großen Teil von früher her bekannt sind...

Nur die Praxis kann uns lehren, ob ich als Leiter des Deutschen Schauspielhauses der geeignete Mann bin. Die Verhandlungen, die zu diesem Ziel führten, waren denkbar einfach, denn keiner der Verhandlungspartner hatte ein Parteibuch oder einen Revolver bei sich.

Nur einen Bericht über eine Äußerung habe ich gelesen. Da hat jemand gesagt, ich sei auch kein Wundermann. Da kann ich nur aus vollem Herzen zustimmen. Ich würde es mir sehr verbitten, hier als Wundermann zu gelten. Ich bin zeit meines Lebens ein harter Arbeiter gewesen, dem nichts in den Schoß gefallen ist. Das hat mich aber noch nie gehindert, meine Arbeit mit Vergnügen und guter Laune zu tun. Und diese gute Laune ist es, die wir uns bei unserer Zusammenarbeit erhalten wollen.

Meine Bitte an Sie ist: Kommen Sie mir unbefangen und unvoreingenommen entgegen, so, wie ich unbefangen und unvoreingenommen an Sie herantrete. Dann werden wir eine gute und der Kunst und dem Theater dienliche Zeit miteinander haben...

Zum Anfang des Rollenrepertoires in Hamburg 1955 stand der Wallenstein. Von Rehbergs historischem Preußendrama zu Schiller. Das hatte Gründgens schon in Berlin angestrebt, wo der Epilog seiner Staatstheaterzeit, gegen Ende des Krieges 1944, im angebombten Schauspielhaus Schillers *Räuber* war. Er wiederholte sie in Düsseldorf 1952 und gab sie insgesamt sechzigmal, wobei die Modernen,

Sartre, Kafka und Eliot, im Spielplan als die Vorläufer gelten können.

Seine Antrittsrolle in Hamburg war nun Wallenstein. Die erste Altersrolle, wie er sagte. Er entwickelte sie sogar in zwei Phasen. Zunächst weniger energisch, dann nach Jahren bei der Wiederaufnahme kräftiger. Der Generalissimus schien bei ihm sehr krank. Das war historisch richtig, aber selten so auffällig geworden wie hier, auch nicht in Düsseldorf, wo er den Wallenstein zum erstenmal gespielt hatte.

Zur Überraschung für das Publikum ging Wallenstein am Stock. Ein Heerführer dieses Formats behindert? fragten sich die Zuschauer und vergaßen Friedrich II. von Preußen, wie überhaupt der Stock zum Requisit mancher Marschälle gehörte. Statt einer Gerte der Stock. Oder wollte Wallenstein damit sein Doppelgesicht wahren, um Ruhm, Opfer und Unentschiedenheit auf dem Schlachtfeld vergessen zu machen?

Der Stock diente Gründgens zur Auskunft über Wallensteins jeweiligen Zustand. Er nahm den Stock nicht immer, um über seine Krankheit hinwegzutäuschen. Auf der Szene gab es entscheidende Augenblicke, wo Wallenstein den Stock ergriff und andere, wo er ihn fortlegte. Nicht die Benutzung des Stockes war wichtig, sondern das Fortlegen, um sich nicht mit seinen fünfzig Jahren schwächlich zu zeigen.

Von Schiller ausgehend drängte Gründgens mehr zu dem historischen Wallenstein, nicht zu einer dichterisch, dramatisch zufälligen, imposanten Theaterfigur aus der Weltgeschichte. Seine Vorgänger auf der Bühne vor hundert Jahren – Friedrich Mitterwurzer, Adolf Sonnenthal, Adalbert Matkowsky – brachten mehr Ausbrüche an Gefühl.

Werner Krauß in unserem Jahrhundert spielte den astrologischen Generalissimus als soldatische Majestät, zwischen

Andacht und Verzückung. Zwischen Schlafen und Wachen ging er umher und begrub wie ein Schatten seine Umgebung.

Gründgens' Wallenstein dagegen verhielt sich seinem Schicksal gegenüber taktisch, mehr abwartend als zupakkend. Er stellte sich den Ereignissen, ob mit Niederlagen oder mit Leiden, nicht auflehnend in der Auseinandersetzung mit der höheren Macht. Er erkannte, daß auch diese Rolle mehrere Zugänge besaß und verschiedene Deutungen zuließ. Wie ein Theaterwissenschaftler, der Theaterpraktiker geworden war, erklärte er: »Wallenstein ist eine Rolle, mit der man in seinem Leben nicht fertig werden kann, die man immer wieder von neuem angehen muß.«

Sollte er den Lear oder den Macbeth übernehmen? Sein Wesen drängte zu diesen tragischen Naturen. Er wollte sie neu modellieren. Es sollte ihm versagt bleiben. Das einzige waren Vorbesprechungen mit Fritz Kortner als Regisseur. Es kam nicht mehr zu Proben und Aufführungen.

Statt dessen stieg sein Stern auf als König Philipp II. im *Don Carlos*. Wie in den hohen Berliner Zeiten stellten sich die Hamburger nachts an der Kasse an, um Karten zu erhalten. Auswärtige Besucher der Hansestadt strömten ins Haus. Was lag da in der Luft? Betraf es Schiller oder Gründgens' Rolle als Gebieter über sechs Königreiche? Schon auf Wallenstein war man sehr gespannt gewesen. Seine Rittmeister-Figur, wie es Rudolf Augstein einmal genannt und das Bild noch verdeutlich hat: »... mit der Kraft eines Akrobaten«, verschwand förmlich hinter seiner geistigen Ausstrahlung – ganz anders als Werner Krauß mit seinem mimischen Bann.

Was war an diesem König und Tyrannen? Würde man es ihm ansehen, daß er mit der Krone zu Bett ging, wie es Schiller über Corneille gesagt hat?

Allein dieses Antlitz! Fast unkenntlich, hager, nicht häß-

lich, durchgebildet, innerlich und äußerlich in Bild, Gebärden und Ton, wie überhaupt seine Altersrollen die ehemalige Glätte und »Interessantheit« seiner Kavaliersrollen in
Film und Bühne völlig vergessen machen. Diesem Philipp
steht seine Unberechenbarkeit im Gesicht, seine Kälte und
Unnahbarkeit, seine Raserei und seine Leidenschaft, das
Verzehrt- und Zerrüttetsein von Unglück und Glück und
Grausamkeit und dann seine Verschlossenheit, seine Milde,
die oft aus seinem Brüten kommt – diese seelischen Nuancen
halten sich so direkt beieinander wie selten bei einem Schauspieler. Man kann sie selbst im Sekundenspiel verfolgen.
Über allem die Selbstgespräche der Einsamkeit, nicht fröstelnd, sondern erschauernd, weil der Hunger nach Ruhe,
Milde, ja nach Liebe erschütternd deutlich wird.

Vor diesem Philipp erinnerte Gründgens noch mit seinem
Mephisto an den Weg einer Rolle durch fast vierzig Jahre
und brachte beide *Faust*-Teile ab 1957 in Hamburg. Zusätzlich neben dem Philipp II., aber vor ihm in den Spielplan
aufgenommen, die Altersrollen Kandaules in Hebbels *Gyges
und sein Ring*, der General Ramsay in Thomas Wolfes *Herrenhaus* und der Prospero in Shakespeares *Sturm*. Eine Überraschung für Kenner war sein Wechsel vom Dr. Jura zum
Albert Heink in Bahrs *Konzert*, vom jüngeren zum älteren
Mitspieler, in jenem Stück, das ihn vor dreißig Jahren in die
verheißungsvolle Nähe seines Starts als Theaterleiter gebracht hatte.

In seinem Schatten aber machte sich Unruhe breit, und er
vermochte sie selten abzuschütteln. Einmal klagte er vor
Kollegen in seiner Hamburger Garderobe: »Ich kann, ich
kann es nicht glauben, daß es Berlin nicht mehr gibt.«

Ein vierzeiliger Brief vom April 1957 darf aus seinem
Leben als erster Schauspieler seines Hamburger Theaters
nicht übersehen werden. Er enthält Stil, Selbsteinschätzung

und gemeinnützige Verantwortung. Der Verwaltungsdirektor im Hause empfing die Mitteilung:

»Die gestrige Aufführung von Curt Goetz' *Nichts Neues aus Hollywood* hat das Einnahmesoll nicht erreicht. Aus diesem Grunde bitte ich, von einer Überweisung des mir zustehenden Auftrittshonorars [als Cliff Clifford] Abstand zu nehmen.«

Charakteristisch für GG ist auch ein Brief an Heinz Tietjen, den ehemaligen federführenden Generalintendanten der Preußischen Staatstheater und später wiederum Hamburger Gründgens-Kollege als Intendant der Hamburgischen Staatsoper in den fünfziger Jahren. Erinnerung an gemeinsame Berliner Zeiten, Dank und Gruß mischten 1958 sich unversehens in einen Brief, der Gründgens scheinbar so aus der Feder floß, aber im Adjektiv wie im Komma auf das Bestimmteste gesetzt war. Es hieß darin: »Seit ich Sie kennenlernen durfte, sind Sie mir immer gleichbleibend ein guter Freund, ein guter Ratgeber und in einigen lebensgefährlichen Augenblicken ein Helfer gewesen, wie ich einen zweiten nicht hatte.«

Darauf antwortete Tietjen – und er bezog sich dabei auf die Übernahme der Intendanz des Schauspielhauses am Gendarmenmarkt durch GG –, er finde es »bewundernswert, wie dieser junge Mann [immerhin 35, ein Jahr jünger als der erste Generaldirektor der Königlichen Schauspiele, August Wilhelm Iffland] preußische Pflichten erkannte und übernahm«. In seinen Kurzmemoiren erklärt der scharf beobachtende, stets abgedeckte und bekanntlich phonotechnisch begleitete Tietjen: »Ich habe an Gründgens niemals eine Enttäuschung erlebt, außer den allzu menschlichen Dingen, die so passieren können und auch passiert sind. In seinem Amt als Künstler war er der Gewissenhafteste, den es überhaupt gab, bis zum Schluß.«

Ein triumphaler und seltsamer Erfolg war für Gründgens 1959 das Gastspiel in Moskau und Leningrad. Das Hamburger Ensemble brachte *Faust*, den *Zerbrochenen Krug* und Szenen aus *Wallenstein*.

Gründgens spielte mehrmals großes Theater vor den Russen... das erste Mal die improvisierte Schlagerfolge im Internierungslager, um seine musikalische und künstlerische Identität zu beweisen und seine Zukunft zu erhalten. Dann vor Vertretern russischer Besatzungsmacht im Berliner Deutschen Theater mit *Marquis von Keith*, *Snob* und *Ödipus*.

Nun trat er vor den Russen in ihrem eigenen Land auf, in ihrer Hauptstadt, vor offiziellen Regierungsvertretern, geladenen Gästen aus Kunst und Wissenschaft sowie Publikum. Welch ein Gefühl mochte ihn dabei beherrscht haben, wie sonderbar das Leben manchmal spielte! »Großartiger Gründgens«, redete ihn Boris Pasternak an, der neben Shakespeare selbst den *Faust* ins Russische übertragen hat und dessen Roman »Doktor Schiwago« als Buch und Film ein Welterfolg wurde. Er fuhr begeistert fort: »Ich kann Sie mir schon nicht im Alltag, demaskiert, der Rolle entkleidet vorstellen..., so voll haben Sie das Nichtexistierende, das Erdachte verstofflicht und mir aufgedrängt. Ihre Sätze und Sprünge vom Spöttischen zum Schauderhaften, vom Launenhaften zum raubtierisch-vampirischen Beutewittern!!« Ein enthusiastischer Dank »für all das Wahre und Große, was Sie alles mich sehen und empfinden ließen«.

GG las Film- und Theaterkritiken so genau wie das alljährlich erscheinende Bühnenjahrbuch, ob in Berlin, Düsseldorf oder Hamburg. Wenn man ihm absichtlich und grundlos am Zeuge flickte, widersprach er. Er erwartete, daß er seinem Leistungsniveau entsprechend fair beurteilt wurde.

Ich habe es selbst als Theaterkritiker zum Anfang unserer Begegnung erlebt. Nach Görings fatalem Einspruch gegen ein, zwei Besprechungen von mir, dem Verbot, das Staatstheater zu betreten und mich unter Aufsicht der Geheimen Staatspolizei zu stellen, traf Gründgens eine Verabredung zu einem Gespräch. Es dauerte über drei Stunden und alarmierte das ganze Haus, vor allem natürlich die nächsten Mitarbeiter, die sich fragten, was da wohl hinter den geschlossenen Türen vor sich ging.

Unter vier Augen bekannte ich, daß ich völlig frei von Vorurteilen wäre, und meinte damit auch seine homophilen Neigungen. Er war sehr offen zu mir, ließ wie ein Konzerndirektor dicke Etat- und Einnahmebücher holen und verwies auf Tages- und Monatssummen. Wir besprachen Spielplangestaltungen und gingen ins Rollendetail.

Nach verschiedenen Begegnungen in der Oberwallstraße und in Zeesen wurde der Theaterkritiker zum künstlerischen Beirat des Intendanten und zum Lehrer an der Staatlichen Schauspielschule berufen. Daraus entstand jene Verbindung, die ich als die beste Arbeitsehe meines Lebens bezeichnet habe. Nach einem halben Dutzend Jahren schrieb mir der federführende Generalintendant der Preußischen Staatstheater: »Den Beweis, daß Sie ein Theater leiten können, haben Sie mir erbracht.«

Nach 24 Jahren ergab sich im Hamburger Schauspielhaus vor Beginn der Generalprobe zu *Fiesco* eine ähnliche Begegnung zwischen Gründgens und dem Theaterkritiker Willy Haas, dem unvergessenen Herausgeber der Wochenschrift »Literarische Welt« von 1925–1933, unvergessen auch durch die Auswahl seiner regelmäßigen Mitarbeiter von Hofmannsthal und Hesse bis Benn und Musil.

Haas hatte Gründgens' Interpretation des Phorkyas in *Faust II* »quälend unverständlich« gefunden. Er wäre am liebsten auf die Bühne gesprungen, um zu fragen, wie Gründgens denn auf diese Idee der grellen Pointen gekommen wäre... Den Hinweis hatte sich GG »zu Herzen genommen«, sagte er. Haas wußte davon, war »sehr stolz« darauf und fügte hinzu: »Es geschieht selten, daß ein bedeutender Schauspieler sich von einem Kritiker beraten und überzeugen läßt.«

Das Gespräch im Parkett wandte sich einem aktuellen Problem zu, als Haas danach fragte, wie die Proben zu Lawrence Durrells *Sappho* vorangingen. Was war das überhaupt für ein Stück?

Durrell, von Geburt Ire, über Griechenland, Ägypten, Zypern unterwegs, mitunter im diplomatischen Dienst, in der Provence lebend, war durch seine Roman-Tetralogie »Justine«, »Balthasar«, »Mountolive«, »Clea« ein weltberühmter Autor geworden. Neben Romanen, die Henry Miller ebenso gefielen wie GG, schrieb er auch Dramen. Experimente für ihn, mit denen der 45jährige herausbekommen wollte, »ob man ein poetisches Drama« schreiben kann...

»Es ist ein sehr merkwürdiges Stück«, erwiderte Gründgens auf Haas' Frage, »eigentlich überhaupt kein Drama. Drei Akte geschieht überhaupt nichts. Dann stopft Durrell alle Handlung zusammen.«

Den Inhalt skizzierte Gründgens so: Ein Ehemann entdeckt seine Frau beim Ehebruch. Aber es gibt keinen Krach. Er sagt etwa: ›Du bist nervös, du bist übermüdet, du brauchst Ruhe. Komm, leg dich auf das Bett, ich will deine Dienerin schicken, dich zu entkleiden.‹

GG erklärte seine Bemühungen, die Atmosphäre, die Linie, die Poesie, die Idee des Dramas festzuhalten. Herr Haas würde das Stück ja lesen und dann sehen.

Ein aufgeschlossenes Gespräch mit dem Kritiker über Rolle, Drama und Schauspielkunst, trotz der bevorstehenden Generalprobe von Gründgens gern geführt. Er war stets dafür, Mißverständnisse aufzuklären, Fehler zu revidieren und Spielplan-Neuigkeiten anzukündigen.

Durch Interviews ließ er sich weder ausfragen, noch gab er

Übertreibungen zum besten, nicht einmal in seiner turbulenten Filmzeit in der Reichshauptstadt der zwanziger Jahre. Während der Nazizeit war ihm Paul Fechter, der Theater- und Literaturkritiker der »Deutschen Allgemeinen Zeitung«, ein aufnahmebereiter Partner; GG scheute nicht davor zurück, dessen Kritik über seinen Hamlet mit einer ebenso offenen Kritik zu beantworten.

War sein Interview-Partner ein Journalist vom Range Werner Höfers, dann erfolgte kein Frage- und Antwortspiel im Telegrammstil, sondern eine Aussprache. Beide Partner nahmen sich Zeit, sie reichten sich förmlich die Hände mit Worten. Höfer umschrieb seine Fragen, er brachte die Situation zur Wirkung, aus der sich die Antworten, besser: die gegenseitigen Spiegelungen ergaben. Besonders, wenn es sich nicht um eine Ausfragung, sondern um eine Unterredung zu GG's 50. Geburtstag 1949 handelte.

Aus dieser Begegnung rühren die nachfolgenden Bekenntnisse. Drei Auszüge aus diesem sehr langen Interview, in dem sich Gründgens zu grundsätzlichen Aussagen bereit fand:

... Jede Rolle, die ich spiele, liebe ich heiß! Moment, hm... also, also ja, ich habe schon unglückliche Lieben, das sind..., die unglücklichen Lieben sind die typischen Gründgens-Rollen, die ich hasse. Also das sind die Rollen, die das Bild von mir verfälschen. Rollen, die ich *auch* spielen kann. Rollen, die ich in jedem Engagement von Halberstadt an oder Kiel oder wie, immer wieder gespielt habe zuerst. Im ersten Jahr habe ich immer die falschen Rollen gespielt. Ich habe immer den Marinelli gespielt in *Emilia Galotti* statt den Prinzen. Ich habe immer die leicht ablesbaren, aus meinem Gesicht scheinbar leicht ablesbaren Rollen gespielt, und nie die aus meinem Herzen kommenden, also nie. Im Anfang, meine ich! Und der Film ist vielleicht schuld daran, daß ich, na also, Sie wissen, daß ich früher der typische Filmschurke war. Und das klebt an einem. Auch meine erste Berliner Rolle in *Verbrecher* von Bruckner war eine Rolle, die ich sehr gehaßt habe, die ich aber spielen mußte, einfach um leben zu können, nicht? Aber, sie gab nichts von mir. Sie gab ein Bild von mir, und ich bin manchmal ganz verblüfft, wie wenig das Bild, das man von mir hat, mit dem Bild, das ich von mir habe, zusammenpaßt...

Und ich hatte das Glück, eben bei Louise Dumont und Gustav Lindemann zu sein, die mir einen wirklichen Fonds fürs Leben mitgegeben haben. Ich möchte dabei sagen, gar nicht mal so sehr durch die einzelnen Unterrichtsstunden, sondern durch das vorgelebte Leben, durch den vorgelebten Ernst, und das ist das, was ich immer weitertragen will und wollte: Daß es im Theater keinen, ... nun, wie soll ich sagen... es müßte Sonntag sein auf der Bühne! Und das konnten die beiden einem beibringen.

Ich bin Schauspieler, und alles andere hat sich dazu ergeben! Es ist möglich, daß ich... ja, vielleicht kann ich anderes sogar besser. Ich hör das nicht gerne, ich sag das auch nicht gerne! Aber das Theater in seiner Gesamtheit ist es jetzt, was mich fesselt und interessiert. Und ich bin froh, daß ich mein Handwerk beherrsche. Es ist ja beinahe genant heute, wenn ein Künstler sagt, daß er sein Handwerk beherrscht. Aber, wenn unser Stand oder unser Beruf oder überhaupt die Kunst im allgemeinen sich nicht auf einer besonderen Höhe bewegt im Augenblick, dann liegt es daran, daß das handwerkliche Können etwas mißachtet wird. Was hat das für einen verdammten Beiklang, wenn einer sagt: »Das ist gekonnt«! So? Damit fing's mal an, daß es gekonnt war, das andere kam dann dazu! Es ist eben so: Man kann sagen, daß die Arbeit des Theaterleiters entschieden die undankbarste ist. Der Regisseur kann sich sehr interessant machen – auf Kosten eines Stücks, eines Spielplans oder eines Etats. Wenn er das nicht tut, dann ist seine Arbeit eigentlich relativ unauffällig und sehr anfechtbar. Und der Schauspieler, ja, also, das ist der in mir, der ein bißchen sehr zu kurz kommt, der zahlen muß, denn ich kann mir nicht mehr, kräftemäßig, nicht mehr als zwei Rollen im Jahr leisten, und ich hab Hunger auf mehr.

Das Leben des Theatermannes ist und bleibt Selbstdarstellung. Welches waren die nächsten Schritte? Erhob GG der Titel Professor? Er schmückte seine Briefbogen damit und schwieg. Beim Staatsempfang im Hamburger Rathaus erhielt er die Medaille für Kunst und Wissenschaft – »von Herzen Dank«. Sein Gesicht wurde streng und leidend, bekam Flecken. Die Augen machten ihm zu schaffen. Er sprach von durchlässigen Adern. Irritierte ihn die Nähe zur letzten Schwelle? Gab es davor noch einen großen Auftritt? Oder verringerte sich sein Lebensglück? Ergab er sich, weil sein Eros ihn immer wieder in Grenzsituationen zwang, deren Erlebnisse abzublühen begannen? Zurück blieb das Wissen, daß er ausgenutzt wurde. Und immer wieder die Einsamkeit.

Dank an den großen Antipoden Jürgen Fehling

Es war eine großartige Feierstunde im Deutschen Schauspielhaus, die GG im März 1960 zum 75. Geburtstag des Meisterregisseurs Jürgen Fehling, seinem Oberspielleiter am Gendarmenmarkt, veranstaltete. Sie fand auf historischem Boden statt. In Hamburg hatte Fehling Riesenerfolge gehabt. Unter der Intendanz Wüstenhagen inszenierte er Hebbels *Kriemhilds Rache* so kühn, wie er es selbst in Berlin nicht hätte wagen können, bemerkte er. Zu seiner *Minna von Barnhelm* strömten die Hamburger in Scharen herbei, nachdem die Premiere fünfzig Vorhänge gebracht hatte. Wüstenhagen sprach von einer »großen Ruhmestat«, das Alstervolk so nachhaltig fürs Theater mobilisiert zu haben.

Im gleichen Theater nun die Huldigung zum 75. Geburtstag. Sie wirkte deshalb so großartig, weil sich beide Männer, die so ausnehmend begabt, aber auch so verschieden waren, restlos zueinander bekannten – trotz aller gegensätzlichen Temperamente. Sie erschienen durch ihre Reden – Gründgens' Festrede und Fehlings Danksagung – wie in zwei Spiegeln, in denen sie persönlich auftauchten und sich gegenseitig und wechselseitig abbildeten, abrundeten und sich voreinander tief verbeugten. Bei Gründgens ein Fehling-Porträt, das bei allen großen Linien nichts aussparte, was dringend einmal in der Öffentlichkeit gesagt werden mußte. Bei Fehlings Dank die erneute Beschwörung der Bühnenwelt nach vierzig Jahren seiner fast rauschartigen Praxis.

Aus Gründgens' Rede:

Mir sind nicht viel große Männer in meinem Leben begegnet, aber ich würde immer sagen, daß Du das bist, was ich einen großen Mann nenne.

Du bist ein Prominenter – nicht in dem schludrigen Sprachgebrauch von heute, sondern wie es das Wörterbuch aus dem Lateinischen übersetzt: ein Hervorragender, ein Tonangebender – ein Mann, der ein bedeutendes Blatt der deutschen Theatergeschichte geschrieben hat.

Ich könnte dem, was wir in den letzten Tagen und heute über Dich Rühmendes gelesen und gehört haben, viel hinzufügen; es auszusprechen, verbieten mir mein Respekt und die Tatsache, daß das nicht die Art war, in der wir fast drei Jahrzehnte miteinander verkehrt haben. Ich will

314

also weniger über Deinen künstlerischen Rang als über Deine künstlerische Arbeitsweise reden.

Bei Hugo von Hofmannsthal lese ich den Satz »Künstler untereinander verstehen sich nicht als Künstler, sondern als Handwerker«. Das ist genau der Aspekt, unter dem ich es mir gestatte, heute zu Dir und über Dich zu sprechen. Man ist immer ein wenig der Sklave des Buches, das man gerade liest, und in den Aufzeichnungen von Hofmannsthal finde ich einen weiteren Satz: »Auf der höchsten Stufe der Kunst herrscht Nacktheit, Selbstentblößung; ihr Gegengewicht ist höchster Ernst, völlige Erfülltheit.« Und er fährt fort: »Wo dieser Zustand, intermittiert, ein Auge nach außen blinzt, ist Schamlosigkeit.« – Da hätten wir eine dichterische Formulierung Deiner künstlerischen Persönlichkeit, denn diesen Blick nach außen, der Deine ganze Berechtigung, so zu sein, wie Du bist, in Frage gestellt hätte – diesen Blick nach außen hast Du nie getan. Dein barocker Protestantismus – diese contradictio in adjecto lebtest Du uns vor – macht Dich gegen diese Sünde immun. Du wolltest niemals etwas anderes als die völlige Kongruenz zwischen der Dichtung und ihrer Darstellung, aus Deiner Schau und zu Deinem und unserem Vergnügen...

Man sagt Dir nach, daß Du ein sehr schwieriger Mann seist. Nun, schwierig bist Du für Dich selber, und die härtesten Sträuße hast Du mit Dir selber auszufechten. Von allen, die mit Dir an einem Kunstwerk arbeiteten, hast Du Dich am wenigsten geschont. Für uns andere bist Du unhandlich und unbequem – Dir ist sicher nichts daran gelegen, handlich und bequem zu sein – aber Du bist zeit Deines Lebens immer um das entscheidende Stück begabter gewesen als Du unhandlich, schwierig oder unbequem warst. Und so horrend die Anforderungen waren, die Du an Deine Schauspieler stelltest: Ich habe Dich nicht einmal in den langen Jahren unserer gemeinsamen Arbeit unsachlich gefunden. Und mit einem Mann, der bei der Sache bleibt, wie immer er sie vertritt, ist zuguterletzt ein Auskommen.

Ich habe entsetzlich unter Dir gelitten und Dich oft von Herzen verflucht. Und auch ich habe häufig Deinen Zorn erregt. Und der ist gewaltiger als der meine. Aber ich glaube, wir haben nie eine unproduktive Auseinandersetzung gehabt. Ich bedaure sehr, daß Deine Briefe an mich verbrannt sind. Es gab Zeiten, in denen Du mir jeden Tag 12 bis 16 Seiten hinhautest. Ich bedaure es einmal wegen der glänzenden Formulierungen, die Du fandest, oder der waghalsigen Argumentationen wegen, die Dir nur so zuflogen, wenn Du etwas durchsetzen wolltest – zum anderen aber auch der Themen halber, derentwegen diese Briefe geschrieben wurden...

Mit Dir zu leben, sich neben Dir zu behaupten, mußte man alle Kräfte in sich mobilisieren, über die man verfügte. Du triebst jeden bis zu seinem Äußersten. Und ich bin fest davon überzeugt, daß es auch dieser Zwang zur ständigen Hochspannung war, den ein Leben mit Dir erfordert, der mich zu mir selber führte. Und wie mir ging es allen, die das Glück hatten, mit Dir zusammenzuarbeiten. Ich habe zwar viel über Dich stöhnen hören, aber ich kann mich nicht erinnern, daß je ein Künstler sich Deinen Vergewaltigungen zu entziehen versucht hätte. Es gingen zwar die unerhörtesten Geschichten über Deine Proben um (Du selbst wirst viele Anekdoten darüber kennen), aber wenn man Dich arbeiten sah, waren die Geschichten gar nicht mehr so unerhört. Auf der Ebene Deiner Arbeit, nicht aus dem Zusammenhang gerissen, erscheinen sie völlig natürlich und folgerichtig...

Einmal wolltest Du für eine Deiner Inszenierungen große Doggen haben. Sie wurden beschafft, aber sie bellten nicht so, wie Du wolltest. Du hast Dich mit diesen Hunden eingeschlossen und ihnen einen ganzen Vormittag vorgebellt. Ich weiß nicht mehr, ob die Hunde später aufgetreten sind. Aber ich bin sicher, daß sie zum Schluß so gebellt haben, wie Du es wolltest...

Ich sagte vorhin, daß die Kunst Jürgen Fehlings unnachahmlich sei. Eine Einmaligkeit. Nicht wiederholbar. Und so wäre diese Feierstunde ein Dank für das, was gewesen, was vergangen ist? Sie soll nichts weniger sein als das. Was mich bewog, diese Stunde in breitester Öffentlichkeit in Jürgen Fehlings Anwesenheit zu feiern, ist gerade der Wunsch, die Aktualität, die Bedeutung, die Wichtigkeit seiner exemplarischen Figur für das deutsche Theater aufzuzeigen.

Seine Handschrift soll man nicht zu kopieren versuchen. Das, was von ihm zu lernen ist, ist nicht aus Büchern über ihn, aus Fotos seiner Inszenierungen, nicht einmal aus der Erinnerung zu übernehmen, und auch eine filmische Aufzeichnung – so wünschenswert sie wäre – würde daran nichts ändern.

Aber höchst vorbildlich ist seine Kompromißlosigkeit, seine Zivilcourage, sein fundierter Nonkonformismus – der das genaue Gegenteil zum Nonkonformismus um jeden Preis ist – höchst nacheifernswert seine Sachlichkeit, seine Faxenlosigkeit, seine Uneitelkeit, seine Berufsliebe, seine Werktreue – für einen ehrlichen Arbeiter im Weinberg der Kunst durchaus erlernbare Tugenden.

In einer äußerlich und innerlich so unsicheren Zeit wie der unseren, wo man Aufträge annimmt, ohne die Gesellenprüfung gemacht zu haben; wo das Theater sich an Funk, Film und Fernsehen anzupassen versucht anstatt die Chance wahrzunehmen, sich scharf zu distanzieren und damit seine Eigentümlichkeit zu erhalten, in einer Zeit, in der man sich beeilt, das Ende des Theaters zu inszenieren und nicht einmal die Säge handhaben kann, mit der man den Ast absägen will, auf dem man sitzt – in einer solchen Zeit sind diese Fehlingschen Tugenden als Fundament alles Werdenden, alles neu sich Bildenden nötig und nützlich...

Darauf antwortete Fehling. Er persönlich war heute Mittelpunkt und sein Lebenswerk. Was konnte er anderes sagen, als was ihn selbst zutiefst erfüllte, auch in seinen hohen Jahren, selbst bei seinem periodischen Nervenleiden, das ihn nicht mehr im Parkett vor der Rampe erscheinen ließ. Aber er nahm an den künstlerischen Ereignissen wie ein Junger teil. Manchmal, wenn seine Gefährtin Joana Maria Gorvin auf Gründgens' Bühne spielte und es ihm gesundheitlich gut ging, saß er in seiner Loge, von den Gardinen verdeckt, um den Blicken der Neugierigen zu entgehen. In Nähe und Distanz verfolgte er das Spiel dieser Schauspielerin, die bis zu seinem Tod an seiner Seite blieb. »Vom Leben kann man Abschied nehmen«, notierte er, »vom Theater nicht. Seine Auferstehungskraft ist beispiellos.«

Aus seiner Natur, seinem Charakter und seinem Genie erwiderte der 75jährige auf die Geburtstagsansprache im Deutschen Schauspielhaus:

...Meine lieben Freunde! Wenn ich noch einmal auf die Welt käme, ich würde, sobald ich denken könnte, wieder Regisseur werden. Es ist ein abenteuerlicher, wilder Beruf. Es gibt nur die beseligende Lust und Kühnheit der Probe. Den Menschen neugierig auf sich selber machen – einem großen, größeren Geist mit aller Ehrfurcht und Bescheidenheit in Wahrhaftigkeit dienen, das ist herrlich, das ist rasend interessant.

Und noch eines – hier spreche ich als Protestant zu Protestanten: Alles Theater deutscher Sprache und deutschen Wetters ist (ob Posse oder Tragödie) in Wirklichkeit

Totentanz. Die Anmut, die Gewalt des Todes ist die große Hexerei des Theaters. Solange Menschen leben und sterben und den Tod fürchten, wird es Theaterspiel geben. Ritter, Tod und Teufel heißt die Dreifaltigkeit dieser schönen Sache.

Ich kann in dieser mir so süßen Stunde meine Bemerkungen nicht schließen, ohne meinem phänomenalen Freunde Gustaf Gründgens zu sagen, daß ich genau die Höhe der Summe weiß, der Summe von Kühnheit und Sorge, Klugheit und Zucht, die er mir durch viele Jahre bewiesen hat.

Ich danke meinem Schicksal, daß ich nach achtzehn Jahren heftigen, wilden Zweifelns, fünfunddreißigjährig, Regisseur zu werden das Glück hatte. Ich wünsche mir, daß es mir noch einige Jahre vergönnt sein möge, Theaterspiel zu sehen.

Theater ist ewig, wie der Protest des Menschen gegen die ewig ungerechten Götter ewig ist... Es lebe der verzweifelnde, stolz spielende Mensch.

Es ist und bleibt ewig die herrische, herrliche Zauberei der Bühne.

Viele waren vorangegangen. Die Besten und auch Nahestehenden hatten sich verabschiedet. Friedrich Kayßler mitten in der letzten Schlacht um Berlin. Paul Wegener und Maria Koppenhöfer. Auch Eugen Klöpfer, Emil Jannings, Käthe Dorsch, Werner Krauß. Die Großen als die großen Erinnerungen des Gendarmenmarktes. Gründgens war über viele Schatten gesprungen. Sollte ihn sein eigener Schatten einhüllen? Berlin konnte er nicht vergessen.

War es im Schauspielhaus oder auf seinem Landsitz in Zeesen bei Königswusterhausen gewesen? Wir sprachen über den letzten Abschied bei den Nächsten, bei anderen und bei uns selber.

Plötzlich sagte er: »Ich wollte mich einmal erschießen. Ich hatte die Pistole schon an der Stirn. Da ging das Telefon. Irgend jemand rief mich an, wegen einer gleichgültigen Sache. Da ließ ich es.«

Das Problem des Todesengels ließ ihn nicht los. »Das Unkontrollierbare im Selbst-Kontrolleur«, nannte es jemand, der ihn röntgenhaft ansah. So waren manche Hakensprünge seines Schicksals zu verstehen.

Krankheit als Schicksal

Kaum ein anderes Schicksal in der deutschen Theatergeschichte war so von Krankheiten bestimmt wie das von Gründgens. Bereits mit dem ersten Mephisto 1932 begann die Kopfneuralgie, die ihn durch die ganzen Berliner Intendantenjahre und auch später in Düsseldorf und Hamburg bedrängte. Kopfschmerzen während der Proben und Kreislaufstörungen vor und mitten in den Vorstellungen. Es war dann wie eine Erlösung für ihn, danach trotzdem aufzutreten und den Text fehlerlos zu bringen.

Bei Klassikerrollen fielen solche Störungen auf, in Unterhaltungsstücken weniger oder gar nicht. Natürlich war der Fiesco anstrengender als der Dr. Jura.

Mitten in der Premiere von Wedekinds *Marquis von Keith* 1947 fühlte er sich in den ersten drei Akten »wie mit dem Hammer vor den Kopf geschlagen«. Während der russischen Gefangenschaft dagegen, im Kampf um das nackte Leben, täglich draußen an der Luft, hatte er sich widerstandsfähiger gefühlt. Der Schritt in unsichtbaren Ketten fiel ihm leichter als der bestimmte, unveränderliche, intuitiv ausgedachte Schritt auf der Bühne.

Entzündungen der Stimmbänder nahm er wie das Alltagsleiden eines Bürgers oder wie eine Berufskrankheit, die den

Schauspieler wie den Sänger plötzlich vorübergehend behindert. Eine leichte Lungenentzündung 1949 nahm er ernster.

»Alle Lumbagos der Welt haben sich in meinem Kreuz getroffen und jeden Gedanken an irgend etwas anderes ausgelöscht«, schrie er förmlich in Düsseldorf 1949 hinaus. Eine »häßliche Kieferoperation« kam dazu. Seine Urleiden, die Migräne und Kopfneuralgie, ließen ihn ja 1950 im Kneipp-Bad Wörishofen Kuraufenthalt nehmen. Er fühlte sich »halbverrückt und sehr gemartert«. Zwei Jahre später lag er in einer Schweizer Klinik und ließ sich durch einen Psychotherapeuten von einer »unausgeheilten Neuritis kurieren«.

Gründgens konnte plötzlich nicht mehr gehen! Was das bedeutete, kann jeder Leser, besonders jeder Zuschauer seiner *Faust II*-Inszenierung ermessen: Da hockte Mephistopheles mit luziferischem Engelshaar und wallendem blaugrünem Gewand mitten auf der Bühne im Lichtkreis wie ein Wächter zwischen Diesseits und Jenseits. Gebändigt von dem vermeintlichen Opfergesang Fausts, hält er sein jüngstes Gericht ab. Aufgescheucht von dem Aufzug sphärenverwandter Geister, von dem mahnenden Gesang der himmlischen Heerscharen, stürzt sich Mephisto gegen die engelhaften Erscheinungen und hohen Stimmen, die über ihm auftauchen und um ihn erklingen. Von oben ergießen sich schmückende Lichter, von oben drängt die Menge erlösender Elemente in Ton und Farbe. Unten lauert Mephistopheles beobachtend und abwartend. Bis er sich aufbäumt und durch die Räume jagt. Er muß sich dem Gießbach erlösender Wundertätigkeit widersetzen.

Hier verwandelt sich der Schauspieler Gründgens in einen Tänzer. Er stürmt aufs neue an, er wehrt sich und verflucht mit Gebärden die seligen Gaben. Er schreckt auf und maskiert sich in tänzerischen Ekstasen. Alle will er sie durcheinanderhetzen, die sich um Fausts Seele bemühen. Diesen Ansturm der ewigen Scharen pariert er mit Sturm und Tanz, Schrei und Ausruf, Raserei und Stillstand. Tänzerisch, pantomimisch, immer wieder angreifend, entfesselt und auf einmal völlig unbeweglich...

Das war eine furiose Tanzleistung für einen Schauspieler, fast eine Variation zu Harald Kreutzbergs Tänzen. Und dieser Gründgens konnte plötzlich 1952 nicht mehr gehen?

Die Unpäßlichkeiten wurden zu Zwischenfällen, wenn er 1952 die Vorstellung im dritten Akt abbrechen mußte, »eben weil mein gegenwärtiger Zustand mir wenig Schutz gegen mich selbst bietet«. Es soll ein Rheuma-, ein Ischias-Anfall gewesen sein. Die Konsequenz für GG: neun Wochen ruhen, untätig bleiben. Der chronische Zustand zwang ihn das ganze Jahr 1958 nicht zu spielen. Eine tragische Freizeit wider Willen.

Aus der Schweizer Klinik schrieb er an Gustav Lindemann und gedachte dabei auch Louise Dumonts, seinen Entdeckern und Förderern, die Düsseldorf »viel Glanz und Leuchten« verliehen hatten. In seinem Brief bekannte Gründgens: »Ich bin von Eurer Hand geformt, und ich kenne sie gut, diese Hände, die mich geschüttelt haben. Sie lehrten mich zwei Dinge: Ehrfurcht vor unserem Beruf und die Tatsache, daß Kunst nur auf dem Boden der Wahrheit und der Wirklichkeit gedeihen kann.« Und des Absenders Gedächtnis versagte nicht, als er schrieb: »Und die gleiche Sorgsamkeit, mit der Du – wie die Sage geht – jeden Nagel auf der Bühne aufhobst und Rechenschaft über jede zersprungene Glühbirne verlangtest, war Dir auch beim Aufbau des Dumont-Lindemann-Archivs eigen. Du siehst mich wenigstens hierin Dir ähnlich.«

Bei dieser Nähe war es selbstverständlich, daß Gründgens vor Übernahme des Berliner Staatstheaters 1934 auch

Gustav Lindemann (neben dem Ehepaar Ziegel) um Rat befragte, ob er die Intendanz der ersten Bühne Deutschlands im Dritten Reich übernehmen sollte. Beide stimmten bekanntlich zu...

Der kurzsichtige Gründgens litt 1959 an einer Thrombose im Auge. Auf Drängen Nahestehender suchte er 1960 wegen des Auges und der »tauben Extremitäten« die berühmte Mayo-Klinik auf – veranlaßt durch sein *Faust*-Gastspiel in Amerika, für ihn »der größte Erfolg, den ich bisher hatte«. Er »war drei Tage in der Klinik, und von morgens bis abends hat man mir so ziemlich alle Krankheiten ausgeredet, die ich hegte und pflegte«. Im April des gleichen Jahres spielte er *Sturm* und *Cäsar und Cleopatra* in Hamburg.

Trotzdem litt er an neuerlichen Schlaf-, merkwürdigerweise auch an Appetitstörungen. Bei dem 63jährigen stellte sein Arzt Durchblutungsstörungen fest. Spannungen, Schmerzen in der Halswirbelsäule machten sich stets unangenehm, fast quälend bemerkbar. Seine früher schon in Berlin aufgetretene Schlaflosigkeit bekam »lebensbedrohlichen Charakter«, meinte der Arzt. In Gründgens' Gesicht enthüllte sich eine schöne Profilierung des Alternden, überdeckt von Blässe, Strenge, Leiden und Leid. Die Selbstverzehrung des künstlerischen Menschen, der viel, alles äußert und hergibt, machte ihn zum Dauerpatienten vor Abgründen.

Bisher war ihm das Schaffen ein periodischer Weg zur Selbstheilung gewesen. Er raffte sich immer wieder auf, wie er gestand. Auf den Proben und auf dem Intendantensessel zeigte er mitunter eine fast maskenartige Abgeschlossenheit. Er ließ sich nichts sofort anmerken, besonders nicht unter seinen Schauspielern. Und wenn es ihm noch so schwerfiel, die Treppen allein und glatt hinaufzusteigen, so trat er in den nächsten Augenblicken vor das Ensemble und probte *Hamlet* in Düsseldorf mit Schwung und Überlegenheit.

Schwermut, auch in Berliner Zeiten an ihm erkennbar, erfüllte ihn sichtlich und ließ ihn nicht los. Häufig mußte er auf die beglückende bühnenpraktische Arbeit als Regisseur verzichten. Näherte sich so das Alter? Ohne Freude? Ohne Beifall? Ohne oder mit wenigen Nahestehenden?

Wieder ohne eheliche Partnerin, nachdem er es zweimal versucht hatte. 1946 hatte er sich von Marianne Hoppe scheiden lassen. Sie schuf sich und ihrem nach dem Krieg geborenen Sohn in Oberbayern einen herrlichen Besitz. Von dort aus startet Marianne Hoppe auch heute noch zu ihren Gastspielen an den führenden Bühnen des deutschen Sprachraumes und Welttourneen des Goethe-Instituts. Trotz Trennung blieb sie Gründgens bis zu seinem Tod freundschaftlich und künstlerisch verbunden.

In den letzten Jahren hatte GG selbst ja einen Begleiter und Freund zum Adoptivsohn erwählt.

Sein eigentliches Hobby blieb das Reisen. Ob er eine große Reise wagte? Nicht als Abschied von der Bühne. Nein, niemals. Anfang in allem, im Leben, in der Wiederherstellung, in der Kunst, in der Welt. Briefe und Gespräche enthalten diese fast beschwörenden Zukunftserwartungen. Ob es das noch einmal gab, auf den Brettern zu stehen? Oder überhaupt: gesund und widerstandsfähig zu werden?

Durch sein Leben begleiteten ihn hauptsächlich vier Ärzte. Er war nicht nur ihr Patient, sondern auch ihr freundschaftlicher Besucher und sogar Nachbar. Mit ihnen konnte er über alles reden, als wenn das Geheimnis und die Schweigepflicht der Mediziner ihn zum Sprechen aufforderten. Wir haben ihn in den Begegnungen mit dem Spezialisten für Hals-, Nasen- und Ohrenkrankheiten, Dr. Hanns Mauß, Chefarzt im Berliner Westend-Krankenhaus, gesehen. Ebenso bei Professor Siebert, dem Direktor des Robert-Koch-Krankenhauses in Berlin-Moabit.

Wie ein Junge konnte er sich freuen, wenn er Medikamenten entkam, weil ihm eines Tages Professor Siebert Traubenzucker verordnete. Als er eine dritte Spritze bekommen sollte, fuhren wir mit der Straßenbahn von der Oberwallstraße zu ihm nach der Turmstraße. Niemand erkannte Gründgens, weder in der Elektrischen noch auf der Straße. Als Gründgens bei der Konsultation nur gute Nachrichten über seinen Zustand hörte, freuten sich Patient und Arzt, auch ich natürlich. Selten habe ich GG so glücklich gesehen wie an diesem Vormittag in den letzten Wochen vor der deutschen Katastrophe...

War Gründgens nicht mehr recht bei Sinnen? Behielten die Gerüchtemacher von einst in Düsseldorf und Hamburg plötzlich Recht? Wie ein Lauffeuer ging es durch die Hansestadt, daß ihr berühmter Theaterleiter und Schauspieler nicht mehr seine Wohnung aufsuche, sondern in der Hamburger Psychiatrischen Klinik des international bekannten Professors Dr. Hans Bürger-Prinz lebe. Sollte GG das ähnliche Schicksal einer psychischen Erkrankung wie Jürgen Fehling ereilen?

Gründgens besaß einen »empfindlichen Horror vor jeder Publizität«, wußte Professor Bürger-Prinz. Er entsprach deshalb von Zeit zu Zeit dem Wunsche des Generalintendanten, ihn für eine kürzere oder auch längere Weile in seiner Klinik aufzunehmen. Wie sie sich in früherer Zeit als Nachbarn gegenseitig besucht hatten, um sich stundenlang zu unterhalten, so taten sie es jetzt wieder. Bürger-Prinz war einer der Ärzte, die seit längerem GG dafür zu gewinnen trachteten, das Amt des Theaterleiters aufzugeben, um sein gigantisches Arbeitspensum zu verkleinern. Es blieb auch für ihn ein Wunder, daß ein so kranker Mensch überhaupt das alles leisten konnte. Mußte der Arzt jedoch seinen Patienten »mit entsprechenden Medikamenten stützen«, dann unterwarf sich GG jeder ärztlichen Vorschrift und jedem Rat, auch wenn »sie noch so unangenehm und beschwerlich waren«.

Professor Bürger-Prinz erinnerte sich: »Dahinleben in seinem Körper, anstatt diesen Körper zu behandeln wie ein hoch zu schätzendes Instrument, mit dem man es in der Schauspielkunst ja Tag für Tag zu tun hatte – das war für ihn als Künstler zunächst einmal keine Frage des Sich-Gehörens, sondern eine Sache handwerklicher Moral, eine instrumentuelle Voraussetzung, eine Frage handwerklicher Intelligenz.«

So rühmte der Arzt das »peinlich eingehaltene Körpertraining« und die strenge Tageseinteilung. Manchmal erlebte ihn Professor Bürger-Prinz »auf Feiern nach großen Premieren. Zunächst war er überhaupt verschwunden, sofort nach der Vorstellung, nach Hause. Wenn er aber dann erschien – und das war bis zum Schluß so, als man schon gar nicht mehr wußte, wie er allein die Rolle durchstand –, da trat im allgemeinen Trubel wieder Gründgens auf, als habe er statt einer Hauptrolle einen Urlaub hinter sich. Eine Erscheinung von faszinierender Gespanntheit, überlegener Präsenz, glänzend in jedem Gespräch – präzis eine Stunde, danach war er wieder verschwunden. Einteilung, Maß, Form, in allem. Ob ihm das leichtfiel, stand nie zur Diskussion.«

Die Hakensprünge hörten nicht auf, als seine 29jährige Intendantenepoche Oktober 1963 überraschend ein Ende nahm. Wieder bestellte er wie ein Hausvater seinen Nachfolger in Hamburg und trat beiseite. Zum ersten Male nach fast dreißig Jahren freiwillig ohne Amt und ohne Macht. Er ließ ein schmales Buch zurück, einen Querschnitt seiner Bühnenpraxis von 1930–1951. Es zeigt ihn auf der Suche nach der zukünftigen Theaterentwicklung und hat als ein Vermächtnis zu gelten.

Seine letzte Inszenierung war *Don Carlos*, seine letzte Rolle Philipp II. von Spanien, der letzte Auftritt des 64jährigen am 29. Januar 1963.

Absprung in sein Haus auf Madeira, in dem er schon fünf oder sechs Jahre Ferien machte. Erstes tiefes Luftholen nach den Spielzeiten. Hier kannte ihn niemand. Er lief herum, wann und wie es ihm Spaß machte.

Er war völlig vernarrt in Madeira, seine Briefe – an Freunde und Bekannte aus den Jahren 1960, 1962, 1963 schwärmen von diesem schönen Fleckchen Erde, das ihm seit 1958 gehörte. Blühende Mimosenwälder und Kamelienbäume an den Landstraßen entlang. Welche Freude hatte er an den 1500 Topfpflanzen, die sein Gärtner angesetzt hatte, da man dort keine Blumenbeete kennt.

Dazu das Häuschen, 200 Meter über dem Meer, klein, einfach, mit elektrischem Licht, Telefon, Baderaum und manchem, was man so braucht.

Dieses Madeira war für ihn wie das Paradies. Hier gedachte er zwei Monate im Sommer und eineinhalb Monate im Winter Urlaub zu machen und dazwischen zu gastieren. An Marianne Hoppe schrieb er: daß er dort, zum ersten Male seit Zeesen, dem unvergeßlichen Landsitz in der Mark, etwas heimatliche Gefühle habe... Vor allem: es kümmerte sich keiner um ihn. Auch dieses Mal nicht, das das letzte Mal sein sollte. Nachträglich wirkt es wie ein unfreiwilliger Abschied von diesem Refugium.

Während dieser Kurzferien, förmlich nur ein Abstecher zu dem geliebten Fleck, begegnete er Günther Gaus, dem ehemaligen Staatssekretär der ständigen BRD-Vertretung in Ostberlin, der damals noch beim Fernsehen tätig war. Sie führten ein vielseitiges, erregendes, in die Tiefen lotendes Gespräch, das am 10. Juli 1963 im ZDF gesendet wurde – drei Monate danach ist Gründgens verstorben. Es war das letzte Interview mit letzten Auskünften.

Natürlich fragte Gaus, wie lange er es wohl aushalten könnte, nicht zu spielen.

Gustaf Gründgens: Jetzt glaub ich: lange.

Gaus: Länger als früher?

Gustaf Gründgens: Länger als früher.

Gaus: Sind Sie ein bißchen müde?

Gustaf Gründgens: Nein! Absolut nicht müde. Es ist ein anderer Grund: ... ich habe in den letzten dreißig Jahren immer zuviel gearbeitet und vergessen zu leben. Wenn ich jetzt diesen Einschnitt gemacht habe, so mache ich ihn, um vor Toresschluß noch rasch zu lernen, wie man lebt. Sehen Sie, mein Leben bestand darin: das ist der Tag vor *Faust* und der Tag nach *Faust*, oder der Tag vor *Hamlet* und der Tag nach *Hamlet*. Irgendeinen entspannten Tag gab es eigentlich ganz selten. Und wenn ich von dem Intendantenberuf sprechen soll: der hat absolut nie Ferien ...

Eine andere Stelle aus dem Interview – Gründgens zu Gaus: Sie sagten, mein Chef sei Göring gewesen: das stimmt. Mein wirklicher Chef war der Preußische Finanzminister Popitz. Ein lauterer, anständiger, korrekter Mann. Der seine Korrektheit, seine Anständigkeit, seine Lauterkeit am 20. Juli durch den Tod hat büßen müssen. Also: das war der Mann und die Oberrechnungskammer, der Oberrechnungshof in Potsdam: das waren die realen Partner. All das Plakathafte, das war für uns am Rande ... Einen Etat nicht auszubalancieren, das käme mir vor wie eine Rolle nicht zu lernen. Ich habe dieses Amt – sagen wir ruhig: diese Rolle – übernommen, und es ist meine verdammte Pflicht und Schuldigkeit, sie nach bestem Wissen und Gewissen auch durchzuführen.

Gaus: ... Wenn Sie zurückblicken: Sind Sie ein Glückskind gewesen? Haben Sie erreicht, was Sie erreichen wollten? Was ist ausgeblieben?

Gründgens: Furchtbar, darauf antworten zu müssen ...

Wahrscheinlich bin ich ein Glückskind gewesen, wieso das so hoch hinaufging. Aber ich versichere Ihnen, daß ich kräftig habe zahlen müssen: für das Glückskindsein. In den Schoß gefallen ist mir nichts.

Rückkehr nach Hamburg, um die Zähne in Ordnung bringen zu lassen. Ein möglichst unbemerkter Aufenthalt sollte es sein. Deshalb hielt sich GG, wie schon früher, unter dem Decknamen eines »möblierten Herrn« in der Psychiatrischen Klinik auf, wo der ihm dreißig Jahre bekannte Professor Winzenried ihn empfing. Er fand den Gast »aufgeschlossen, heiter, voll mit Reiseplänen«. Dem Professor fiel allerdings auf, daß ihn GG häufig um seinen Besuch bat, und wenn es nur eine halbe Stunde war. Weil er so gut zuhören könnte, erläuterte Gründgens.

Die Themen lagen zwischen einer geplanten, ernsthaft vorbereiteten, kurz bevorstehenden Weltreise und seinen Memoiren. Das Konzept sei im Gehirn fertig, erklärte Gründgens. Seine Lebensgeschichte enthielt eine Reihe von Auftritten, die es zu beschreiben galt. Bestand darin ein innerer Zusammenhang, oder war alles beliebig und zufällig gewesen? Jetzt war GG frei. »... ist Freiheit Macht oder werde ich noch einsamer?« fragte er den Professor.

»Für den beobachtenden und besorgten Arzt grenzten die vollbrachten Leistungen in der Rolle des Mephisto an medizinische Wunder«, anerkannte Professor Winzenried.

Gründgens liebte es, sich Medikamente spritzen zu lassen. Das war schon während der Berliner Zeit der Fall. Er spritzte sich auch selbst, sogar harmlose Vitaminpräparate. Kam es dabei zu örtlichen Abzessen, so beachtete er die Schmerzen kaum, beobachteten die Ärzte. Operative Eingriffe, z. B. plastisch-kosmetische Operationen, verkraftete er mühe- und klaglos.

Eine entscheidende Feststellung gegenüber Gerüchtemachern und gewerbsmäßigen Theaterklatschisten traf Professor Winzenried: »Trotz langjährigen Gebrauchs von Schlafmitteln und zeitweiligem Gebrauch morphinhaltiger Drogen verblieb er in einem Zustand geistiger Gesundheit.«

Auf die Absicht, seine Memoiren zu schreiben, kam er erneut zu sprechen und gestand dem gutwilligen, sehr freundlich gesinnten, verständnisvollen ärztlichen Besucher, daß er abergläubisch wäre. Was meinte er damit? »Vielleicht erlischt mit dem Schreiben der Memoiren meine Lebenskraft«, antwortete der »möblierte Herr« des Krankenhauses voller Sorge und Unschlüssigkeit.

Professor Winzenried wunderte sich nicht über solche Gedanken. Sie gehörten zum »vielschichtigen und mehrdimensionalen Erscheinungsbild eines Genies«. Zu seinen »konstitutionellen Eigentümlichkeiten« gehörte es, jetzt, wo er nicht mehr auf der Bühne auftrat, den Abend gern zu Gesprächen zu benutzen. Manchmal fand ihn der Professor »überwach, er plante, entwarf, verwarf – oder, wenn dies nicht möglich war, flüchtete er sich in künstliche Paradiese«. Lockte ihn deshalb die unheimliche und frappierende Wirklichkeit des Erdballs?

Tage vor seinem Aufbruch erschien GG sehr aufgeschlossen. Er freute sich »unbändig«. Im nächsten Augenblick zweifelte er daran und fragte: »Oder soll ich nicht lieber hierbleiben?« Er gestand dem Professor: »Freude gab es so wenig in meinem Leben, und nun fürchte ich, an diesem fetten Bissen zu ersticken.«

Er unterbrach sich, korrigierte sein »Schornsteinfegerorakel« und bat den Arzt, »ihm ein bißchen Mut« zu machen.

Von seinen Wohnungsplänen in Hamburg sprach er, von den zukünftigen Gastspielen, die ihn zu einem »Leben aus dem Koffer« zwingen würden. Dagegen wehrte er sich und war auf Wohnungssuche gegangen. An der Bellevue ergab sich eine Wohnungschance, doch er zögerte. Sollte er es festmachen?

Professor Winzenried staunte über diese weitgehenden Dispositionen eines Menschen. der sich soeben aus dem Wirbel der Theaterwelt gelöst, für die er sich geopfert hatte, um sich sogleich in den aufregenden Wechsel der Erlebnisse des Erdkreises förmlich zu stürzen und der schon die Pläne für nachher entwarf.

Drei Tage vor dem Aufbruch zur Weltreise, Ende September 1963, tauchte Gustaf Gründgens in München auf. Er holte sich die bestellte Garderobe bei einem der elegantesten Herrenausstatter ab. In Hamburg wäre daraus eine falsche Sensation geworden, hier an der Isar fiel es nicht auf.

Zufällig traf er Utz Utermann in der bayerischen Residenz. Sie kannten sich seit 1932. Welch ein Wiedersehen mit dem Generalintendanten a. D.! Vielleicht war sein Kopf noch schmaler geworden. Auch früher hatte GG wechselvolle Gesichtszüge gezeigt. Manchmal eine eiskalte Starre mit »abwesendem Blick«, dann im nächsten Augenblick eine vibrierende Lebhaftigkeit, der ein kräftiges Lachen folgte.

Utermann erinnerte sich: Gründgens gab sich aus der jeweiligen Laune und beherrschte sich, wie es ein großer Schauspieler auch ohne Rolle vermag. Nur wenn er schwer litt, jedes Sprechen, der kleinste Satz ihm Mühe und Schmerzen bereiteten, dann verlor selbst dieses bekannte und das private Gesicht die Form.

Heute war von einem gealterten GG bei dieser Begegnung in München nichts zu merken, rein gar nichts.

Zweiundsiebzig Stunden vor der Abreise aus Hamburg suchten die beiden die Bar im Bayerischen Hof auf und tranken mehrere Whiskys.

Utermann fragte als erstes: »Gustaf, ehrlich, tut es dir nicht leid, nun ohne Freuden und Ärgernisse des Theaters leben zu müssen?«

Zuerst lächelte dieser so, daß eine Antwort eigentlich überflüssig war, dann sagte er: »Weißt du, eine Zeit, in der man auf der Bühne die Großeltern in Mülltonnen stecken muß, um ›interessantes Theater‹ zu machen, das ist doch wohl nicht mehr meine Zeit...« Und nach einer Pause mit hartem Blick: »Aber mir dreht sich das Herz um, wenn ich dran denke, was man aus so großen Potenzen wie Marianne [Hoppe], der Flicki [Flickenschildt], der Antje [Weisgerber], dem Günther [Lüders], dem Reincke, ach, du kennst ja meine Equipe, machen wird! Die Potenz erstklassiger Schauspieler zählt nur noch wenig. Regisseure setzen sich in Szene – mit Vergewaltigungsakten.« Er lachte, aber Utermann empfand es als ein gallebitteres Lachen. GG fuhr fort: »Ich habe immer Partitur gespielt, weil ich mit meinen Schauspielern dem Dichter diente, aber deren Texte sind ja meistens nur noch Vorwand für einen unerträglichen Regisseur-Exhibitionismus. Weißt du, was mich am meisten ärgert: die Kritiker gehen auf den Leim! Was liest man am nächsten Tag? Wie der Herr Ixenschiß das Stück auf den Kopf gestellt hat! Nichts gegen verrücktes, absurdes Theater – wenn der Autor es so gemeint hat. Für Regie-Exzesse scheinen mir Goethe, Schiller, Kleist, Shakespeare, ja sogar Goldoni zu schade zu sein. Absurdes Theater? Das habe ich mit *Hans Sonnenstößers Höllenfahrt* schon gemacht, als die kleinen wilden Regisseure von heute noch in die Windeln schissen – aber: der Autor wollte es so! Partitur muß man spielen, das ist der Auftrag an den Regisseur. Bitte: natürlich stets aus dem Impetus der Zeit. Viermal inszenierte ich den *Faust*, jedesmal aus anderem Impetus aber jede Inszenierung war durch Goethe gedeckt. Vielleicht habe ich respektloser Mensch immer nur vor dem dichterischen Wort Respekt gehabt und bin deshalb ein so rigoroser Verfechter des Standpunkts: Auf dem Theater muß Partitur gespielt werden!«

Daß in der heutigen Generation des Theaters eine Stimme

wie die des verheißungsstarken Schauspielers Oscar Werner hörbar wird, der, unbeirrbar wie Gründgens, die Partitur auf der Bühne vertritt, ist beglückend festzustellen. Ähnlich wie GG spricht auch Werner von unserem »Zeitalter des Exkrementismus«...

Es wurde eine lange Erörterung in der Bar des Bayerischen Hofes. Utermann weiß heute noch nicht warum. Aber er notierte am nächsten Morgen den Inhalt des Gesprächs, wohl um Günther Lüders, Viktor de Kowa, der Flickenschildt, der Hoppe, der Weisgerber zu erzählen. Das tat er auch mir gegenüber und schrieb es sogar auf.

Utermann fragte weiter: »Und du wirst nichts mehr mit dem Theater zu tun haben? Das nehme ich dir nicht ab.«

GG richtete sich senkrecht im Ohrensessel auf und zupfte den Rollkragen des schwarzen Pullovers zurecht: »Jetzt erfülle ich mir meinen Jugendtraum einer Weltreise ohne Datum, und wenn ich zurück bin, werde ich mir ein Stück mit wenig Personen aussuchen – mit einer Bombenrolle für mich natürlich, aber die anderen werden auch genug zu beißen haben – das werde ich inszenieren und damit auf Tournee gehen, wenn es mir paßt und so lange ich will!«

»Und du wirst gegen den Trend Partitur spielen?«

»Prost!« sagte er. »Wollen wir wetten, daß Dichtung plus Qualität Evergreens sind? Für jeden freien Platz im Theater wette ich eine Flasche Whisky!«

Utermann wußte, daß GG eine Wette ohne Risiko vorschlug. Drei Tage vor dem Start zur Weltreise. Im alten Schwung der Diskussion und Abgrenzung seines Standpunktes. Scharf, klar und zündend wie immer. Ohne jegliche Depression oder Resignation. Mit freudiger Erwartung des Abenteuers seiner großen Reise und des künstlerischen Neuanfangs des 65jährigen.

»Laßt mich lange schlafen.«

Gründgens brach zu seinem romantischen Abenteuer mit einem jugendlichen Gefährten auf, um Monate für Monate unbekannte Erdteile und Länder, fremde Kulturen kennenzulernen. Kein Tag sollte dem anderen gleichen. Immer im Aufbruch und in der Einkehr. »Man reist nicht, um anzukommen«, sagte Goethe. Wie freute sich Gründgens auf Mexiko und die altmexikanische Kunst, die er nie sehen sollte.

In Manila, der altspanischen, neuzeitlich amerikanisierten Hauptstadt der Philippinen, geriet er in den Monsun und in den Bannkreis Philipps II. Diesem düsteren König im schwarzen Gewand, mit schwarzen Orden auf schwarzen Marmorplatten umhergehend, verdankte das fröhliche Inselvolk der Philippinos seinen Namen. Gründgens hatte es sich schwer gemacht, die erschreckende Einsamkeit Philipps II. in *Don Carlos* künstlerisch sichtbar zu machen. Wenn er nach Hamburg zurückkam, wollte er die Königsrolle wieder spielen, nahm er sich vor. Er, »der wie ein Doppelwesen trotz aller Intuition neben sich und seinen Rollen gestanden hat«, wie es eine aufmerksame Beobachterin formulierte, löste sich in dieser Rolle weitgehend auf. Wie der grausame und zugleich mystische Fürst in Einsamkeit versteinerte, das zog Gründgens an. Mit dem Antlitz dieser Rolle tauschte er die bisherigen »Schönheits«-Masken aus. Dieser König, den der griechisch-spanische Maler El Greco Himmel, Hölle und Fegefeuer im Traum sehen läßt. Das Bild selbst war wie im Delirium oder im Traum gemalt. Zwischen Traum, Wanderung und Abgrund hielt sich Gründgens auf, ohne es vielleicht zu wissen. Berlin ließ ihn nicht los. Schreckte ihn die Rückwanderung vom Gipfel?

Manila wurde Endstation. Unfall, natürlicher Tod oder selbstgewählter Abgang? Selten wurde über den letzten

334

Schritt eines berühmten Menschen so viel gesprochen wie über den von Gründgens und seine mysteriösen Umstände. Sie waren es eigentlich nicht. Nur der Mensch, der erlag, war stets von Geheimnissen umgeben gewesen.

Geschah in Manila ein Unglücksfall? Durch eine für das dortige Klima als Überdosis geltende Gabe an Schlaftabletten? War Gründgens im Badezimmer ausgeglitten und mit dem Kopf gegen den Rand der Badewanne geschlagen? Oder erlitt er einen Schlaganfall, als er nachts aufstand, weil er an Schmerzen litt, die er durch Einnahme von Tabletten im Schlaf zu besänftigen hoffte? Der Arzt in Manila diagnostizierte die Schmerzen als Blutungen im Magen, in der Lunge... Es sei ein Blutsturz in der Nacht zum 7. Oktober 1963 gewesen, formulierte es sein letzter Gesprächspartner in Hamburg, Professor Winzenried. Er fügte einen warmherzigen Unterton in den Epilog für ein Wunder der Medizin, das durch über dreißig Jahre seine Leidenszeit durchgestanden hatte: »Den Tod vielleicht ahnend, versuchte er die Katastrophe zu steuern und stürzte einsam, ohne Beistand, auf das gezeichnete Gesicht. Zur unrechten Zeit, am unrechten Ort – oder auch nicht?«

Die Rätsel um Gründgens' Tod wurden durch Gerüchte zwischen Manila, Hamburg und Berlin ergänzt. Verdacht auf Selbstmord, sogar auf Raubmord wurde geäußert. Jeder plötzliche Abschied eines berühmten Menschen läßt Legenden wuchern, zumal wenn das geheime Drama seines Lebens dazu Anreiz gibt.

Gründgens nahm harmlose Schlaftabletten. Das war eine Realität, kein Geheimnis. Notwehr, Selbsthilfe, nicht Sucht. Perioden der Schlaflosigkeit, beständiges Kopfweh, furchtbare Nächte... wie bei dem französischen Schriftsteller und Nobelpreisträger André Gide, der ebenfalls an dem Zwiespalt von Temperament, Veranlagung und Geist trug.

Als großes Geschenk bezeichnete es Gründgens stets, wenn er sich ohne Hilfsmittel zur Ruhe begeben konnte. Der Monsun in Manila hatte dem Vierundsechzigjährigen heftig zugesetzt. Vergaß er den Rat der Ärzte oder unterschätzte er die Wirkung der Tabletten auf seinen Körper mitten im jäh wechselnden Wind des Pazifischen Ozeans? In dieser Stimmung mag er unbedenklich zugegriffen haben.

So hatte er manchmal morgens in der Berliner Generalintendanz gesessen, mit dicken, schweren Augenlidern, weil er das Schlafmittel zu spät und zu reichlich eingenommen hatte, in der anfänglichen Hoffnung, es überhaupt nicht zu brauchen. Eine Art Glaswand war dann zwischen ihm und dem Gesprächspartner; so empfand es auch André Gide. Gründgens befreite sich dann erst ganz allmählich aus der gewalttätigen Umarmung des Morpheus.

Legende und Wirklichkeit von Manila gelten einem Mann, der schon als Vierziger dem Alter auszuweichen und es zu überspielen beabsichtigte. Darin lag *ein* Grund für die Tabus um Gründgens. Deshalb weilte an seiner Seite auf der Weltreise ein Freund und Schwärmer, dessen Jugend aber nicht die volle Partnerschaft mit dem älteren Mann aufzunehmen in der Lage war. Da Gründgens ein Stimmungsmensch voller schnell wechselnder, empfänglicher Zustände war, konnte er sich ergreifen, verlocken lassen, ganz für sich, heimlich den Effekt genießend, wie immer, wenn er seine Entschlüsse faßte. Auf ihn traf auch Albert Camus' Wort zu: »Der vollkommene (Lebens-)Schauspieler ist derjenige, der ›gespielt wird‹ – und es muß –, die leidende Leidenschaft.«

Im Waschbecken seines Badezimmers in Manila fand man eine zerbrochene Glasröhre mit dem Etikett eines Schlafmittels. Neben dem Toten lag ein Luftpost-Briefumschlag, auf dem gekritzelt stand:

»Ich glaube, ich habe zuviel Schlaftabletten genommen.

Ich fühle mich ein bißchen unbehaglich oder wunderlich. Laßt mich lange schlafen.«

Diese Zeilen mit dem letzten, kaum variierten Schicksalswort des Generalissimus Wallenstein, den Gründgens als eine seiner letzten Rollen gespielt hatte, fand sein Begleiter, der ahnungslos von der Bar heraufkam.

Traum und teilweise Erfüllung einer Weltreise endeten in einer Totenfeier für den, der unterwegs gewesen war, sich die letzten Schönheiten von Natur und Mensch in der Welt anzusehen. Heim flog der junge Mann mit einer Aschenurne.

Gründgens war der erste Tote des Spitzentrios vom Gendarmenmarkt, der in das ausgebrannte Haus heimkehrte. Mit ihm kamen sechsundzwanzig angestammte Rollen. Aus Düsseldorf zogen neunzehn und aus Hamburg elf Rollen ein. Insgesamt sechsundfünfzig Theaterrollen und neunundsiebzig Bühneninszenierungen aus dreißig Jahren. Außer den über vierzig Filmen in den zwanziger Jahren und seinem letzten Film *Das Glas Wasser* unter der Regie Helmut Käutners 1960.

Er hinterließ keinen Kronprinzen, nur Prinzen. Vor allem aber den Geist des Gendarmenmarktes. Das war der Geist der Partnerschaft, fast der einer großen Künstlerfamilie. Auf seine Stellung im öffentlichen Leben kann man ein Wort seines Sternenbruders aus der rein männlichen Sphäre anwenden. Jean Cocteau sagte: »Besser, man klammert sich an einen Schiffsrest, nicht weil man überleben möchte, sondern um über die nächtlichen Gewalten zu siegen, die uns zu verderben trachten.«

Solch ein »Rest« war das Theater im damaligen Deutschland.

Die Schule Gründgens' war eine anspruchsvolle Trainingsstätte. Nur so entstand aus Schauspielern eine Schauspielkunst. Um eine Pflanzstätte zu entwickeln, hätte es weiterer zwölf Jahre bedurft. Ob er dann Dramatiker und Schauspieler entdeckt hätte?

An der Sprachkultur erkennt man noch heute die Schauspieler, die seiner Schule und dem Bannkreis des Gendarmenmarktes (gemeinsam mit Lothar Müthel) entstammen. Ihre Rhetorik vereint Präzision und Füllung, unmittelbar Empfundenes. Pathos ja, Pathetik nein. Die Regisseure Bernhard Wicki und Hans Lietzau stehen an der Spitze, in gewissem Sinne auch der Regisseur Rudolf Noelte. Als Schauspieler Marianne Hoppe, Joana Maria Gorvin, Lola Müthel, Antje Weisgerber und Eva Maria Meineke, sodann Ullrich Haupt, Erich Schellow, Peer Schmidt, Friedrich Schönfelder, Hans Quest, Günther Reim, Kurt Weitkamp.

Zweimal bewegte sich Gründgens' Leben im gleichen Kreise zwischen Rhein, Alster und Spree und umgekehrt. Am Gendarmenmarkt war die höchste Zeit. Hier fand er seine Aufgabe, die ein mysteriöses Glück unter vielfältigen, hochreißenden Spannungen einschloß.

Sein erstes Wort im Büro der Oberwallstraße wurde zum Schicksalsspruch für alles, was sich in den drei Berliner Staatstheatern tat: »Mich überlebt keiner.«

Sein wiederholtes Bekenntnis: »Ich bin nie ein Bühnenstar gewesen, sondern habe mich immer als Bühnenarbeiter gefühlt.«

Sein Vermächtnis an einen jüngeren Schauspielerfreund und an alle, die die Entwicklung des Theaters zu ihrer eigenen Zukunft machen wollen:

»... Du sollst Dich von Deinen Gefühlen und Gedanken nicht wegschwemmen lassen, sie vielmehr in eine geordnete Form zwingen: das ist Kunst.«

Anhang

Rollen und Inszenierungen von Gustaf Gründgens
ab Berlin 1932

INSZENIERUNGEN

Staatstheater Berlin

30. 5. 1934	*Rebell in England* von Hans Schwarz
26. 9. 1934	*Minna von Barnhelm* von Lessing
23. 12. 1934	*König Lear* von Shakespeare
4. 10. 1935	*Himmel auf Erden* von Jochen Huth
7. 11. 1935	*Egmont* von Goethe
6. 12. 1935	*Gyges und sein Ring* von Hebbel
3. 6. 1936	*Der tolle Tag* von Beaumarchais
27. 10. 1936	*Hans Sonnenstößers Höllenfahrt* von Apel
9. 6. 1937	*Was ihr wollt* von Shakespeare
29. 9. 1937	*Emilia Galotti* von Lessing
29. 10. 1937	*Die Kameliendame* von Alexandre Dumas
7. 4. 1938	*Der Siebenjährige Krieg* von Hans Rehberg
1. 12. 1938	*Südfrüchte* von Marcel Pagnol
6. 4. 1939	*Die Königin Isabella* von Hans Rehberg
9. 12. 1939	*Dantons Tod* von Büchner
9. 5. 1940	*Cavour* von Mussolini/Forzano
5. 9. 1940	*Wie es euch gefällt* von Shakespeare
14. 6. 1941	*Alexander* von Hans Baumann
11. 10. 1941	*Faust I* von Goethe
30. 12. 1941	*Die lustigen Weiber von Windsor* von Shakespeare
22. 6. 1942	*Faust II* von Goethe
2. 1. 1943	*Iphigenie auf Tauris* von Goethe
24. 7. 1944	*Die Räuber* von Schiller

Staatsoper Berlin

12. 5.1938   *Schneider Wibbel* von Mark Lothar
18.12.1938   *Die Zauberflöte* von Mozart

Staatsoper Wien

1.10.1941   *Die Zauberflöte* von Mozart

Deutsches Theater Berlin

4.10.1946   *Kapitän Brassbounds Bekehrung* von Shaw
3. 4.1947   *Der Schatten* von Jewgenij Schwarz
10. 6.1947   *Der Marquis von Keith* von Frank Wedekind

Städtische Bühnen Düsseldorf und Düsseldorfer Schauspielhaus

16. 9.1947   *Die Hochzeit des Figaro* von Mozart
7.11.1947   *Die Fliegen* von Sartre (DE)
13. 4.1948   *Die Möwe* von Tschechow
20. 5.1948   *Die Banditen* von Offenbach
14. 9.1948   *Der Freischütz* von Carl M. v. Weber
15. 9.1948   *Zwei Herren aus Verona* von Shakespeare
16. 9.1948   *Frühlings Erwachen* von Frank Wedekind
19.10.1948   *Der Snob* von Carl Sternheim
6.12.1948   *Der arme Matrose* von Milhaud
14. 1.1949   *Torquato Tasso* von Goethe
13. 4.1949   *Faust I* von Goethe
8. 6.1949   *Madame Butterfly* von Puccini
22.12.1949   *Hamlet* von Shakespeare
10. 2.1950   *Der Familientag* von T. S. Eliot (DE)
19. 9.1950   *Der Prozeß* von Kafka/Gide/Barrault (DE)
9.12.1950   *Die Cocktail-Party* von T. S. Eliot (DE)
29. 3.1951   *Die Frau des Bäckers* von Marcel Pagnol
13. 9.1951   *Die Räuber* von Schiller
16. 9.1951   *Wie es euch gefällt* von Shakespeare
1.12.1951   *Venus im Licht* von Christopher Fry
5. 1.1952   *Der Alpenkönig und der Menschenfeind* von Raimund

11. 4.1952	*Faust I* von Goethe (W)
20. 4.1952	*Heinrich IV.* von Pirandello
18.10.1952	*Bacchus* von Cocteau (DE)
14.10.1953	*Der Gattenmord* von Hans Rehberg (U)
29.11.1953	*Herrenhaus* von Thomas Wolfe (U)
30. 5.1954	*Ende gut, alles gut* von Shakespeare/Rothe
15. 9.1954	*Der Privatsekretär* von T. S. Eliot (DE)
23.10.1954	*Um Lucretia* von Jean Giraudoux
15. 1.1955	*Marschlied* von John Whiting (DE)
23. 4.1955	*Der Drachenthron*
	von Wolfgang Hildesheimer (U)

Deutsches Schauspielhaus Hamburg

3. 9.1955	*Das kalte Licht* von Zuckmayer (U)
27.11.1955	*Der Privatsekretär* von T. S. Eliot
26. 1.1956	*Herrenhaus* von Thomas Wolfe
26. 4.1956	*Thomas Chatterton* von Hans Henny Jahnn (U)
12.10.1956	*Nichts Neues aus Hollywood* von Curt Goetz (U)
21. 4.1957	*Faust I* von Goethe
10. 1.1958	*Dantons Tod* von Büchner
9. 5.1958	*Faust II* von Goethe
26. 2.1959	*Don Juan und Faust* von Grabbe
30. 4.1959	*Die heilige Johanna der Schlachthöfe*
	von Brecht (U)
31. 5.1959	*Maria Stuart* von Schiller
4. 9.1959	*Cäsar und Cleopatra* von Shaw
21.11.1959	*Sappho* von Lawrence Durrell (U)
21. 5.1960	*Gyges und sein Ring* von Hebbel
22.11.1960	*Fräulein Julie* von Strindberg
22.12.1960	*Von Bergamo bis morgen früh*
	von Dieter Waldmann (U)
22.11.1961	*Actis* von Lawrence Durrell (U)
25.12.1961	*Don Gil von den grünen Hosen*
	von Tirso de Molina

9. 5.1962 *Das Konzert* von Hermann Bahr
20. 11.1962 *Don Carlos* von Schiller
18. 1.1963 *Totentanz* von Strindberg
14. 4.1963 *Hamlet* von Shakespeare

Theater am Gärtnerplatz München
6. 7. 1949 *Die Banditen* von Offenbach

Maggio Musicale Fiorentino
6. 5.1950 *Macbeth* von Verdi
17. 5.1950 *Genoveva* von Schumann
8. 6.1952 *Wilhelm Tell* von Rossini
20. 6.1952 *Dido* von Leoncavallo

Deutsche Oper am Rhein Düsseldorf – Duisburg
17. 11.1957 *Macbeth* von Verdi

Teatro alla Scala Milano
19. 2.1958 *Orpheus und Eurydike* von Gluck

Salzburger Festspiele
26. 7. 1958 *Don Carlos* von Verdi

Ensemble-Gastspiel (Deutsches Schauspielhaus Hamburg) in Leningrad und Moskau
2.–22.12.1959 *Faust I* von Goethe

Ensemble-Gastspiel (Deutsches Schauspielhaus Hamburg) im City Center Theatre New York
7.–19.12.1960 *Faust I* von Goethe

342

Rollen

Staatstheater Berlin

2. 12. 1932	Mephistopheles in *Faust I* von Goethe
21. 1. 1933	Mephistopheles in *Faust II* von Goethe
13. 10. 1933	Dr. Jura in *Das Konzert* von Bahr
17. 1. 1934	Friedrich II. in *Der König* von H. v. Boetticher
15. 2. 1934	Fouché in *Hundert Tage* von Mussolini/Forzano
26. 9. 1934	Riccaut in *Minna von Barnhelm* von Lessing
26. 10. 1934	Bolingbroke in *Ein Glas Wasser* von Scribe
4. 10. 1935	Jack in *Himmel auf Erden* von Jochen Huth
16. 11. 1935	König in *Thomas Paine* von Hanns Johst
21. 1. 1936	Hamlet in *Hamlet* von Shakespeare
27. 10. 1936	Hans in *Hans Sonnenstößers Höllenfahrt* von Apel
5. 12. 1936	Don Juan in *Don Juan und Faust* von Grabbe
29. 9. 1937	Prinz in *Emilia Galotti* von Lessing
7. 4. 1938	Friedrich der Große in *Der Siebenjährige Krieg* von Hans Rehberg
29. 10. 1938	Dubedat in *Der Arzt am Scheideweg* von Shaw
5. 5. 1939	Richard in *Richard II.* von Shakespeare
9. 12. 1939	St. Just in *Dantons Tod* von Büchner
4. 4. 1940	Fiesco in *Fiesco* von Schiller
5. 10. 1940	Lukull in *Kirschen für Rom* von Hömberg
4. 5. 1941	Cäsar in *Julius Cäsar* von Shakespeare
14. 6. 1941	Alexander in *Alexander* von Hans Baumann
11. 10. 1941	Mephistopheles in *Faust I* von Goethe
22. 6. 1942	Mephistopheles in *Faust II* von Goethe
2. 1. 1943	Orest in *Iphigenie auf Tauris* von Goethe
29. 7. 1944	Franz in *Die Räuber* von Schiller

Deutsches Theater Berlin

3. 5. 1946	Christian Maske in *Der Snob* von Sternheim

29. 5. 1946	Wassili in *Stürmischer Lebensabend* von Leonid Rachmaninow
22. 12. 1946	Ödipus in *König Ödipus* von Sophokles
10. 6. 1947	Marquis von Keith in *Der Marquis von Keith* von Wedekind

Städtische Bühnen Düsseldorf und Düsseldorfer Schauspielhaus

15. 9. 1947	Ödipus in *König Ödipus* von Sophokles
7. 11. 1947	Orest in *Die Fliegen* von Sartre
13. 4. 1948	Trigorin in *Die Möwe* von Tschechow
20. 5. 1948	Antonio in *Die Banditen* von Offenbach
19. 10. 1948	Christian Maske in *Der Snob* von Sternheim
14. 1. 1949	Tasso in *Torquato Tasso* von Goethe
13. 4. 1949	Mephistopheles in *Faust I* von Goethe
25. 10. 1949	Sir Robert Morton in *Der Fall Winslow* von Rattigan
22. 12. 1949	Hamlet in *Hamlet* von Shakespeare
19. 9. 1950	Josef K. in *Der Prozeß* von Kafka/Gide/Barrault
9. 12. 1950	Sir Henry in *Die Cocktail-Party* von T. S. Eliot
13. 9. 1951	Franz in *Die Räuber* von Schiller
11. 4. 1952	Mephistopheles in *Faust I* von Goethe
20. 4. 1952	Heinrich IV. in *Heinrich IV.* von Pirandello
18. 10. 1952	Kardinal Zampi in *Bacchus* von Cocteau
12. 9. 1953	Wallenstein in *Wallenstein* von Schiller
29. 11. 1953	General Ramsay in *Herrenhaus* von Thomas Wolfe
6. 2. 1954	Lukull in *Kirschen für Rom* von Hömberg
15. 1. 1955	Rupert Foster in *Marschlied* von John Whiting

Theater am Gärtnerplatz München

| 6. 7. 1949 | Antonio in *Die Banditen* von Offenbach |

Deutsches Schauspielhaus Hamburg

1. 9. 1955   Wallenstein in *Wallensteins Tod* von Schiller
26. 1. 1956   General Ramsay in *Herrenhaus*
            von Thomas Wolfe
12. 10. 1956   Cliff Clifford in *Nichts Neues aus Hollywood*
            von Curt Goetz
21. 4. 1957   Mephistopheles in *Faust I* von Goethe
29. 9. 1957   Archie Rice in *Der Entertainer*
            von John Osborne
9. 5. 1958   Mephistopheles in *Faust II* von Goethe
4. 9. 1959   Cäsar in *Cäsar und Cleopatra* von Shaw
21. 5. 1960   Kandaules in *Gyges und sein Ring* von Hebbel
21. 10. 1960   Prospero in *Der Sturm* von Shakespeare/Rothe
9. 5. 1962   Albert Heink in *Das Konzert* von Bahr
20. 11. 1962   Philipp II. in *Don Carlos* von Schiller

Erklärung der Abkürzungen:

U   = Uraufführung
DE = Deutsche Erstaufführung
W   = Wiederaufnahme

Zur Nachprüfung, Bestätigung und Ergänzung meiner Erlebnisse wurden drei wesentliche Bücher benutzt:

Gustaf Gründgens, *Wirklichkeit des Theaters*, Frankfurt/M. 1946.

Gustaf Gründgens, *Briefe, Aufsätze, Reden*, herausgegeben von Rolf Badenhausen und Peter Gründgens-Gorski, Hamburg 1967.

Gründgens – *Zur Gedenkausstellung anläßlich seines 80. Geburtstages*, herausgegeben vom Dumont-Lindemann-Archiv der Landeshauptstadt Düsseldorf, Redaktion Heinrich Riemenschneider, Düsseldorf 1980.

Sowie eigene Veröffentlichungen des Autors seit 1943.

Register

Esser, Peter 259, 267
Ettlinger, Karl 24

Fechter, Paul 59, 311
Fehling, Jürgen 23 f., 29-31, 34-38,
  43, 98, 139, 143 f., 186-189,
  191 f., 195 f., 198, 202, 210-212,
  277, 289, 291, 313-319
Finck, Werner 246
Flickenschildt, Elisabeth 40, 175,
  186, 246, 266, 267, 296, 332 f.
Florath, Albert 23
Fontane, Theodor 45, 85 f., 98,
  161
Forst, Willi 160
Franck, Walter 48, 89, 177 f., 225
Freud, Sigmund 128
Friedrich I. 86
Fromm, Walter 246
Fuchs, Eugen 135
Fürst, Heinrich 267
Furtwängler, Wilhelm 17, 24, 57

Garcia Lorca, Federico 28, 38
Gaus, Günther 327 f.
Gebhardt, Wilhelm 246
Geis, Jacob 246
George, Heinrich 185 f., 196
George, Stefan 21 f.
Gide, André 200, 279, 335
Giraudoux, Jean 249
Gliese, Rochus 29, 40, 66, 116, 180
Goebbels, Joseph 18, 24, 60, 69,
  152-156, 159, 175, 204 f.
Goethe, Johann Wolfgang von 108,
  138, 167, 180, 181, 190, 271,
  276, 332, 334
Goetz, Curt 307
Gold, Käthe 9, 29, 40, 48, 64,
  111 f., 136, 190, 210, 225, 286
Goldoni, Carlo 332
Göring, Emmy Sonnemann- 9-15,
  144, 173, 207, 219
Göring, Hermann 11, 13 f., 18, 20,

59-63, 73-76, 98 f., 144 f., 155,
  157, 164 f., 173 f., 176, 205,
  207, 211, 227, 308, 328
Gorvin, Joana Maria 98, 187, 212,
  291-294, 318, 338
Grabbe, Christian Dietrich 274
Graeger, Clara 16
El Greco 334
Grillparzer, Franz 167
Grodtczinski, Thea 165
Gründgens-Gorski, Peter 291, 324

Haack, Käthe 27
Haas, Willy 309 f.
Hadank, Günther 34, 39
Hager, Wilhelm 246
Hanft, Karl 246
Hansen, Rolf 246
Hardt, Ernst 246
Hartmann, Paul 39, 47, 107 f.,
  111 f., 114 f., 195
Hasenclever, Walter 57, 117 f.
Hasler, Emil 246
Hatheyer, Heidemarie 41, 246
Haupt, Ullrich 88, 90, 97, 275, 338
Hauptmann, Gerhart 111, 113,
  116
Haushofer, Albrecht 186
Hebbel, Friedrich 174, 306
Hellberg, Ruth 40
Henckels, Paul 39, 107, 114,
  165 f., 225, 245
Henkel, Rolf 90-97
Hesse, Hermann 309
Hesterberg, Trude 246
Heydrich, Reinhard 71
Heynicke, Kurt 139
Hilpert, Heinz 27
Himmler, Heinrich 71, 205, 235
Hindemith, Paul 57
Hinz, Werner 175
Hitler, Adolf 11, 14, 164
Höfer, Werner 311
Höflich, Lucie 175

348